런던
LONDON

옥스퍼드
캠브리지
맨체스터
브라이튼

김후영 지음

저자 소개

김후영

대학 시절부터 유럽을 비롯해 미주, 아시아 등지로 수차례 배낭여행을 떠났다. 그 경험을 바탕으로 졸업 후 본격적으로 세계를 누비며 여행 작가로 활동해왔다. 지난 20여 년 동안 유럽, 아프리카, 미주, 아시아, 대양주 등 세계 135개국을 여행하며 최근에는 포클랜드, 그린란드, 페로제도 등 극지방과 사모아, 쿡제도 등 남태평양을 여행했다. EBS 〈세계 테마기행〉 중동 오만과 인도네시아 편에 출연했으며 KBS 제1라디오 〈월드투데이〉에서 1년간 여행지 소개 코너를 진행했다. 대한항공, 아시아나항공을 비롯한 주요 멤버십 매거진, 라이프스타일 매거진, 여행 매거진 등에 칼럼을 연재했고 저서로는 〈무작정 따라하기 프라하〉 〈유네스코 세계문화유산〉 〈유럽여행핵심사전〉 등이 있다.

"런던은 개인적으로 유럽에서 가장 좋아하는 도시입니다. 제가 1995년 어학연수를 하면서 머문 곳이라 친숙한 면도 있지만 무엇보다 볼거리, 즐길 거리가 많은 도시입니다. 유럽의 대표적인 박물관, 미술관이 많고 쉴 만한 공원과 가로수 길 등이 많습니다. 다른 유럽 도시와는 달리 좀 더 편하게 영어로 소통할 수 있다는 점도 큰 매력 중 하나입니다. 이런 이유로 전부터 유럽에 올 때마다 런던을 줄기차게 방문했는데, 이 책을 쓰고 또 개정을 준비하면서 런던을 좀 더 깊이 바라보게 되었습니다. 여러분에게 소개하고 싶은 은밀하고 비밀스러운 곳, 예쁘고 아기자기한 곳을 많이 알게 되었습니다. 그러한 곳을 여러분에게 아낌없이 소개하고자 합니다."

Special Thanks to

우선 여행길의 든든한 후원자 하나님께 감사드립니다. 그리고 책을 멋지게 만들어주신 알에이치코리아 편집부와 디자이너 여러분께, 처음 출간을 제안하신 우현진 님께 감사의 마음을 전합니다. 마지막으로 책을 쓰느라 얼마간 떨어져 지내야 했던 사랑하는 우리 아들 레오, 여행의 동반자인 사랑하는 아내, 묵묵히 제 여행을 늘 후원해주시는 아버지, 늘 제 안전을 위해 기도해주시는 어머니, 재정적으로나 신앙적으로 든든한 후원자 여동생, 기쁨의 교회 목사님과 셀 모임 식구들과 출간의 기쁨을 함께 나누고 싶습니다.

※ 이 책에 실린 모든 글과 그림은 저작권법에 따라 보호받는 저작물입니다. 책 내용의 일부 또는 전부를 이용해 웹사이트와 블로그, 모바일 앱 등 전자 콘텐츠로 제작하거나 다른 형태의 출판물로 출간하려면 반드시 저작권자와 출판사의 서면 동의를 받아야 합니다.

일러두기

이 책의 모든 내용은 지은이가 런던의 핵심 지역과 근교 도시를 직접 여행하며 보고 듣고 느낀 사실을 바탕으로 합니다. 2018년 6월을 기준으로 모든 정보를 최대한 정확하게 전달하고자 노력했지만 현지 상황과 여행 시점에 따라 일부 정보가 변경될 수 있습니다. 책 속 지명과 인명 등은 국립 국어원의 외래어 표기법을 기준으로 하며, 대부분 영어 명칭을 한글 그대로 표기했습니다. 만약 새로운 정보나 바뀐 내용이 있다면 알에이치코리아 편집부나 저자의 이메일로 제보 부탁드립니다. 많은 여행자가 정확한 정보로 여행할 수 있도록 수정·보완하겠습니다.

김후영 gokeywest@hanmail.net   알에이치코리아 편집부 sjeon@rhk.co.kr

본문 보는 방법

책의 내용은 크게 테마 가이드와 지역 가이드로 나뉩니다. 먼저 테마 가이드에서는 런던의 여행 포인트를 명소, 문화, 음식, 쇼핑, 교통 5가지로 소개하고 있습니다. 방대한 자료를 보기 쉽게 정리한 인포그래픽 디자인과 시원시원한 화보식 구성으로 읽는 재미를 더합니다.

지역 가이드는 런던 주요 지역과 근교 지역 가이드로 나뉩니다. 지역별 추천 코스와 지도를 수록하고 해당 여행지에서 꼭 해봐야 할 체크 포인트를 제시합니다. 명소·맛집·쇼핑 스폿의 위치, 오픈 시간, 요금, 휴무 날짜 등의 상세 정보도 꼼꼼히 담았습니다.

맵북 보는 방법

본문에서 소개한 명소, 레스토랑, 호텔, 숍 위치를 표시한 런던 주요 지역과 주변 지역의 상세 지도를 책 속 부록으로 제공합니다. 지도 내 표기가 어려운 스폿은 방향 지시선으로 표시하였습니다. 이 책의 지도와 맵북에 사용된 기호는 아래 항목을 나타냅니다.

- ⓣ 볼거리 Travel Spot
- ⓡ 레스토랑 Restaurant
- ⓢ 쇼핑 Shopping
- ⓗ 호텔 Hotel
- 전철 Underground
- DLR 라인 DLR Line
- 기차역 Railway
- 선착장 Pier
- • 본문에 없는 볼거리 또는 지표

CONTENTS

002 저자 소개
003 일러두기
014 런던 기본 정보
016 런던 사계절 날씨
018 런던 축제 캘린더
022 추천 애플리케이션

SIGHTSEEING 명소

026 런던 베스트 스폿
030 런던 아키텍처
036 런던 동상
040 런던 서점
044 런던 뮤지엄&갤러리

CULTURE 문화

054 런던 뮤지컬 가이드
058 런던 거리 공연 스폿
060 영국 프리미어 리그
064 런던 호텔
068 런던 나이트라이프

EATING 음식

- 074　런던 다이닝
- 078　런던 티룸
- 082　런던 베이커리
- 086　런던 오리지널 펍
- 088　런던 속 세계 맛집

SHOPPING 쇼핑

- 092　런던 마켓
- 098　런던 쇼핑 스트리트
- 102　런던 백화점
- 106　런던 숍
- 108　체인 슈퍼마켓 · 카페 · 델리 숍

TRANSPORTATION 교통

- 114　영국 출입국 가이드
- 116　기차 · 버스 · 페리 입국
- 118　런던 공항 교통 총정리
- 122　런던 시내 교통 총정리
- 126　오이스터 카드 vs. 트래블 카드

주요 지역 가이드

- 130　AREA 01 소호
- 154　AREA 02 코번트 가든
- 178　AREA 03 웨스트민스터
- 194　AREA 04 사우스뱅크
- 214　AREA 05 서더크
- 226　AREA 06 홀번&시티
- 244　PLUS AREA 쇼디치
- 254　AREA 07 블룸즈버리
- 268　AREA 08 매릴본&메이페어
- 288　AREA 09 켄싱턴 가든
- 306　PLUS AREA 노팅힐
- 314　AREA 10 캠던 타운

주변 지역 가이드

- 332　AREA 01 그리니치
- 340　AREA 02 도클랜드
- 344　AREA 03 큐 가든
- 346　AREA 04 햄프턴 코트 팰리스
- 348　AREA 05 윈저 캐슬
- 350　AREA 06 옥스퍼드
- 356　AREA 07 캠브리지
- 360　AREA 08 바스
- 364　AREA 09 브라이튼
- 366　AREA 10 맨체스터
- 371　AREA 11 웨일스

여행 준비

- 378 여권에 대한 모든 것
- 380 여행 경비 계산법
- 382 항공권 예약 A to Z
- 384 면세점 쇼핑 노하우
- 385 짐 꾸리기 상식

- 386 찾아보기

슬쩍 읽어도 술술 읽히는
런던 기본 정보

이미 알고 있는 기본 정보라고 해도 여행에 앞서 미리 복습해두면
영국의 수도 런던을 더욱 알차고 깊게 여행할 수 있다.

 국호 영국 United Kingdom

 국기 유니언기 Union Flag

Km² **면적** 1572㎢

 인구 약 830만 명

 언어 영어

영토
영국은 북해와 대서양에 접한 섬나라이며, 잉글랜드 · 웨일스 · 스코틀랜드 · 북아일랜드와 주변 섬들로 이루어진 연합국가다. 국기는 웨일스를 제외한 3개 지역의 깃발 문양을 조합한 것이다.

위치
영국은 잉글랜드 · 스코틀랜드 · 웨일스 그리고 북아일랜드 4개 지역으로 구성되어 있다. 런던은 영국의 수도로 영국 남동부에 자리 잡고 있다.

최고 기온
23.4℃

베스트 시즌
5~9월

해양성 기후
여름 서늘, 겨울 따뜻, 연중 내내 비

최저 기온
2.6℃

체제
왕이 군림하지만 직접 통치는 하지 않는 입헌군주제다. 왕은 국가 원수의 역할을 하며 국가의 주요 정책과 업무는 다수 의석 정당에 의해 좌우된다.

통화
영국 통화는 파운드 Pound이며 약식 기호는 £로 표기한다. 동전은 펜스 Pence 또는 페니 Penny라고 부르며 p로 표기한다. 지폐는 £50, £20, £10, £5 총 4종류이며 동전은 50p, 20p, 10p, 5p, 2p, 1p가 있다.
환율 £1 ≒ 1430원(2018년 6월 기준)

시차
3~10월 서머타임 시즌에는 한국보다 8시간 느리고 10~3월 말 사이에는 9시간 느리다. 예를 들어 서머타임 시즌에 한국이 오후 9시라면 런던은 같은 날 오후 1시다.

전화 · 전압
영국의 국가 번호는 44번이고 런던의 지역 번호는 020번이다. 또 240V 전압에 50Hz의 전류를 사용한다. 콘센트 플러그는 3구의 G형 타입을 사용하므로 한국산 전자제품을 사용할 경우 멀티 어댑터를 준비해 가야 한다.

교통
전철과 버스 등의 대중교통이 잘 발달돼 있다. 런던 대부분의 관광 명소는 전철을 이용하여 편리하게 접근할 수 있고 짧은 거리도 환승하기 편리하다.

여행의 온도를 결정하는 체크 포인트
런던 사계절 날씨

여행을 떠나기 전에 가장 많이 고민하는 날씨.
계절별 날씨를 확인하고 딱 맞는 옷을 선택해 알차게 여행을 즐겨보자.

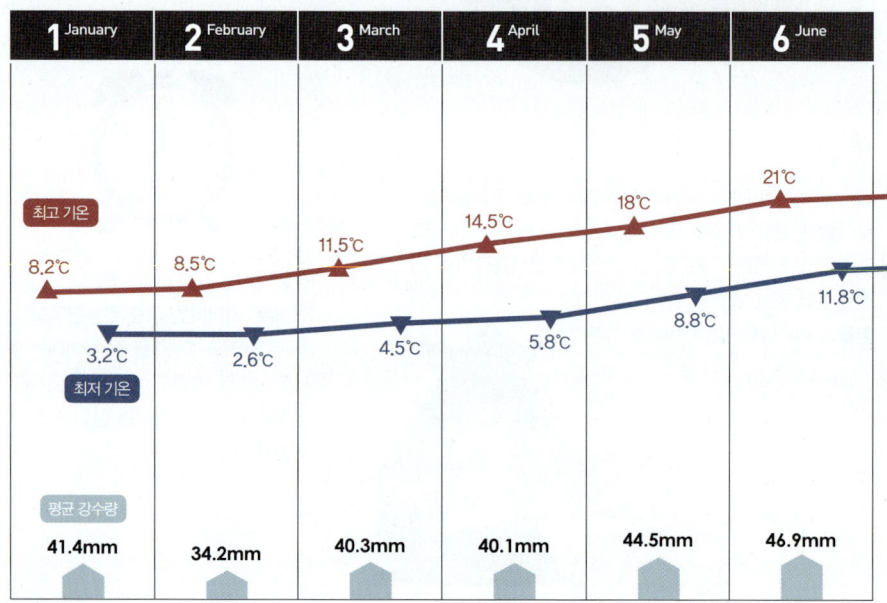

 SPRING

추운 겨울을 지나 따사로운 봄을 기다리는 영국인들의 마음은 우리와 다르지 않다. 런던에서 따스한 봄 기운을 느끼고 싶다면 5월까지 기다려야 한다. 한국처럼 영하의 기온은 아니지만 4월 말까지 밤낮으로 찬바람이 많이 불고 비가 많이 내린다. 게다가 런던의 오래된 건물의 경우 난방이 되지 않은 곳이 많아 4월 말까지 따뜻한 옷차림이 필요하다.

 SUMMER

영국의 여름은 한국처럼 후텁지근하지 않다. 이른 아침과 저녁에는 쌀쌀할 정도라 가벼운 겉옷을 챙겨야 한다. 무더운 스페인이나 이탈리아와 달리 영국을 방문하기에 가장 좋은 계절이라 어딜 가든 인파가 몰린다. 런던 시내의 상당수의 숍과 쇼핑몰이 6월 중순 이후부터 일제히 대대적인 세일에 들어가 여름 시즌에 런던을 찾는 쇼퍼들도 많은 편이다.

7 July	**8** August	**9** September	**10** October	**11** November	**12** December
23.4℃	23.1℃	20℃	15.4℃	11.2℃	8.3℃
13.7℃	13.8℃	11.4℃	8.8℃	5.8℃	3.4℃
34.5mm	54.3mm	50mm	61.2mm	57.5mm	48.2mm

가을 AUTUMN

영국의 가을은 고풍스러운 이미지와 잘 어울리는 계절이다. 낙엽이 쌓이는 도심 공원을 비롯해 사색하기 좋은 런던의 곳곳에서 거리 공연, 음악 연주, 거리 극단, 음식 가판대, 보트 레이스, 불꽃놀이 등 각종 축제와 행사가 풍성하게 펼쳐진다. 특히 런던에서 가장 성대한 불꽃놀이 행사인 본파이어 나이트가 11월 초 런던의 주요 장소에서 펼쳐진다.

겨울 WINTER

도심 곳곳을 가득 메운 크리스마스 장식, 숍과 레스토랑의 훈훈한 성탄절 분위기를 만끽할 수 있다. 한국처럼 한파가 몰아닥치는 경우는 비교적 적지만 가끔 폭설이 내리기도 한다. 겨울의 가장 큰 이벤트인 크리스마스부터 1월 1일 새해맞이까지 거대한 퍼레이드(lnydp.com)가 펼쳐진다. 크리스마스 이후부터 연초까지 대규모 세일 행사도 시작된다.

365일 즐거운 런던 페스티벌
런던 축제 캘린더

전 세계가 기다리는 런던의 축제 일정에 맞춰 여행을 시작해보는 것은 어떨까.
1년 열두 달 365일 다채로운 런던의 주요 축제와 이벤트를 살펴본다.

런던 새해맞이 퍼레이드
London's New Year's Day Parade

매년 1만여 명 이상이 참여하는 런던의 대표적인 새해맞이 행사. 거리 한복판에 영국의 상징인 빨간색 이층버스와 대형 풍선이 등장하고 화려한 의상을 갖춰 입은 참가자들이 거리를 행진한다.

시기 1월 1일 낮 12시~오후 3시
장소 피커딜리 서커스 주변에서 시작, 국회의사당 근처에서 종료(상황에 따라 장소 변경)

팬케이크 레이스
Pancake Race

시기 2월 중순이나 말
장소 스피탈필즈 마켓, 코번트 가든, 링컨스 인 필즈

부활절
Easter

시기 3월 중순~4월 초순이나 중순(해마다 시기 변동)
장소 세인트 폴 대성당과 웨스트민스터 애비

옥스퍼드 & 캠브리지 조정 경기
Oxford & Cambridge University Boat Race

시기 3월 말이나 4월 초 주말
장소 런던 남서부 풀럼 인근 푸트니 브리지에서 출발, 모트레이크에서 종료(상황에 따라 장소 변경)

▶▶ 서머타임

4
April

런던 마라톤
London Maraton

런던에서 가장 큰 스포츠 이벤트 중 하나. 프로 마라토너와 아마추어가 함께 만드는 행사다. 마라톤을 관람하기 위해 매년 50만 명 이상이 런던을 찾는다.

- 시기 4월 셋째 주 주말
- 장소 그리니치 파크, 세인트존스 파크 등 코스에 따라 출발점이 3곳으로 나뉜다.

엘리자베스 여왕 생일
The Birthday of the Queen

- 시기 매년 4월 21일
- 장소 호스 가드 빌딩 앞

5
May

첼시 플라워 쇼
Chelsea Flower Show

꽃과 꽃향기로 가득한 왕립첼시병원 정원에서 5일간 펼쳐지는 꽃의 향연. 전 세계에서 모인 원예가 550여 명이 참여한다.

- 시기 5월 마지막 주
- 장소 왕립첼시병원

FA컵 결승전
FA Cup Final

- 시기 5월 초 또는 5월 중순
- 장소 런던 웸블리 스타디움

런던 문학 축제
London Literature Festival

- 시기 5월 말~6월 초 2주간
- 장소 런던 사우스뱅크 센터

코번트 가든 메이 페어 앤 푸펫 페스티벌
Covent Garden May Fayre & Puppet Festival

- 시기 매년 5월 중순(상황에 따라 변동)
- 장소 코번트 가든 세인트 폴 대성당 앞마당

6
June

윔블던 테니스 대회
Wimbledon Tennis

1877년 시작된 세계에서 가장 오래된 테니스 대회. 약 2주간 전 세계 수백 명의 테니스 선수들이 모여 승부를 가리고, 치열한 경기를 수천 명이 관람한다.

- 시기 6월 말~7월 초 2주간(상황에 따라 변동)
- 장소 런던 남서부의 윔블던 올 잉글랜드 론 테니스 클럽(Wimbledon All England Lawn Tennis Club)

7 July

8 August

9 September

시티 오브 런던 페스티벌
City of London Festival
- 시기) 매년 6월 말~7월 말
- 장소) 런던 전역

프라이드 런던
PRIDE LONDON

1967년 남성 간 동성애 처벌 조항을 폐기된 것을 기념하기 위해 매년 여름 열리는 행사. 영국 대규모 퍼레이드 행사 중 하나이며 약 백만 명의 방문객이 참가한다.
- 시기) 7월 중순
- 장소) 런던 전역(매년 장소 변동)

템스 페스티벌
Thames Festival
- 시기) 9월 첫째 주 주말이나 둘째 주 주말 이틀간
- 장소) 타워 브리지 인근, 사우스뱅크 센터 인근과 템스강 주변의 주요 보행자 도로

노팅힐 카니발
Nottinghill Carnival
- 시기) 8월 셋째 주 일요일~넷째 주 월요일(상황에 따라 변동)
- 장소) 런던 노팅힐 일대

※ 축제 기간에는 노팅힐 퍼레이드 장소 인근으로 향하는 버스 운행이 중단된다. 거리의 많은 참관 인파 속에서 소지품을 조심할 것.

10 October

11 November

12 December

댄스 엄브렐러
Dance Umbrella
- 시기 : 10월 초부터 10~20일간
- 장소 : 마켓 시어터, 댄스 팩토리 등 소극장(해마다 장소 변경)

런던 필름 페스티벌
London Film Festival
- 시기 : 10월 초·중순 약 15일간
- 장소 : 사우스뱅크의 내셔널 필름 시어터 및 런던 시내의 주요 영화 상영관

본파이어 나이트 (가이 포크스 나이트)
Bonfire Night (Guy Fawkes Night)

특히 런던에서 가장 성대한 불꽃놀이 행사. 가이 포크스 데이 Guy Fawkes Day라고도 불린다. 영국 화약음모사건의 실존 인물 가이 포크스가 1605년 11월 5일 영국 의사당을 폭파하려다 미수에 그친 것을 기념하는 화려하고 성대한 불꽃 축제가 벌어진다.

- 시기 : 매년 11월 5일 또는 전후
- 장소 : 프림로즈 힐, 하이버리 필즈, 알렉산더 팰리스, 클랩햄 커먼, 크리스털 팰리스 파크 등

베테랑 카 런
Veteran Car Run
- 시기 : 11월 첫째 주 일요일
- 장소 : 런던~브라이튼

크리스마스 데커레이션
Christmas Decoration
- 시기 : 11월 초나 중순
- 장소 : 옥스퍼드 스트리트, 리젠트 스트리트를 비롯해 런던 시내의 주요 백화점 및 주요 건물

새해맞이 불꽃놀이 축제
New Year's Eve Firework Display
- 시기 : 12월 31일
- 장소 : 트래펄가 스퀘어, 런던 아이 등 런던의 주요 명소(해마다 변경)

◀◀ 서머타임

스마트한 런던 여행자를 위하여
추천 애플리케이션

스마트폰은 전 세계 어디서나 사용할 수 있어 여행 시에도 유용하다.
현지에서 경로, 맛집, 숙소를 쉽고 빠르게 찾아주는 추천 애플리케이션을 모았다.

지도 애플리케이션

☑ 맵스미

와이파이가 터지지 않는 지역에서도 내 위치 확인 및 길 찾기가 가능한 오프라인 지도 애플리케이션. 사전에 여행지의 상세 지도 데이터를 미리 다운로드 받아두면 와이파이 없는 지역에서도 GPS로 현재 위치와 가장 가까운 명소, 호텔, 레스토랑, 전철역 등을 확인할 수 있다. 목적지까지의 경로 검색은 물론이고 현재 고도와 이동 속도까지 표시된다. 전 세계 국가별 주요 도시를 비롯해 근교 지역 상세 지도 데이터를 다운로드 받을 수 있어 가이드북에서 다루지 않은 외곽 지역까지 구석구석 여행할 수 있다. 예상치 못한 네트워크 장애로 낯선 여행지에서 길을 잃어버릴 염려가 없다는 것이 가장 큰 장점. 단, 와이파이가 없는 상태로 목적지를 검색할 땐 한글이 아닌 정확한 영문 명칭으로 검색해야 한다.

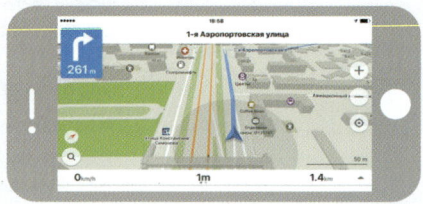

☑ 구글맵스

해외여행 시 가장 보편적으로 사용하는 지도 애플리케이션. 국가별 도시별 상세한 평면지도와 함께 위성사진, 스트리트뷰, 360도 파노라마뷰, 실시간 교통 상황, 대중교통 경로 등 다양한 정보를 제공한다. '오프라인 지역 다운로드'를 이용해 여행하고자 하는 도시의 이동 범위를 설정한 뒤 지도 데이터를 다운로드 받아두면 와이파이가 터지지 않는 지역에서도 현재 위치 확인과 길 찾기 서비스를 이용할 수 있다. 단, 구글맵 역시 맵스미와 마찬가지로 와이파이가 터지지 않는 환경에서는 한글이 아닌 정확한 영문 명칭으로 목적지를 검색해야 한다.

기타 유용한 애플리케이션

☑ 파파고
일본어에 특화되었다고 할 수 있을 정도로 자연스러운 번역·통역 애플리케이션. 여행에 필요한 기본적인 의사소통은 대부분 가능하다.

☑ 트립어드바이저
5억 건 이상의 여행 정보를 담고 있는 글로벌 여행 정보 애플리캐이션·사이트. 맛집, 숙박, 명소 등 여행에 필요한 모든 정보를 얻을 수 있다.

☑ 시티맵퍼
영국에서 대중적으로 사용하는 내비게이션 애플리케이션. 출발지와 도착지를 입력하면 실시간으로 최적의 경로를 찾아 준다.

☑ 트리플라
레스토랑, 액티비티, 투어 등 다양한 예약 서비스를 대행해준다. 간단한 클릭으로 진행하는 것이 아니라 채팅으로 예약하는 방식이다.

☑ 트라비포켓
총예산을 입력한 후 지출 내역을 추가하면 잔여 예산이 자동으로 계산되는 애플리케이션. 환율을 자동 환산으로 현지통화와 원화가 동시에 확인된다.

☑ 항공사 앱
이용하는 항공사 애플리케이션을 다운로드 받아두면 모바일 체크인, 항공권 예약 관리, 공항 실황 등을 간편하게 할 수 있다.

TIP 런던에서 유심카드 구입하기

런던에 일주일 이상 체류할 예정이라면 현지에서 선불제 유심카드를 구입할 것을 추천한다. 한국 통신사의 데이터 무제한 요금제를 이용할 수도 있지만 하루 이용료가 1만 원 선이라 여행 장기 체류할수록 지출 폭이 커진다. 선불제 유심카드를 이용할 수 있는 통신사는 보다폰 Vodafone, 오투 O2, 티모바일 T-mobile, 오렌지 Orange, 쓰리 Three 등이다.

SIGHTSEEING 명소

런던 베스트 스폿 | 런던 아키텍처 | 런던 동상 | 런던 시점 | 런던 뮤지엄&갤러리

SIGHTSEEING

가장 크거나 높거나 유명한
런던 베스트 스폿

런던에서 가장 크거나, 높거나, 유명한 베스트 스폿만 모았다.
방문 자체로 기념이 될 런던의 하이라이트 명소를 미리 만나보자.

런던에서 가장 높은 회전관람차
런던 아이 London Eye

새천년을 기념하기 위해 2000년에 건설된 회전관람차. 등장과 동시에 타워 브리지, 국회의사당 등과 함께 런던의 대표 랜드마크가 됐다. 캡슐 모양 곤돌라를 타고 30분간 전후좌우로 런던 시내 전경을 조망하기 좋다. 맑은 날 풍경도 좋지만 어둠이 내릴 무렵 탑승하면 런던 아이 바로 앞 국회의사당과 빅벤이 빚어내는 런던 최고의 야경을 감상할 수 있다.

위치 웨스트민스터역이나 워털루역에서 도보 10분 **P.200**

런던에서 가장 큰 고성
타워 오브 런던 Tower of London

영국 왕조의 역사를 대변하는 중요한 역사적 명소. 화이트 타워, 퀸스 하우스, 워털루 바렉 등으로 이루어져 있는데 최소 반나절은 할애해야 이곳의 매력을 제대로 음미할 수 있다. 여행자에게 가장 인기 있는 곳은 퀸스 하우스와 워털루 바렉 사이의 주얼 하우스 Jewel House로, 530캐럿의 어마어마한 크기의 다이아몬드로 장식된 셉터(Scepter : 왕위를 상징하는 막대)와 2800개 이상의 다이아몬드로 장식된 왕관들을 볼 수 있다.

`위치` 타워 힐역에서 도보 1분 **P.242**

런던에서 가장 오래된 백화점
리버티 Liberty

영국에서 가장 오래된 백화점. 고저택을 연상시키는 목조 건축물 구조로 유명하다. 1875년경 직원 3명이 전부인 패브릭 숍에으로 시작해 1920년대 튜더 리바이벌 스타일의 건축 양식으로 재탄생 했고 2009년 대대적인 개조를 통해 오늘날 런던에서 가장 독특한 백화점으로 완성됐다. 화려하고 기발한 디스플레이와 클래식한 인테리어가 돋보인다.

`위치` 옥스퍼드 서커스역에서 도보 3분 **P.147**

SIGHTSEEING

런던에서 가장 오래된 시장
버러 마켓 Borough Market

13세기부터 지금까지 런던 푸드 마켓의 맥을 이어가는 곳. 주중에는 새벽부터 이른 아침까지 과일, 채소 등을 도매로 팔고 여행자가 모이는 목·금·토요일 낮에는 풍성한 먹거리 장터가 펼쳐진다. 인근 농가와 베이커리에서 내놓는 과자, 빵, 낙농 제품, 와인, 초콜릿, 쿠키, 샌드위치를 비롯해 에스닉 푸드 등 다양한 먹거리를 살 수 있다.

위치 런던 브리지역에서 도보 2분, 서더크 성당 옆 **P.218**

런던에서 가장 높은 빌딩
더 샤드 The Shard

높이는 245m의 런던에서 가장 높은 빌딩. 유럽 전체에서는 잉글랜드 웨스트 요크셔 지방 엠리 무어(330m) 송신탑의 뒤를 이어 두 번째로 두 번째로 높다. 72개 층으로 이루어진 뾰족한 삼각탑 모양으로 빌딩 내에는 샹그릴라 호텔을 포함해 멋진 전망을 자랑하는 다이닝 공간이 들어서 있다. 템스강 전망을 즐기며 식사할 수 있는 데이트 스폿으로 유명하다.

위치 런던 브리지역에서 도보 2분 **P.220**

6 런던에서 가장 큰 대영박물관
브리티시 뮤지엄 The British Museum

런던을 넘어 세계 최대 규모를 자랑하는 대영박물관. 1759년 1월 지금 자리에 문을 열고 200여 년 동안 계속 확장하면서 오늘날 전시·소장된 유물만 800만 점에 이르는 대형 박물관이 되었다. 세계에서 가장 오래된 이집트의 미라, 이집트 상형문자를 해독하는 데 결정적인 기여를 한 로제타 스톤 등 주목할 만한 전시물을 통해 화려한 세계사를 읽을 수 있다.

위치 토튼햄 코트 로드역에서 도보 5분 P.262

7 런던에서 가장 오래된 공원
세인트 제임스 파크 St. James's Park

런던에서 가장 오랜 역사를 지닌 공원. 왕족들만 출입할 수 있는 왕립 공원이었으나, 17세기 일반인에 공개되었다. 하이드 파크나 리젠트 파크 등에 비해 규모는 작지만 호수를 따라가는 산책로를 비롯한 아기자기한 풍경이 동화 속 분위기를 떠올리게 한다. 호숫가에 서면 버킹엄 팰리스와 화이트홀, 웨스트민스터와 함께 오리, 거위, 백조 등을 볼 수 있다.

위치 세인트 제임스 파크역에서 도보 1분 P.185

SIGHTSEEING

클래식 vs. 모던
런던 아키텍처

빅토리아 시대에 건설된 웅장한 건축물과 세계가 주목하는 현대 건축물이
어깨를 나란히 하는 아키텍처의 천국 런던 속으로!

클래식

빅벤 Big Ben

1858년에 완공된 국회의사당 건물의 시계탑. "빅벤의 시곗바늘 소리는 영국의 숨소리"라고 표현할 만큼 역사적으로 의미가 크다. 찰스 1세 국왕은 이 빅벤 아래에서 의회의 재판을 받고 사형당했으며, 윌리엄 3세 때에는 영국의 헌법이라 할 수 있는 권리장전을 의회가 쟁취하기도 했다. 시계탑 내 13t이 넘는 거대한 종이 있으며 이 종의 이름 역시 '빅벤'이다.

위치 웨스트민스터역에서 도보 1분 P.190

버킹엄 팰리스 Buckingham Palace

영국 왕실 권력과 부의 역사를 한눈에 보여주는 공간. 영국 왕실이 스코틀랜드로 휴가를 떠나는 8~9월 기간에만 일반인에게 일부 공개된다. 호화스러운 벽면 장식과 천장화, 각종 금은 식기류, 카펫과 붉은 벽지 등이 영국 왕실의 고고한 기품을 유감없이 드러낸다.

위치 세인트 제임스 파크역 또는 빅토리아역, 그린 파크역에서 하차하여 도보 7분 P.182

세인트 판크라스 스테이션 St. Pancras Station

전 세계에서 가장 멋진 외관을 지닌 기차역. 우뚝 솟은 시계탑을 지닌 붉은색 건물이 인상적이다. 빅토리안 양식의 절정을 보여주는 외관은 1868년 완공된 것으로 2000년대에 £8억의 엄청난 자금을 쏟아부어 대대적인 보수 공사를 마쳤다. 역사 내에는 영국의 대표적인 조각가 폴 데이 Paul Day의 거대한 남녀 동상과 그 주변에 놓인 폴 데이의 인상적인 또 다른 입체적 부조물이 가득하다.

위치 킹스 크로스 세인트 판크라스역에서 도보 4분 P.324

타워 브리지 Tower Bridge

남단 버러 지역과 북단 시티 지구를 연결하는 길이 244m의 도개교. 두 개의 탑이 연결된 독특한 외관으로 '세계에서 가장 아름다운 다리'라 불린다. 탑과 탑 사이 워크웨이 Walkway를 건너며 템스강 주변 시티 홀과 더 샤드의 전경을 즐길 수 있다.

위치 런던 브리지역에서 도보 15분, 타워 힐역에서 도보 5분 P.223

웨스트민스터 애비 Westminster Abby

유네스코 세계문화유산으로 지정된 런던의 대표적인 교회 건축물. 11세기 때 지어졌으며 이후 초기 영국식 고딕 양식이 가미되고 14세기 후반에는 프랑스의 고딕 양식이 추가되었다. 11세기 윌리엄 왕 이래로 대부분의 영국 왕들의 대관식이 열렸으며, 13세기 헨리 8세부터 18세기 조지 2세 국왕에 이르기까지 수많은 왕의 시신이 이곳에 묻혀 있다.

위치 웨스트민스터역에서 도보 3분 P.192

SIGHTSEEING

세인트 폴 대성당 St. Paul Cathedral

가장 영국적인 아름다움을 간직한 성당. 높이 111m의 거대한 규모로 1962년까지 런던에서 가장 높은 건물이었다. 넬슨 제독, 윈스턴 처칠의 장례식과 빅토리아 여왕 즉위 60주년 기념식, 엘리자베스 2세 여왕의 80세 생일 축하 기념식 등이 펼쳐진 역사적 장소이기도 하다.

위치 세인트 폴역에서 도보 2분 **P.232**

서머싯 하우스 Somerset House

런던에서 주목할 만한 가장 멋진 건축물 중 하나. 화려한 팔라디안 건축양식으로 오늘날 내로라하는 인상파와 후기인상파 작가의 작품을 전시하고 있는 코톨드 갤러리를 비롯해 비주얼 아트, 설치미술, 조각, 패션, 건축 등 다방면에 대한 전시 이벤트가 펼쳐진다. 여름철에는 콘서트 장소로, 겨울철에는 아이스링크로 사용되는 코트야드에서 해 질 녘 야경 속 건물을 촬영하면 멋진 사진을 남길 수 있다.

위치 템플역에서 도보 3분, 코번트 가든역에서 도보 10분 **P.234**

왕립재판소 Royal Courts of Justice

1874년 건축가 조지 에드문드 스트리트가 빅토리안 고딕 스타일로 세운 회색 건물. 스트랜드 대로에 자리 잡고 있어 한눈에 들어올 정도로 건물의 풍채가 대단하다. 오늘날 잉글랜드와 웨일스의 항소법원과 고등법원이 있다. 건물 내부의 그레이트 홀에는 방문객들을 위한 법관 의복 등이 전시되어 있으며 재판 과정을 관광할 수도 있다.

위치 템플역에서 도보 7분 **P.231**

시티 홀 City Hall

영국 출신의 세계적인 건축 디자이너 노만 포스터가 설계한 런던의 대표적인 현대 건축물 중 하나. £6500만의 비용을 들여 지난 2002년 7월 기울어질 듯한 돛 모양의 독특한 형태로 완성됐다. 시청 건물이기 때문에 특별한 용무 없이 일반인들의 내부 출입을 통제하고 있어 일반 관람은 불가능하다. 대신 시티 홀 앞에서 타워 브리지 전경을 카메라에 담아보자.

위치 런던 브리지역에서 도보 7분 **P.221**

모던

30 세인트 메리 액스 30 St. Mary Axe

2004년 오픈한 현대 건축물. 세계적 건축 디자이너 노만 포스터가 설계에 참여한 것으로 유명하다. 높이 180m, 41층 건물로 거대한 총알을 허공을 향해 수직으로 세워놓은 것 같은 독특한 외관이 눈길을 끈다. 일반인들의 출입은 제한되며 건물 내 자리한 럭셔리 다이닝 스폿인 전망대 레스토랑은 오직 예약을 통해 입장 및 식사가 가능하다.

위치 알드게이트역에서 도보 5분 **P.241**

SIGHTSEEING

센트럴 세인트 자일스 Central St. Giles

토튼햄 코트 로드역에서 세인트자일스 하이 스트리트를 따라 걷다 보면 만나는 인상적인 현대 건축물. 옐로, 그린, 라임, 오렌지의 컬러풀한 색상을 지닌 건물들이 한데 모여 있는 오피스 빌딩군으로 세계적인 건축 디자이너 렌조 피아노가 £4억5000만의 비용을 들여 설계했다. 빌딩 내에는 구글, NBC방송 등이 있으며 퍼블릭 코트야드 주변으로 카페, 레스토랑이 들어서 있다. 빌딩 3층에 서면 코트야드 전경 사진을 찍기 좋다.

위치 토튼햄 코트 로드역에서 도보 3분 **P.158**

킹스 크로스 스테이션 King's Cross Station

1852년 완공돼 대대적인 복구 및 리모델링을 거쳐 현대적인 모습으로 재탄생한 런던의 대표 기차역. 마치 SF영화에 나올 법한 아치형 천장의 인테리어는 보는 이들의 탄성을 자아낸다. 특히 역사 내 디파처 홀 아치형 천장 구조물이 하이라이트 감상 포인트.

위치 킹스 크로스 세인트 판크라스역에서 도보 1분 **P.324**

밀레니엄 브리지 Millenium Bridge

공식적인 명칭은 런던 밀레니엄 풋 브리지다. 길이 325m에 최대 폭 4m로 1996년 서더크 시의회 Southwark Council에서 공모하여 당선된 디자인과 엔지니어링 전문 회사인 영국의 아룹 Arup에 의해 설계되었다. 철근으로 이어진 현대적인 감각의 보행자 전용 다리는 가장 영국적인 장엄미를 간직한 성당 세인트 폴 대성당과 테이트 모던을 연결한다.

위치 세인트 폴역에서 도보 5분, 세인트 폴 대성당과 테이트 모던 사이 **P.206**

밀레니엄 돔 Millenium Dome

그리니치 반도의 북쪽 끝자락에 있는 21세기 런던의 새로운 아이콘. '더 오투 The O2'라고도 불린다. 런던시의 대규모 격축 행사와 전시를 소개하는 장소로 사용되었으며 현재는 2만 석 규모의 아레나에서 콘서트, 아이스 쇼, 각종 스포츠 행사 등이 열린다. 좀 더 작은 2000석 규모의 인디고 홀을 비롯해 영화관, 레스토랑, 카페 등의 편의시설을 갖추고 있다.

위치 전철 주빌리 라인의 노스 그리니치역에서 도보 2분, DLR 커티 사크역에서 오려면 버스 129번을 타면 된다. **P.337**

로이즈 오브 런던
Lloyd's of LondonLloyd's of London

영국의 유명 보험회사 로이즈의 빌딩. 건축 디자이너 리처드 로저스 Richard Rogers에 의해 1986년 완공되어 오랫동안 런던의 대표적인 현대 건축물로 군림해 왔다. 30 세인트 메리 액스, 런던 시티 홀, 샤드 등 주목받는 현대 건축물이 대거 등장해 그 명색이 좀 퇴색한 느낌이 없진 않으나 이 건물은 여전히 SF영화의 공장을 떠올리게 하는 오라를 뽐낸다.

위치 토튼햄 코트 로드역에서 도보 3분 **P.241**

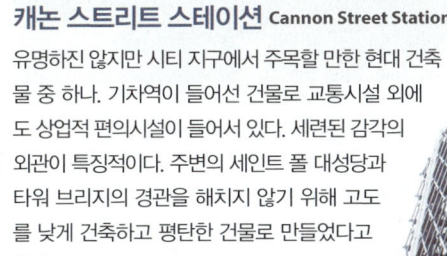

캐논 스트리트 스테이션 Cannon Street Station

유명하진 않지만 시티 지구에서 주목할 만한 현대 건축물 중 하나. 기차역이 들어선 건물로 교통시설 외에도 상업적 편의시설이 들어서 있다. 세련된 감각의 외관이 특징적이다. 주변의 세인트 폴 대성당과 타워 브리지의 경관을 해치지 않기 위해 고도를 낮게 건축하고 평탄한 건물로 만들었다고 한다.

위치 맨션 하우스역에서 도보 7분 **P.238**

SIGHTSEEING

여행길 아름다운 나침반
런던 동상

런던 명소의 중심에는 정교하고 아름다운 동상이 있다.
여행지를 찾기 위한 나침반이자 표지판으로 삼기 좋은 런던의 동상을 소개한다.

헬리오스의 말 동상
Horses of Helios Statue

피커딜리 서커스 코너에 있는 동상. 1992년 조각가 루디 웰러가 세운 것으로 런던의 여러 동상 중 가장 생동감 넘치는 작품이다. 그리스 신화 속 태양신 헬리오스의 황금마차를 몰고 다니는 피로이스, 에오스, 아에톤, 프레이온 4마리 황금 말의 모습을 하고 있다.

에로스 동상 Statue of Eros

피커딜리 서커스 교차로 중심의 명물. '크리스천 자선의 천사'로도 불린다. 동상 주변은 런던 시내의 번잡함과 생동감을 동시에 만끽하려는 여행자들로 늘 붐빈다. 여름철에는 이 일대를 중심으로 아마추어 연주자들이 선보이는 다채로운 즉흥 공연이 펼쳐진다.

036 명소

셰익스피어 동상 Statue of William Shakespeare

차이나타운 남쪽, 레스터 스퀘어 정중앙에 영국의 대문호 셰익스피어 동상이 있다. 턱을 괸 채 내려다보는 셰익스피어의 시선을 따라가면 '전 세계 희극인의 아버지'라 불리는 찰리 채플린 동상이 보인다. 한 광장 안에서 '비극의 황제'와 '희극의 황제'를 만날 수 있다.

소녀와 돌고래 분수 girl with a dolphin fountain

세계에서 가장 아름다운 다리인 타워 브리지 Tower Bridge 앞에 있는 동상. 소녀와 돌고래의 특별한 교감을 표현한다. 일반적인 동상과 달리 물속을 헤엄치는 것 같기도 하고 궁중을 날아오르는 것 같기도 한 생동감 넘치는 모습이 인상적이다.

SIGHTSEEING

네 개의 청동 사자상 Statue of a Lion

트래펄가 스퀘어 중앙에 있는 코린트 양식의 기념비를 넬슨 칼럼이라 부른다. 1840년 거대한 기둥 위에 넬슨 제독의 넋을 기리기 위해 동상을 세우고 1867년 그 주변으로 4개의 청동 사자상을 추가했다. 관광객들에게 포토제닉 스폿으로 인기 만점이다.

올드 베일리 정의의 여신상 Old Bailey Statue of Justice

런던 중앙형사재판소 건물 위에 서 있는 황금빛 동상. 강인한 여성이 팔을 한 치의 치우침 없이 좌우 대칭으로 뻗고 있다. 한 손에는 칼, 한 손에는 저울을 들고 있는 모습으로 엄중하고 공평한 법 집행을 상징한다. 심판의 여신, 정의의 여신 등으로 불린다.

빅토리아 여왕 기념비
Queen Victoria Memoria

런던의 버킹엄 팰리스 광장에 있는 런던 대표 기념비 중 하나. 조지 5세의 명령으로 조각가 토마스 브록이 세웠다. 근엄한 빅토리아 여왕 동상과 그 위로 금빛 브리타니아 여신상이 차례로 시선을 빼앗는다. 빅토리아 여왕의 시선을 따라가면 북동쪽 더 몰 지역에 닿는다.

템플 바 메모리얼
Temple Bar Memorial

왕립재판소 앞에 있는 용의 형상을 한 동상. 그리스 신화에 등장하는 괴물인 그리핀 Griffin으로 불리기도 한다. 1880년 세워진 시티 오브 런던의 심벌이다. 예로부터 런던시의 재산과 보물을 지켜주는 수문장을 역할을 해왔다.

사우스 뱅크 사자상 The South Bank Lionv

1837년에 주조된 사자상. 웨스트민스터 브리지 동쪽 끝에 있다. 용맹스러운 자태의 사자상은 여행자에게 인기 높은 기념사진 촬영 스폿이다. 지금은 흰색이지만 주조 당시에는 붉은색이었기 때문에 지금까지 레드 라이온 Red Lion이라 불린다. 영국문화유산으로 지정돼 있다.

SIGHTSEEING

여행지가 되는 영국의 서가
런던 서점

런던에서는 오래된 장서가 꽂혀 있는 서가도 근사한 여행지가 된다.
책이 있는 오래된 여행지, 런던의 대표 서점을 만나보자.

포일스 Foyles

세계에서 가장 큰 서점으로 기네스북에 올랐던 서점. 차링 크로스 로드에 놓인 플래그십 스토어에는 지금도 이 오래된 서점을 오가는 독서광들이 적지 않다. 오늘날 온라인 스토어를 통해 판로를 모색하는 한편, 매장 내부도 현대식으로 개보수하여 쾌적하고 산뜻한 분위기다. 문학, 철학, 종교, 교양, 예술 등 전 분야에 걸쳐 다양한 서적을 구비하고 있다.

위치 토튼햄 코트 로드역에서 도보 10분 **P.150**

돈트 북스 Daunt Books

런던에서 가장 아름다운 서점. 여행서, 논픽션, 소설이나 시집 등의 문학 장르를 주로 취급한다. 인테리어와 분위기가 좋기 때문에 꼭 필요한 책이 없더라도 잠시 둘러볼 것을 추천한다. 매릴본, 첼시, 홀랜드 파크 등지에 지점을 두고 있다.

위치 베이커 스트리트역에서 도보 8분
P.282

노팅힐 북 숍 The notting hill bookshop

작은 서점을 운영하는 남자와 세계적인 여배우의 사랑을 그린 영화 〈노팅힐〉에서 휴 그랜트가 운영하는 여행 전문 서점으로 촬영된 장소. 실제 30년 이상 된 노포로, 억지로 연출할 수 없는 오래된 서점의 빈티지한 분위기가 매력적인 서점이다. 영화가 개봉된 지 20여년이 지금까지 노팅힐의 상징적 장소로 사랑받고 있다. 당시에는 트래블 북 숍 The travel bookshop 이라는 상호를 사용했는데 지금은 노팅힐 북 숍 The notting hill bookshop으로 상호도 바꾼 상황이다.

위치 노팅힐 게이트역에서 포토벨로 로드를 따라 도보 13분 P.306

SIGHTSEEING

스탠포즈 Standfords

유럽에서 가장 큰 여행 서점. 여행을 좋아하는 여행 마니아라면 반드시 들러볼 만한 명소다. 세계적으로 유명한 〈론리플래닛〉 시리즈를 포함해 〈브라트 Bradt〉 〈포더스 Foder's〉 등을 구비하고 있다. 그밖에도 희귀한 여행 책자와 국내에서 구입하기 어려운 세계 각지의 정밀 지도를 판매하고 있어 유명 여행지부터 오지까지 자세한 여행 정보를 얻을 수 있다.

위치 코번트 가든역에서 도보 5분 **P.175**

책이 있는 여행지

사우스뱅크 북마켓 Southbank Book Market

사우스뱅크 워털루 브리지 아래에서 중고 서적을 사고파는 벼룩시장이 열린다. 런던 유일의 고서점 거리로 평일에도 열리지만 규모가 작은 편이라 진짜 북마켓을 둘러보려면 주말에 가는 것을 추천한다. 서점에서 찾아보기 힘든 고서나 희귀서를 저렴한 값에 구입할 수 있다. 브리티시 필름 인스티튜트에서 운영하는 영화관을 함께 둘러보기 좋다.

위치 워털루역에서 도보 5분 **P.202**

보들리언 라이브러리
Bodleian Library

옥스퍼드 대학의 메인 라이브러리로 유럽에서 가장 오래된 도서관 중 하나. 1100만 부 이상의 장서를 소장한 런던의 브리티시 라이브러리 다음으로 많은 500만 권 이상의 책을 소장하고 있다. 책을 열람하는 것은 가능하나 예로부터 대여는 불가한 원칙이 오늘날까지 지켜지고 있다.

위치 옥스퍼드 기차역에서 도보 17분, 셸도니언 시어터 인근 **P.352**

카툰 뮤지엄 The Cartoon Museum

영국 만화, 만화로 그린 초상화, 연재만화를 소개하는 영국 만화 박물관. 영국에서 만든 독특한 애니메이션 작품도 엿볼 수 있다. 만화와 관련된 5000여 권의 서적과 4000여 권의 만화책을 보유한 도서관이 있다. 브리티시 뮤지엄 앞에 놓인 이곳은 지난 2006년 에딘버러 공작의 적극적인 후원으로 오픈했다.

위치 토튼햄 코트 로드역에서 도보 5분 **P.258**

가든 뮤지엄 숍 Garden Museum Shop

정원 가꾸기나 화초 가꾸기 등에 대단한 관심과 열정을 지닌 사람을 위한 서점 겸 갤러리. 자신만의 정원을 아름답게 가꾸는 방법을 담은 관련 서적뿐 아니라 정원 가꾸기에 필요한 다양한 물건, 이를테면 삽, 철제 도구, 작은 화분, 장갑 등을 구비해놓고 있다. 또한 정원에서 재배한 유기농 과일로 만든 잼도 판매한다. 크리스마스 시즌에는 정원을 장식할 크리스마스 데코용품을 판매하기도 한다.

위치 램버스 노스역에서 도보 8분, 가든 뮤지엄 내 **P.213**

SIGHTSEEING

유럽 미(美)의 전당
런던 뮤지엄&갤러리

런던의 뮤지엄과 갤러리를 여행한다는 것은,
단순한 박물관과 미술관이 아니라 유럽 역사를 관통하는 미(美)의 전당으로 간다는 것이다.

내추럴 히스토리 뮤지엄 Natural History Museum

식물, 곤충, 광물, 동물, 고생물 분야 관련 7000만 개에 달하는 소장품이 있는 박물관. 원래 지질학박물관으로 문을 연 뒤 다윈의 진화론에 관한 자료가 추가되었다. 딱히 과학에 관심이 없더라도 런던 박물관 중에서 가장 드라마틱한 인테리어를 감상할 수 있다. 박물관 2층에 올라 빅토리안 스타일의 인테리어 전경을 담아보자. 어린 자녀나 청소년들과 함께라면 박물관 내 포유류 전시관에 있는 각종 거대 동물의 모형이나 박물관 1층의 중앙 홀에 있는 32m 길이의 공룡의 복제 모형 등을 둘러보는 것을 추천한다.

위치 사우스 켄싱턴역에서 도보 3분 **P.299**

빅토리아 앤 앨버트 뮤지엄 Victoria & Albert Museum

장식 미술과 관련 세계 최대의 소장품을 자랑하는 박물관. 화려한 건축미가 돋보이는 외관과 우아한 내부 인테리어로 유명하다. 145개의 크고 작은 전시 공간에 유럽, 인도, 터키, 페르시아, 동아시아에 등 세계 각국의 중세, 근대, 현대를 아우르는 450만 점의 소장품을 진열한다. 박물관 뒤편에 존 마데스키 가든 John Madejski Garden이 있어 방문자를 위한 따스하고 평온한 휴식 공간도 갖추고 있다.

위치) 사우스 켄싱턴역에서 도보 3분 **P.298**

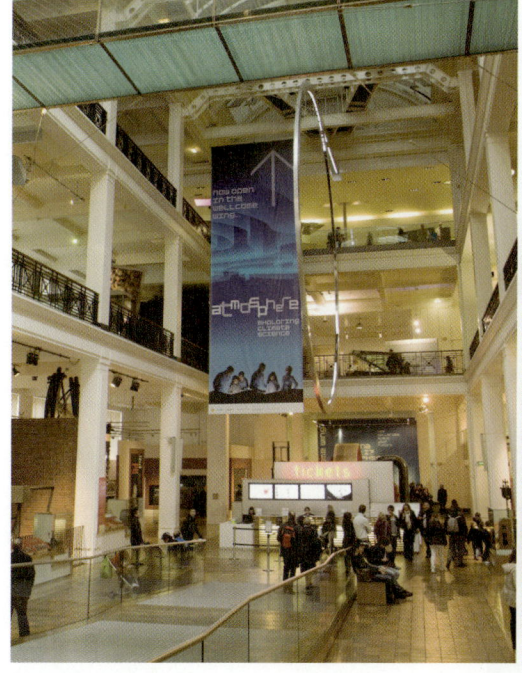

사이언스 뮤지엄 Science Museum

빅토리아 앤 앨버트 뮤지엄, 내추럴 히스토리 뮤지엄과 함께 사우스 켄싱턴 뮤지엄 지구를 형성하는 박물관. 로켓, 증기기관차, 제트엔진 등 기계류나 과학 장치에 관심 많은 어린이, 청소년들에게 인기가 많다. 6개의 층에 약 30만 개의 전시물이 테마별로 분류돼 있다. 특히 4층에는 영상을 보면서 관람의자의 움직임을 즐기는 모션라이드 시뮬레이터라는 흥미진진한 체험 놀이 기구가 마련돼 있다.

위치) 사우스 켄싱턴역에서 도보 7분 **P.297**

SIGHTSEEING

임피리얼 워 뮤지엄 Imperial War Museum

영국의 군사력이 가장 강성했던 19~20세기 무기가 전시된 전쟁 박물관. 제1·2차 세계대전, 한국전쟁, 베트남전쟁에서의 영국군의 활약을 담은 자료 등이 소개되고 있다. 캄보디아, 유고슬라비아, 르완다 내전에서 벌어진 전쟁 사진과 영상물을 통해 전쟁의 참상을 전하기도 한다.

위치 램버스 노스역에서 도보 5분 P.198

월리스 컬렉션 Wallace Collection

1776년에 세워진 귀족의 대저택에서 고급 가구, 회화 작품, 장식 예술품을 배경으로 사진을 찍어볼까? 월리스 컬렉션은 부친으로부터 막대한 보물을 물려받은 리처드 월리스의 소장품이 전시된 박물관이다. 베네치아화파의 작품과 네덜란드 화가의 작품 등 회화 작품을 폭넓게 감상할 수 있다. 유리 천장 아래 놓인 코트야드에는 런던에서 가장 고상하고 아름다운 분위기를 지닌 뮤지엄 레스토랑이 자리하고 있다.

위치 본드 스트리역에서 도보 5분 P.273

국립해양박물관 National Maritime Museum

세계에서 가장 큰 해양박물관. 박물관 앞쪽에 넬슨 제독이 탔던 배의 모형을 유리병 안에 넣어 전시한 조형물이 설치되어 있다. 내부에는 해양과 관련된 회화 작품, 조각품, 각종 선박 모형, 해양 지도 등 풍부한 자료가 전시 중이다. 그중 방문객의 눈길을 가장 많이 끄는 전시물로는 웨일스의 왕자 프레데릭을 위해 1732년에 건조된 19m 길이의 금색 바지선이다. 1층의 갤러리에서는 항구로서 런던의 옛 모습을 볼 수 있다.

위치 DLR 커트 사크역에서 도보 10분 P.336

SIGHTSEEING

코폴드 갤러리 Courtauld Galley
오늘날 내로라하는 인상파와 후기인상파 작가의 작품을 전시하고 있다. 런던에서 주목할 만한 가장 멋진 건축물 중 하나인 서머싯 하우스 내에 자리해 화려한 팔라디안 건축양식을 함께 감상하기에 좋다. 갤러리는 대대적인 재정비 후 2011년 6월 다시 문을 열었다. 비주얼 아트, 설치미술, 조각, 패션, 건축 등 다방면에 대한 전시 이벤트가 펼쳐진다.

위치 템플역에서 도보 3분, 코번트 가든역에서 도보 10분 **P.234**

내셔널 갤러리 National Gallery
트래펄가 스퀘어 앞에 자리 잡은 런던을 대표하는 미술관. 1824년 문을 열어 오늘날 2000여 점이 넘는 회화 작품을 소개하고 있다. 런던에서 한 군데의 미술관만을 보길 원한다면 이곳을 놓쳐서는 안 된다. 그만큼 레오나르도 다 빈치, 보티첼리, 라파엘로 등 유럽의 내로라하는 화가들의 명작을 한 곳에서 만날 수 있다. 서관, 북관, 동관 순으로 관람하면 13세기부터 20세기 초의 작품을 순차적으로 감상하기 좋다.

위치 차링 크로스역에서 도보 7분 **P.167**

테이트 모던 Tate Modern

과거 발전소 건물을 개조해 2000년에 문을 연 미술관. 테이트 재단에 속한 미술 전시 공간으로, 세계 각국의 촉망받는 아티스트의 작품을 소개하며 세계에서 손꼽히는 컨템퍼러리 아트 명당으로 자리 잡았다. 해마다 약 470만 명의 방문객이 찾는 세계에서 가장 많은 방문객들이 많은 모던 아트 뮤지엄이다. 건물은 총 7개의 층으로 이루어져 있으며 LEVEL 0부터 LEVEL 4까지가 전시 공간이다. 전시는 풍경, 정물, 인체, 역사 등 4가지 주제로 나누어지며 초현실주의 작품부터 사진, 영상, 설치미술 등 모던 아트의 새로운 경향을 띤 작품까지 폭넓게 전시한다. LEVEL 3의 카페 발코니와 LEVEL 6의 레스토랑에서 서면 밀레니엄 브리지 너머로 세인트 폴 대성당의 장엄한 풍광이 한눈에 들어온다.

위치 서더크역에서 도보 10분 P.208

테이트 브리튼 Tate Britain

테이트 모던이 등장하기 전까지 주옥같은 컨템퍼러리 아트 작품이 전시된 곳. 비록 테이트 모던이 등장한 후 많은 컨템퍼러리 아트 작품이 테이트 모던으로 옮겨졌지만 그 명성은 여전하다. 여전히 스탠리 스펜서, 루시안 프로이트, 프란시스 베이컨 등의 작품이 이곳에 둥지를 틀고 있다. 영국 출신의 화가 외에도 세잔, 고갱, 피카소 등 유럽의 주요 화가의 작품도 만날 수 있다.

위치 핌리코역에서 도보 5분 P.193

SIGHTSEEING

포토그래퍼스 갤러리 The Photographers' Gallery

세계적으로 촉망받는 컨템퍼러리 포토그래퍼들의 사진 작품을 감상할 수 있는 갤러리. 상업주의에 휩쓸리지 않고 묵묵히 세상과 자신의 마음을 사진에 담아 보여주는 작가들의 작품을 만나볼 수 있다. 해마다 2월 9일부터 4월 8일까지 독일 뵈르세 사진 출품전이 이곳에서 개최되는데 이 시기에 전 세계 드러나지 않은 무명작가들의 실험성 강한 작품들이 많이 출품된다. 3개의 층에 전시실이 있으며 교육 활동을 위한 스튜디오, 서점, 카페가 있다. 특히 프린트된 사진을 파는 숍이 있어 마음에 드는 사진 작품을 구입할 수 있다.

위치 옥스퍼드 서커스역에서 도보 3분 **P.139**

화이트 채플 갤러리 White Chapel Gallery

이스트엔드 지구의 대표적인 컨템퍼러리 아트 갤러리. 1901년 설립된 곳으로 1938년에는 피카소의 대표작 〈게르니카〉를 전시하기도 했다. 오늘날 때로는 기괴할 정도로 독창적인 작품들이 주류를 이루는 이곳은 회화, 조각, 설치미술, 사진, 비디오 아트 등 다방면의 작품을 선보인다. 알드게이트 이스트역 바로 옆에 자리한다.

위치 알드게이트 이스트역에서 도보 1분 **P.246**

내셔널 포트레이트 갤러리 National Portrait Gallery

미술 애호가가 아닐지라도 문화 전반에 흥밋이 있다면 꼭 들러볼 만한 곳이다. 1856년 첫 모습을 드러냈을 때 세계 최초로 초상화만을 다루는 아트 갤러리였다. 오늘날은 인물의 모습을 다양한 예술적 방법으로 표현한 작품을 전통적인 유화 형태의 초상화에서부터 사진 작품, 최첨단 디지털 기기를 이용한 영상 작품까지 방대한 영역에서 소개한다. 인물의 대상은 실로 다양하다. 각 시대를 대표하는 클래식 음악가, 과학자, 예술가, 모델 등 다양한 분야의 얼굴이 뒤엉켜 있다. 인물의 모습을 유쾌하게 표현한 풍자만화 작품도 흥미로운 볼거리다.

위치 차링 크로스역에서 도보 2분 **P.164**

사치 갤러리 Saatchi Gallery

세계적으로 주목받는 런던의 작은 컨템퍼러리 아트 전시 공간 중 하나. 1985년 아티스트인 찰스 사치 Charles Saatchi가 세운 곳으로 처음에는 자신의 작품을 소개하기 위해 전시 공간을 만들었으나 현재에는 이름이 알려지지 않은 신예 아티스트들의 도발적이고 개성 넘치는 작품을 소개하는 등용문이 되고 있다. 그동안 이곳에 작품이 전시된 아티스트로는 앤디 워홀 Andy Warhol, 댄 플래빈 Dan Flavin, 솔 르 윗 Sol Le Witt, 안젤름 키퍼 Anselm Kiefer 등이 있다. 원래 사치 갤러리는 런던 북부에 둥지를 텄으나 후에 사우스뱅크 지역으로 이주하게 되고 다시 오늘날의 첼시 지구에 정착하게 되었다.

〉위치〉 슬론 스퀘어역에서 도보 3분 **P.300**

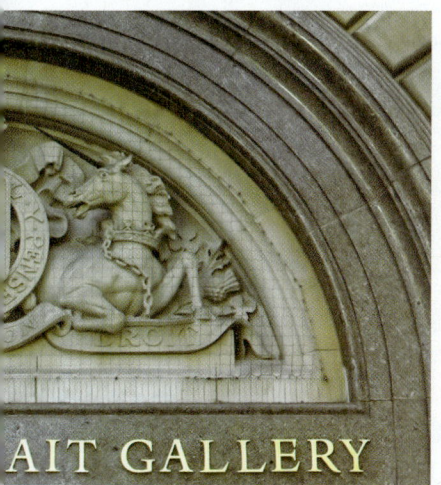

로열 아카데미 오브 아트 Royal Academy of Arts

1768년에 세워진 영국의 첫 번째 아트스쿨. 일부 전시실은 종종 방문객들에게 무료로 개방되는데, 터너, 호크니, 게인스버러, 레이놀즈 등 영국의 내로라하는 화가들의 주옥같은 작품을 화려한 장식으로 가득한 공간에서 만날 수 있다. 특히 로열 아카데미 오브 아트는 건축학적으로도 매우 흥미로운 공간이다. 내부 코트야드에 서면 조각품이나 설치 미술품을 감상할 기회가 주어진다. 매년 6월 초에서 8월 중순까지 지난 250년간 대중들이 원하는 작품을 엄선해 선보이는 전시 행사 로열 아카데미 서머 엑시비션이 펼쳐진다.

〉위치〉 그린 파크역이나 피커딜리 서커스역에서 도보 3~4분 **P.275**

051

CULTURE 문화

런던 뮤지컬 가이드　|　런던 거리 공연 스폿　|　영국 프리미어 리그　|　런던 호텔　|　런던 나이트라이프

CULTURE

웨스트엔드 뮤지컬 탐방
런던 뮤지컬 가이드

뉴욕에 브로드웨이가 있다면, 런던에는 웨스트엔드가 있다.
세계적인 뮤지컬의 메카에 왔다면 뮤지컬 한 편 감상하는 것은 기본!

웨스트엔드 뮤지컬

런던 서쪽의 소호 일대 극장 밀집 지역을 웨스트엔드라 통칭한다. 뉴욕 브로드웨이와 함께 세계 뮤지컬 메카로 꼽히는 지역으로 런던의 주요 극장 50여 개가 이 일대에 포진해 있다. 흔히 뮤지컬의 메카라고 하면 미국 브로드웨이를 떠올리지만, 웨스트엔드야말로 〈캣츠〉 〈에비타〉 〈미스 사이공〉 〈오페라의 유령〉 〈지저스 크라이스트 슈퍼스타〉 등 불후의 명작이라 부르는 대형 뮤지컬이 탄생하고 '뮤지컬의 황제' 앤드루 로이드 웨버를 배출한 뮤지컬의 요람이자 메카다.

티켓 예매 노하우

극장 홈페이지나 티켓 예약 판매 전문 사이트 티켓마스터(www.ticketmaster.co.uk) 등을 통해 예약하면 보다 저렴하게 티켓을 구입할 수 있다. 뮤지컬 티켓 가격은 작품마다 상이하며 요일과 좌석에 따라 달라진다. 보통 입석 £10, 무대 앞 £60~70, 중간 £20~60, 측면이나 상단 £20~25 정도로 무대와 멀어질수록 저렴하다. 사전 예매를 못 했다면 런던 시내 곳곳에 자리한 매표소에서 할인 티켓을 구매하자. 단, 런던의 뮤지컬은 매주 일요일과 크리스마스, 1월 1일에는 공연하지 않는 곳이 많으니 미리 공연 정보를 확인해야 한다.

> **TIP**
>
> ### 극장 좌석 용어
>
> 일반적으로 극장 하단 객석을 스톨스 Stalls, 극장 중간층 객석을 서클 Circle 또는 드레스 서클 Dress Circle이라 부르며, 가장 저렴한 가격의 극장 측면의 객석과 상단 부분의 객석은 발코니 Balcony와 갤러리 Gallery라고 부른다.

CULTURE

웨스트엔드 인기 TOP 뮤지컬

라이온 킹 Lion King

1994년에 개봉한 디즈니사의 애니메이션 원작으로 1999년부터 공연하고 있는 롱런 작품. 아프리카 동물로 분한 배우들의 연기와 화려한 퍼포먼스가 압권이다. 장편 애니메이션의 한 장면을 무대로 옮겨놓은 무대 세트와 연출이 극의 몰입도를 높인다.

[지도] MAP 2 ⓚ [장소] 라이시엄 시어터 Lyceum Theater [위치] 코번트 가든역에서 도보 7분 [주소] 21 Wellington St, WC2E 7RQ [오픈] 화~토요일 19:30(수 · 토요일 14:30/19:30), 일요일 14:30 [요금] £25~67.5 [전화] 0845-0505-8500 [홈피] thelionking.co.uk

마틸다 Matilda

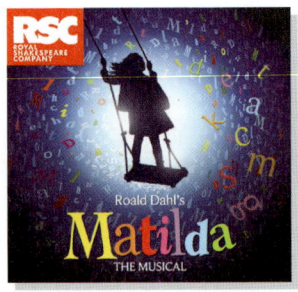

우리에게 다소 낯선 뮤지컬이지만 지난 수년간 런던에서 가장 인기 높은 뮤지컬이다. 〈찰리와 초콜릿 공장〉으로 친숙한 작가 로알드 달의 동화를 원작으로 초능력 소녀 마틸다가 무개념 어른들을 혼내주고 삶의 행복을 찾아가는 과정을 그린다.

[지도] MAP 2 ⓒ [장소] 캠브리지 시어터 Cambridge Theatre [위치] 코번트 가든역에서 도보 5분 [주소] 32-34 Earlham Street, London, WC2H 9HU [오픈] 화요일 19:00, 수~토요일 19:30(수 · 토요일 14:30/19:30), 일요일 15:00 [요금] £30~120 [전화] 020-7087-7745 [홈피] www.matildathemusical.com

스릴러 Thriller

고인이 된 팝의 황제 마이클 잭슨을 위한 헌정 뮤지컬. 팝의 황제 마이클 잭슨의 일생을 32곡의 주옥같은 히트곡으로 꾸몄다. 마이클 잭슨을 소재로 한 최초의 공연으로, 그가 살아있던 2006년 초연돼 전 세계 25개국에서 300만 관객을 돌파한 롱런 뮤지컬이다.

[지도] MAP 1 ⓚ [장소] 리릭 시어터 Lyric Theatre [위치] 피커딜리 서커스역에서 도보 2분 [주소] 29 Shaftesbury Avenue, W1D 7ES [오픈] 화~금요일 19:30(토요일 16:00/20:00, 일요일 15:30/19:30) [요금] £30~110 [전화] 0844-482-9674 [홈피] thrillerlive.com

위키드 Wicked

웨스트앤드에서 가장 잘나가는 뮤지컬. 우리가 몰랐던 <오즈의 마법사> 속 착한 마녀와 나쁜 마녀의 이야기를 담고 있다. 화려한 의상과 눈부신 조명, 귀에 착착 감기는 앙상블과 환상적인 무대 연출로 관객을 압도한다. 인기가 높은 만큼 예매도 서둘러야 한다.

지도 MAP 4 Ⓕ 장소 아폴로 빅토리아 시어터 Apollo Victoria Theatre 위치 빅토리아역에서 도보 1분 주소 17 Wilton Rd, Pimlico, London SW1V 1LG 오픈 월·토19:30(수·토요일 낮 공연 14:30) 요금 £25~140 전화 0844-871-3001 홈피 www.wickedthemusical.co.uk/london

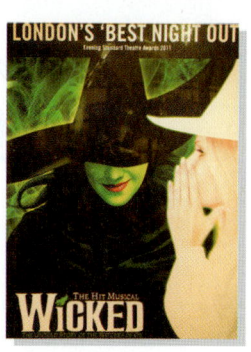

맘마 미아 Mamma Mia

런던 뮤지컬의 대표적인 롱런 작품. 귀에 익숙한 아바 Abba의 신나는 팝송을 듣는 재미가 쏠쏠하다. 그리스의 작은 섬을 배경으로 결혼식을 앞둔 딸이 자신의 아버지일지도 모르는 엄마의 옛 연인들을 초대하면서 벌어지는 시끌벅적한 소동을 경쾌하게 풀어냈다.

지도 MAP 2 Ⓓ 장소 노벨로 시어터 Novello Theatre 위치 코번트 가든역에서 도보 7분 주소 Aldwych, WC2B 4LD 오픈 월·토요일 19:45(목·토요일 낮 공연 15:00) 요금 £20~120 전화 0844-482-5170 홈피 mamma-mia.com/london.php

레미제라블 LesMigerables

<오페라의 유령>과 함께 런던에서 가장 롱런하는 뮤지컬. 탈옥 이후 선행을 베풀고 사는 장발장과 엄격하게 법을 집행하는 냉철한 경감 자베르의 대립을 중심으로 당시의 '가여운 사람들'의 가난, 삼각관계, 혁명 등 다양한 이야기를 드라마틱하게 풀어낸 명작이다.

지도 MAP 1 Ⓚ 장소 퀸스 시어터 Queen's Theater 위치 피커딜리 서커스역에서 도보 7분 주소 51 Shaftesbury Ave, W1D 6BA 오픈 월·토요일 19:30(수·토요일 14:30/19:30) 요금 £10~67.5 전화 0844-482-5160 홈피 www.lesmis.com

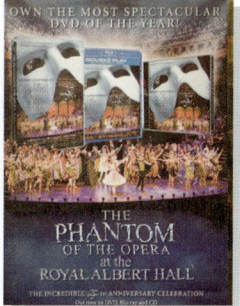

오페라의 유령 The Phantom of the Opera

1986년 런던의 웨스트엔드에서 초연한 뮤지컬로 런던에서 가장 장수하는 작품. 추악한 얼굴을 가면으로 가린 오페라의 유령과, 유령에게 사로잡힌 여인의 이야기. 속도감 넘치는 전개와 화려한 무대연출이 한순간도 눈을 뗄 수 없게 만든다.

지도 MAP 2 Ⓔ 장소 허 마제스티 시어터 Her Majesty's Theater 위치 피커딜리 서커스역에서 도보 7분 주소 57 Haymarket, SW1Y 4QL 오픈 월·토요일 19:30(낮 공연 목·토요일 14:30) 요금 £21~95 전화 0844-412-4653 홈피 www.thephantomoftheopera.com/london

CULTURE

악사와 곡예사와 마술사를 만나는
런던 거리 공연 스폿

여행 도중 거리의 악사와 마술사와 곡예사를 만나는 것은 유쾌한 행운. 이런 행운을 일상적으로 만날 수 있는 런던의 거리 공연 스폿을 모았다.

코번트 가든 Covent Garden

세계 최고의 거리 공연이 연중 내내 펼쳐지는 런던의 대표적인 관광 명소다. 코번트 가든역에서 코번트 가든을 연결하는 제임스 스트리트의 보행자 도로에는 개성과 끼로 무장한 재주꾼들이 가득하다. 버스킹, 외줄 타기, 비보잉, 저글링, 마술부터 즉석에서 바닥에 그림을 그리는 그라피티 공연이나 관객과 함께하는 일종의 버라이어티 쇼가 쉴 틈 없이 이어진다. 주머니에 동전 몇 개만 가지고도 온종일 재미있는 볼거리를 즐길 수 있다.

위치 코번트 가든역에서 제임스 스트리트를 따라 남동쪽으로 약 100m **P.161**

> **TIP**
> ### 런던의 거리 공연 라이센스
> 런던의 거리 공연은 사우스뱅크센터가 관리한다. 국적을 불문하고 끼와 재주만 있다면 오디션을 거쳐 거리 공연 자격증을 받을 수 있다. 자격 조건을 갖춘 아티스트는 공연이 허가된 장소에서 공연할 수 있으며 벌어들인 수입은 모두 아티스트의 몫이다.
>
> 홈피 www.southbankcentre.co.uk

코번트 가든 사우스 홀 코트야드 Covent Garden South Hall Courtyard

코번트 가든 마켓 빌딩 사우스 홀 안에는 지면보다 낮게 조성된 코트야드가 있다. 주중이나 주말 오후에 이 코트야드 주변 카페와 레스토랑의 야외 테이블에 앉으면, 훌륭한 라이브 공연을 곁들여 식사를 즐길 수 있다. 성악가의 아름다운 아리아는 물론이고 바이올린, 첼로, 풍금을 연주하는 악사가 감미로운 음악을 선사한다. 음식을 먹지 않더라도 코트야드 위층의 난간에 기대 무료로 연주를 감상할 수 있으니 기억해두자.

위치 코번트 가든역에서 제임스 스트리트를 따라 남동쪽으로 약 100m **P.161**

레스터 스퀘어 Leicester Square

차이나타운 남쪽에 자리 잡은 레스터 스퀘어는 코번트 가든과 더불어 런던의 거리 공연을 주도하는 문화 명소다. 찰리 채플린의 익살스러운 슬랩스틱 몸짓을 흉내 내는 마임리스트와 저글링 묘기를 선보이는 곡예사들이 흥미진진한 공연을 선보인다. 유명인이나 동상을 흉내 내는 아티스트와 종종 그 의미를 추측하기 어려울 정도로 난해한 모습의 행위 예술가들도 목격되는데 그조차 시끌벅적한 거리 풍경과 자연스럽게 어우러진다.

위치 레스터 스퀘어역에서 남서쪽으로 약 150m **P.163**

트래펄가 스퀘어 Trafalgar Square

런던의 주요 행사와 이벤트가 펼쳐지는 트래펄가 스퀘어 북쪽에 보행자 도로 노스 테라스가 조성돼 있다. 이 거리에 런던의 거리 아티스트들이 하나둘 모여들면서 재미난 공연을 선보이는 중이다. 냄비로 완성도 높은 드럼 사운드를 들려주는 드러머나 기타를 타악기처럼 두드리며 연주하는 기타리스트 등 이색적인 공연이 펼쳐진다. 코번트 가든이나 레스터 스퀘어에 비하면 유동 인구가 적은 편이지만, 또 하나의 거리 공연 메카로 자리 잡아가고 있다.

위치 차링 크로스역에서 도보 약 1분 거리, 서쪽으로 약 200m **P.165**

CULTURE

축구팬의 꿈★은 이루어진다
영국 프리미어 리그

첼시, 아스날, 토트넘의 홈구장이 있는 런던에서
숨 막히도록 빠르게 차고 달리는 'Kick and Rush' 한판!

영국 프리미어 리그

영국에서 개최되는 세계적인 축구 축제. 영국 내 수백여 개에 달하는 축구 클럽 중 가장 강한 20개 축구 클럽을 선발해 장장 9개월에 걸쳐 우승팀을 가린다. 맨체스터 유나이티드, 리버풀, 첼시, 아스날 등 세계적인 축구 명문의 스타들이 한 그라운드 안에서 숨 막히도록 빠르게 차고 달리는 'Kick and Rush' 경기를 볼 수 있다. 거친 몸싸움, 예측할 수 없는 타이밍에 터지는 중거리 슛, 현란한 개인기는 전 세계 축구 팬들을 열광하게 만든다.

프리미어 리그 일정

매년 8월에 시작돼 이듬해 5월까지 장장 9개월에 걸쳐 총 380번의 경기가 열린다. 20개 팀이 모두 38번의 경기를 치르는데 한 경기에서 승리할 시 3점, 무승부는 1점, 패배는 0점을 부여한다. 마지막 라운드에 가장 높은 승점을 쌓은 팀이 우승하는 방식이다. 프리미어 리그 1~4위는 유럽 전역 최강팀을 가리는 UEFA 챔피언스 리그에 참가할 수 있다. 5위부터는 챔피언스 리그에 참가하지 못한 팀들이 참가하는 유럽대항전 유로파 리그에 참가한다.

축구 패키지 티켓

프리미어 리그 주요 팀의 경기 입장권을 구하기는 말 그대로 하늘의 별 따기. 가격은 좀 비싼 편이지만 쉽게 입장권을 예약할 수 있는 방법이 있다. 바로 토마스쿡 여행사에서 운영하는 토마스쿡 스포츠의 웹사이트(www.thomascooksport.com)를 통해 신용카드로 결제하여 경기 입장권과 고급 호텔 숙박권이 함께 묶인 상품을 구입하는 것이다. 경기에 따라 호텔 등급에 따라 가격이 다르며 일반적으로 1박 호텔 숙박비가 포함된 경기장 티켓 요금은 £200~300 정도이다.

프리미어 리그 티켓 예매

프리미어 리그의 경기 일정은 공식 홈페이지(www.premierleague.com)에서 확인할 수 있다. 각 경기의 입장권은 해당 경기 축구 클럽 홈페이지를 통해 구입할 수 있는데 티켓 예매는 각 축구 클럽 회원에게 우선권이 주어진다. 비회원을 예매할 경우 각 홈페이지에서 제너럴 세일 General Sale(비회원에게 주어지는 티켓 판매)이 있는지부터 확인해야 한다.

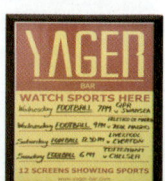

CULTURE

런던 축구 클럽

스탬퍼드 브리지 스타디움

수용 인원이 약 4만2000명이다. 첼시 지구에서 가까운 풀럼을 근거로 하고 있으며 런던의 사우스 켄싱턴에서 비교적 가까운 곳에 자리한다.

위치 런던 남서쪽 풀럼 브로드웨이역에서 도보 15분

첼시 FC Chelsea Football Club

1905년 설립된 런던의 대표적인 명문 축구 클럽. 프리미어 리그 6회, FA컵 7회 우승 경력을 자랑한다. 2011~2012 UEFA 챔피언스 리그에서는 영국 클럽 중 최초로 우승을 거머쥐었으며 유로파 리그와 슈퍼컵에서도 1회의 우승을 기록했다. 홈경기에서 푸른색 유니폼을 입고 경기를 펼쳐서 더블루스 The Blues라는 별칭으로 불린다. 역대 주요 선수로는 첼시 소속 선수로 최다 골을 기록한 프랭크 램파트, 디디에 드록바, 존 테리 등이 있다.

홈피 www.chelseafc.com

스탬포드 더 라이언
Stamford The Lion

토트넘 홋스퍼 Tottenham Hotspur Football Club

프리미어 리그 우승 2회, FA컵 우승 8회에 빛나는 또 하나의 명문 클럽. 줄여서 '토트넘' 또는 '스퍼스'라고 부른다. 1961년 시즌 리그와 FA컵 우승을 동시에 거머쥐며 축구 역사에 기리 남을 '더블 우승'을 기록을 세웠다. 대표 선수로는 아프리카 토고 출신의 아데바요르가 있으며 2014 브라질 월드컵에서 미국 대표팀 감독을 맡았던 독일 출신의 공격수 위르겐 클린스만도 1990년대 토트넘 홋스퍼에서 선수로 활약했다.

홈피 www.tottenhamhotspur.com

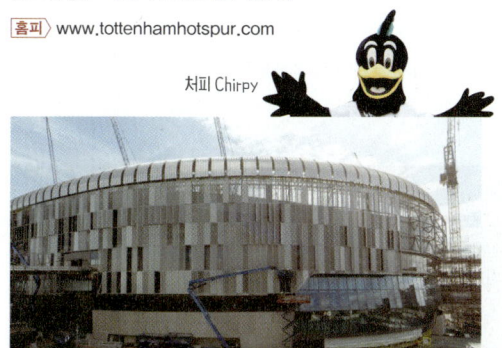

처피 Chirpy

화이트 하트 레인 스타디움

3만6310명을 수용할 수 있는 토트넘 홋스퍼의 홈구장. 전체적인 건축 노후화로 보수 공사를 진행 중이다. 공사가 완료되면 좌석이 6만2240석 규모로 2배가량 늘어날 예정이다.

위치 런던 북부에 자리한 화이트 하트 레인 역에서 도보 15분

아스날 FC Arsenal Football Club

프리미어 리그 우승 13회, FA컵 우승 13회에 빛나는 명문 축구 클럽. 맨체스터 유나이티드와 리버풀 다음으로 많은 우승 기록을 세웠다. 2003~2004년에는 프리미어 리그 사상 최초 무패 우승 기록과 함께 49경기 리그 연속 무패 행진을 이어나가기도 했다. 토트넘 홋스퍼 FC와는 역사적으로 라이벌 관계다. 국내에는 박주영 선수가 진출한 팀으로 유명하며 포돌스키, 외질 등의 스타 플레이어가 활약하고 있다.

홈피 www.arsenal.com

거너사우르스 Gunnersaurus

에미리트 스타디움

2006년 건립된 아스날의 홈구장. 영국에서 세 번째로 큰 축구 전용구장으로 약 6만 명을 수용한다. 인터넷을 통해 예약하면 오디오 가이드를 이용한 셀프 투어에 참여할 수 있다.

위치 런던 북부 드레이튼 파크역에서 도보 10분

CULTURE

생애 가장 사치스러운 하룻밤
런던 호텔

여왕이 먹던 브런치를 먹고 황제가 누웠던 침대에 눕는다.
머무는 것만으로도 잊지 못할 추억이 쌓이는 런던 호텔에서의 하룻밤.

전 세계의 왕족과 귀빈의 100년 호텔
고링 호텔 The Goring

영국 엘리자베스 2세 여왕이 점심을 먹고 윌리엄 왕자와 케이트 미들턴 왕세자빈이 결혼을 준비한 호텔. 1910년 설립된 이래 영국 왕실은 물론 전 세계 귀빈이 묵는 호텔로 유명세를 떨치고 있다. 화려한 샹들리에, 아치형 창틀, 고풍스러운 벽난로 등이 클래식한 호텔 분위기를 더욱 기품 있게 완성한다. 전문가가 엄선한 홍차 맛도 일품인데 2013년 티 분야에 높은 권위를 자랑하는 영국 티 어워즈를 수상하기도 했다.

위치 빅토리아역에서 도보 3분

가장 영국스러운 호텔에서 티타임
브라운스 호텔 Brown's Hotel

1837년에 문을 열고, 1876년 영국에서 최초로 전화 통화가 이루어진 유서 깊은 호텔. 1881년 프랑스에서 쫓겨난 나폴레옹 3세와 그의 아내가 이곳에서 망명 생활을 했고, 하일레 셀라시에 에티오피아 황제도 이 호텔에 머물렀다. 영국식 고전미를 갖춘 잉글리시 티룸에서 고가의 애프터눈 티를 맛보기 위해 일부러 찾아오는 방문자가 많다. 호텔 곳곳에 영국의 현대미술 작품이 놓여 있어 고풍스러운 분위기를 연출한다.

> 위치 ▶ 그린 파크역에서 도보 5분, 본드 스트리트에서 가깝다.

영화 〈노팅힐〉 속 한 장면처럼
리츠 호텔 The Ritz Hotel

영화 속 주인공처럼 융숭한 대접을 받을 수 있는 럭셔리 호텔. 친절한 도어맨의 정중한 안내를 받아 호텔에 들어서면 우아하고 화려한 루이 16세 시대의 프렌치 스타일로 꾸며진 인테리어가 펼쳐진다. 객실은 물론 눈 닿는 구석구석 치장하지 않은 곳이 없다. 아름다운 인테리어로 영화 〈노팅힐〉에서 세계 최고의 여배우 줄리아 로버츠가 머물던 호텔로 등장하기도 했다.

> 위치 ▶ 그린 파크역에서 도보 3분

CULTURE

컬러풀 대형 큐브 호텔
세인트 마틴스 레인 호텔 St. Martin's Lane Hotel

샌더슨 호텔과 마찬가지로 디자이너 필립 스탁이 설계했다. 늦은 밤 환히 불을 밝힌 호텔 외관이 마치 총천연색 대형 큐브 같다. 외관만 특별한 것이 아니라 내부도 이채로운 아이템으로 가득하다. 204개의 객실 사이 사이에 2m짜리 거대한 은빛 꽃병이나 도금한 치아를 떠올게 하는 의자가 일렬로 놓여 있는 모습이 현대미술 뮤지엄을 보는 것 같다. 반면 객실은 전체적으로 미니멀리즘에 충실한 인테리어로 깔끔하고 차분하다.

위치 레스터 스퀘어역에서 도보 5분

필립 스탁의 위트와 유니크함이 녹아있는
샌더슨 호텔 Sanderson Hotel

세계 매스컴의 스포트라이트를 받은 부티크 호텔. 디자인, 광고, 건축 등 영역에서 활약하는 디자이너 필립 스탁이 리노베이션을 맡아 곳곳에 그의 위트와 감각이 녹아있다. 겉은 마치 1970년대 세워진 오피스 건물처럼 단순하지만 그 안은 컬러풀한 오브제와 조명으로 가득하다. 초현실주의 작가 살바도르 달리의 '붉은 입술 소파'를 비롯해 장엄한 바로크 양식과 현대적 색채가 결합한 가구 하나하나가 예술 작품이다. 호텔에 머물지 않더라도 호텔 내 바에서 칵테일 한잔을 마셔볼 것을 추천한다.

위치 옥스퍼드 서커스역에서 도보 12분

셀러브리티가 선택한 화려함의 극치
세인트 판크라스 르네상스 호텔 St. Pancras Renaissance Hotel

메리어트 호텔 그룹 소속 화려하고 호화로운 프리미엄 고급 호텔. 오픈과 동시에 세계의 유명 매체에서 앞다투어 극찬했으며 수많은 유명 인사들이 선택했다. 221개의 객실과 실내 수영장, 피트니스 룸 등의 편의 시설을 갖추고 있다. 최고급 주류만을 취급하는 바와 최고급 다이닝 메뉴를 지닌 길버트 스콧 바 앤 브라세리는 가히 환상적인 미각의 세계로 초대한다.

위치 킹스 크로스 세인트 판크라스역에서 도보 3분

CULTURE

밴드와 음악이 있는 밤의 명소
런던 나이트라이프

런던은 시내 중심가 소호뿐 아니라 캠던 타운, 쇼디치, 노팅힐 곳곳에 라이브 클럽, 펍, 바, 클럽 등 나이트 라이프 스폿이 풍성한 밤의 도시다.

라이브 클럽

보더라인 Borderline

소호에 자리한 유서 깊은 라이브 클럽. 30여 년간 세계 유명 뮤지션부터 인디밴드까지 수많은 아티스트들이 이곳을 거쳐 갔다. 1976년대 뮤지션들이 모여 즉흥적으로 공연을 갖던 터를 중심으로 라이브 클럽이 형성됐으며 지금까지도 그 명성을 이어가는 중이다. 금요일 밤마다 클럽에서 소개하는 인디 밴드의 라이브 음악을 들을 수 있다. 종종 블루스 밴드의 연주나 컨트리 뮤직 밴드의 공연도 펼쳐진다.

> 위치 〉 토튼햄 코트 로드역에서 도보 7분 주소 〉 Orange Yard, Manette St. W1D 4JB 오픈 〉 월~수 · 일요일 11:00~02:00, 목요일 11:00~03:00, 금 · 토요일 11:00~04:00 전화 〉 0844 847 1678 홈피 〉 borderline.london

모나크 Monarch

일주일에 7일 훌륭한 라이브 공연이 펼쳐지는 라이브 클럽. 특히 금요일과 토요일은 심야까지 밴드 공연이 이어진다. 스테이지 공간을 대신하는 카운터 석 앞쪽 중앙홀과 2층석과 야외석이 가득 찰 정도로 인기가 좋다. 낮에 방문한다면 밤의 클럽 분위기와는 또 다른 조용한 분위기에서 식사와 음료를 주문할 수 있다.

위치〉초크 팜역에서 도보 10분 주소〉40-42 Chalk Farm Rd. NW1 8BG 오픈〉월~목 · 일요일 12:00~00:30, 금 · 토요일 12:00~03:00 요금〉무료(단, 이벤트 시에는 별도의 입장료를 지불) 전화〉020-7482-2054 홈피〉www.monarchbar.com

로니 스코츠 Ronnie Scott's

런던의 대표적인 재즈 카페. 세계 유명 재즈 뮤지션들의 라이브가 펼쳐진 곳이자, 뮤지션들의 역사적 만남이 이루어진 곳으로도 유명하다. 재즈 외에도 종종 프로그래시브록 뮤직이나 팝 뮤직도 연주된다. 공연은 주로 늦은 저녁부터 밤늦게까지 진행되며 별도의 입장료를 내야 한다. 예약은 필수며 홈페이지를 통해 공연 정보를 확인하고 방문하는 것이 좋다.

위치〉토튼햄 코트 로드역에서 도보 10분 주소〉47 Frith St. W1D 4HT 오픈〉매일 18:00~03:00 요금〉£20~40 전화〉020-7439-0747 홈피〉www.ronniescotts.co.uk

CULTURE

클럽

333 마더 333 Mother

쇼디치 지구에 자리한 클럽. 라이브 음악과 댄스 공연이 어우러지는 곳이다. 별도의 바 공간도 마련되어 있다. 심야에만 영업하는 클럽과 달리 음악과 관련한 독립 영화를 상영하는 문화 이벤트를 진행한다. 클럽에서 칵테일 한 잔을 즐기며 영화를 관람하고 클럽 사운드로 하루의 스트레스를 날리는 런던의 일상적인 밤 문화를 즐길 수 있다.

|위치| 올드 스트리트역에서 도보 15분 |주소| 333 Old St. EC1V 9LE |오픈| 목요일 08:00~02:30, 금·토요일 08:00~04:30(월~수·일요일은 대관만 가능) |요금| 입장료 £5(오후 11시부터 입장 시에는 £10) |전화| 020-7739-5949 |홈피| www.333oldstreet.com

살사 Salsa

차링 크로스역 인근에 자리한 살사 클럽. 오랜 전통을 자랑한다. 50여 가지의 칵테일과 라틴풍 메뉴를 즐길 수 있는 바와 다이닝 공간, 춤출 수 있는 스테이지 공간이 마련되어 있다. 디제이의 음악으로 쿵쾅거리는 스테이지에 올라 몸을 털고 흔들면 스트레스가 저절로 풀린다. 매일 밤 살사 댄스 클래스를 진행하며 정열적인 댄스 공연이 펼쳐지기도 한다.

|위치| 레스터 스퀘어역에서 도보 7분 |주소| 96 Charing Cross Rd. WC2H 0JG |오픈| 살사 카페 월~토요일 10:00~17:00, 레스토랑·바·클럽 월~목요일 17:00~02:00, 금·토요일 17:00~03:00, 일요일 17:00~02:00 |전화| 020-7379-3277 |홈피| www.bar-salsa.co.uk

노팅힐 아트 클럽 Notting Hill Arts Club

런던 서부 지역의 대표적인 클럽. 노팅힐에 자리하고 있다. 언더그라운드 일렉트릭 뮤직 등 새로운 장르의 댄스 뮤직에 맞춰 흥겨운 기분을 만끽할 수 있다. 한 자리에서 유명 DJ와 뮤지션을 만날 수 있어 런더너들에게 인기가 많은 곳이다. 클럽 자체적으로 인종차별이나 증오 범죄와 같은 사회적 문제와 관련한 전시회나 이벤트를 진행하기도 한다.

위치 노팅힐 게이트역에서 도보 1분 주소 21 Notting Hill Gate, W11 3JQ 오픈 수~금요일 19:00~02:00, 토요일 16:00~02:00, 일요일 18:00~01:00 휴무 월·화요일 요금 무료(단, 이벤트가 있을 경우 입장료가 발생한다.) 전화 020-7460-4459 홈피 www.nottinghillartsclub.com

런던 베스트 야경 스폿

런던 아이
p.200

옥소 타워 레스토랑 앤 브래서리 p.206

옥스퍼드 서커스
p.137

웨스트민스터 브리지
p.189

국회의사당 맞은편 템스강변 p.189

밀레니엄 브리지
p.206

타워 브리지 템스강변
p.223

EATING 음식

런던 다이닝 | 런던 티룸 | 런던 베이커리 | 런던 오리지널 펍 | 린던 속 월드 푸드 트립

EATING

영국 식사의 품격
런던 다이닝

맛과 분위기 모두 최고, 미식가들의 호평을 얻고 있는
런던의 베스트 다이닝 스폿 일곱 곳을 소개한다.

폴 햄린 홀 발코니스 Paul Hamlyn Hall Balconies

세계적인 수준의 오페라나 발레 공연을 자랑하는 로열 오페라 하우스 안에 있는 레스토랑. 투명한 유리 천장 아래 나선형 구조 인테리어가 유리 궁전을 보는 듯하다. 샐러드는 염소치즈에 봄나물과 봄꽃으로 멋을 낸 플라워 샐러드, 메인 디시는 허브를 얹은 연어 메뉴가 대표적이다. 올리브 오일에 다진 양파 등을 넣고 만든 비에르주 소스를 얹은 붉은 숭어 생선살도 먹음직하다. 단, 공연이 있는 날에만 문을 열며 예약은 필수다.

위치 코번트 가든역에서 도보 5분 P.170

룰스 Rules

1789년에 오픈한 런던에서 가장 오래된 레스토랑 중 하나. 우아하고 기품 있는 서비스를 받으며 고상한 영국 전통 식사를 즐길 수 있다. 싱싱한 굴 요리나 크랩 샐러드, 푸아그라, 피시 파이 스테이크 앤 키드니 파이 등 꼭 맛봐야 할 메뉴가 많다. 메인 디시는 뭐니 뭐니 해도 카레 소스를 곁들인 꿩고기와 소의 허릿살로 만든 스테이크다. 시금치와 홍합을 곁들인 넙치 요리나 머스터드 소스로 맛을 낸 야생토끼 스튜도 셰프 추천 요리다. 내부에 칵테일 바, 프라이빗 룸 등이 마련되어 있다.

위치 〉 코번트 가든역에서 도보 7분 **P.170**

비벤덤 Bibendum

미슐랭 하우스 내에 자리한 고품격 레스토랑 겸 오이스터 바. 붉은색 원형 의자가 하얀 테이블, 투명한 글라스웨어가 조화를 이룬 프렌치풍 인테리어가 돋보인다. 각종 그릴 메뉴와 로스트 메뉴가 손님들에게 인기를 끌고 있다. 사이드 디시는 로스트 어니언, 매시트포테이토 등을 주문할 수 있다. 디저트로는 라즈베리 라이스 푸딩이나 레몬 소르베를 추천한다.

위치 〉 사우스 켄싱턴역에서 도보 8분 **P.303**

EATING

스케치 Sketch

런던에서 가장 화려하고 스타일리시한 다이닝이자 가장 개성 넘치는 바이기도 하다. 렉처 룸, 갤러리, 팔러, 글레이드, 이스트 바로 구성되어 있다. 그중 렉처 룸은 레스토랑에 대한 품평으로 세계적 권위를 지닌 미슐랭 가이드로부터 별점 두 개를 받은 고품격 다이닝 스폿으로 품격 있는 다이닝 서비스를 받을 수 있는 곳이다. 예약이 필수이며 입장 시 깔끔한 복장이 요구된다.

위치 옥스퍼드 서커스역에서 도보 7분 **P.277**

옥소 타워 레스토랑 Oxo Tower Restaurant

템스강 야경과 주변의 멋진 전망과 함께 황홀한 저녁 식사를 즐길 수 있는 레스토랑. 모던한 감각을 살린 영국 음식과 다양한 조리법으로 만든 프렌치·이탈리안 메뉴를 선보인다. 소믈리에가 800여 종에 달하는 전 세계 최고급 와인 중에서 식사나 취향에 따라 어울리는 와인을 추천해준다.

위치 서더크역에서 도보 10분, 옥소타워 8층 **P.211**

스카이론 Skylon

템스강 풍경을 즐기며 식사할 수 있는 강변 레스토랑. 세계 곳곳의 식재료로 요리한 창조적 메뉴를 선보이는데, 특히 스파이시 포테이토와 레몬 드레싱을 곁들인 농어 요리를 비롯해 각종 해산물 요리가 인기 높다. 메뉴에 어울리는 폭넓은 와인 리스트도 갖추고 있다. 레스토랑과 바 공간으로 이루어져 있으며 주말에는 방문 전에 예약할 것을 추천한다.

위치 워털루역에서 도보 7분, 사우스뱅크의 로열 페스티벌 홀 건물 내 P.209

월리스 레스토랑 Wallace Restaurant

18세기에 건축한 대저택을 박물관으로 꾸민 월리스 컬렉션 내에는 런던에서 가장 고상한 레스토랑 '월리스 레스토랑'이 있다. 조각상, 나무, 자연광이 어우러진 분위기에서 운치 있는 런치와 디너를 즐길 수 있는 최고의 장소로 대표 메뉴는 비프 로시니, 개구리 뒷다리 요리, 올리브 오일을 곁들인 랑구스틴 등의 그릴 메뉴와 프렌치 메뉴 등이다. 아침 식사나 애프터눈 티를 즐길 수 있어 오전이나 오후 가릴 것 없이 손님들의 발길이 이어진다.

위치 본드 스트리역에서 도보 5분 P.278

EATING

영국의 오후를 마시는 방법
런던 티룸

3단 트레이에 층층이 쌓인 알록달록 디저트와 고풍스러운 찻잔에 담긴 홍차. 점심과 저녁 사이, 런던의 오후를 만끽할 수 있는 티룸으로 가자.

켄싱턴 팰리스 오린저리 Orangery in The Pavilion

왕실의 기품이 곳곳에 묻어나는 켄싱턴 팰리스 내 자리한 레스토랑 겸 티룸. 한 폭의 그림 같은 빅토리안 양식 건축물이나 평화로운 켄싱턴 가든이 한눈에 들어오는 야외 테라스에서 품격 있는 티타임을 즐길 수 있다. 애프터눈 티 세트는 오후 2시부터 제공되며 아침 식사는 오전 10시부터 11시 30분까지, 점심 식사는 정오부터 오후 2시까지 주문 가능하다.

위치 퀸스웨이역에서 도보 10분, 켄싱턴 가든 내 P.302

월리스 레스토랑 Wallace Restaurant

월리스 컬렉션 내에 자리한 월리스 레스토랑은 유명한 다이닝 스폿이자 인기 많은 티룸이기도 하다. 투명한 유리 천장으로 비치는 귀족의 대저택에서 호화로운 티타임을 즐길 수 있다. 곳곳에 조각상과 나무와 어우러져 예술적 감성을 자극한다. 애프터눈 티 서비스는 매일 오후 2시 30분부터 4시 30분까지로 가격은 £12.75부터.

위치 본드 스트리역에서 도보 5분
P.278

가든 카페 The Garden Café

가든 뮤지엄 내에 있는 티룸. 내부 공간과 야외 공간으로 구성되어 있다. 담쟁이덩굴이 뒤덮인 영국식 정원에서 홈메이트 타입의 케이크류와 쿠키를 곁들여 애프터눈 티를 즐기기 좋다. 정원에서 재배한 허브를 이용한 샐러드도 일품이라 이곳을 즐겨 찾는 채식주의자가 적지 않다. 크리스마스 시즌에는 영국 전통 디저트 민스파이도 내놓는다.

위치 램버스 노스역에서 도보 8분, 가든 뮤지엄 내 **P.209**

EATING

브라운스 호텔 티룸 Brown's Hotel Tea Room

유서 깊은 브라운스 호텔의 애프터눈 티 세트는 보는 것만으로도 황홀할 정도로 고급스러운 다과가 등장한다. 이 호화로운 단맛에 반해 역사적으로 수많은 인사가 이곳의 애프터눈 티를 찾았다. 이런 유명세 덕에 이곳에서 애프터눈 티 세트를 맛보려면 예약은 필수. 성수기인 여름철에는 적어도 방문 한 달 전에는 예약해야 한다.

위치 그린 파크역에서 도보 5분, 본드 스트리트 인근

밀크 바 Milk Bar

소호에 자리한 작은 카페로 신선한 유기농 우유를 맛볼 수 있는 곳이다. 카페이기에 물론 커피도 제공한다. 유기농 우유로 만든 쿠키, 베이글, 케이크도 맛볼 수 있다. 여름철엔 이곳의 유기농 우유로 만든 밀크셰이크가 별미다. 오믈렛, 팬케이크, 토스트 등으로 아침 식사를 하러 오는 손님도 적지 않다.

위치 토튼햄 코트 로드역에서 도보 5분 **P.145**

라 프로마제리 La Fromagerie

치즈 숍 겸 테이스팅 카페. 영국을 비롯해 프랑스, 독일, 네덜란드, 스위스, 스페인 등 유럽 전역에서 생산되는 다양한 고급 치즈를 판매한다. 치즈 맛이 좋다 보니 애프터눈 티와 함께 가벼운 식사를 원하는 이들의 발걸음이 이어진다. 16명까지 앉을 수 있는 테이블이 마련되어 있는 테이스팅 카페에서는 각종 치즈와 샤큐테리 Charcuterie(프랑스식 햄이나 소시지 등)를 와인이나 빵과 함께 맛볼 수 있다.

위치 베이커 스트리역에서 도보 3분 **P.283**

큐 가든 오린저리 The Orangery at Kew Gardens

큐 가든은 2003년 유네스코 세계문화유산으로 지정된 명소다. 그 규모와 역사로 왕립식물원으로도 불린다. 전 세계 식물을 연구하고 보존하는 식물원, 갤러리, 연구기관 등이 있으며 그 속에 애프터눈 티와 케이크 등을 즐기기에 좋은 레스토랑과 카페 공간이 자리하고 있다. 풀빛에 둘러싸여 차 한 잔의 여유를 즐길 수 있어 여행자들에게 인기가 높다.

위치 런던 남서부 리치몬드에 자리하며 런던 시내의 에지웨어 로드역에서 전철 디스트릭트 라인을 타고 큐 가든역까지 약 40분 소요. 큐 가든역에서 메인 게이트까지는 도보 5분 **P.345**

EATING

빵 굽는 영국, 영국의 빵집
런던 베이커리

걷는 것만으로도 여행이 되는 런던 거리 풍경 속에서는 향긋한 빵 굽는 냄새가 더욱 특별하게 다가온다.

폴 Paul

프랑스에서 1889년에 창립된 프렌치 정통 베이커리. 런던 시내에 주요 지점을 두고 있다. 가격은 다소 비싼 편이지만 프렌치 정통 파티세리의 먹거리를 찾는다면 이만한 곳이 없다. 매릴본 하이 스트리트에 위치한 폴 매장은 다른 매장에 비해 인테리어가 깔끔하며 스트로베리 타르트, 라즈베리나 피스타치오 맛의 마카롱, 크루아상, 케이크류 등에 커피나 홍차를 곁들이기 좋다. 오전 일찍 문을 열어 신선한 빵과 우유, 커피로 아침식사를 할 수 있고 늦은 오후에는 애프터눈 티도 맛볼 수 있다.

위치 베이커 스트리트역에서 도보 8분 P.280

노르딕 베이커리 Nordic Bakery

소호, 매릴본 등에 지점을 두고 있는 스칸디나비안 스타일의 카페. 검은 호밀빵이나 시나몬 번을 맛보기 위해 이곳을 찾는 런더너들이 적지 않다. 향이 그윽한 커피를 곁들여 소호 골든 스퀘어 주변의 평화로운 풍경을 즐기기 좋다. 호밀빵 샌드위치, 케이크 외에도 저렴하면서도 간단히 즐길 수 있는 브런치나 런치 메뉴가 있으며 모두 자체 레서피로 만든다.

〉위치 피커딜리 서커스역에서 도보 10분 P.141

EATING

르 팽 쿼티디앙 Le Pain Quotidien

갓 구운 프렌치 바게트를 비롯해 각종 페이스트리, 타르트, 샐러드, 샌드위치, 수프, 커피, 유기농 주스, 유기농 와인 등을 맛볼 수 있다. 홈페이지에는 다달이 새롭게 등장하는 하이라이트 메뉴가 소개된다. 창의적인 감각으로 만든 하이라이트 메뉴는 현지인들이 체크하며 먹는 인을 정도로 인기가 높다. 아침 식사로 따뜻하게 데운 크루아상을 커피와 맛보자.

위치 베이커 스트리역에서 도보 7분 P.280

프림로즈 베이커리 Primrose Bakery

홍차를 곁들여 갓 구운 달콤한 컵케이크를 맛보길 원한다면 이곳으로 달려가보자. 프림로즈 베이커리는 다양한 색을 지닌 예쁜 컵케이크를 만드는 곳으로 유명하다. 작고 아담한 베이커리이지만 테이블에 앉아 차와 파이, 각종 케이크와 쿠키를 음미할 수 있다. 베이커리 한구석에는 어린이를 위한 재미난 장난감, 문구류도 판매한다.

위치 초크 팜역에서 도보 10분 P.327

그렉스 Greggs

1939년에 설립한 영국에서 가장 큰 베이커리 체인. 갓 구운 향긋한 크루아상과 소시지 롤, 신선한 채소와 달걀이 수북이 들어간 샌드위치를 다양하게 만날 수 있다. 페이스트리와 도넛도 저렴하니 가볍게 브런치나 런치를 즐겨보자. 거리를 거닐며 커피와 함께 맛보도 좋고 가까운 공원 의자에 앉아 가벼운 한 끼 식사를 하는 것도 좋다.

위치 〉 피커딜리 서커스역에서 도보 10분

런던 간판 푸드

피시 앤 칩스
Fish & Chips

여행자에게 각인된 영국을 대표 음식. 영국의 북해에서 많이 잡히는 대구 생선살에 밀가루와 베이킹파우더를 입힌 후 기름에 튀겨 감자튀김과 함께 제공한다. 식성에 맞춰 소금이나 레몬즙과 케첩을 뿌려 먹는다. 가격대는 대략 £7~10다.

요크셔 푸딩
Yorkshire Pudding

영국에서 푸딩은 달콤한 푸딩이 아니라 오븐에서 구워낸 동그스름한 작은 빵을 말한다. 버터, 밀가루, 달걀 등을 섞은 반죽에 식용유를 살짝 부어 오븐에 구운 요크셔 푸딩이 대표적이며 돼지고기 피를 넣은 블랙 푸딩과 얇게 썬 쇠고기를 넣은 키드니 푸딩이 있다.

로스트 비프
Roast Beef

런던의 전통 펍에서 쉽게 주문하여 맛볼 수 있는 메뉴. 그릴에 약하게 구운 연한 쇠고기 부위를 얇게 썰어 제공된다. 요크셔 푸딩과 마찬가지로 그레비 소스를 찍어 먹는다. 대개 구운 감자와 채소가 곁들여 나온다. 로스트 비프의 가격대는 £10~15다.

코니시 파이
Cornish Pie

영국의 대표적인 파이로 속에 다진 쇠고기, 감자, 양파 등이 들어 있다. 런던의 일부 편의점이나 슈퍼마켓, 베이커리 등지에서 쉽게 맛볼 수 있다. 쇠고기와 채소가 들어간 파이에 매시트포테이토를 얹어 구운 후 그레비 소스를 얹은 코티지 파이도 있다.

EATING

맥주 거품 꺼질 새 없는 핫플레이스
런던 오리지널 펍

영국은 IPA와 흑맥주가 탄생한 맥주의 나라다.
에일이 특화된 맥주 천국 런던에서 다양한 펍 문화를 즐겨보자.

화이트 호스 The White Horse

영국 펍 푸드를 즐기고 싶은 사람에게 추천하고 싶은 곳. £5 가격대의 저렴한 비용으로 스테이크 앤 키드니 파이, 피시 앤 칩스와 같은 영국 전통 음식에서부터 라자냐, 버섯과 시금치를 넣은 레드페퍼 리소토와 같은 이탈리안 메뉴, 치킨 티카 마살라와 같은 인도 메뉴 등을 제공한다.

위치 옥스퍼드 서커스역에서 도보 10분 **P.146**

솔즈베리 The Salisbury

〈빅팀〉과 같은 고전 영화의 배경으로 등장한 펍. 1898년 튜더 왕조 시대의 유명 정치가였던 솔즈베리의 이름을 따 문을 연 이후 1963년 대대적인 개보수를 거쳐 오늘날의 고풍스러운 빅토리안풍 인테리어로 완성됐다. 매시트포테이토 위에 세 가지 다른 맛의 소시지를 얹고 그레이비 육즙 소스를 뿌린 '뱅어스 앤 매시'란 이름의 펍 푸드가 대표적이다.

위치 레스터 스퀘어역에서 도보 2분 **P.172**

코치 앤 호스 Coach & Horses

런던의 펍 중에서 가장 유서 깊은 곳이다. 매거진 〈프라이빗 아이〉의 칼럼니스트였던 제프리 버나드를 비롯한 유명 저널리스트들이 1970~80년대부터 드나들던 곳으로도 유명하다. 소호를 무대로 하는 작가와 지식인들의 출입이 잦은 곳이며 펍 내부 곳곳에 고풍스러움이 묻어난다.

위치 레스터 스퀘어역에서 도보 10분 P.146

셰익스피어 헤드 Shakespeares Head

영국 전통 펍으로 세계적인 극작가 셰익스피어의 먼 친척으로 여겨지는 토마스 셰익스피어와 존 셰익스피어가 1735년에 문을 열었다. 예로부터 배우, 화가, 과학자들이 거주하던 말버러 거리에 위치해 있으며 영국식 전통 펍 푸드는 물론 전 세계에서 들여온 다양한 맥주와 레드, 화이트 와인, 특유한 맛을 맛볼 수 있다.

위치 옥스퍼드 서커스역에서 도보 5분 P.146

펀치 앤 주디 Punch & Judy

1662년 펀치와 주디가 부부로 등장하는 인형극이 코번트 가든에서 처음으로 공연된 것을 계기로 1787년 현재 위치에 문을 연 영국식 전통 펍. 2층 테라스가 놓인 발코니가 명당으로 식사를 즐기며 코번트 가든 광장 앞에서 날마다 펼쳐지는 각종 묘기와 거리 공연을 볼 수 있다.

위치 코번트 가든역에서 도보 2분 P.172

EATING

영국으로 떠나는 월드 푸드 트립
런던 속 세계 맛집

여기, 영국 음식은 맛없다는 고정관념을 깨기 위해 런던 속 세계 맛집을 모았다. 런던에서 한국, 인도, 브라질, 터키, 그리스로 월드 푸드 트립을 떠나자.

비라스와미 Veeraswamy

1926년에 문을 연 런던에서 가장 오래된 인도 레스토랑. 리모델링을 통해 화려하고 세련된 감각의 인테리어를 지닌 공간으로 새롭게 태어났다. 인도 현지의 셰프가 주방을 지휘하며 진흙으로 만든 전통 방식의 오픈을 사용하여 클래식 퀴진은 물론 각종 이국적인 진미와 컨템퍼러리 스타일의 인도 요리를 제공한다.

위치 피커딜리 서커스역에서 도보 5분, 리젠트 스트리트에서 안쪽 골목에 자리한 건물 2층 **P.279**

메이드 인 브라질 Made In Brasil

브라질 요리 전문 레스토랑 겸 칵테일 바. 브라질리언 브런치 메뉴와 런치 메뉴를 £4.5부터 즐길 수 있다. 금요일 밤이나 주말 저녁에는 런던에 거주하는 라틴계 유학생이 많이 모여 흥겨운 분위기를 연출한다. 사탕수수와 라임을 섞어 만든 브라질 전통 칵테일 카이피리냐 Caipirinha를 마시며 흥겨운 브라질 문화에 취해보자.

위치 캠든 타운 역에서 도보 3분 **P.325**

타스 피데 Tas Pide

터키식 피자 피데 Pide를 맛볼 수 있는 곳. 원하는 토핑을 피데에 올린 후 목재를 사용하는 화로에 구워준다. 다양한 종류의 피데 외에도 베지테리언 메뉴와 피시 메뉴, 시푸드 메뉴를 제공하며 각종 샐러드와 라이스 메뉴도 맛볼 수 있다.

[위치] 런던 브리지역에서 도보 10분, 셰익스피어 글로브 시어터 근처 **P.211**

김치 Kimchee

지난 2012년에 오픈한 한식 레스토랑. 영국의 주요 매체를 통해 가볼 만한 한식당으로 여러 차례 소개됐다. 깔끔하고 돋보이는 모던 감각의 실내장식이 인상적이며 시푸드 비빔밥, 두부 우동 등 여느 한식당에서는 찾을 수 없는 창의적인 메뉴를 제공한다. 탁 트인 넓은 실내 공간을 자랑하며 오픈 키친을 통해 셰프의 요리 만드는 과정을 엿볼 수 있다.

[위치] 홀번 역에서 도보 5분 **P.266**

레모니아 Lemonia

리젠트 파크 로드에 자리 잡은 그리스 레스토랑. 문을 연 지 30년이 넘은 곳으로 소박하지만 깔끔하고 드넓은 실내 공간을 자랑한다. 벽면에 전통 의상을 입은 여인의 모습이 담긴 오래된 흑백사진이 걸려 있는 전체적으로 고풍스러운 분위기. 가지 위에 구운 치즈와 얇게 다진 고기와 감자를 얹은 그리스 전통 음식인 무사카를 비롯해 다양한 미트 메뉴와 시푸드 메뉴를 즐길 수 있다.

[위치] 초크 팜역에서 도보 5분 **P.327**

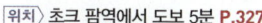

SHOPPING 쇼핑

런던 마켓 | 런던 쇼핑 스트리트 | 런던 백화점 | 린던 숍 | 체인 슈퍼마켓 · 키페 · 델리 숍

SHOPPING

컬러풀 플리마켓 or 빈티지 전통시장
런던 마켓

사기 좋아하고 걷기 좋아하는 여행자라면 주목.
빈티지 골동품부터 진기한 기념품이 쌓인 런던의 시장으로 가자.

포토벨로 마켓 Portobello Market

런던에서 가장 유명한 플리마켓. 원래 19세기에 신선한 음식물을 파는 지역 시장이었으나 1940년대 이후 상인들이 몰려오면서 관광객들의 눈길을 끄는 각종 진기한 골동품이 모이는 앤티크 마켓으로 자리매김했다. 토요일 오전이 되면 포토벨로 로드를 따라 남북으로 길게 들어서는 가판대 위로 시중에서 구할 수 없는 골동품부터 손때 묻은 장난감까지 다양한 물건이 진열된다. 입던 옷을 모아 내어놓은 중고 의류도 쌓여 있다. 시장이 형성되는 토요일 낮에는 포토벨로 로드 주변에 거리 악사의 공연이 펼쳐지기도 한다.

위치 노팅힐 게이트역에서 도보 7분 P.309

캠던 록 마켓 Camden Lock Market

1970년대 중반에 조성된 캠던 지구에서 가장 오랜 전통을 자랑하는 시장. 초크 팜로드에 자리한 스테이블스 마켓과 함께 캠던 타운에서 가장 볼거리가 풍부한 쇼핑 스폿이기도 하다. 해마다 1000만 명이 방문해 인산인해를 이룬다. 캠던 록 플레이스 건물 내 상점은 연중 내내 문을 열며 안뜰 야외 가판대는 매주 일요일에 들어선다. 의류, 주얼리, 인테리어 용품 등이 있으며 다양한 에스닉 먹거리를 제공하는 푸드코트도 자리하고 있다.

위치 캠던 타운역에서 도보 5분 **P.321**

SHOPPING

버러 마켓 Borough Market

지금은 여행자가 즐겨 찾는 관광지로 많이 변모했지만 그 원형은 13세기부터 내려오는 런던의 전형적인 푸드마켓이다. 주중에는 새벽부터 이른 아침까지 도매로 과일, 채소 등을 팔고 여행자가 가장 많이 모이는 매주 목·금·토요일 낮에는 런던에서 가장 풍성한 먹거리 장터가 펼쳐진다. 과자류, 빵류, 낙농 제품 등 살 거리가 풍성하며 와인, 초콜릿, 쿠키, 샌드위치를 비롯해 에스닉 푸드 등 다양한 먹거리도 만날 수 있다.

> 위치 런던 브리지역에서 도보 2분, 서더크 성당 옆 P.218

브릭 레인 스트리트 마켓 Brick Lane Street Market

브릭 레인 마켓으로도 불린다. 매주 일요일 오전 9시부터 오후 5시까지 브릭 레인 거리의 북쪽 끝에 형성된다. 정식으로 가판대를 세워 놓는 상인부터 바닥에 잡다한 물건을 펼쳐놓는 상인까지 품목도 스타일도 천차만별이다. 예전에는 오래된 가정용품이나 골동품이 많았는데, 요즈음에는 여행자들의 눈길을 끌 만한 빈티지 의상이나 구두 같은 패션 아이템도 등장한다.

> 위치 알드게이트역에서 도보 17분, 브릭 레인 북쪽 P.248

올드 스피탈필즈 마켓
Old Spitalfields Market

쇼디치 지구와 인접한 스피탈필즈 지구에 자리 잡은 실내 마켓으로 현 건물은 1887년 과일과 채소 판매를 위한 도매시장으로 만들어졌다. 1638년 찰스 1세 국왕의 명령에 따라 그 전에는 런던 외곽에서만 판매되었던 고기류의 판매가 이곳에서 시작되었다. 오늘날에는 관광객들의 눈길을 끌 만한 빈티지 아이템이나 패션용품 등을 팔고 있다.

위치 리버풀 스트리트역에서 도보 7분 P.246

그리니치 마켓 Greenich Market

그리니치 지역의 대표적인 시장. 관광객을 위한 기념품, 티셔츠, 장식품 등을 비롯해 스패니시 메뉴, 브라질리언 메뉴 등 각종 에스닉 스타일의 먹거리를 판다. 주목할 만한 물건으로는 현지 아티스트가 만든 회화, 조각 작품 등과 기발한 패션 아이템, 앤티크 제품 등이다.

위치 크릭 로드와 롬니 로드가 만나는 곳으로 DLR 커티 사크역에서 도보 3분 P.337

SHOPPING

캠던 패시지 마켓 Camden Passage Market

런던의 주요 관광 명소에서 조금 떨어진 이즐링턴 지구 남쪽에 위치한다. '패시지 Passage'는 작은 통로를 뜻하는 단어로, 그 뜻 그대로 캠던 패시지는 작은 골목길에 소규모로 형성된다. 상업적인 일부 런던의 플리마켓과 달리 집안에서 오랫동안 자리를 차지하던 먼지 쌓인 물건들이 새 주인을 찾아가는 곳이다. 규모가 작아 오히려 느긋하게 구경하기 좋다. 골목길에는 눈에 띌 만한 아기자기한 상점, 아트 갤러리, 카페 등도 포진해 있어 느긋한 쇼핑을 즐길 수 있다. 단, 수 · 토 · 일요일에만 열리니 날짜를 꼭 확인하자.

위치 엔젤역에서 북쪽 방면으로 도보 10분 **P.322**

스테이블스 마켓 Stables Market

캠던 지구에서 가장 흥미로운 시장. 주중, 주말 어느 때 가도 볼거리와 쇼핑 아이템이 가득하다. 시장 입구 주변에는 거대한 말머리를 동상으로 만들어 세워놓아 이채롭다. 거대한 말 두상은 여행자에게 인기 좋은 단골 기념촬영 스폿이기도 하다. 시장 안으로 들어가면 미로처럼 엉켜 있는 좁은 길 사이로 한 평 남짓한 크기의 상점이 촘촘히 늘어서 있다. 일부 상점에서 아프리카, 중동, 동남아시아 등지에서 들여온 에스닉 아이템을 판매하기도 한다.

위치 초크 팜역에서 도보 7분, 캠던 타운역에서 도보 10분 **P.320**

리덴홀 마켓 Leadenhall Market

14세기 때부터 존재했던 곳으로 런던에서 가장 오래된 시장 중 하나이기도 하다. 지붕이 덮여 있는 쇼핑 아케이드로 잘 지어놓은 영화 촬영 세트장 같은 느낌을 준다. 쇼핑도 좋지만 화려하게 치장된 돔과 지붕, 건축 구조와 형태를 감상하는 재미가 있다. 주중 오전에 방문한다면 가공육류, 치즈, 빵 등을 쇼핑하고, 상점이 문을 닫는 오후에 방문한다면 시장 주변 펍에서 맥주 한잔으로 하루 피로를 푸는 런더너의 일상을 엿보자.

위치 모뉴먼트역에서 도보 12분 P.240

SHOPPING

지름신과 함께 걷는 길
런던 쇼핑 스트리트

걷다 보면 사고 싶고, 사다 보면 걷고 싶은
유럽 최고 쇼핑 도시 런던의 메인 쇼핑 스트리트를 한데 모았다.

리젠트 스트리트 Regent Street

런던의 쇼핑 1번가. 웨일스 출신의 건축가 존 나시가 1825년에 만든 거리다. 위로는 옥스퍼드 서커스, 아래로는 피커딜리 서커스를 연결한다. 런던에서 가장 근사한 외관을 지닌 쇼핑 거리답게 런던의 핵심 쇼핑 스폿인 햄리즈 장난감 백화점과 리버티 백화점이 있으며 전통 상점과 대형 체인 매장이 나란히 이웃한다. 11월 초부터 이 거리에 물결을 이루는 성대한 크리스마스 장식이 볼만하다.

위치 옥스퍼드 서커스역이나 피커딜리 서커스역에서 하차 **P.137**

본드 스트리트 Bond Street

럭셔리 브랜드 숍이 즐비하게 들어선 유럽에서 가장 유명한 최고급 쇼핑가. 18세기 이래로 런던의 쇼핑 중심이 된 이 거리는 북쪽의 뉴 본드 스트리트와 남쪽의 올드 본드 스트리트로 나뉜다. 루이비통, 버버리, 구치, 에르메스 등 하이 패션 브랜드 숍을 비롯해 고가의 미술품이나 골동품을 취급하는 상점이 가득하다. 소더비 경매장 사무실이 들어서 있기도 하다.

위치 본드 스트리트역에서 도보 1분, 옥스퍼드 스트리트와 피커딜리 로드 사이 P.274

옥스퍼드 스트리트 Oxford Street

런던 시내 메인 스트리트. 300여 개의 점포가 들어서 있는 런던 대표 쇼핑 거리이자 사람이 가장 많은 번화가이기도 하다. 서쪽 하이드파크의 북동쪽 끝인 마블 아치에서부터 동쪽의 토튼햄코트 로드역까지 동서로 2.5km 길게 이어져 있다. 리젠트 스트리트는 고가의 브랜드 숍이 많은 반면, 이 거리에는 자라, H&M의 플래그십 스토어 등 대중적으로 친근한 브랜드가 많다. 또한 다양한 기념품을 파는 상점이 많은 곳이기도 하다.

위치 옥스퍼드 서커스역이나 토튼햄 코트 로드역에서 하차 P.136

SHOPPING

캠던 하이 스트리트
Camden High Street

캠던 지구의 메인 스트리트. 거리 양옆으로 패션 아이템과 기념품 상점이 즐비해 주중, 주말 상관없이 늘 인파로 북적인다. 거리의 3층짜리 건물들은 거대한 비행기 모형 등의 이색적인 치장으로 방문객들의 눈길을 사로잡는다. 재미난 건축물을 카메라에 담는 재미가 쏠쏠하다. 초크 팜 로드와 연결되어 있으며 거리 사이로 리젠트 커낼이 흐른다.

위치 캠던 타운역에서 도보 1분 캠던 커낼을 두고 초크 팜로드와 연결되어 있다. **P.320**

브릭 레인 Brick Lane

쇼디치 지구의 대표적인 쇼핑가. 패션 피플에게는 빈티지 패션의 메카로 알려져 있다. 동시에 런던에서 거리 벽화가 가장 많은 거리이기도 하다. 시장이 열리는 일요일 오전에는 자신이 직접 그린 독특하고 개성 넘치는 그림을 들고 와서 파는 로컬 아티스트의 모습을 볼 수 있다. 벼룩시장과 함께 여러 국가의 음식을 내놓는 가판대가 등장한다. 이민자들이 모여 살던 곳으로 방글라데시 레스토랑과 관련한 상점이 즐비하다.

위치 알드게이트역에서 도보 3분 **P.247**

브롬튼 로드 Brompton Road

하이드 파크 바로 남쪽에 자리 잡은 나이츠브리지는 런던의 최상류층이 모여 사는 동네다. 브롬튼 로드는 런던에서 최상류층이 모여 사는 동네를 관통하는 메인 스트리트로, 해로즈 백화점, 하비 니콜스 백화점을 비롯해 프라다, 지미 추 등 유명 브랜드의 플래그십 스토어가 들어서 있다. 쇼핑 스폿 외에도 5성급 호텔과 고급 레스토랑, 카페, 베이커리도 있다.

위치 나이츠브리지역에서 도보 1분 **P.293**

런던 대표 쇼핑몰

프라이마크 Primark

유럽 최대의 저가 쇼핑몰로 자체 브랜드의 물건을 생산, 판매한다. 1969년 아일랜드에서 시작하여 오늘날 영국은 물론 독일, 프랑스, 스페인 등지에 160여 개의 매장을 두고 있다. 런던 시내에도 여러 매장이 있지만 가장 큰 규모의 매장은 마블 아치 인근에 자리한 매장이다. 엄청난 규모의 쇼핑 공간 안에는 저렴한 가격의 남녀 의류, 언더웨어, 구두, 가방, 지갑, 벨트, 액세서리, 시계 등 각종 쇼핑 아이템이 빼곡하다. 얼마 전 토튼햄 코트 로드 전철역 옆에서 새로운 매장이 생겼다.

위치 마블 아치역에서 도보 1분, 옥스퍼드 스트리트 서쪽 P.281

웨스트필드 Westfields

런던에서 가장 큰 규모의 쇼핑몰. 노팅힐 지구에서 조금 떨어진 곳에 자리 잡은 화이트 시티 지구에 있다. 미래지향적인 내부 인테리어가 마치 SF영화의 촬영을 위해 만든 거대한 세트장 같다. 내로라할 만한 럭셔리 브랜드를 비롯해 각종 패션 브랜드, 고급 레스토랑, 시네마 등이 입점해 있다. 2012년 런던 올림픽이 열렸던 올림픽주경기장 인근의 스트랫퍼드 시티에도 웨스트필드가 있지만 규모 면에서는 이곳 화이트 시티의 웨스트필드가 더 크다.

위치 셰퍼드 부시역에서 도보 3분 P.313

SHOPPING

전 세계 최상류층의 쇼핑 스폿
런던 백화점

런던 최고의 백화점에는 영국 왕실의 왕족과 세계의 부호들이 모인다.
'그들이 사는 세계' 속 화려한 사람들의 일상적인 풍경을 엿보자.

해로즈 Harrods

런던의 최상류층 거주지 브롬튼 로드에 있는 세계 최고의 프리미엄 백화점. 유럽에서 가장 큰 백화점이기도 하다. 해로즈의 최고 VIP 고객은 영국 왕실로 이외에도 오스카 와일드, 찰리 채플린, 비비안 리 등 주요 명사를 고객으로 두었다. 전 세계 상류층을 위한 쇼핑 스폿이지만 런던을 방문한 일반 여행자들에게도 꼭 한 번 들러 둘러볼 만한 여행지이기도 하다.

위치 나이츠브리지역에서 도보 10분 **P.293**

셀프리지 Selfridges

해로즈보다 큰 규모를 자랑하는 백화점. 1909년에 오픈했다. 알렉산더 맥퀸, 마크 바이 마크 제이콥스, 폴 스미스, 비비안 웨스트우드, 멀버리, 샤넬, 지방시 등 내로라하는 고급 브랜드가 입점해 있다. 남녀 의류를 비롯해 가방, 구두, 뷰티, 아동, 홈인테리어 등의 아이템을 취급한다. 그밖에 와인, 초콜릿, 티, 커피, 오일 등의 먹거리도 판매한다.

위치 본드 스트리트역에서 도보 1분 **P.281**

리버티 Liberty

영국에서 가장 오래된 백화점. 고저택을 연상시키는 목조 건축물 구조로 유명하다. 1875년경 직원 3명이 전부인 패브릭 숍에으로 시작해 1920년대 튜더 리바이벌 스타일의 건축 양식으로 재탄생 했고 2009년 대대적인 개조를 통해 오늘날 런던에서 가장 독특한 백화점으로 완성됐다. 마크 바이 마크 제이콥스, 미쏘니, 헬무트 랭, 알렉산더 맥퀸 등이 입점해 있으며 화려한 패턴의 각종 원단이 진열돼 시선을 끈다.

위치 옥스퍼드 서커스역에서 도보 3분 **P.147**

SHOPPING

하비 니콜스 Harvey Nichols

런던에서 가장 패셔너블한 백화점. 알렉산더 맥퀸, 끌로에, 지방시, 마크 바이 마크 제이콥스, 막스마라 등 여성 패션 브랜드를 비롯해 폴 스미스, 앤드뮐미스터, 돌체 앤 가바나 등 남성 패션 브랜드 매장이 들어서 있다. 점내 푸드와 와인 코너가 유명한데 선물용 와인을 비롯해 유기농 허브와 스파이스, 각종 요리용 오일과 비니거, 드레싱 등을 다양하게 갖췄다. 티와 커피를 좋아한다면 이곳에 자리한 커피와 티 코너를 둘러볼 것을 추천한다.

위치 나이츠브리지역에서 도보 5분 **P.305**

존 루이스 John Lewis

1864년 오픈한 역사와 전통을 자랑하는 런던의 대표적인 백화점. 영국 전역에 43개의 백화점을 두고 있다. 옥스퍼드 스트리트의 존 루이스 백화점에는 남녀 의류, 가전, 생활용품, 뷰티, 유아 및 아동, 장난감, 스포츠·레저용품, 선물류 등 다양한 분야의 상품을 판매한다. 정원 가꾸기와 화초 재배에 필요한 물품도 구매할 수 있다.

위치 본드 스트리트역에서 도보 3분 **P.282**

> 런던 이색 백화점

레이디를 위한
포트넘 앤 메이슨 Fortnum & Mason

1707년 식료품 전문 상점으로 오픈한 유서 깊은 백화점. 저렴하고 향이 좋은 각종 티와 커피를 판매한다. 1층에는 요리와 관련된 각종 상품이, 2층에는 여성용 패션 아이템이, 3층에는 가죽 제품, 여행용 가방, 문구류 등이 마련되어 있다. 4층에는 다이아몬드 주빌리 티 살롱 공간이 마련되어 있어 격조 높은 공간에서 티와 다과를 음미할 수 있다. 2013년 런던의 세인트 판크라스역 내에 포트넘 앤 메이슨 스토어를 새롭게 오픈했다.

위치 피커딜리 서커스역이나 그린 파크역에서 도보 5~7분
P.287

어린이를 위한
햄리스 Hamleys

유럽에서 가장 큰 장난감 백화점. 세계에서 가장 세련된 어린이 백화점을 목표로 1760년에 문을 열었다. 5000㎡ 면적에 7층으로 이루어진 건물 안에는 플레이 모빌, 레고, 바비, 피셔 프라이스 등 유명 장난감 브랜드의 제품이 총집합해 있다. 이곳에 진열된 장난감 수만 해도 5만 개 이상. 주목할 만한 쇼핑 아이템은 이곳이 자랑하는 값비싼 미니어처 기차 세트 컬렉션이다. 1987년 미국 뉴욕에 세계에서 두 번째로 햄리스 매장을 오픈했으며 2013년 11월에는 말레이시아 쿠알라룸푸르에 아시아 최초로 햄리스 매장을 오픈했다.

위치 옥스퍼드 서커스역에서 도보 5분 P.147

SHOPPING

영국의 보석 같은 쇼핑 스팟
런던 숍

여행자의 지갑은 대형 쇼핑몰보다 손바닥만 한 작은 로컬 숍에서 더 자주 열린다. 규모는 작지만 안은 꽉 찬, 런던의 보석 같은 쇼핑 스팟을 모았다.

펜할리곤스 Penhaligon's

다양한 종류의 향수를 자체적으로 생산, 판매하는 런던의 대표 향수 전문점. '센트 라이브러리 Scent Library'라고도 불린다. 여행자용 향수 케이스에서부터 목욕용품, 양초, 면도용품 등 향기로운 다양한 아이템을 취급한다. 벌링턴 아케이드를 비롯해 리젠트 스트리트, 뉴 본드 스트리트 인근 등 런던 시내의 주요 지점에 매장을 두고 있다.

위치 그린 파크역에서 도보 5분, 벌링턴 아케이드 내 P.287

빈티지 하우스 The Vintage House

한 병에 £1,000의 가격에 달하는 고가의 25년산 몰트위스키를 비롯해 1350여 종에 달하는 몰트위스키를 갖추고 있는 위스키 전문점. 위스키뿐 아니라 200여 종의 럼과 100여 종의 테킬라도 판매한다. 럼은 카리브해의 도서 국가에서 들여온 것이 주류를 이룬다. 이외에도 보르도와 부르고뉴에서 생산된 프랑스 와인과 쿠바산 시가도 판매한다.

위치 레스터 스퀘어역에서 도보 7분 P.152

106 쇼핑

닐스 야드 다이어리 Neal's Yard Diary

영국 청정 지역의 농장에서 생산된 유기농 치즈를 판매하는 치즈 전문점. 맛이 부드러운 치즈부터 우리 입맛에는 다소 생소한 염소와 양의 젖으로 만든 치즈까지 다양한 맛과 형태의 치즈를 만날 수 있다. 종종 미식가나 와인 마니아들의 발길을 붙드는 시식 이벤트를 연다.

위치〉 코벤트 가든역에서 도보 5분

D. R. 해리스 앤 코 D. R. Harris & Co.

신사를 위한 세면용품 등을 취급하는 프리미엄 스킨케어 전문점. 1790년에 문을 연 런던에서 가장 오래된 약국으로 비누, 셰이빙 크림, 스킨케어 등을 왕실에 납품한다. 영국 내 각계각층의 유명 인사들이 들른 곳으로도 유명하다. 쇼핑 목적이 아니더라도 한 번쯤 들러 220여 년의 오랜 역사를 지닌 상점의 고고한 기운을 느껴볼 것을 추천한다.

위치〉 그린 파크역에서 도보 5분 **P.286**

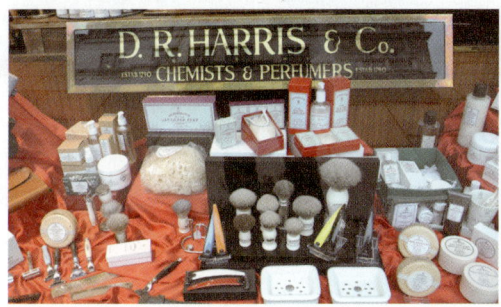

앨리스 앤티크스 Alice's Antiques

빨간 간판이 인상적인 노팅힐의 오래된 골동품점 중 하나. 값비싼 골동품 물건도 있지만 추억의 물건 등도 가득하다. 오래된 아날로그식 전화기, 바나 카페에서 장식용품으로 쓰였을 법한 벽걸이용 장식물 등 다양한 물건이 한자리에 모여 있다. 내부에 소장된 물건을 들여다보면 과거로 거슬러 올라가는 것 같은 기분이 든다.

위치〉 노팅힐 게이트역에서 도보 10분 **P.312**

SHOPPING

런던의 참새 방앗간
체인 슈퍼마켓 · 카페 · 델리 숍

런던 거리 곳곳에 있어 참새가 방앗간 찾듯 들르기 좋은 슈퍼마켓 체인과
다리쉼 하기 좋은 카페, 여행자의 허기를 달래는 델리 숍을 한눈에.

슈퍼마켓

막스 앤 스펜서 심플리 푸드 Marks & Spencer Simply Food

국내에는 의류로 유명한 영국 대표 브랜드 막스 앤 스펜서에서 운영하는 슈퍼마켓. 가격대가 가장 높은 체인이지만 좋은 재료로 안전한 삶을 지향한다는 원칙으로 현지 신뢰도가 두텁다. 실제로 보기 좋게 진열된 식품군은 방부제 등을 최소한으로 사용해 유통기한이 짧은 편이다. 런던 곳곳에 체인점을 두고 있으며 카페와 스낵 코너를 운영하는 매장도 있다.

홈피 www.marksandspencer.com

세인즈버리 Sainsbury's

오렌지색 로고가 심볼인 영국에서 가장 큰 대형 마트. 식료품이 저렴하기로 유명하다. 대형 매장은 대체로 시내 중심가에서 벗어난 곳에 있어 접근성이 떨어지지만, 작은 슈퍼마켓 체인은 런던 곳곳에 자리해 쉽게 만나볼 수 있다. 캠든 타운역에서 북동쪽 방면 도보 5분 거리에 있는 세인즈버리 슈퍼스토어는 많은 여행자가 먹거리를 사거나 쇼핑을 즐기는 명소다.

홈피 www.sainsburys.co.uk

아이슬란드 Iceland Foods

매장이 많지 않지만 저렴하게 먹거리를 살 수 있는 슈퍼마켓 체인. 테스코보다 가격대가 낮으며 관련 상품을 묶어서 패키지 세일을 진행한다. 특히 냉동식품이나 즉석식품에 강세를 보인다. 부담 없이 한 끼를 해결하거나 간편한 식사를 선호하는 1인 가구나 유학생들 사이에서 인기가 높다. 에지웨어 로드역, 워털루역 주변, 엔젤역 주변에 지점을 두고 있다.

홈피 www.iceland.co.uk

테스코 Tesco

국내에도 잘 알려져 있는 영국 대형 마트 브랜드. 지역 내 소규모 채소 재배 농가와 연계해 농산물을 판매하는 시스템을 도입해 안전한 로컬푸드를 발굴하고 확보하는 시스템으로 고객 신뢰도를 높이고 있다. 런던 근교에는 대형 매장이 있고 런던 시내 곳곳에는 작은 슈퍼마켓 형태의 소형 점포를 운영한다. 간편하게 한 끼를 해결할 수 있는 음식을 구입할 수 있다.

홈피 www.tesco.com

웨이트로스 Waitrose

영국의 대표 슈퍼마켓 체인 중 하나. 가격대는 조금 높은 편이지만 그만큼 믿을 수 있는 식품만을 취급하는 고급 마트로 분류된다. 신선한 과일, 채소, 갓 구운 빵을 맛볼 수 있다. 샐러드, 샌드위치, 스시 런치 박스 등 한 끼를 든든하게 채울 수 있는 델리 푸드도 가득하다. 매릴본 스트리트, 홀번 역 주변 등 시내 곳곳에 지점을 두고 있다.

홈피 www.waitrose.com

SHOPPING

카페 네로 Caffe Nero

런던 전역에서 만나 볼 수 있는 카페로 정통 이탈리안 커피를 제공한다. 라테, 카푸치노, 에스프레소 등 다양한 맛의 커피를 맛볼 수 있으며 캐러멜 라테, 핫 초콜릿, 차이 라테 등 기타 핫 드링크를 즐길 수 있다. 파니니 브레드 샌드위치를 비롯해 페이스트리와 머핀, 수프와 샐러드, 서양식 죽인 포리지, 케이크와 비스킷 등 식사나 디저트 메뉴도 있다.

홈피 www.caffenero.com

프레타 망제 Pret A Manger

런던 시내 곳곳에서 찾아볼 수 있는 카페로 별도의 키친을 두고 있어 커피와 음료 외에도 신선한 재료로 만든 음식을 제공한다. 공장에서 대량 생산된 음식은 판매하지 않는 것이 원칙. 간단한 식사 메뉴로 샌드위치, 샐러드, 랩, 스시, 수프 등이 있으며 각종 케이크류와 쿠키, 디저트류 등도 있다. 특히 수프의 경우 매주 서로 다른 레서피로 만든 영양 만점의 수프를 제공한다. 음료로는 신선한 과일로 만든 스무디가 대표적이다.

홈피 www.pret.com

코스타 Costa

유럽뿐 아니라 영국에서 인기 있는 카페 체인으로 런던 시내에만 수십군데의 지점을 두고 있다. 다양한 커피와 모카, 라테뿐 아니라 진저브레드 라테, 헤이즐넛 라테, 시나몬 라테 등 자체 개발한 특이한 음료도 제공한다. 에그 앤 머시룸 머핀이나 브리티시 햄 앤 치즈 크루아상 등의 메뉴로 아침 식사도 가능하며 티 케이크와 함께 감미로운 홍차의 맛도 함께 즐길 수 있다. 기타 식사 메뉴로는 치킨 파히타 랩, 샐러드, 샌드위치, 토스트, 파니니 등이 있다.

홈피 www.costa.co.uk

잇 Eat

런던 시내에만 수십 군데의 지점을 둔 델리 숍. 베이컨을 넣고 애플 소스를 얹은 롤이나 베이컨 크러스티 롤 등의 온기를 간직한 메뉴를 맛볼 수 있다. 바비큐 포크를 얹은 라이스 메뉴, 헝가리안 스타일 스튜 메뉴인 포크 굴라시도 추천할 만하다. 그밖에 각종 샌드위치, 샐러드, 수프, 디저트류를 비롯해 토스트, 시리얼, 포리지, 요구르트 등으로 구성된 아침 식사 메뉴가 인기 높다.

홈피 eat.co.uk

이추 Itsu

잇과 마찬가지로 즉석에서 음식을 골라 계산한 뒤 맛볼 수 있는 편리한 델리 숍. 런던에만 50군데 지점을 두고 있다. 샐러드 등의 메뉴가 간편한 플라스틱 컵 용기에 담아 나온다. 대표 메뉴는 스시다. 런더너의 입맛에 맞게 연어, 참치, 스시롤 등으로 다양한 런치 박스가 구성되어 있다. 그밖에도 다양한 수프를 비롯해 각기 다른 맛의 세 가지 종류의 치킨 누들 메뉴를 선보인다.

홈피 www.itsu.com

TRANSPORTATION 교통

영국 출입국 가이드 l 기차·버스·페리 입국 l 런던 공항 교통 총정리 l 런던 시내 교통 총정리 l 오이스터 카드 vs. 트래블 카드

TRANSPORTATION

공항부터 스텝 바이 스텝
영국 출입국 가이드

본격적인 여행은 우리나라 공항을 떠나 영국 공항에 도착하는 순간 시작된다.
어렵지 않은 출입국 6단계를 확인하고 차근차근 여행을 시작하자.

한국 → 런던 출국하기

STEP 1 카운터 확인

출발시각 2~3시간 전에는 공항에 도착해야 여유롭게 출국 수속을 밟을 수 있다. 공항 도착 후 비행기 정보를 안내하는 출발 안내 전광판을 보고 탑승할 항공사의 카운터 위치를 확인한다.

STEP 2 탑승 수속

해당 항공사 탑승 수속 카운터에 여권과 전자 티켓을 제시하고 탑승권을 받는다. 수하물 탁송 기준은 항공사별로 상이하다. 탁송한 뒤에는 수하물 영수증 Boarding Pass을 잘 보관해두자.

STEP 3 세관 신고

1만 달러 이상은 세관 외환 신고를 하는 것이 원칙이다. 카메라나 귀금속 등의 고가품이 있다면 귀국 시 세금이 발생할 경우를 대비해 휴대물품 반출 신고서를 작성해두는 것이 안전하다.

STEP 4 보안 검색

출국장 보안 검색대에 가방과 소지품을 올려놓는다. 노트북이나 스마트폰은 따로 올려놓아야 한다. 인화성 물질, 날카로운 물건, 100㎖ 이상 액체류 등 반입 금지 품목을 미리 확인하자.

STEP 5 출국 심사

출국 심사대에서 여권과 탑승권을 제시한다. 출국신고서는 따로 작성하지 않으며 여권에 출국 허가 도장을 받으면 된다. 대한민국 성인은 자동출입국심사로 빨리 심사를 받을 수도 있다.

STEP 6 출발 게이트 이동

출국 심사를 거치면 면세 구역에 들어간다. 탑승 게이트와 이동 시간을 확인하고 적어도 출국 30분 전에는 탑승 게이트에 도착하는 게 좋다. 시간이 여유롭다면 면세점 쇼핑을 즐길 수 있다.

한국 → 런던 입국하기

STEP 1 입국신고서 작성

기내에서 입국 신고서 Landing Card를 미리 작성해두자. 영어 대문자로 공란을 채우면 된다. 무엇보다 머무는 숙소의 정보를 정확하게 기재하는 것이 중요하다. 입국 신고서는 입국 심사장에도 배치돼 있다.

STEP 2 입국장 이동

'Immigration' 표지판을 따라 입국 심사장으로 이동한다. 대한민국 여권 소지자는 기타 지역 여권 소지자 카운터 All Others Passport에서 심사를 받는다. 차례가 되면 작성한 입국 신고서와 여권, 항공권을 제출한다.

STEP 3 입국 심사

영국의 입국 심사는 까다롭기로 악명 높다. 주로 체류 기간과 방문 목적, 머물 장소에 관한 돌발 질문을 받을 수 있지만 침착하게 영어로 대답하면 된다. 심사 후 여권에 끼워주는 서류는 출국까지 잘 보관하자.

STEP 4 수하물 찾기

입국 심사대를 통과했다면 'Baggage Claim' 안내판을 따라 수하물 컨베이어로 이동해 짐을 찾는다. 간혹 공항이나 항공사 측의 잘못으로 짐이 늦게 도착하는 경우 수하물 영수증을 제시하면 숙소까지 짐을 보내준다.

STEP 5 세관 심사

세관 심사 카운터로 간다. 영국 입국 시 따로 신고해야 할 물품을 가진 경우가 아니라면 'Nothing to Declare'라 적혀 있는 녹색 안내판이 있는 카운터에 선다. 붉은색 표지판은 과세 대상 신고 카운터다.

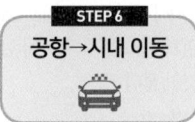
STEP 6 공항→시내 이동

공항 셔틀버스나 전철 등을 이용해 런던 시내로 이동한다. 한국에서 영국으로 가는 대부분의 여행자가 이용하는 히스로 공항에서 출발할 경우 시내까지 기차로 15분, 전철과 버스로 50~60분 정도 소요된다.

TIP 런던 주요 공항 취항 항공사

● **히스로 공항**
2 터미널 타이항공, 에바항공, 유나이티드항공, 루프트한자, 터키항공 등
3 터미널 영국항공, 델타항공, 에미리트항공, 콴타스항공 등
4 터미널 대한항공, 에티하드항공, 베트남항공, 카타르항공 등
5 터미널 영국항공(한국 출발편), 이베리아항공 등

● **개트윅 공항**
North 터미널 대한항공, 영국항공, 터키항공, 이지젯, 톰슨에어웨이즈 등
South 터미널 이지젯, 라이언에어, 노르웨이전항공, 토마스쿡에어라인 등

TRANSPORTATION

비행기 없이 영국으로 가는 방법
기차 · 버스 · 페리 입국

프랑스, 벨기에, 네덜란드, 아일랜드 등 유럽에서 런던으로 갈 땐 비행기가 아닌 기차나 버스, 페리를 이용할 수 있다.

유로스타 Euro Star

영국 · 프랑스 · 벨기에를 최단시간에 연결하는 고속열차. 영국과 프랑스 사이 도버해협 Strait of Dover을 관통하는 길이 50km의 해저터널을 최대시속 300km로 달린다. 런던~프랑스 파리 구간은 2시간 15분, 런던~벨기에 브뤼셀 구간은 2시간 정도 소요된다. 기차를 타고 바닷속을 달리며 차창 밖으로는 런던 하구의 목가적인 경치를 감상할 수 있어 인기가 높다.

티켓은 스탠다드, 스탠다드 프리미어, 비즈니스 프리미어 3종류로 좌석, 식사, 이용 혜택 등이 저마다 다르다. 예약은 홈페이지나 유로스타 애플리케이션을 통해 탑승 6개월 전부터 할 수 있다. 최소 한 달 전에 예약할 것을 추천하며 열차 체크인 후 수하물 검사와 출입국 검사를 거쳐야 하기 때문에 최소 열차 출발 2시간 전에 역에 도착하는 것이 좋다.

홈피 www.eurostar.com

런던~파리
- 소요시간 약 2시간 20분
- 운행 하루 15~19회
- 요금 스탠더드 편도 기준 £43~

런던~브뤼셀
- 소요시간 약 2시간 10분
- 운행 하루 6~10회
- 요금 스탠더드 편도 기준 £43~

메가버스 & 유로라인 Megabus & Eurolines

유럽 국가의 주요 도시와 런던을 연결하는 국제버스는 유로라인과 메가버스 크게 두 종류로 나뉜다. 유로라인은 아일랜드를 제외한 프랑스, 네덜란드, 독일, 벨기에 등 유럽 전역의 주요 도시와 런던을 연결하며 메가버스는 아일랜드를 포함한 유럽 전역의 주요 도시와 런던을 연결한다. 런던~프랑스 파리 구간은 8~9시간, 런던~벨기에 브뤼셀 구간은 6~7시간 정도 소요된다. 요금은 출발지와 목적지, 날짜와 출발 시각에 따라 다르다. 메가버스가 유로스타보다 시간은 더 걸리지만 요금은 훨씬 저렴한 편. 예약은 탑승 2개월 전부터 가능하며 티켓을 일찍 예매할수록 할인율도 높다.

홈피 유로라인 www.eurolines.com 메가버스 www.megabus.com

메가버스	유로라인
주요 운행 국가 프랑스(파리, 릴), 네덜란드(암스테르담, 로테르담), 독일(쾰른), 벨기에(브뤼셀, 앤트워프, 겐트)	**주요 운행 국가** 프랑스(파리, 릴), 네덜란드(암스테르담, 로테르담), 독일(쾰른), 벨기에(브뤼셀, 앤트워프)

시웨이즈 Seaways

프랑스·벨기에·네덜란드에서 페리를 타고 잉글랜드 항구로 간 다음, 버스나 기차를 타고 런던으로 들어가는 방법도 있다. 열차나 버스에 비해 시간은 오래 걸리지만 호화 유람선을 타고 바다를 건너는 색다른 추억을 쌓을 수 있어 일정이 여유로운 여행자라면 고려해볼 만하다. 추천 루트는 프랑스 칼레 항구에서 런던에서 비교적 가까운 항구인 잉글랜드 남동부의 도버 항구로 간 다음 버스나 기차를 타고 런던으로 가는 것이다. DFDS 시웨이즈에서 운영하는 시웨이즈 페리는 도버 항구와 칼레 항구 사이를 하루 4~10편 운항하며 시간은 약 1시간 30분이 소요된다.

홈피 DFDS Seaways www.dfdsseaways.co.uk

TRANSPORTATION

공항에서 런던 시내까지
런던 공항 교통 총정리

런던에는 히스로 공항을 포함해 총 4곳의 국제선을 운항하는 공항이 있다. 어떤 공항에 도착하는지에 따라 여행 시작점이 달라진다.

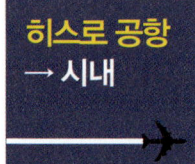

히스로 공항 Heathrow Airport은 영국에서 가장 규모가 큰 국제공항이다. 런던 중심가에서 서쪽으로 약 23km 떨어진 힐링던에 위치한다. 한국에서 영국으로 가는 대부분의 여행자가 도착하는 공항으로 5개의 터미널로 이루어져 있다. 1·2·3 터미널은 지하도로 연결되어 있고 4·5 터미널로 이동할 땐 공항 셔틀버스를 타야 한다.
홈피 www.heathrowairport.com

히스로 익스프레스 Heathrow Express

히스로 공항에서 런던 시내로 가장 빠르게 이동할 수 있는 교통수단. 1·2·3 터미널의 히스로 센트럴역에서 종착역인 런던 패딩턴역까지 논스톱으로 15분 만에 도착한다. 5 터미널 터미널에서 출발할 경우에는 22분. 오전 5시부터 밤 11시 48분까지 15분 간격으로 운행하며 요금은 편도 £25, 왕복 £37다. 사전에 예매할 경우 편도 티켓을 £15에 구매할 수 있다.
홈피 www.heathrowexpress.com

🚆 언더그라운드(튜브) Underground(tube)

런던 전철 언더그라운드 Undergroun는 현지에서 튜브 tube라는 애칭으로 불린다. 공항에서 시내로 이동할 때 가장 보편적으로 이용하는 교통수단이다. 시내 중심인 피커딜리 서커스역까지 전철로 50~60분이 걸리며 요금은 £6다. 오이스터 카드 Oyster Card를 이용하면 £3.1~5로 보다 저렴하게 이용할 수 있다.

홈피 > https://tfl.gov.uk

🚌 공항버스 Airport Bus

버스를 이용해 시내로 이동할 경우에는 기차나 전철에 비해 시간은 더 걸리지만 숙소에 가까운 정류장에 내릴 수 있다는 장점이 있다. 히스로 센트럴 버스 스테이션에서 내셔널 익스프레스 National Express에서 운영하는 공항버스에 탑승하면 빅토리아 코치스테이션까지 50분 정도 소요된다. 요금은 편도 £6, 왕복 £10이다.

홈피 > www.nationalexpress.com

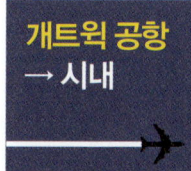

개트윅 공항 Gatwick Airport은 영국에서 두 번째로 큰 국제공항이다. 런던 시내에서 남쪽으로 약 48km 떨어져 있다. 주로 유럽의 저가항공사가 취항하며 북 터미널 North Terminal과 남 터미널 South Terminal로 나뉜다. 공항에서 런던 중심가로 이동할 때는 기차나 버스를 타고 이동한다. 철도 교통망이 잘 연결돼 있어 기차로 이동하는 것을 추천한다.

홈피 > www.gatwickairport.com

🚆 개트윅 익스프레스 Gatwick Express

15분 간격으로 공항과 런던 남부 빅토리아역을 연결한다. 공항에서 빅토리아역까지는 30분 정도가 소요된다. 열차는 매일 오전 3시 30분부터 밤 12시 30분까지 운행하며 요금은 편도 £19.9, 왕복 £35.5로 왕복 티켓의 경우 1개월간 유효하다. 15세 이하의 승객 요금은 편도 £9.95 왕복 £17.75이며 5세 이하는 무료다.

홈피 > www.gatwickexpress.com

TRANSPORTATION

서던 레일웨이 Southern Railway

5~10분 간격으로 개트윅 공항과 빅토리아역을 연결한다. 소요시간은 35분이다. 새벽 1시부터 4시까지는 30분마다 운행하며 요금은 온라인 구매 기준 편도 £17.8, 왕복 £35.60이다. 일반 티켓보다 취소나 변경이 자유로운 플렉서블 티켓 Flexible tickets은 왕복 £24.30이다. 16세 이하는 50% 할인되며 5세 이하는 무료다.

홈피 www.southernrailway.com

공항버스 Airport Bus

런던 중심가로 가장 저렴하게 이동할 수 있는 교통수단. 이지버스와 내셔널 익스프레스 두 곳에서 운행한다. 이지버스는 개트윅 공항 남 터미널에서 런던 빅토리아역과 얼스 코트역을 연결한다. 사전에 예약하면 편도 £2 내외로 저렴하게 티켓을 구매할 수 있다. 내셔널 익스프레스는 승하차 정거장이 많아 런던 전역에서 타고 내리기 편하다.

홈피 www.southernrailway.com

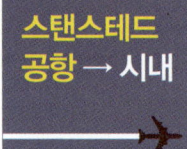

스탠스테드 공항은 런던에서 히스로 공항, 개트윅 공항 다음으로 큰 국제공항이다. 런던 시내에서 북동부 외곽으로 48km 떨어진 곳에 있다. 저가 항공사가 주로 취항하고 있으며 특히 라이언에어의 유럽 각지로 연결되는 다양한 항공편이 취항 중이다. 터미널은 북 터미널 North Terminal과 남 터미널 South Terminal로 나뉜다.

홈피 www.stanstedairport.com

스탠스테드 익스프레스 Stansted Express

스탠스테드 공항과 런던 중심가를 잇는 가장 빠른 교통수단. 15분 간격으로 운행하며 리버풀 스트리트까지 45분, 토튼햄 해일역까지 35분 정도 소요된다. 요금은 편도 £22, 왕복 £31이며 16세 이하의 경우 50% 할인, 5세 이하는 무료다.

홈피 www.stanstedexpress.com

🚌 공항버스 Airport Bus

공항버스가 스탠스테드 공항과 빅토리아 코치 스테이션 사이를 운행한다. 30분마다 24시간 운행하며 80분 소요된다. 요금은 편도 £11, 왕복 £18이며 16세 이하는 각각 £6, £10다.

홈피 www.stanstedairport.com

런던 중심가에서 북쪽으로 약 48km 떨어진 북부 외곽에 위치한다. 라이언에어 등 주로 저가항공이 운항 중이다. 영국 철도(브릿레일)와 버스가 공항과 런던 시내를 연결한다.

홈피 www.london-luton.com

🚆 템스링크 트레인 Thameslink Train

런던의 세인트 판크라스 스테이션에서 템스링크 철도회사 소속의 열차가 24시간 15분 간격으로 운행한다. 35~45분 소요된다. 요금은 편도 £13, 왕복 £22다.

홈피 www.thameslinkrailway.com

🚌 공항버스 Airport Bus

버스로 갈 경우 빅토리아 코치 스테이션에서 24시간 운행하는 그린 라인 Green Line 버스를 타면 된다. 60~90분 소요되며 요금은 편도 £15, 왕복 £22다.

홈피 https://tfl.gov.uk/modes/coaches/victoria-coach-station

TRANSPORTATION

런던 튜브와 이층버스와 택시
런던 시내 교통 총정리

런던은 전철과 버스 등 대중교통이 매우 발달된 도시다.
대부분의 관광 명소는 전철로 갈 수 있고 짧은 거리도 환승하기 편리하다.

전철 Underground(Tube)

런던의 주요 스폿을 촘촘하게 연결한 영국 시민의 발이자 여행자의 친구. 정확한 명칭은 언더그라운드 Underground이며, 둥근 터널에서 유래한 애칭 '튜브 Tube'라는 애칭으로 부른다. 지상 위로 달리는 구간은 오버그라운드 Overground로 구분하고 있다. 11개 노선을 운영하며 시내 중심부 1구역 1 Zone부터 외곽의 6구역 6 Zone까지 크게 6개의 지역으로 구분한다. 소호, 블룸즈버리, 웨스트민스터, 사우스뱅크 지역 등은 모두 1구역에 속하며 중심에서 조금 떨어진 캠든 타운, 쇼디치, 도클랜드 등은 2구역이다. 런던 대부분의 관광 명소는 1·2구역 안에 있으며 숫자가 커질수록 중심부에서 멀어지고 요금도 비싸진다.

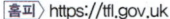 https://tfl.gov.uk

런던 1~6구역(Zone)

| TIP | 피크 타임 Peak Time |

런던의 전철 요금은 평일 출퇴근 시간대인 오전 6시 30분부터 9시 30분, 오후 4시부터 7시까지 피크 타임 Peak Time에 요금이 비싸다. 단, 1·2 구역 내 이동에는 피크 타임 비용이 적용되지 않으며 주말에도 별도의 피크 타임 비용이 붙지 않는다. 아래는 성인 요금 기준 피크 타임과 오프 피크 타임 시 편도 요금을 비교한 것이다.

이용 구간	피크 타임	오프 피크 타임
1구역	£2.2	£2.2
1~2구역	£2.8	£2.2
1~3구역	£3.2	£2.7
1~4구역	£3.8	£2.7
1~5구역	£4.6	£3.0
1~6구역	£5.0	£3.0

버스 Bus

런던 버스는 전철에 비해 요금이 저렴하고 전철역이 없는 지역까지 구석구석 운행해 이용하기 편하다. 특히 런던의 상징이기도 한 빨간 이층버스 더블 데커 Double Decker는 그 자체가 명물이라 여행자에게 인기 높다. 15번 버스가 런던의 주요 스폿을 중심으로 운행해 투어 버스를 타는 듯 런던 곳곳을 쉽게 돌아볼 수 있다. 전철이 운행하지 않는 새벽 1시부터 5시 사이에도 심야 버스 Night Bus를 별도로 운행한다.

홈피 www.tfl.gov.uk/modes/buses

| TIP | 런던 시티 투어 버스 City Tour Bus |

런던의 상징인 빨간 이층 버스를 타고 런던의 주요 스폿을 돌아보는 시티 투어 프로그램이다. 대표 프로그램 중 하나인 오리지널 런던 사이트싱 투어 Original London Sightseeing Tour는 수시로 출발하며 3가지 코스를 제공한다. 빅버스 투어 The Big Bus Tour도 20~30분 간격으로 출발하며 3가지 코스를 제공한다. 투어 시간은 2시간으로 티켓 유효 기간 내에 워킹 투어와 템스강의 리버 보트를 무료로 이용할 수 있다.

홈피 오리지널 런던 사이트싱 투어 www.theoriginaltour.com, 빅 버스 투어 www.bigbus.co.uk

TRANSPORTATION

택시 Taxi

런던의 또 다른 상징이기도 한 택시는 1958년부터 1997년까지 오스틴사에서 제조한 FX4란 이름의 자동차를 이용한다. 검은색 일반 택시는 블랙 캡 Black Cab이라는 닉네임으로 부르며 전화로 호출해 부를 수 있는 노란색 택시 옐로 캡 Yellow Cab이 있다. 택시 기본요금은 £2.60이며 탑승 요일과 시간대에 따라 조금씩 달라진다. 런던 시내에서 1마일(1.6km)을 주행할 때 요금은 대략 £5 정도 추가된다.

홈피 https://tfl.gov.uk

자전거 Bicycle

런던에는 2007년부터 자전거 렌탈 시스템이 도입되었다. 자전거가 놓여 있는 무인대여소에서 자전거를 대여해 이용한 뒤 원하는 대여소에 반납할 수 있다. 1회 30분 이내는 무료이며 30분~1시간은 £2, 1시간 30분은 £4, 2시간은 £6, 3시간은 £15, 6시간은 £35, 24시간은 £50이다. 참고로 대여소는 무인대여소로 신용카드를 통해 대여 요금을 지불할 수 있다.

홈피 www.tfl.gov.uk

리버 보트 River Boat

런던의 템스강을 운항하는 리버 보트는 크게 여행자를 위한 관광용과 일반 시민을 위한 교통용으로 나뉜다. 관광용 리버 보트의 경우 가장 많이 이용하는 노선은 시티 크루즈에서 운영하는 웨스트민스터-타워 밀레니엄-그리니치 피어 구간이다. 웨스트민스터 브리지 인근 선착장에서 출발해 런던 아이, 세인트 폴 대성당 등의 명소를 바라보며 타워 오브 런던 인근 선착장에 기착한 뒤 그리니치까지 운항한다. 1일 12~15편 운항하며 요금은 웨스트민스터-타워 밀레니엄 구간 편도 £8.4, 왕복 £11, 웨스트민스터-그리니치 구간 편도 £10, 왕복 £13이다. 시민을 위한 교통용 리버 보트의 경우 템스 클리퍼스사가 운항하는 리버 보트로 임뱅크먼트 선착장에서 출발해 런던 브리지 시티 피어, 타워밀레니엄 피어, 카나리 워프 피어, 그리니치 피어를 경유하여 O2돔이 자리한 노스 그리니치 피어까지 운항한다.

홈피 〉 시티 크루즈 www.citycruises.com, 템스 클리퍼스 www.thamesclippers.com

커낼 보트 Canal Boat

교통수단이라기보다 런던 시내에 만든 운하를 따라 커낼 보트를 타고 여행하는 관광용으로 운행된다. 런던 워터버스 컴퍼니 London Waterbus Company에서는 리젠트 커낼의 물살을 가르며 운항하는 커낼 보트를 운행한다. 구간은 리틀 베니스 Little Venice에서부터 런던 동물원을 경유해 캠든 타운의 캠든 록 Camden Lock까지다. 4~9월에는 1시간 간격으로 운항하지만 10월부터는 평일에는 1일 1편, 주말 토~일요일 1일 3편 운항하며 11~3월 사이에는 토~일요일에만 1일 3편 운항한다. 요금과 소요 시간은 구간별로 상이하니 자세한 내용은 홈페이지를 참고하자.

홈피 〉 www.londonwaterbus.co.uk

TRANSPORTATION

런던 베스트 교통카드 찾기
오이스터 카드 vs. 트래블 카드

교통 요금 비싸기로 악명 높은 영국에도
여행자의 부담을 덜어주기로 명성 자자한 교통카드가 있다.

오이스터 카드 Oyster Card

필요한 만큼 충전해서 쓰는 선불제 교통 카드. 우리나라의 교통카드와 같은 개념이다. 카드 한 장으로 런던의 전철과 버스, DLR(도클랜드 경전철), 기차, 리버 보트 등을 이용할 수 있다. 한번 탈 때마다 전철은 £2.20, 버스는 £1.50씩 차감되지만 일일 최대 차감 한도가 정해져 있어 그 이상은 차감되지 않는다. 예를 들어 1구역부터 2구역까지 이동할 때 하루 종일 전철이나 버스를 수십 번 갈아타도 일일 차감 한도 £6.6 이상은 부과되지 않는다. 버스만 탈 경우 일일 차감 한도는 £4.5로, 종일 버스를 10번 이상 타도 £4.5 이상 차감되지 않는다.

홈피 oyster.tfl.gov.uk

구역별 일일 최대 차감 한도	
1~2구역	£6.6
1~3구역	£7.7
1~4구역	£9.5
1~5구역	£11.2
1~6구역	£12.0

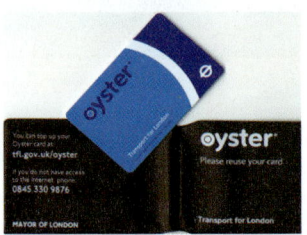

✓ 오이스터 카드 사용법

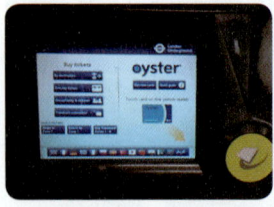

1 전철역이나 버스정류장 오이스터 카드 자동판매기에서 구매한다. 매표창구나 편의점에서도 구입할 수 있다.

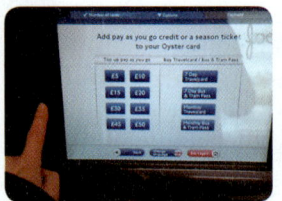

2 첫 구매 시 충전할 금액을 선택한 후 보증금 £5와 금액을 투입한다. 신용카드나 현금으로 지불할 수 있다.

3 환불할 땐 신분증을 지참하고 주요 전철역 창구에서 오이스터 카드를 반납하고 보증금과 잔액을 받는다.

런던 트래블 카드 London Travel Card

1일, 7일, 1개월 등 정해진 기간 내에 대중교통을 무제한으로 이용할 수 있는 교통카드. 오이스터 카드가 일정 금액을 먼저 충전해 사용하는 방식이라면, 트래블 카드는 1일이나 일주일 동안 정해진 기간 내에 횟수 제한 없이 무제한으로 대중교통을 탈 수 있는 '기간제 자유 이용권'이다. 하루에 이용하는 교통편 횟수가 많거나 장기체류하는 여행자에게 추천한다. 만약 충전이 번거롭거나 언어의 제한이 있는 경우에도 쉽고 편하게 이용할 수 있다. 단, 기간과 사용 구역 범위에 따라 요금이 달라지므로 일정을 잘 고려해 선택해야 한다.

홈피 www.tfl.gov.uk/fares-and-payments

✔ 트래블 카드 기간별 요금

기간	가격
1일권	1구역 £12.3
	1~2구역 £12.3
	1~3구역 £12.3
	1~4구역 £12.3
	1~5구역 £17.5
	1~6구역 £17.5
7일권	1구역 £33
	1~2구역 £33
	1~3구역 £38.7
	1~4구역 £47.3
	1~5구역 £56.2
	1~6구역 £60.2
1개월권	1구역 £126.8
	1~2구역 £126.8
	1~3구역 £148.7
	1~4구역 £181.
	1~5구역 £215.9
	1~6구역 £231.2
1년권	1구역 £1320
	1~2구역 £1320
	1~3구역 £1548
	1~4구역 £1892
	1~5구역 £2248
	1~6구역 £2408

주요 지역 가이드

소호 l 코번트 가든 l 웨스트민스터
사우스뱅크 l 서더크 l 홀번&시티_쇼디치
블룸즈버리 l 매릴본&메이페어
켄싱턴 가든_노팅힐 l 캠던 타운

AREA 01

소호
SOHO

런던 시내의 중심을 이루는 소호와 피커딜리 서커스 주변은 그야말로 런던을 방문하는 모든 방문객이 한 번쯤 들르는 곳이다. 내로라하는 건축물이나 박물관이 들어서 있지는 않지만 런던 시내의 중심 거리인 옥스퍼드 스트리트를 비롯해 런던 쇼핑의 1번지 리젠트 스트리트와 옥스퍼드 서커스, 뮤지컬 극장과 나이트라이프 스폿, 흥미로운 상점이 즐비하며 저렴한 아시안 메뉴를 맛볼 수 있는 차이나타운의 뷔페 레스토랑 등이 포진하고 있어 이곳을 찾는 방문객들의 발걸음은 언제나 분주하고 활기차다.

소호
이렇게 여행하자

런던 시내의 수많은 버스가 옥스퍼드 서커스나 옥스퍼드 스트리트에 정차한다. 전철의 경우 옥스퍼드 서커스역이나 피커딜리 서커스역, 토튼햄 코트 로드역에서 하차해 각각 역에서 가까운 곳을 찾아 여행을 시작하면 된다. 세계적인 유명 브랜드가 밀집해 있는 옥스퍼드 스트리트와 리젠트 스트리트를 비롯해 좁은 골목길 사이로 독특한 콘셉트의 숍들이 숨어있어 다양한 매력을 느낄 수 있다.

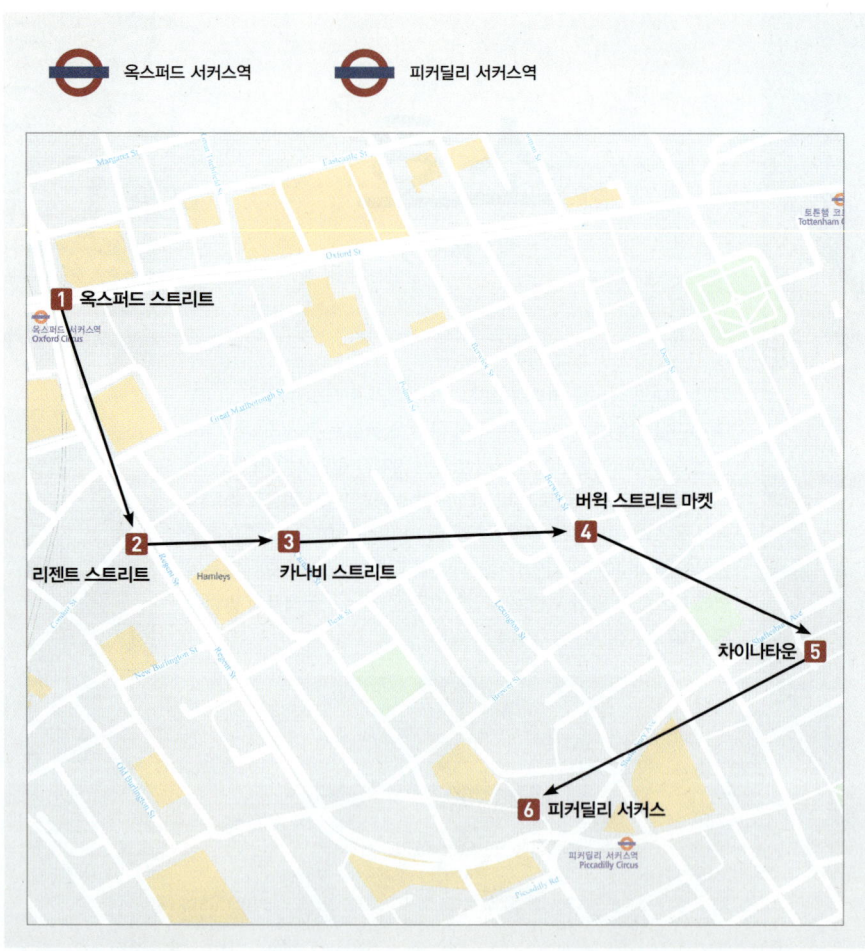

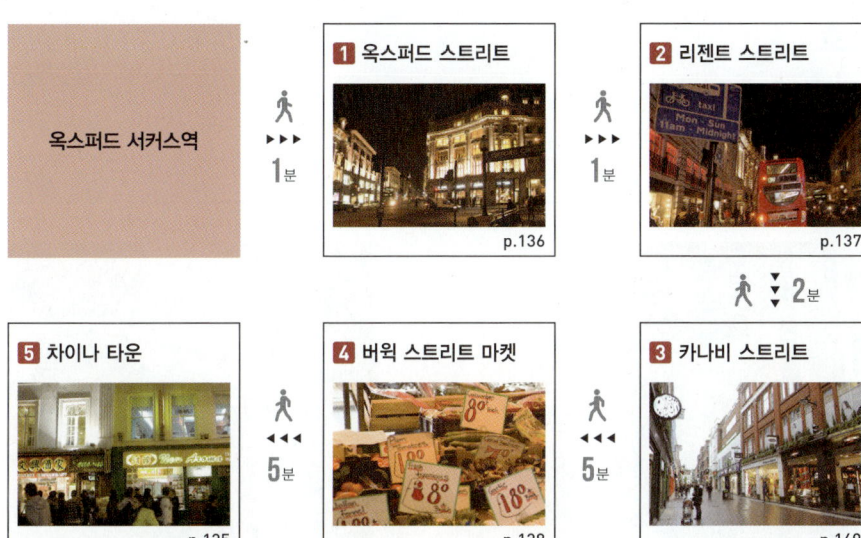

옥스퍼드 서커스역	**1** 옥스퍼드 스트리트 p.136	**2** 리젠트 스트리트 p.137
5 차이나 타운 p.135	**4** 버윅 스트리트 마켓 p.138	**3** 카나비 스트리트 p.140
6 피커딜리 서커스 p.136		

☑ 체크 포인트

❶ 피커딜리 서커스의 에로스 동상 아래 앉아 관광객들로 가득 찬 런던 시내의 모습을 들여다보자.
❷ 세계에서 가장 분주한 거리 중 하나인 옥스퍼드 스트리트와 쇼핑의 메카인 리젠트 스트리트를 거닐어보자.
❸ 나이트라이프의 열기가 가득한 소호의 밤거리와 소호 광장 주변의 차분한 낮의 분위기를 비교해보자.
❹ 차이나타운의 밤거리를 거닐며 차이니스 뷔페 레스토랑에서 저녁 식사를 즐겨보자.

소호
Soho

MAP 1

런던 시내 중심가에 자리 잡은 소호는 런던의 문화와 예술의 아이콘이다. 특히 이곳의 극장에서 공연하는 뮤지컬은 뉴욕 브로드웨이와 더불어 세계 뮤지컬 공연의 양대산맥을 이루고 있다. 소호는 옥스퍼드 스트리트 Oxford St., 리젠트 스트리트 Regent St., 샤프츠버리 애버뉴 Shaftesbury Avenue가 이루는 경계선 안에 자리한다. 런던의 전체 면적에 비하면 작은 공간이지만 카나비 스트리트 Carnaby St.와 같은 쇼핑 거리를 비롯해 소호 광장 주변의 깔끔하고 세련된 레스토랑과 카페를 볼 수 있으며, 작지만 시내 중심에 자리하고 있는 버윅 스트리트 마켓 Berwick Street Market과 주변의 재미난 상점, 빈티지 부티크 숍 등이 방문객들의 눈길을 끈다. 역사적으로 소호는 17세기 프랑스 교회의 개혁을 주도했던 위그노파들이 런던으로 이주해 와서 정착한 곳이다. 그렇다 보니 소호는 지금의 소호 광장을 중심으로 한때 '런던의 프렌치 쿼터'라고 불렸다. 점차 이곳에 거주하던 귀족들과 일반 시민들이 빠져나가고 19세기 중반부터는 작은 극장들이 들어서면서 술집과 매춘부도 함께 등장했다. 오늘 소호의 밤거리를 밝히는 일부 성인 클럽의 뿌리는 이때부터라고 말할 수 있다.

위치 옥스퍼드 서커스역, 피커딜리 서커스역, 토튼햄 코트 로드역에서 도보 2~3분

소호 스퀘어
Soho Square

MAP 1 ⓒ

탐험가가 깊은 숲을 거닐다 연못을 발견하고는 잠시 휴식을 얻는 것처럼 여행자는 소호에서 이리저리 발걸음을 옮기다 이곳을 발견하고는 잠시 한 박자 쉬면서 템포를 조절한다. 이곳은 1681년에 세워진 소호의 북동쪽에 자리 잡은 휴식 공간이다. 작은 공원에는 영국 국왕 찰스 2세의 동상이 서 있고 중앙에는 '정원사의 오두막 Gardener's Hut'이라 불리는 반목재 형태의 독특한 건물이 놓여 있다. 한낮에 소호를 방문한 여행자들은 간단히 샌드위치와 음료를 들고 이곳의 벤치에 앉아 고즈넉한 주변 풍경을 감상하며 여유로운 점심시간을 보내는 것도 좋을 듯하다.

위치 토튼햄 코트 로드역에서 도보 2분, 남서쪽으로 약 200m 지점

차이나타운
China Town

MAP 1 ⓛ

전 세계 대도시의 차이나타운 중에서 가장 유명한 곳이 아닐까 싶다. 적어도 유럽에서는 가장 큰 차이나타운 중 하나이며 예전에 비해 그 영역이 인근 레스터 광장 주변까지 확대되어 있을 정도로 이곳 중국인들의 상권력이 대단하다는 것을 느낀다. 원래 런던의 차이나타운은 오늘날 이스트엔드의 라임하우스 주변에 있었다. 하지만 제2차 세계대전 때 독일군의 공습을 받아 큰 피해를 입자 이곳 시내에 들어서게 되었다. 차이나타운은 비교적 저렴한 중국 음식 뷔페를 즐기려는 사람들로 밤거리가 북적인다. 이곳에서는 볼거리보다는 먹거리가 우선이다. 레스토랑 외에도 아시아에서 온 식료품을 파는 작은 슈퍼와 약재 상점 등이 자리하고 있다. 우리나라 설에 해당하는 음력 1월 1일에는 해마다 이곳에서 크고 작은 행사와 이벤트가 펼쳐진다.

위치 피커딜리 서커스역에서 도보 5분, 레스터 스퀘어와 샤프츠버리 애버뉴 사이 홈피 www.chinatownlondon.org

피커딜리 서커스
Piccadilly Circus

MAP 1 ⓚ

1819년에 만든 런던에서 가장 유명한 교차로다. 런던에서 가장 유명한 쇼핑 거리인 리젠트 스트리트의 출발점이자 뮤지컬 거리인 샤프츠버리 애버뉴의 시작점이기도 하다. 사실 피커딜리 서커스는 대단한 볼거리는 아니다. 하지만 유명세 덕에 이 교차로 중심의 작은 광장에 놓인 에로스 상은 수많은 방문객들의 단골 사진 모델이다. 에로스 상은 때로 '크리스천 자선의 천사'로 불리는데 런던 시내의 번잡함과 생동감을 동시에 만끽하려는 여행자들은 에로스 동상 아래 모여 빙 둘러앉아 있기도 한다. 이러한 군중을 상대로 여름철에는 흥미로운 리듬을 선사하는 아마추어 연주자들의 다채로운 즉흥 음악 공연이 펼쳐지기도 한다. 물론 피커딜리 서커스는 여행자나 현지 유학생들에게 인기 많은 만남의 장소이기도 하다.

`포토제닉 스폿` 에로스 상 앞에서 기념사진을 찍어보자.

`위치` 피커딜리 서커스역에서 도보 1분, 리젠트 스트리트와 피커딜리 로드, 샤프츠버리 애버뉴가 만나는 지점

옥스퍼드 스트리트
Oxford Street

MAP 1 ⓑ

런던 시내의 메인 스트리트다. 런던 거리에서 인파가 가장 많은 곳이기도 하다. 옥스퍼드 스트리트는 300여 개의 점포가 들어서 있는 쇼핑 거리이기도 하다. 트렌디 패션을 주도하는 자라, H&M 등 유명 브랜드의 플래그십 스토어가 많이 들어서 있다. 리젠트 스트리트는 고가의 브랜드 숍이 많은 반면, 이 거리에는 좀 더 대중적으로 친근한 브랜드가 많다. 또한 다양한 기념품을 파는 상점이 많은 곳이기도 하다. 서쪽의 하이드 파크의 북동쪽 끝인 마블 아치에서부터 동쪽의 토튼햄 코트 로드역까지의 길이가 동서로 2.5km 길게 이어져 있다.

`위치` 옥스퍼드 서커스역이나 토튼햄 코트 로드역에서 하차
`홈피` www.oxfordstreet.co.uk

옥스퍼드 서커스
Oxford Circus

MAP 1 Ⓐ

피커딜리 서커스와 더불어 런던 시내에서 행인으로 가장 번잡하고 차량 통행량이 가장 많은 교차로다. 실제로 런던 시내를 오가는 수많은 버스가 이곳에 정차하며 런던의 다양한 전철 노선이 이곳 역을 지나가기에 런던 시내 교통의 허브로 불린다. 남북으로 뻗은 리젠트 스트리트와 동서로 뻗은 옥스퍼드 스트리트가 만나는 곳이다. 19세기 때 조성된 거리로 지난 2009년 11월 런던 시내에서는 처음으로 대각선 횡단보도가 놓였다. 옥스퍼드 서커스 주변은 런던에서 가장 주목받는 쇼핑의 메카다. H&M, 톱 숍을 비롯해 수많은 쇼핑 스폿이 들어서 있다.

위치 옥스퍼드 서커스역에서 하차. 리젠트 스트리트와 옥스퍼드 스트리트가 만나는 곳에 위치

리젠트 스트리트
Regent Street

MAP 1 Ⓙ

런던에서 가장 근사한 외관을 지닌 거리답게 런던 쇼핑의 1번가로 불린다. 이 거리는 웨일스 출신의 건축가 존 나시 John Nash가 1825년에 만든 거리로 위로는 옥스퍼드 서커스, 아래로는 피커딜리 서커스를 연결하고 있다. 최근에는 오래된 런던의 전통 상점이 점차 사라지고 대형 체인 매장이 들어서는 추세다. 이 거리에 들어선 주요 백화점으로는 햄리즈 장난감 백화점과 리버티 백화점이 있다. 11월 초부터 이 거리에 물결을 이루는 성대한 크리스마스 장식이 볼만하다.

위치 옥스퍼드 서커스역이나 피커딜리 서커스역에서 하차 홈피 www.regentstreetonline.com

빌리브 잇 오어 낫
Believe It Or Not

MAP 1 Ⓚ

다소 엉뚱하고 이상한 전시물로 방문객들에게 재미를 선사한다. 수천 개의 껌으로 만든 유명 인사의 초상화, 8만4000여 개의 작은 동전을 모아 만든 거대한 동전 등이 전시되어 있다. 파빌리온 건물 내 5층까지 전시물이 꽉 차 있으며 모든 연령대의 방문객에게 흥미와 재미를 선사한다. 아이들과 함께 또는 연인끼리 거울로 이루어진 미로를 헤매며 2~3시간 정도 즐거운 시간을 보낼 수 있다.

위치 피커딜리 서커스역에서 도보 1분 주소 The London Pavilion 1, Piccadilly Circus, W1J 0DA 오픈 10:00~24:00(마지막 입장은 22:30까지) 휴무 연중무휴 요금 성인 및 16세 이상 £26.95, 60세 이상·학생 £24.95, 5세 이상 15세 이하 £19.95, 4세 미만 무료, 가족(성인 2인, 소인 2인 기준) £87.95(온라인에서 구입 시 15% 저렴) 홈피 www.ripleyslondon.com

헬리오스의 말 동상
Horses of Helios Statue

MAP 1 ⓚ

버윅 스트리트 마켓
Berwick Street Market

MAP 1 ⓖ

게티 이미지 갤러리
Getty Images Gallery

MAP 1 ⓐ

이곳 앞에서 연신 카메라 셔터를 눌러대는 관광객들의 모습을 심심찮게 볼 수 있다. 피커딜리 서커스의 코너에 자리 잡은 헬리오스의 말 동상은 1992년 조각가 루디 웰러 Rudy Weller가 세운 것이다. 런던의 여러 동상 중 가장 생동감 넘치는 모습을 보여준다. 헬리오스는 그리스 신화에 등장하는 태양의 신으로, 동에서 서로 하늘을 가로질러 피로이스, 에오스, 아에톤, 프레이온이라 불리는 네 필의 황금 말이 이끄는 황금마차를 몰고 다니는 인물이기도 하다.

위치 피커딜리 서커스역에서 도보 1분, 피커딜리 서커스와 헤이마켓 스트리트 사이에 위치

소호에 있는 작은 시장으로 18세기에 첫선을 보였다. 런던 시내 중심에서 볼 수 있는 몇 안 되는 전통 시장이다. 사우스뱅크에 자리 잡은 버러 마켓 정도의 규모를 기대했다면 크게 실망할 수 있겠지만 그래도 외국인 방문객을 상대로 하는 몇몇 에스닉 푸드 가판대도 있고 채소와 과일을 파는 오래된 상인의 모습도 볼 수 있어 눈길을 끈다. 마켓이 들어선 버윅 스트리트를 따라 오래된 레코드를 사고파는 레코드 숍과 빈티지 패션 부티크 숍 등이 있다.

위치 피커딜리 서커스역에서 도보 5분, 피커딜리 서커스역에서 북동쪽으로 샤프츠버리 애뉴를 따라 올라가다가 버윅 스트리트를 만나면 북쪽으로 100m 정도 올라가면 된다. 오픈 월~토요일 09:00~18:00 휴무 일요일

한 장의 사진이 한 폭의 그림만큼이나 정서적으로 위로가 될 수 있다는 사실을 믿는다면 잠깐 시간을 내어 이곳을 둘러볼 만하다. 그다지 큰 규모의 갤러리는 아니지만 런던 시내 중심부에서 쉽게 찾아갈 수 있는 곳이기에 사진에 관심 많은 방문객들이 찾아온다. 게티 이미지는 1850년대부터 오늘날까지 다양한 사진 자료를 수집하여 판매 및 공급하는 곳으로 유명하다. 예술 사진, 흑백 사진, 여행 사진, 인물 사진 등 다양한 작품 사진을 접할 수 있는 런던 시내의 몇 안 되는 사진 갤러리 중 하나다.

위치 옥스퍼드 서커스역에서 도보 2분 주소 46 Eeatcastle St, W1W 8DX 오픈 월~금요일 10:00~17:30, 토요일 12:00~17:30 휴무 일요일 요금 무료 전화 020-7291-5380 홈피 www.gettyimagesgallery.com

포토그래퍼스 갤러리
The Photographers' Gallery

MAP 1 Ⓐ

20세기 초·중반의 고전주의 사진 작품은 물론 세계적으로 촉망받는 컨템퍼러리 포토그래퍼들의 사진 작품을 감상할 수 있는 곳이다. 무엇보다 이곳에서 동시대에 활동하는 사진작가들의 철학적 내용이 가득한 사진들을 진지하게 들여다볼 수 있어 좋다. 상업주의에 휩쓸리지 않고 투박한 장인마냥 묵묵히 세상과 자신의 마음을 사진에 담아 보여주는 그런 사진들을 보고 있자면 마음이 순화되고 세상이 달라 보인다. 해마다 2월 9일부터 4월 8일까지 독일 뵈르세 사진 출품전이 이곳에서 개최된다. 이 시기에 전 세계 드러나지 않은 무명 작가들의 실험성 강한 작품들이 많이 출품된다. 이 사진전을 통해 영예의 대상을 받아 세계적으로 주목받는 작가가 된 이들도 있다. 바로 로버트 애덤스, 안드레아스 구르스키, 보리스 마하일로프 등이다. 지난 2008년 12월에 새 둥지를 튼 이 갤러리의 건물은 오도넬 플러스 투오메이 아키텍처에서 맡아 디자인했다. 지난 2012년 초 개보수를 통해 외관 일부와 내부 전시실을 산뜻하고 모던한 분위기로 바뀌었다. 현재 3개의 층에 전시실이 있으며 교육 활동을 위한 스튜디오, 서점, 카페가 있다. 특히 프린트된 사진을 파는 숍이 있어 마음에 드는 사진 작품을 구입할 수 있어 좋다.

위치 옥스퍼드 서커스역에서 도보 3분 주소 16-18 Ramillies St. W1F 7LW 오픈 월~수·금·토요일 10:00~18:00, 목요일 10:00~20:00, 일요일 11:00~18:00 요금 무료 전화 020-7087-9300 홈피 thephotographersgallery.org.uk

카나비 스트리트
Carnaby Street

MAP 1 ⓔ

킹리 코트
Kingly Court

MAP 1 ⓔ

소호에 자리한 작은 쇼핑 거리다. 보행자 거리이기에 1973년 이래로 오늘날까지 차량 통행이 제한되고 있다. 예로부터 개인이 운영하며 독특한 패션과 라이프스타일을 제시하는 부티크 숍으로 유명한 거리였는데, 최근 많이 상업화되면서 개인 디자인 숍보다는 라코스테, 푸마, 반스, 보스와 같은 대형 브랜드의 체인 숍이 많이 들어서 있다. 그래도 인근의 17세기 거리풍 뉴버그 New Burgh 스트리트, 마샬 Marshall 스트리트, 간톤 Ganton 스트리트 등지에는 깜찍한 개성과 디자인을 선사하는 디자인 숍과 빈티지 패션 숍이 남아 있다.

위치 옥스퍼드 서커스역에서 도보 3분 홈피 www.carnaby.co.uk

카나비 스트리트에 자리 잡은 숨은 쇼핑 공간이다. 보행자로 분주한 카나비 스트리트에서 벗어나고 싶다면 뚫려 있는 문 안으로 들어와 아기자기한 건물로 둘러싸인 안뜰의 야외 테이블에 앉아 음료를 마시며 쉴 수 있다. 건물 내에는 다채로운 숍이 있는데, 요리 강습실을 비롯해 아늑한 공간에서 차를 마실 수 있는 티 하우스가 있어 늦은 오후 영국 정통 애프터눈 티를 즐기기에 좋다. 이외에도 다양한 페이스트리를 즐길 수 있는 카페, 부티크 숍 등이 자리하고 있다.

포토제닉 스폿 3층에서 아래층을 오가는 사람들과 코트야드 사진을 찍어보자.

위치 옥스퍼드 서커스역에서 도보 5분 주소 Kingly Court, Carnaby, W1B 5PW

야우아차
Yauatcha

MAP 1 ⓕ

마일드레즈
Mildreds

MAP 1 ⓕ

노르딕 베이커리
Nordic Bakery

MAP 1 ⓙ

2004년 소호에 문을 연 차이니스 스타일의 티 하우스 겸 레스토랑이다. 컨템퍼러리 스타일의 인테리어가 돋보인다. 이곳 레스토랑에서는 야우아차가 자랑하는 딤섬을 비롯해 다양한 웍 메뉴(Wok Menu, 일종의 중국식 볶음 메뉴)를 제공한다. 이곳의 특징 중 하나는 식사뿐 아니라 차이니스 티와 인디안 티를 마시러 오는 사람이 많다는 점. 이곳에서 제공하는 엄선된 차와 함께 마카롱, 초콜릿 등을 즐겨보자. 참고로 이 레스토랑은 오픈한 첫해에 <미슐랭> 가이드로부터 별점을 받았다. 이 때문에 끊임없이 이곳을 찾는 사람들로 북적인다.

｜위치｜ 피커딜리 서커스역에서 도보 12분 ｜주소｜ 15-17 Broadwick St. W1F 0DL ｜오픈｜ 월~토요일 12:00~23:00, 일요일 12:00~22:30 ｜요금｜ 메인 디시 £4~15 ｜전화｜ 020-7494-8888 ｜홈피｜ www.yauatcha.com

고기는 절대로 입에 댈 수 없다는 강박관념에 시달리는 채식주의자들에게 희소식을 주는 곳이다. 채식 전문 레스토랑으로 1988년에 문을 열었다. 런던에 얼마나 많은 채식주의자가 있는지 알 순 없지만 신기하게도 늘 점심 식사 때마다 손님들로 북적인다. 채소로 만든 버거 세트가 런치 메뉴로 인기가 많다. 레스토랑 분위기는 밝고 직원들도 친절하다. 형식을 갖추지 않은 서비스라 그만큼 자유롭고 편하게 식사할 수 있어 좋다. 추천할 만한 메인 메뉴로는 훈제 두부와 콩으로 만든 소시지가 있으며 스리랑카산 고구마와 캐슈너트로 만든 카레도 먹음직하다.

｜위치｜ 피커딜리 서커스역에서 도보 7분 ｜주소｜ 45 Lexington St. W1F 9AN ｜오픈｜ 월~토요일 12:00~23:00 ｜휴무｜ 일요일 ｜요금｜ 메인 디시 약 £8~11 ｜전화｜ 020-7494-1634 ｜홈피｜ www.mildreds.co.uk

소호, 매릴본 등 런던에 세 군데의 지점을 두고 있는 스칸디나비안 스타일의 카페. 검은 호밀빵이나 시나몬 번을 맛보기 위해 이곳을 찾는 런더너들이 적지 않다. 그윽한 향의 커피를 마시면서 소호의 골든 스퀘어 주변의 평화로운 오후를 즐겨보자. 이곳에서는 호밀빵 샌드위치, 케이크 외에도 간단한 식사에 도움이 될 만한 음식이 제공되는데 모두 노르딕 베이커리 자체 레서피에 따라 만든다. 저렴하면서도 간단히 즐길 수 있는 브런치나 런치 메뉴를 찾는다면 이곳을 들러보자.

｜위치｜ 피커딜리 서커스역에서 도보 10분 ｜주소｜ 14A Golden Square, W1F 9JG ｜오픈｜ 월~금요일 08:00~20:00, 토요일 09:00~19:00, 일요일 10:00~19:00 ｜요금｜ 시나몬 번 £2.4, 케이크 £1.8~3.0, 훈제연어 샌드위치 £4.2, 새우 샌드위치 £3.9, 홍차 £1.8, 필터 커피 £2.3 ｜전화｜ 020-3230-1077 ｜홈피｜ www.nordicbakery.com

가자 카페
Gaza Café

MAP 1 ⓗ

쉐이크 쉑
Shake Shack

MAP 2 ⓓ

페르난데스 앤 웰스
Fernandez & Wells

MAP 1 ⓕ

한국인이 운영하는 빙수와 토스트 전문 카페. 초콜릿 쿠키를 얹은 빙수를 비롯해 블루베리와 아이스크림을 얹은 빙수 메뉴로 인기를 끌고 있다. 인절미 토스트, 흑임자 토스트, 그린티 토스트 등 실험적인 맛을 선사하는 토스트 메뉴도 눈길을 끈다. 빙수와 토스트 외에도 10가지 종류의 라이스 버거가 맛있다고 입소문이 나면서 몰려드는 손님이 적지 않다. 와플, 떡볶이, 커피, 차 메뉴도 제공한다. 지하 매장에는 의류와 액세서리 매장이 들어서 있다.

위치 토튼햄 코트 로드역에서 도보 5분, 레스터 스퀘어역에서 도보 7분 주소 47 Greek St, W1D 4EE 오픈 매일 12:00~23:00 요금 빙수 £6~7, 토스트 £4.5~5, 라이스버거 £6.5~7.9(테이크아웃 £5.5~), 와플 £4~ 홈피 www.facebook.com/gazasoho

2004년 뉴욕에 창립한 쉐이크 쉑은 한국을 비롯해 전 세계 136개의 매장을 두고 있는 신흥 패스트푸드 체인점이다. 메뉴는 다양한 햄버거와 핫도그, 프렌치 프라이, 밀크셰이크 등이 있다. 이곳 햄버거의 특징 중 하나는 100% 양질의 앵거스 비프를 사용한다는 점이다. 다른 패스트푸드 레스토랑과는 달리 맥주와 와인도 판매한다. 소호 지구 외에 코번트 가든과 웨스트필드 쇼핑몰에 지점이 있다.

위치 피카딜리 서커스역에서 도보 2분, 레스터 스퀘어역에서 도보 7분 주소 1-2 Coventry St, London W1D 6BH 오픈 월~수요일 11:00~01:00, 목~토요일 11:00~03:00, 일요일 11:00~22:30 요금 햄버거 £5.5~, 드링크 £2.25~ 전화 019-2355-5185 홈피 www.shakeshack.com

머스터드 소스를 곁들인 포테이토 샐러드와 같은 헬시 푸드가 인근 직장인들의 런치 메뉴로 각광받는 곳이다. 작지만 분주한 소호의 런치 공간으로 각종 샌드위치와 치즈, 수프, 스튜를 맛볼 수 있다. 친구, 동료와 담소를 나누며 식사를 즐기는 런더너들의 소소한 일상을 엿보기에 좋은 공간이다. 이곳에서 잉글리시 브렉퍼스트 메뉴와 영국식 정통 브런치 메뉴, 런치 메뉴를 맛보자. 식사와 함께 이곳이 자랑하는 오렌지, 석류 등 신선한 과일주스를 곁들이는 것도 좋다. 물론 이곳에서 제공하는 커피와 와인 맛도 일품이다.

위치 피카딜리 서커스역에서 도보 10분 주소 73 Beak St, W1F 9SR 오픈 월~금요일 07:30~18:00, 토·일요일 09:00~18:00 요금 메인 디시 £4~14 전화 020-7287-8124 홈피 www.fernandezandwells.com

엠더블유 뷔페
MW Buffet

MAP 1 ⓚ

차이나타운에 무제한 뷔페 메뉴를 제공하는 곳은 많지만 그중에서도 잘 알려져 있는 곳이다. 맛이나 서비스, 친절도에 대해서는 의견이 분분하기에 굳이 런던에 와서 뷔페 식당을 간다는 들뜬 마음을 갖진 마시길. 아무튼 상대적으로 저렴한 가격에 중국 음식을 무제한으로 맛볼 수 있는 곳이라 돈지갑이 얇은 젊은 여행자들에게 인기가 높다. 레몬 치킨을 비롯해 45가지의 음식을 맛볼 수 있는 절호의 찬스.

위치 피커딜리 서커스역에서 도보 7분 주소 58-60 Shaftesbury Ave. W1D 6LS 오픈 월~토요일 12:00~23:30, 일요일 12:00~23:00 요금 1인당 £10.95(봉사료 10% 별도) 전화 020-7287-8883 홈피 mwbuffet.co.uk

와사비
Wasabi

MAP 1 ⓒ

스시와 일본식 도시락인 벤토 Bento를 제공하는 일종의 델리 카페. 간편하게 일본 음식을 즐길 수 있는 신개념 식사 공간이다. 진열장에 이미 만들어져 있는 스시, 벤토 등의 원하는 메뉴를 골라 계산한 뒤 테이블에 앉아 식사를 하면 된다. 차가운 음식 외에도 일종의 우동처럼 국수와 건더기가 들어간 누들 수프 등의 메뉴도 제공한다. 벤토 종류로는 치킨 가스 커리, 새먼 테리야키, 치킨 테리야키 야키소바 등이 있기고 국물이 있는 누들 수프 메뉴로는 치킨 교자 탄멘, 스파이시 치킨 탄멘 등이 각광받고 있다.

위치 피카딜리 서커스역에서 도보 2분 주소 58 Oxford St, Fitzrovia, London W1D 1BH 오픈 매일 10:30~22:30 요금 벤토 £4.45~, 누들 수프 £5.29~(매장에 따라 상이) 전화 020-7580-0062 홈피 www.wasabi.uk.com

바 슈
Bar Shu

MAP 1 ⓗ

차이나타운에 빼곡히 들어선 중국 식당과는 좀 격이 다르다고 말하고 싶다. 바 슈는 소호에 자리 잡은 차이니스 레스토랑으로 중국식 전통 인테리어를 가미한 깨끗하고 말쑥한 분위기가 눈길을 끄는 곳이다. 추천할 만한 애피타이저 메뉴로는 칠리 오일과 참기름을 넣은 소스로 맛을 낸 닭볶음 요리가 있다. 돼지고기를 좋아한다면 얇게 썬 돼지고기에 스파이시한 갈릭 소스를 얹은 롤이 제격이다. 메인 메뉴로는 아스파라거스와 깍지완두를 베이컨과 함께 볶은 음식을 추천한다. 고추를 곁들인 쓰촨 스타일의 양갈비 메뉴도 이곳의 별미다.

위치 레스터 스퀘어역에서 도보 7분 주소 28 Frith St. W1D 5LF 오픈 매일 12:00~23:00 요금 스타터 £7~8, 메인 디시 £10~30 전화 020-7287-8822 홈피 www.barshurestaurant.co.uk

143

보카 디 루포
Bocca di Lupo

MAP 1 Ⓚ

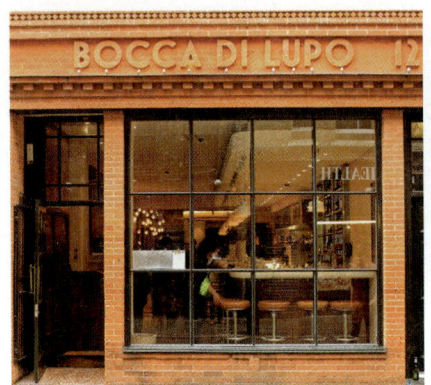

2008년 문을 연 이탈리안 레스토랑으로 이탈리아의 20개 지방의 요리를 빠짐없이 소개하는 곳으로 유명하다. 신명 나는 분위기 속 이탈리아의 정통 트라토리아에서 식사하는 것과 같은 기분을 다소 느낄 수 있다. 소시지, 살라메, 피클, 모스타르다, 파스타 등 음식 재료의 상당 부분을 주방에서 직접 만들기도 한다. 또한 부드러운 느낌의 이탈리아 정통 아이스크림인 젤라토도 직접 만들어 손님에게 제공한다.

[위치] 피커딜리 서커스역에서 도보 5분 [주소] 12 Archer St. W1D 7BB [오픈] 월~토요일 12:30~15:00, 17:15~23:00, 일요일 12:00~16:00 [요금] 메인 디시 £8~19 [전화] 020-7734-2223 [홈피] boccadilupo.com

피자 익스프레스
Pizza Express

MAP 1 Ⓚ

굳이 런던까지 와서 피자를 먹어야 하나라고 의아해하는 사람도 아마 있을 것이다. 하지만 이곳은 좀 특별하다. 런던 전역에 지점을 두고 있는 스타일리시한 감각의 피자 레스토랑으로 피자 마니아라면 꼭 한 번쯤 들러볼 만한 곳이다. 1965년에 문을 연 곳이라는 사실만으로도 그 맛이 궁금해진다. 소호의 피자 익스프레스는 프라이빗 다이닝을 위한 별실도 마련되어 있을 정도니 이곳의 유명세를 짐작하고도 남는다. 창업자가 로마 출신이기 때문에 로마에서 맛볼 수 있는 정통 이탈리아 피자를 선보이고 있다. 온라인 상의 테이크아웃 주문도 가능하다.

[위치] 피커딜리 서커스역에서 도보 5분 [주소] 29 Wardour St, W1D 6PS [오픈] 월 · 화요일 11:30~23:30, 수~토요일 11:30~24:00, 일요일 11:30~23:00 [요금] 샐러드 · 파스타 약 £10, 피자 £10~13 [전화] 020-7437-7215 [홈피] www.pizzaexpress.com

밀크 바
Milk Bar

MAP 1 Ⓗ

리틀 코리아
Little Korea

MAP 1 Ⓛ

우유 한 잔을 마시기 위해 굳이 이곳을 찾아야 하나 라는 의구심이 들지도 모르겠다. 하지만 이곳의 주인장은 과감히 말한다. '모든 우유에도 레벨이 있다'고. 과연 우유에도 서로 다른 맛과 향이 존재하는 것일까? 밀크 바는 소호에 자리한 작은 카페로 신선한 유기농 우유를 맛볼 수 있는 곳이다. 카페이기에 물론 커피도 제공한다. 유기농 우유로 만든 쿠키, 베이글, 케이크도 맛볼 수 있다. 여름철엔 이곳의 유기농 우유로 만든 밀크 셰이크가 별미다. 오믈렛, 팬케이크, 토스트 등으로 아침 식사를 하러 오는 손님도 적지 않다.

차이나타운과 레스터 스퀘어에서 가까운 한국식당으로 2007년 오픈했다. 중국식당이 빼곡히 들어서 있는 차이나타운에 있는 유일한 한국식당이기도 하다. 대표 메뉴는 한식과 일식이지만 이곳을 찾는 손님의 대부분은 중국인이다. 임대료가 비싼 런던 중심지에 위치한 만큼 음식 가격이 조금 비싼 편이다. 그중 가격에 비해 양이 푸짐하고 맛이 좋은 추천 메뉴는 바비큐로, 직원이 직접 인덕션 위에서 고기를 구워준다. 1층에 약 40석, 지하에 50석가량의 자리가 마련돼 있다.

위치〉 토튼햄 코트 로드역에서 도보 5분 주소〉 3 Bateman St. W1D 4AG 오픈〉 월~금요일 08:00~19:00, 토·일요일 09:00~18:00 요금〉 우유 £2.5~5, 밀크 셰이크 £6, 식사 £4~6 전화〉 020-7287-4796 홈피〉 http://www.flatwhitecafe.com/milkbar.html

위치〉 레스터 스퀘어역에서 도보 3분 주소〉 2-3 Lisle St, WC2H 7BG 오픈〉 월~토요일 12:00~22:30, 일요일 12:00~22:00 전화〉 020-7434-1601 홈피〉 http://chinatown.co.uk/en/restaurant/little-korea

코치 앤 호스
Coach & Horses

MAP 1 ⒣

런던의 펍 중에서 가장 유서 깊은 곳이다. 〈프라이빗 아이 Private Eye〉 매거진의 칼럼니스트였던 제프리 버나드와 여타 저널리스트들이 1970~80년대부터 드나들던 곳으로도 유명하다. 여전히 소호를 무대로 하는 작가와 지식인들의 출입이 잦은 곳이며 펍 안의 곳곳에 고풍스러움이 묻어나 있다.

위치 레스터 스퀘어역에서 도보 10분
주소 29 Greak St. W1D 5DH
오픈 월~목요일 11:00~23:30, 금·토요일 11:00~24:00, 일요일 12:00~22:30
요금 그릴 메뉴와 샐러드를 제공하는 2코스 메뉴 £13.95, 초콜릿 무스 디저트가 포함된 3코스 메뉴 £17.95
전화 020-7437-5920 홈피 www.coachandhorsessoho.co.uk

화이트 호스
The White Horse

MAP 1 ⒢

런던에는 화이트 호스라는 이름의 펍이 여러 군데 있는데, 이곳은 비교적 덜 알려진 곳이지만 친절하고 편안한 분위기로 입소문이 난 곳이다. 무엇보다 영국 전통 펍에서 펍 푸드 Pub Food를 식사로 즐기고자 하는 사람들에게 추천하고 싶다. £5 가격대의 저렴한 식사 비용으로 스테이크 앤 키드니 파이(£5.5), 피시 앤 칩스(£5.95)와 같은 영국 전통 음식에서부터 라자냐, 버섯과 시금치를 넣은 레드 페퍼 리소토(£5.5)와 같은 이탈리안 메뉴, 치킨 티카 마살라(£6.5)와 같은 인도 메뉴 등 다양한 음식을 제공한다.

위치 옥스퍼드 서커스역에서 도보 10분 주소 45 Rupert St. W1D 7PJ
오픈 매일 11:00~24:00 요금 수프 £2.5, 샐러드 £2.5~ 메인 디시 £4.5~ 전화 020-7437-5745

셰익스피어 헤드
Shakespeares Head

MAP 1 ⒠

영국 전통 펍으로 세계적인 극작가 셰익스피어의 먼 친척으로 여겨지는 토마스 셰익스피어와 존 셰익스피어가 1735년에 문을 연곳이다. 영국식 전통 펍 푸드는 물론 전 세계에서 들여온 다양한 맥주와 레드, 화이트 와인, 특유한 맛을 맛볼 수 있는 곳이다. 이 펍이 자리한 말버러 거리 주변은 예로부터 배우, 화가, 과학자들이 거주하던 동네로도 유명하다. 넬슨 제독과 찰스 다윈 역시 이곳에 살았던 적이 있다.

위치 옥스퍼드 서커스역에서 도보 5분 주소 29 Great Marlborough St. W1F 7HZ 오픈 월~토요일 11:00~23:00, 일요일 12:00~22:30 요금 스타터 £5~6, 피시 앤 칩스 £10~14
전화 020-7734-2911 홈피 www.taylor-walker.co.uk/pub/shakespeares-head-soho/c3053/

리버티
Liberty

MAP 1 Ⓔ

런던 시내의 대표적인 백화점으로 1875년 아서 리버티가 오늘날의 리젠트 스트리트에 직원 3명과 함께 작은 패브릭 숍을 오픈하면서 시작되었다. 오늘날의 독특한 백화점 건물은 1920년대 튜더 리바이벌 스타일의 건축양식을 드러내고 있다. 2009년 대대적인 개조를 통해 오늘날 런던에서 가장 독특한 구조를 지닌 백화점의 모습을 하고 있다. 1층에 마련된 스카프 룸에서는 스카프 마니아라면 꼭 눈여겨봐야 할 화려한 패턴의 스카프가 진열되어 있다. 백화점 내에 들어선 대표적인 패션 브랜드로는 마크 바이 마크 제이콥스, 미쏘니, 헬무트 랭, 알렉산더 맥퀸 등이 있다.

위치 옥스퍼드 서커스역에서 도보 3분 주소 Regent St. W1B 5AH 오픈 월~토요일 10:00~22:00, 일요일 10:00~18:00 전화 020-7734-1234 홈피 www.liberty.co.uk

햄리스
Hamleys

MAP 1 Ⓔ

유럽에서 가장 큰 장난감 백화점으로 창시자는 윌리엄 햄리다. 세계에서 가장 세련된 어린이 백화점을 만들고자 1760년에 문을 열었다. 5000㎡ 면적에 7층으로 이루어진 건물 안에는 플레이 모빌, 레고, 바비, 피셔 프라이스 등 유명 장난감 브랜드의 제품이 총망라되어 있다. 이곳에 진열된 장난감 수만 해도 5만 개 이상이 된다. 주목할 만한 쇼핑 아이템으로는 이곳이 자랑하는 값비싼 미니어처 기차 세트 컬렉션이 있다. 1987년 미국 뉴욕에 세계에서 두 번째로 햄리스 매장을 오픈했으며 지난 2013년 11월에는 말레이시아 쿠알라룸푸르에 아시아 최초로 햄리스 매장을 오픈했다.

위치 옥스퍼드 서커스역에서 도보 5분 주소 188-196 Regent St. W1B 5BT 오픈 월~수요일 10:00~20:00, 목·금요일 10:00~21:00, 토요일 09:30~21:00, 일요일 12:00~18:00 전화 037-1704-1977 홈피 www.hamleys.com

톱 숍
Top Shop

MAP 1 Ⓐ

영국을 대표하는 영 캐주얼 브랜드로 영국의 젊은이들이 가장 선호하는 패션 브랜드 중 하나이다. 1964년 처음 등장했다. 의상, 신발, 화장품, 액세서리 등 취급 품목도 다양하다. 이처럼 멀티 브랜드 숍으로 유럽 등지에서 명성을 떨치고 있다. 세계 37개국에 440여 개의 매장을 두고 있으며 런던에만 옥스퍼드 스트리트, 소호 등지에 열 군데의 매장이 있다.

위치 옥스퍼드 서커스역에서 도보 2분 **주소** 36-38 Great Castle St. W1W 8LG **오픈** 월~수·토요일 09:00~21:00, 목·금요일 09:00~22:00, 일요일 11:30~18:00 **전화** 084-4848-7878 **홈피** www.topshop.com

톱 맨
Top Man

MAP 1 Ⓐ

톱 숍이 여성을 위한 브랜드라면 남성들에게는 톱 맨이 있다. 영국 젊은 남성들에게 가장 인기 있는 패션 브랜드 숍으로 매장 역시 가장 넓은 면적을 자랑한다. H&M이나 다른 중저가 브랜드에 비해 가격은 다소 비싼 편이지만 의류, 구두, 신발, 액세서리 등 다양한 아이템을 선보이며 개성을 추구하는 젊은이들에게 크게 어필하고 있다. 톱 숍과 같은 건물 내에 자리하고 있다.

위치 옥스퍼드 서커스역에서 도보 2분 **주소** 36-38 Great Castle St. W1W 8LG **오픈** 월~수·토요일 09:00~21:00, 목·금요일 09:00~22:00, 일요일 11:30~18:00 **전화** 084-4848-7878 **홈피** www.topman.com

에이치 앤 엠
H&M

MAP 1 Ⓔ

스웨덴에 본사를 둔 세계적인 유명 패션 브랜드로 전 세계 2000개가 넘는 매장을 지니고 있다. 중저가 의류 및 패션 액세서리를 취급하며 런던 시내에만 리젠트 스트리트, 옥스퍼드 스트, 본드 스트리트 역 주변 등 세 곳에 매장을 두고 있다. 이 중 리젠트 스트리트에 대형 매장이 있어 여성복, 남성복, 아동복, 유아복 등을 쇼핑할 때 편리하다.

위치 옥스퍼드 서커스역에서 도보로 5분 **주소** 234 Regent St. W1B 3BR **오픈** 월~토요일 10:00~20:00, 일요일 12:00~18:00 **전화** 084-4736-9000 **홈피** www.hm.com

자라
Zara

MAP 1 Ⓙ

스페인에 본사를 둔 세계적인 패션 브랜드로 스타일리시한 감각의 의류, 가방, 구두, 액세서리를 저렴한 가격에 판매한다. 한국을 비롯해 전 세계 수천 개의 매장을 지니며 런던에는 옥스퍼드 스트리트와 리젠트 스트리트 등지에 매장을 두고 있다. 남성복, 여성복, 아동복, 유아복을 취급한다. 매년 6월 말과 12월 말 즈음에 장기간 세일 시즌에 돌입한다.

위치 피커딜리 서커스역에서 도보 5분 주소 118-120 Regent St. W1B 5FE 오픈 월·수·금·토요일 10:00~19:30, 목요일 10:00~20:00, 일요일 12:00~18:00 전화 020-7534-9500 홈피 www.zara.com/uk

망고
Mango

MAP 1 Ⓙ

런던 시내의 옥스퍼드 스트리트와 리젠트 스트리트에 대형 매장을 둔 중저가 패션 브랜드로 의류와 액세서리를 주로 다루고 있다. 1984년 망고라는 이름의 브랜드로 세상에 첫선을 보였고, 스페인 바르셀로나에 본사를 두고 있다. 2008년부터는 H.E by Mango라는 이름의 남성 브랜드를 론칭했다.

위치 피커딜리 서커스역에서 도보 3분 주소 106-112 Regent St. W1B 5RU 오픈 월~토요일 10:00~21:00, 일요일 11:00~18:00 전화 077-7434-3866 홈피 shop.mango.com

어반 아웃피터스
Urban Outfitters

MAP 1 Ⓐ

미국 필라델피아에 기반을 둔 캐주얼 멀티 브랜드 숍으로 런던에서도 큰 호응을 얻고 있다. 자유와 개성의 개념 아래 빈티지, 보헤미안, 레트로, 힙스터, 키치 등 다양한 스타일을 지닌 여러 브랜드의 제품을 선보인다. 드넓은 공간 내에 목재 가구를 기본 인테리어로 사용하여 물품을 진열해서인지 이곳의 의상은 다분히 도시적이면서도 자연친화적인 느낌을 준다.

위치 옥스퍼드 서커스역에서 도보 2분 주소 200 Oxford St. W1D 1NU 오픈 월·수·금·토요일 10:00~20:00, 목요일 10:00~21:00, 일요일 12:00~18:00 전화 020-7907-0800 홈피 www.urbanoutfitters.co.uk

하바이아나스
Havaianas

MAP 1 Ⓕ

1962년 브라질에서 탄생한 비치용 샌들 브랜드로 어느새 유럽의 심장인 런던까지 진출했다. 남성용, 여성용, 어린이용 비치 샌들 등 남녀노소 전 연령대가 편하게 신을 수 있다. 단순한 샌들 모양에 독특한 패턴과 화려한 색감을 덧입혀 스타일리시한 비치 샌들 브랜드로 자리매김했다. 지난 2011년 소호의 패션 스트리트인 카나비 스트리트에 처음으로 문을 열었다.

위치 옥스퍼드 서커스역에서 도보 10분 주소 69 Broadwick St, W1F 9QY 오픈 월~토요일 10:00~19:00 휴무 일요일 전화 020-7734-0349 홈피 www.havaianas.com

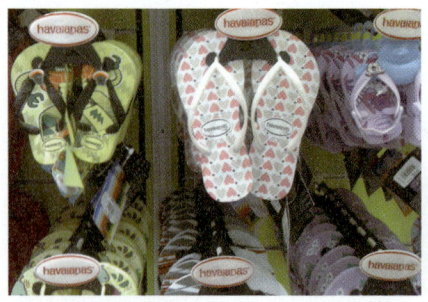

포일스
Foyles

MAP 1 Ⓗ

한때 세계에서 가장 큰 서점으로 기네스북에 올랐다는 사실만으로도 이곳을 한 번 들러볼 만하다. 차링 크로스 로드에 놓인 플래그십 스토어에는 지금도 이 오래된 서점을 오가는 독서광들이 적지 않다. 오늘날 온라인 스토어를 통해 판로를 모색하는 한편, 매장 내부도 현대식으로 개보수하여 쾌적하고 산뜻한 분위기를 선사하고 있다. 문학, 철학, 종교, 교양, 예술 등 전 분야에 걸쳐 다양한 서적을 구비하고 있다.

위치 토튼햄 코트 로드역에서 도보 10분 주소 113-119 Charing Cross Rd. WC2H 0EB 오픈 월~토요일 09:30~21:00, 일요일 11:30~18:00 전화 020-7437-5660 홈피 www.foyles.co.uk

데시구알
Desigual

MAP 1 Ⓔ

1984년 스페인 이비사섬에서 창립한 스페인의 대표 캐주얼 패션 브랜드. 그래피티 아트 등의 강렬한 프린트가 들어간 의류와 각종 패션 아이템을 선보이며 세계적으로 각광 받고 있다. 국내에는 아직 정식적으로 들어오지 않아 낯설게 느껴지지만 유럽이나 북미를 비롯해 세계 주요 도시에 매장을 운영 중이다. 컬러풀한 색상과 과감한 디자인이 돋보이는 여성 의류, 가방, 액세서리 등을 구비하고 있으며 일부 남성 의류, 아동복, 여성 신발, 침구류 등도 갖추고 있어 구경하는 재미가 쏠쏠하다.

위치 옥스퍼드 서커스역에서 도보 2분 주소 218 Regent St, Soho, London W1B 5TR 오픈 월~토요일 10:00~20:00, 일요일 12:00~18:00 전화 020-7287-6704 홈피 www.desigual.com/en_GB

몽키
Monki

MAP 1 Ⓔ

북유럽풍 패션과 스트리트 스타일의 멋이 조화로운 영국의 캐주얼 패션 브랜드. 패션의 즐거움과 트렌드를 중시하는 런던의 젊은 층을 타깃으로 한다. 매장의 문을 열고 들어서는 순간, 톡톡 튀는 개성과 창의적인 감각으로 똘똘 뭉친 패션 아이템이 시선을 사로잡는다. 유명 패션 디자이너와 런던의 잘 알려진 패션 블로거들과의 콜라보레이션으로 새로운 감각의 패션 트렌드를 주도하고 있다.

위치 옥스퍼드 서커스역에서 도보 5분 주소 39 Carnaby St , W1F 7DT 오픈 월~토요일 10:00~20:00, 일요일 12:00~18:00 전화 020-7287-0620 홈피 www.monki.com

카메라 월드
Camera World

MAP 1 Ⓑ

여행 중 고가의 카메라가 고장났다면 런던 시내에 자리 잡은 이곳에 찾아가서 수리를 의뢰하는 게 좋다. 니콘, 캐논 등 주요 카메라 브랜드의 수동카메라, 디지털카메라를 판매한다. 뿐만 아니라 여러 형태의 렌즈를 비롯해 다양한 사진 촬영 기기를 취급한다. 옥스퍼드 스트리트 주변에 자리하고 있어 찾아가기도 수월하다.

위치 옥스퍼드 서커스역에서 도보 7분 주소 14 Wells St. W1T 3PB 오픈 월~금요일 09:00~18:00, 토요일 10:00~17:00, 일요일 10:00~15:00 전화 020-7636-5005 홈피 www.cameraworld.co.uk

더 초콜릿 숍
The Chocolate Shop

MAP 1 Ⓔ

런던 최고의 초콜릿 숍 중 하나다. 리버티 백화점 1층 모퉁이에 자리하고 있는 더 초콜릿 숍은 카나비 스트리트로 들어가는 입구에서도 찾을 수 있다. 선물용으로 포장된 고급스러운 초콜릿을 원한다면 이곳만 한 곳이 없다. 연보랏빛 상자에 리본을 묶어 정성스레 포장해준다. 샴페인, 카푸치노, 캐러멜 등이 들어간 이곳 샤보넬 에 워커 Charbonnel et Walker 초콜릿은 유명 쇼콜라티에에 의해 엄선된 맛으로 유명하다. 다크 헤이즐넛의 초콜릿이나 바닷소금과 함께 라임을 곁들인 초콜릿도 선물용으로 그만이다.

위치 옥스퍼드 서커스역에서 도보 3분 주소 Liberty, Regent St. W1B 5AH 오픈 월~토요일 10:00~20:00, 일요일 12:00~18:00 전화 020-7734-1234 홈피 www.liberty.co.uk

빈티지 하우스
The Vintage House

MAP 1 Ⓖ

영국만큼 위스키의 맛과 전통을 자랑하는 나라도 없다. 이곳은 몰트위스키를 진열, 판매하는 곳으로 1350여 종에 달하는 다양한 몰트위스키를 지니고 있다. 위스키 중에는 한 병에 £1,000의 가격에 달하는 고가의 25년산 몰트위스키도 있다. 위스키뿐 아니라 200여 종의 럼과 100여 종의 테킬라도 판매한다. 럼은 카리브 해의 도서 국가에서 들여온 것이 주류를 이룬다. 그 외에도 보르도와 부르고뉴에서 생산된 프랑스 와인과 쿠바산 시가도 판매한다.

위치 레스터 스퀘어역에서 도보 7분 주소 42 Old Compton St. W1D 4LR 오픈 월~금요일 09:00~23:00, 토요일 10:00~23:00, 일요일 12:00~22:00 전화 020-7437-2592 홈피 freespace.virgin.net/vintagehouse.co

마시모 두띠
Massimo Dutti

MAP 1 ①

자라, 베르쉬카, 풀 앤 베어 등 세계적인 패션 브랜드를 소유하고 있는 스페인 인디텍스 그룹에 소속된 패션 브랜드. 1985년 바르셀로나에서 창립된 브랜드로 현재 74개국에 750여 개의 매장을 두고 있다. 주로 20~40대 여성과 남성을 타깃으로 한 의류, 액세서리, 향수 등의 제품을 생산한다. 브랜드의 명칭은 이탈리안이지만 스타일은 전형적인 스페인 카탈루냐 지방색을 띠는 것이 특징이다.

[위치] 옥스퍼드 서커스역에서 도보 2분 [주소] 156 Regent St, W1B 5LB [오픈] 월~토요일 10:00~20:00, 일요일 12:00~18:00 [전화] 020-7851-1280 [홈피] www.massimodutti.com

버쉬카
Bershka

MAP 1 ⓐ

국내에도 매장을 두고 있는 월드와이드 브랜드. 자라, 마시모 두띠 등과 같은 스페인 인디텍스 그룹 소속이다. 인디텍스 그룹 내 매출액 규모가 두 번째로 큰 브랜드로, 그룹 연매출의 10%를 차지한다. 여성의류와 남성의류를 주력으로 생산하고 있으며 현재 전 세계 71개국에 약 1000여 개가 넘는 매장을 운영 중이다. 1998년 창립한 버쉬카는 다른 글로벌 패션 브랜드에 비해 비교적 젊은 '신상 브랜드'에 속한다. 그만큼 새로운 감각의 콘셉트로 소비자에게 다가가는 전략을 세우고 있다.

[위치] 옥스퍼드 서커스역에서 도보로 2분 [주소] 221-223 Oxford St, W1D 2LJ [오픈] 월~토요일 09:30~21:00, 일요일 12:00~18:00 [전화] 020-7025-6160 [홈피] www.bershka.com

AREA 02

코번트 가든
Covent Garden

소호의 동쪽에 자리 잡은 코번트 가든 일대는 런던에서 가장 재미난 볼거리를 제공하는 곳 중 하나다. 연중 내내 각종 쇼와 묘기로 무장한 세계 최고의 거리 공연이 열리기 때문이다. 다채로운 행사의 메카로 자리매김한 트래펄가 스퀘어와 주변의 내셔널 갤러리, 내셔널 포트레이트 갤러리는 미술 애호가들이 놓쳐서는 안 될 런던 명소의 보물이다. 그 외에도 닐스 야드, 세븐 다이얼스 주변, 롱 에이커 스트리트와 플로럴 스트리트 등 경쾌한 발걸음을 인도하는 거리 풍경이 곳곳에 숨겨져 있다.

코번트 가든
이렇게 여행하자

가는 방법 코번트 가든 북쪽의 센트럴 세인트 자일스부터 관광을 시작하려면 토튼햄 코트 로드역에서 남동쪽으로 걸어내려오면 된다. 코번트 가든 중심으로 둘러보려면 코번트 가든역부터 시작하자. 또한 차링 크로스역에서 가까운 트래펄가 스퀘어와 내셔널 갤러리부터 관광을 시작할 수도 있다.

토트햄 코트
로드역

▶▶▶ 5분

1 센트럴 세인트자일스

p.158

▶▶▶ 5분

2 닐스 야드

p.158

↓ 1분

5 코번트 가든

p.161

◀◀◀ 5분

4 로열 오페라 하우스

p.159

◀◀◀ 6분

3 세븐 다이얼스

p.159

↓ 8분

6 레스터 스퀘어

p.163

▶▶▶ 5분

7 내셔널 갤러리

p.167

▶▶▶ 3분

8 내셔널 포트레이트 갤러리

p.164

↓ 1분

10 애드머럴티 아치

p.166

◀◀◀ 3분

9 트래펄가 스퀘어

p.165

✓ 체크 포인트

❶ 코번트 가든에서 손에 땀을 쥐게 하는 각종 묘기 등 풍성한 거리 공연을 즐겨보자.
❷ 코번트 가든 사우스 홀에 위치한 야외 코트야드에서 식사나 음료를 즐기며 클래식 음악을 감상하자.
❸ 내셔널 포트레이트 갤러리에서 재미나게 묘사된 20세기 유명 인사들의 얼굴을 들여다보자.
❹ 로열 오페라 하우스에서 컨템퍼러리 스타일의 오페라 공연이나 발레를 감상해보자.
❺ 매주 월요일에 열리는 코번트 가든의 애플 마켓과 주빌리 마켓의 골동품 시장을 가보자.

센트럴 세인트 자일스
Central St. Giles

MAP 2 Ⓐ

덴마크 스트리트
Denmark Street

MAP 2 Ⓐ

닐스 야드
Neal's Yard

MAP 2 Ⓐ

토튼햄 코트 로드역에서 세인트 자일스 하이 스트리트를 따라 걸을 때 한눈에 들어오는 인상적인 현대 건축물이다. £4억5000만의 비용을 들여 세계적인 건축 디자이너 렌조 피아노 Renzo Piano가 설계한 센트럴 세인트 자일스는 옐로, 그린, 라임, 오렌지의 컬러풀한 색상을 지닌 건물들이 한데 모여 있는 오피스 빌딩군이다. 일반인은 퍼블릭 코트야드 건물을 감상할 수 있으며 코트야드 주변에 카페, 레스토랑이 들어서 있다. 오피스 빌딩 내에는 구글, NBC방송 등이 공간을 임차하고 있다.

포토제닉 스폿 3층에서 아래층을 오가는 사람들과 코트야드 사진을 찍어보자.

위치 토튼햄 코트 로드역에서 도보 3분 주소 Central St. Giles, WC2H 8AG 홈피 www.centralsaintgiles.com

영국은 그동안 미국과 함께 세계 팝 뮤직 시장을 석권해왔다. 영국 출신의 세계적인 팝 뮤지션만 해도 그 유명세가 넘쳐날 정도다. 런던은 이러한 영국 팝 뮤직의 메카이며 덴마크 스트리트는 런던의 악기 거리로 유명하다. 세계적으로 유명해진 영국의 뮤지션들이 이 거리를 오가며 자신이 애지중지하는 악기들을 사고팔았다. 오늘날 재즈, 블루스, 펑키 뮤직을 위한 기타, 드럼, 키보드 등 악기를 파는 상점이 자리하고 있다. 한때 지미 헨드릭스가 이 거리의 지하 스튜디오에서 음반을 녹음하기도 했다.

위치 토튼햄 코트 로드역에서 도보 3분

흐렸다 개었다를 밥 먹는 듯 하는 런던의 변덕스러운 날씨에 언제 찾아와도 기분 좋은 곳이 있다. 바로 컬러풀한 색상으로 벽면을 칠한 고풍스러운 건물에 둘러싸인 닐스 야드다. 이곳은 여성들이 좋아할 만한 도심 속 아담하고 은밀한 휴식처 같은 공간을 구성하고 있는 코트야드다. 비록 작은 공간이지만 닐스 야드 샐러드 바, 닐스 야드 래머디스 등 작고 재미난 먹거리, 쇼핑 공간이 들어서 있다.

위치 코번트 가든역에서 도보 5분, 세븐 다이얼스에서 북쪽으로 약 100m 지점

세븐 다이얼스
Seven Dials

MAP 2 ⓒ

로열 오페라 하우스
Royal Opera House

MAP 2 ⓓ

세계의 모든 길은 로마로 통한다는 말처럼 코번트 가든 주변의 모든 길은 세븐 다이얼스로 통한다고 할 수 있다. 세븐 다이얼스는 코번트 가든 북쪽에 있는 교차로로 7개의 도로가 지나가는 지점으로도 유명하다. 그렇다고 해서 세븐 다이얼스를 거창한 교차로로 착각하면 안 된다. 자동차 한두 대 겨우 지나가는 정도의 좁은 골목길을 연결하는 교차로일 뿐이다. 하지만 이곳이 나름대로 의미심장한 이유는 따로 있다. 교차로 가운데 6개의 작은 해시계로 치장된 뾰족 기둥 탑이 세워져 있기 때문이다. 7개가 아닌 6개의 해시계가 기둥 탑 위에 놓인 것은 탑이 세워질 당시 6개의 도로가 지나가는 교차로였기 때문이다.

위치 〉 코번트 가든역에서 도보 5분, 코번트 가든역에서 북서쪽으로 약 200m 지점

코번트 가든 지역에 위치한 런던의 대표적인 오페라와 발레 공연장이다. 1946년 결성된 로열 오페라 극단, 1956년 결성된 로열 발레 극단의 아지트이기도 하다. 예전 이곳은 시어터 로열로 불렸다. 1734년 이곳에서 처음으로 발레 공연이 펼쳐졌고 다음 해 헨델의 오페라가 상연되었다. 1732년에 첫 오페라 건물이 지어졌으며 현재 건물은 1808년과 1857년에 발생한 화재 이후에 새롭게 지은 건물이다. 또한 1990년대 개보수를 통해 일부 시설을 확충하였다. 이 건물은 2256석의 관람석을 지니고 있으며 4개의 층으로 이루어져 각 층마다 관객을 위한 칸막이 좌석과 발코니를 지니고 있다. 오늘날까지 〈백조의 호수〉, 〈니벨룽겐의 반지〉 등의 작품이 공연되고 있다.

위치 〉 코번트 가든역에서 도보 1분 주소 〉 Bow St, Covent Garden, WC2E 9DD 오픈 〉 상연 시간은 공연에 따라 다름 요금 〉 공연 작품에 따라 다양 전화 〉 020-7240-1200 홈피 〉 www.roh.org.uk

롱 에이커 스트리트 & 플로럴 스트리트
Long Acre Street & Floral Street

MAP 2 ⓓ

런던 교통박물관
London Transport Museum

MAP 2 ⓓ

코번트 가든 북쪽에 자리한 쇼핑 거리로 패셔너블한 런더너들에게 인기 많은 곳이다. 그러하기에 맑은 날에는 날씨에 관심을 기울여가며 옷장을 여닫는 패션 부류들이 저마다 옷맵시를 자랑하며 이 거리를 활보하기도 한다. 롱 에이커 스트리트와 플로럴 스트리트는 한 블록을 지척에 두고 평행선을 긋는 사이좋은 이웃사촌이다. 이 거리들은 런던의 다른 주요 쇼핑가에 비해 작은 규모이지만 덜 북적이면서도 여유롭게 거닐기에 좋다. 남성 의류 존스, 폴 스미스, 여성 의류 카렌 밀렌 등의 스타일리시한 패션 숍과 스탠포즈 서점, 막스 앤 스펜서 백화점 등이 들어서 있다. 그렇다. 스타일리시하면서 크지 않고 소란스럽지 않은 런던의 거리를 걷고 싶다면 바로 이곳이 제격이다.

위치 코번트 가든역에서 하차하여 각각 도보 1분. 롱 에이커 스트리트는 코번트 가든역 앞에 놓여 있고, 플로럴 스트리트는 롱 에이커 스트리트로부터 남동쪽으로 한 블록 떨어진 곳에 자리하고 있다.

1980년에 처음으로 문을 연 이곳은 런던의 교통 관련 유산과 역사적으로 중요한 자료를 보존, 전시하고 있다. 이 박물관은 지난 2005년부터 2007년까지 £2200만의 비용을 들여 대대적으로 새롭게 전시관을 가꾸었다. 주요 전시물 중에는 런던의 시티 지구에서 운행된 증기기관차, 세계 최초의 지하 철도를 달렸던 유일한 증기기관차 등이 있다. 주말마다 교통과 관련된 가족 단위의 워크숍, 액티비티, 가이드 투어 등이 진행된다. 참고로 덩치가 큰 오래된 런던의 전철과 1950~60년대 2층 버스를 비롯해 상당수의 차량 전시물은 이곳 교통박물관에 없다. 런던 서쪽에 자리한 액턴 Acton 지구에 별도의 거대한 보관 시설인 뮤지엄 데포 Museum Depot 를 마련하여 보관하고 있다. 뮤지엄 데포는 특별한 경우의 지정된 날짜에만 공개된다.

위치 코번트 가든역에서 도보 1분 주소 Covent Garden Piazza, WC2E 7BB 오픈 월~목·토·일요일 10:00~18:00, 금요일 11:00~18:00(마지막 입장 17:15까지) 요금 성인 £15, 60세 이상 £11.5, 학생 £11.5(구입한 날부터 12개월 동안 유효. 무제한 입장 가능), 18세 미만 무료 전화 020-7379-6344

코번트 가든
Covent Garden

MAP 2 ⓓ

개인적으로 런던에서 가장 재미난 동네라고 표현하고 싶다. 런던의 대표적인 관광 명소로 이곳을 소개하고 싶은 가장 큰 이유는 바로 세계 최대, 세계 최고의 거리 공연이 연중 내내 평일, 주말을 가리지 않고 펼쳐지기 때문이다. 외줄타기, 저글링 등의 솜씨를 보여주는 거리 공연꾼, 보는 이의 눈을 번뜩이게 하는 마술사를 비롯해 코번트 가든역에서 코번트 가든을 연결하는 제임스 스트리트의 보행자 도로에는 흥미롭거나 기괴한 복장, 익살스러운 모습으로 무장한 마임꾼들로 가득하다. 또한 요즈음의 거리 공연은 관객과 함께하는 일종의 버라이어티 쇼이기에 관객의 참여도가 높은 재미난 쇼가 펼쳐지기도 한다. 주머니에 달랑 동전 몇 개만 있어도 배부르게 온종일 이것저것 볼거리를 찾을 수 있는 곳은 그리 많지 않다.

위치 코번트 가든역에서 도보 1분, 코번트 가든역에서 제임스 스트리트를 따라 남동쪽으로 약 100m 지점 홈피 www.coventgardenlondonuk.com

코번트 가든 사우스 홀 코트야드
Covent Garden South Hall Courtyard

MAP 2 ⓓ

코번트 가든 광장 중앙에는 코번트 가든 마켓 빌딩이 놓여 있는데, 이 빌딩은 노스 홀과 사우스 홀로 구성되어 있다. 사우스 홀 안에는 지면보다 낮게 조성된 코트야드가 있다. 코트야드에는 이곳에 둥지를 튼 카페, 레스토랑의 야외 테이블이 놓여 있다. 이곳에 앉아 음식을 먹고 음료를 마시면서 주중이나 주말 오후에 펼쳐지는 각종 라이브 클래식 뮤직을 즐길 수 있다. 성악을 부르거나 바이올린 연주를 하거나 간혹 첼로나 풍금을 연주하는 악사를 만날 수도 있다. 음식을 먹지 않더라도 코트야드 위층의 난간에 기대어 얼마든지 무료로 연주곡의 감미로운 선율을 감상할 수 있다.

위치 코번트 가든역에서 도보 1분, 코번트 가든역에서 제임스 스트리트를 따라 남동쪽으로 약 100m 지점 홈피 www.coventgardenlondonuk.com

애플 마켓
Apple Market

MAP 2 Ⓓ

주빌리 마켓
Jubilee Market

MAP 2 Ⓓ

이스트 콜로네이드 마켓
East Colonnade Market

MAP 2 Ⓓ

코번트 가든에 처음으로 시장이 들어선 때는 1670년이다. 찰스 2세 국왕의 허가로 베드포드 백작이 자신의 저택 앞에서 상인들이 목재 가판대에 과일과 채소를 두고 팔 수 있는 시장을 만들었다. 오늘날 과일, 채소는 간 곳 없이 사라졌다. 코번트 가든 마켓 빌딩 노스 홀에 자리하고 있는 애플 마켓은 코번트 가든에 들어선 마켓 중 가장 다양한 볼거리를 제공한다. 기념품과 장식품을 비롯해 골동품, 그림, 보석류와 액세서리, 패션 아이템 등 다양한 쇼핑을 즐길 수 있다. 이곳에 들어선 숍마다 점포명과 각각의 연락처를 지니고 있다.

위치 코번트 가든역에서 도보 1분
주소 1 Tavistock Court, The Piazza, Covent Garden, WC2 E8BD
오픈 월~금요일 09:30~18:00, 토·일요일 09:30~18:00
전화 점포마다 다름
홈피 www.coventgardenlondonuk.com

매주 월요일마다 영국 전역은 물론 유럽 각지에서 모여든 골동품을 판매한다. 물건들을 꼼꼼히 살펴보면 '아니, 이런 물건도 다 있네!' 할 정도로 진귀한 물건도 간혹 숨어 있다. 물론 관광객들이 주 고객이기에 그들의 입맛에 맞춘 민예품 등으로 가득 채워져 있지만 주말에는 눈길을 자극하는 오래된 기념품이나 각종 예술품도 찾아볼 수 있다. 이곳 상인들은 다소 물건을 만지작거리거나 들었다 놨다를 반복해도 좀처럼 화내는 법이 없다. 화요일부터 금요일까지는 티셔츠 등 의류를 비롯해 각종 생활용품이 등장한다.

위치 코번트 가든역에서 도보 1분
주소 1 Tavistock Court, The Piazza, Covent Garden, WC2E 8BD
오픈 월~금요일 09:30~18:00, 토·일요일 09:00~18:00
전화 020-7836-2139(대표)
홈피 www.jubileemarket.co.uk

애플 마켓, 주빌리 마켓과 함께 코번트 가든 마켓의 삼총사를 이루고 있다. 코번트 가든 마켓 빌딩의 동쪽에 놓인 열주 아래 다양한 가판대가 놓여 있는데, 이 가판대가 애플 마켓, 주빌리 마켓과는 차별적으로 하나의 작은 시장을 형성하고 있다. 큰 규모는 아니지만 이곳에 모인 아이템으로는 수제 비누, 액세서리, 핸드백과 벨트, 아동 의류 등이 있다. 가격이 저렴한 편은 아니지만 나름대로 개성 넘치고 이목을 끄는 물건으로 승부를 걸고 있다.

위치 코번트 가든역에서 도보 1분
주소 East Piazza, Covent Garden, WC2E 8BD
오픈 매일 10:00~19:00
전화 점포마다 다름
홈피 www.coventgardenlondonuk.com

레스터 스퀘어
Leicester Square

MAP 2 Ⓔ

차이나타운 남쪽에 자리 잡은 레스터 스퀘어는 코번트 가든과 더불어 런던의 거리 공연을 주도하는 곳이다. 간혹 찰리 채플린의 익살스러운 슬랩스틱 코미디를 흉내내는 공연꾼의 쇼가 진행되기도 하며 저글링 묘기를 선보이는 이들도 등장한다. 이곳은 역사적으로 18세기에 훗날 조지 2세 국왕이 된 프린스 조지의 왕립재판소가 자리했던 곳이다. 오늘날 광장 중앙에 자리한 작은 정원 안에는 18세기 풍자화를 그렸던 윌리엄 호가스 William Hogarth와 동시대 화가 조수아 레이놀즈 Joshua Reynolds의 예술혼을 추모하는 흉상이 영국의 대문호 셰익스피어 동상과 함께 놓여 있다. 이와 함께 14세 때 웨스트엔드의 극단에 들어가 배우 생활을 시작했던 찰리 채플린의 동상도 세워져 있다. 이 광장 주변에는 오데온 등 여러 영화 상영관이 있다.

포토제닉 스폿 셰익스피어 동상이나 찰리 채플린 동상 앞에서 사진을 찍어보자.

위치 레스터 스퀘어역에서 도보 2분, 레스터 스퀘어역에서 남서쪽으로 약 150m 떨어진 지점

엠 앤 엠스 월드
M&M's World

MAP 2 Ⓔ

우선 엠 앤 엠스 월드가 런던 시내 한복판에 들어섰다는 사실이 놀랍다. 자존심 강한 유럽 초콜릿과의 전쟁에서 저가의 달콤한 미국산 초콜릿이 유럽의 안방을 차지했다고 호들갑을 떠는 분석은 좀 지나친 듯싶다. 라스베이거스, 올랜도, 뉴욕에 이어 유럽에서는 처음으로 지난 2011년 6월 13일에 오픈한 엠 앤 엠스 월드는 레스터 스퀘어에 자리하고 있다. 엠 앤 엠스 초콜릿이 들어 있는 각종 선물 세트와 장난감에서부터 로고가 찍힌 티셔츠까지 다양한 아이템을 팔고 있다. 3250㎡의 면적을 지닌 이곳은 세계에서 가장 큰 캔디 스토어로 기록되고 있다.

위치 레스터 스퀘어역에서 도보 3분 주소 1 Swiss Court, Leicester Square, WC2H 7DG 오픈 월~토요일 10:00~24:00, 일요일 12:00~18:00 요금 무료 전화 020-7025-7171 홈피 www.mars.com

내셔널 포트레이트 갤러리
National Portrait Gallery

MAP 2 Ⓔ

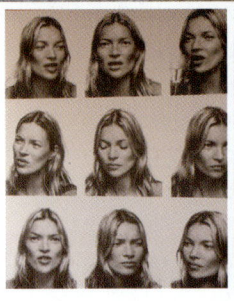

고상하고 기품 있는 내셔널 갤러리에 비해 이곳은 다소 캐주얼한 분위기가 물씬 넘친다. 런던의 주요 명소 중에서 다소 과소평가받는 이곳은 미술 애호가가 아닐지라도 문화적 흥밋거리에 관심 있다면 꼭 들러볼 만한 곳이다. 1856년 첫 모습을 드러냈을 때 세계 최초로 초상화만을 다루는 아트 갤러리였다. 오늘날 이 갤러리가 자리한 건물은 1896년 이전한 장소다. 인물의 모습을 다양한 예술적 방법으로 표현한 작품이 전시되어 있는데, 전통적인 유화 형태의 초상화에서부터 사진 작품, 최첨단 디지털 기기를 이용한 영상 작품까지 방대한 영역의 작품을 소개하고 있다. 또한 인물의 모습을 유쾌하게 표현한 풍자 만화도 담고 있다. 인물의 대상은 실로 다양하다. 21세기를 대표하는 영화와 음악계의 슈퍼스타의 모습도 있고 각 시대를 대표하는 클래식 음악가, 과학자, 예술가, 모델 등 다양한 분야의 인물 모습이 서로 뒤엉켜 있다. 그밖에 튜더 왕조와 스튜어트 왕조 시대의 왕족과 귀족의 모습을 담은 초상화가 3층에 놓여 있으며 웰링턴 장군과 넬슨 제독의 초상화, 바이런, 엘리엇 등 문인들의 초상화도 2층과 3층의 전시실에서 찾아볼 수 있다. 가장 많은 관심을 보이면서 동시에 가장 많은 논란을 일으킨 작품은 바로 '찬도스 초상화 Chandos Portrait'라 불리는 셰익스피어의 초상화로, 실제 셰익스피어 모습과 가장 비슷한 것으로 보고 있다. 이 작품은 내셔널 갤러리 건물 오른쪽 뒤편의 건물 안에 자리하고 있다.

위치 차링 크로스역에서 도보 2분 주소 St Martin's Place, WC2H 0HE 오픈 월~수 · 토 · 일요일 10:00~18:00, 목 · 금요일 10:00~21:00 휴무 12월 24~26일 요금 무료(특별 전시는 유료) 전화 020-7306-0055 홈피 www.npg.org.uk

트래펄가 스퀘어
Trafalgar Square

MAP 2 Ⓔ

영국의 건축가 존 나시가 1820년대에 설계한 이곳은 런던의 자존심이다. 광장 중앙에는 넬슨 제독의 동상이 높이 걸려 있는 기념탑이 세워져 있다. 코린트 양식이 돋보이는 거대한 기둥인 넬슨 칼럼 Nelson Column은 1805년 트래펄가 해전에서 승리와 함께 전사한 넬슨 제독의 넋을 기리기 위해 1840년에 세워졌다. 여기에 1845년에 화강암으로 만든 분수대가 더해지고 1867년에 관광객들에게 포토제닉 스폿으로 인기 만점인 네 개의 청동사자상이 추가됐다. 원래 트래펄가 스퀘어 주변은 교통량이 많은 도로로 둘러싸여 있었는데, 세계적 건축 디자이너인 노만 포스터가 몸 담고 있는 건축 디자인 회사에 의해 지난 2003년 주변을 오가는 보행자를 위한 일부 도로 공사가 진행되었다. 내셔널 갤러리 앞(트래펄가 스퀘어의 북쪽)의 도로를 막아 방문객들이 차량의 통행 없이 다닐 수 있는 광장 스타일의 드넓은 보행자 도로인 노스 테라스 North Terrace를 만든 것이다. 현재 이곳에 거리 공연꾼들이 하나둘 모여 재미난 묘기를 행인들에게 선보이고 있어 또 하나의 거리 공연 메카로서의 역할을 기대해본다. 이러한 크고 작은 변화 속에 트래펄가 스퀘어는 오늘날 런던의 주요 행사와 이벤트, 콘서트 등이 펼쳐지는 시민들의 광장으로 자리매김했다.

포토제닉 스폿 넬슨 칼럼을 배경으로 사장상 앞에 서서 사진을 찍어보자.

위치 차링 크로스역에서 도보 약 1분 거리, 서쪽으로 약 200m 지점

애드머럴티 아치
Admiralty Arch

MAP 2 Ⓔ

차링 크로스
Charing Cross

MAP 2 Ⓔ

파리에 개선문이 있고 베를린에 브란덴부르크 문이 있다면 런던에는 애드머럴티 아치가 있다. 오피스 건물로 지어진 애드머럴티 아치는 개선문 등과는 형태가 다르다. 애드머럴티 아치는 에드워드 왕조 시대의 기념비적 건축물이다. 1912년에 빅토리아 여왕의 업적을 기리기 위해 건축가 아스톤 웹 Aston Webb이 설계한 것이다. 이 건축물의 특징은 건물 하단 중앙에 세 개의 아치형 석조 문으로 이루어져 있다는 점이다. 이 문은 보행자와 차량이 모두 지나갈 수 있도록 만들었으며 더 몰 스트리트와 트래펄가 스퀘어를 연결한다. 보통 이곳의 거대한 중앙문은 굳건히 닫혀 있는데, 영국 왕실의 특별한 행사가 있는 날 문을 열어 퍼레이드 행렬을 지나가게 한다.

위치 차링 크로스역에서 도보 1분

차링 크로스는 스트랜드 대로 서쪽 끝에 자리한 교차로다. 교차로 중심에는 찰스 1세 국왕의 기사상이 놓여 있다. 18세기 중반부터 차링 크로스는 런던의 중심부였다. 또한 런던 시내 중심으로부터 주변 지역과의 거리를 측정할 때 정중앙으로 삼던 곳이다. 차링 크로스에서 북동쪽으로 약 200m 떨어진 곳에 차링 크로스 기차역이 있다. 차링 크로스역은 런던의 교외선이 오가는 런던 시내의 17개 기차역 중 하나이자 런던의 기차역 중 다섯 번째로 승객이 많이 오가는 곳이다. 차링 크로스역은 1864년에 지어졌고, 다음 해 차링 크로스역 앞에 프렌치 르네상스 스타일의 장식미를 지닌 차링 크로스 호텔이 들어서면서 오늘날까지 이르고 있다. 차링 크로스 대로는 그동안 수많은 영화 배경지가 되기도 했는데, 〈해리 포터〉 시리즈에 등장한 것으로도 유명하다.

위치 차링 크로스역에서 하차. 스트랜드 대로와 화이트 홀 스트리트, 콕스퍼 스트리트가 교차하는 지점에 위치하며 트래펄가 스퀘어 바로 남쪽 아래 자리

내셔널 갤러리
The National Gallery

MAP 2 Ⓔ

런던을 대표하는 미술관으로 1824년 문을 열어 오늘날 2000여 점이 넘는 회화 작품을 소개하고 있다. 트래펄가 스퀘어 앞에 놓여 있는데, 본관과 신관으로 이루어져 있으며 신관은 세인즈버리 윙 Sainsbury Wing이라 불린다. 본관은 웨스트 윙 West Wing으로 불리는 서관, 이스트 윙 East Wing으로 불리는 동관, 노스 윙 North Wing으로 불리는 북관으로 이루어져 있다. 현재의 본관은 1838년에, 신관은 1991년 완성된 공간이다. 런던에서 한 군데의 미술관만을 보길 원한다면 이곳을 놓쳐서는 안 된다. 그만큼 유럽의 내로라하는 화가들의 명작이 한데 모여 있다. 특히 이곳을 찾는 많은 관람객들이 르네상스기의 이탈리아 회화나 17세기 네덜란드 회화, 19세기 인상파 회화를 주목한다. 관람 순서는 세인즈버리 윙부터 서관, 북관, 동관 순이 좋다. 13세기부터 20세기 초의 작품을 순차적으로 감상할 수 있기 때문이다. 13~16세기 작품을 담은 세인즈버리 윙은 레오나르도 다 빈치(51실), 보티첼리(58실), 라파엘로(60실), 네덜란드·프랑스 회화(62실), 독일 회화(63실) 등으로 이루어져 있다. 서관은 16세기부터 15세기 말까지의 회화를 다루며, 크라나흐(5실), 미켈란젤로(8실), 베네치아 화파(10실), 브뤼겔(12실) 등으로 이루어져 있다. 북관에는 17세기에 활약한 베르메르(16실), 렘브란트(27실), 루벤스(28실), 반 다이크(30실) 등의 작품이 있으며, 동관에서는 윌리엄 터너·레이놀즈·콘스테이블(34실), 들라크루아(41실), 고흐(45실), 모네·세잔(46실) 등의 작품을 감상할 수 있다.

포토제닉 스폿 내셔널 갤러리 입구 앞에서 트래펄가 스퀘어를 배경으로 사진을 찍어보자.

위치 차링 크로스역에서 도보 7분 **주소** The National Gallery, Trafalgar Square, WC2N 5DN **오픈** 매일 10:00~18:00(금요일은 21:00까지) **휴무** 1월 1일, 12월 24~26일 **요금** 무료(특별 전시는 유료) **전화** 020-7747-2885 **홈피** www.nationalgallery.org.uk

Zoom in

● 내셔널 갤러리 전시관 안내 ●

구분	전시작의 연대	주요 작가 및 주요 화파
신관	1260~1510년대	조토, 레오나르도 다 빈치, 마사치오, 사세타, 로베르 캉팽, 피사넬로, 로히어르 판 데르 베이던, 우첼로, 얀 반 에이크, 크리벨리, 투라, 보티 첼리, 안토니오 폴라이올로, 피에로 디 코시모, 페루지노, 라파엘로, 벨리니, 안드레아 만테냐, 안토넬로 다 메시나, 피에로 델라 프란체스카
서관	1510~1600년대	코레조, 도소, 가로팔로, 홀바인, 크라나흐, 알트도르퍼, 로토, 모레토, 모로니, 틴토레토, 엘 그레코, 미켈란젤로, 브론치노, 세바스티아노 델 피옴보, 티티안, 티치아노, 베로 화파, 피터르 브뤼헐, 도메니치노, 베네치아 화파
북관	1600~1690년대	브뤼헌, 할스, 클라우드, 터너, 베르메르, 드 후흐, 두오, 푸생, 반 다이크, 루벤스, 루이스달, 호베마, 쿠이프, 보스, 렘브란트 화파, 렘브란트, 벨라스케스, 무리요, 수르바란, 카라치, 카라바조, 구에르치노
동관	1700년대~1920년대	샤댕, 프라고나르, 윌리엄 터너, 게인즈버러, 레이놀즈, 호가스, 컨스터블, 호가스, 스텁스, 솔리메나, 지아퀸토, 카나레토, 과르디, 티에폴로, 다비드, 앵그레스, 코롯, 프리드리히, 고야, 들라크루아, 코로, 반 고흐, 세잔, 인상파

● 내셔널 갤러리 주요 전시 작품 ●

성 안나, 세례 요한과 성모, 아기 예수
The Vigin and Child with St. Anne and St. John, the Baptist

레오나르도 다 빈치가 착색 종이에 흰색과 검은색 초크와 목탄으로 그린 소묘로 미완성의 습작이지만 인물의 모습이 살아 있는 듯 보이는 명작이다. 성모 마리아의 어머니인 성 안나의 옆에 앉아 있는 성모 마리아와 아기 예수의 모습이 그림 속에 보이고 성 안나의 무릎에 기대어 앉아 있는 아기 예수의 사촌인 어린 세례 요한의 모습도 찾아볼 수 있다. 신비스러움과 경건함이 서려 있는 성 안나와 성모 마리아의 얼굴이 인상적이며 어린 성 요한에게 손을 들어 축복하는 아기 예수의 모습도 눈길을 끈다.

비너스에게 불평하는 큐피드
Cupid Complaining to Venus

1530년대 초 이 그림을 그린 크라나흐는 종교개혁 시대에 활약했던 루터의 친구이자 동시대 인물로 독일 왕실의 궁정 화가로 오랫동안 활동했다. 그림 속에 등장하는 두 인물은 비너스와 날개 달린 어린  큐피드다. 큐피드가 꿀을 훔쳐 먹다가 벌에 쏘여 고통스러운 듯한 얼굴로 비너스를 쳐다보지만 비너스는 다른 곳에 시선을 둔 채 한 손으로 선악과 나무를 상징하는 듯한 과일 나무의 가지를 붙잡고 서 있다. 손대지 말아야 할 선악과 나무를 잡고 서 있는 비너스의 얼굴에는 다소 음흉한 미소가 엿보이기도 한다.

건초마차
The Hay Wain

캔버스에 그린 유화로 이 그림을 그린 존 컨스터블은 터너와 함께 19세기를 대표하는 영국의 화가다. 원래 '한낮의 풍경'이라는 이름으로 런던에서 1821년에 그린 그림이지만 훗날 그의 친구에 의해 그림 제목이 오늘날의 〈건초마차〉로 바뀌었다. 오늘날 컨스터블의 대표작인 이 그림은 19세기 영국 회화의 대표작이기도 하다. 평화로운 전원이 어우러진 화가의 자택 주변의 풍경을 사실적인 색감과 빛의 질감으로 잘 표현했다.

전함 테메레르
The Fighting Temeraire

19세기의 대표적인 영국의 풍경 화가인 터너의 대표작 중 하나다. 역동적인 풍경을 담고 있는 터너의 풍경화는 시간의 흐름에 따라 자연의 변화가 드러나는 저물녘이나 해 뜰 무렵의 강, 바다, 산천의 모습이 드러난다. 이 그림은 1805년 트래펄가 해전에 참전한 뒤 해체하기 위해 증기선에 예인되어 템스강을 따라 가는 전함의 모습을 담고 있다. 나무로 만든 오래된 전함의 모습은 희미한데, 이 전함을 끄는 예인선은 뚜렷하고 어둡게 그려져 있다. 이 두 선박의 대조적인 모습을 통해 시대적 변화에 대한 작가의 관심을 드러내고 있다.

해바라기
Sunflowers

네덜란드 출신의 화가 반 고흐는 그의 말년을 프랑스에서 보냈는데, 이 작품은 그가 37세의 나이로 권총 자살을 하기 3년 전인 1888년 그가 프랑스 파리에서 프로방스의 아를로  이주한 직후에 그린 그림이다. 비록 그의 특기인 강렬한 붓터치는 다소 적어 보이지만 그가 지닌 독특한 감수성은 이 정물화에서도 잘 나타난다. 고흐는 따뜻한 지중해성 기후를 보이는 프로방스의 들녘에 가득한 해바라기를 보고 영감을 얻은 뒤 이 그림을 그렸을 게 분명하다. 고흐는 이 15송이의 '해바라기' 작품 외에도 3송이의 '해바라기'와 12송이의 '해바라기' 작품을 후대에 남겼다.

폴 햄린 홀 발코니스
Paul Hamlyn Hall Balconies

MAP 2 ⓓ

룰스
Rules

MAP 2 ⓓ

런던 시내에서 최고의 분위기를 지닌 레스토랑으로 손색없다. 이곳은 로열 오페라 하우스 내에 자리하고 있다. 이 레스토랑은 한때 코번트 가든 플라워 마켓이었던 곳에 들어서 있는데, 나선형 구조와 투명한 유리로 덮인 천장으로 이루어진 인테리어가 마치 유리 궁전에 와 있는 듯하다. 세계적 수준의 오페라나 발레 공연과 함께 이곳에서 격조 높은 다이닝을 즐겨보자. 레스토랑은 오페라나 발레 공연이 있는 날에만 문을 연다. 식사는 공연 전이나 공연 후에 즐길 수 있으며 예약이 필수다. 추천할 만한 샐러드로는 염소치즈를 곁들인 봄나물, 봄꽃으로 멋을 낸 플라워 샐러드가 있으며 메인 디시로는 허브를 얹은 연어 메뉴가 있다. 올리브 오일에 다진 양파 등을 넣고 만든 비에르주 Vierge 소스를 얹은 붉은 숭어 생선살 메뉴도 입맛을 돋울 만큼 먹음직하다.

위치 코번트 가든역에서 도보 5분 주소 Royal Opera House, Bow St. WC2E 9DD 오픈 공연 시작 90분 전 요금 디너 메뉴 2코스 £47, 3코스 £55 전화 020-7212-9254 홈피 www.roh.org.uk/visit/restaurants-and-bars

1789년에 오픈한 이곳은 런던 시내에서 가장 오래된 역사와 전통을 자랑하는 영국식 전통 레스토랑 중 하나다. 우아하고 기품 있는 서비스를 받으며 고상한 영국 전통 식사를 원한다면 이곳만 한 곳이 없다. 무엇보다 영국 요리의 맛이 궁금하거나 런던에 머무는 동안 제대로 한 번 영국 요리를 맛보고 싶다면 룰스야말로 최선의 선택이다. 싱싱한 굴요리나 크랩 샐러드, 푸아그라, 피시 파이 스테이크 앤 키드니 파이 등으로 스타터를 즐겨보자. 메인 디시는 뭐니 뭐니 해도 카레 소스를 곁들인 꿩고기나 소의 허릿살로 만든 스테이크가 최고다. 시금치와 홍합을 곁들인 넙치 요리나 머스터드 소스로 맛을 낸 야생토끼 스튜도 이곳의 셰프가 추천하는 특별 요리다. 내부에 칵테일 바, 프라이빗 룸 등이 마련되어 있다.

위치 코번트 가든역에서 도보 7분 주소 35 Maiden Lane, WC2E 7LB 오픈 월~토요일 12:00~23:45, 일요일 12:00~22:45 요금 스타터 £8~19, 메인 디시 £23~29 전화 020-7836-5314 홈피 www.rules.co.uk

제이 시키
J. Sheekey

MAP 2 ⓒ

와하카
Wahaca

MAP 2 ⓓ

바다와 인접해서인지 런더너만큼 시푸드를 사랑하는 도시민들도 없다. 이곳은 시푸드 레스토랑으로 왕새우, 바닷가재 요리를 전문으로 한다. 큰 접시에 다양한 신선한 해산물이 담겨 나오는 플라토 드 프뤼 드 메 Plateau de Fruits de Mer는 그야말로 이 레스토랑의 별미로 한 접시에 가득 담아올린 해산물을 한꺼번에 보는 것만으로도 즐겁다. 반 마리와 한 마리를 선택하여 주문할 수 있는 랍스터 마요네즈도 미식가들에게 인기가 좋다. 대서양에서 갓 잡아온 왕새우의 맛도 놓치지 말 것.

위치 레스터 스퀘어역에서 도보 1분 주소 28-32 St. Martins Court, WC2N 4AL 오픈 월~토요일 12:00~15:00, 17:30~24:00, 일요일 12:00~15:00, 18:00~23:00 요금 플라토 드 프뤼 드 메 £33.5~48.5, 랍스터 마요네즈 £19.75(반 마리)/£39.50(한 마리) 전화 020-7240-2565 홈피 www.j-sheekey.co.uk

런던의 대표적인 멕시칸 레스토랑으로 소호, 이즐링턴, 사우스뱅크 등 런던 전역에 분점을 두고 있다. 코번트 가든에 자리한 와하카는 이 지역의 트렌디 스폿으로 멕시코, 라틴 아메리카 등지에서 온 유학생을 비롯해 런던의 힙한 젊은이들에게 인기를 끌고 있다. 모던 레서피를 가미한 타코 런치 메뉴는 깔끔하고 정갈한 맛이 일품이다. 향이 강하면서도 부드럽게 입맛을 자극하는 토르타다, 케사디야, 멕시칸 수프 등을 즐겨보자. 여러 음식을 주문하여 친구, 동료와 함께 음식을 서로 나눠 먹는 분위기가 좋다. 테이크아웃도 가능하다.

위치 레스터 스퀘어역에서 도보 7분 주소 66 Chandos Place, Covent Garden, WC2N 4HG 오픈 월~토요일 12:00~23:00, 일요일 12:00~22:30 요금 타코·토르타다·케사디야 각각 £4 전화 020-7240-1883 홈피 www.wahaca.co.uk

펀치 앤 주디
Punch & Judy

MAP 2 ⓓ

솔즈베리
The Salisbury

MAP 2 ⓒ

펀치 앤 주디는 16세기부터 유럽 전역에서 인기를 얻은 이탈리안 전통 인형극의 이름이자 부부로 등장하는 남녀 주인공 이름이다. 1662년 처음으로 이 인형극이 코번트 가든에서 처음으로 공연된 것을 계기로 1787년 코번트 가든의 현재 위치에 자리해 영국식 전통 펍 펀치 앤 주디가 생겨났다. 이 펍의 2층 테라스가 놓인 발코니는 코번트 가든의 명당으로 불린다. 코번트 가든 광장 앞에서 날마다 펼쳐지는 각종 묘기와 거리 공연을 음료와 식사를 즐기며 내려다볼 수 있으며. 로스트 비프, 피시 앤 칩스, 치킨 앤 머시룸 파이 등 영국 전통식 펍 푸드를 맛볼 수 있다.

|위치| 코번트 가든역에서 도보 2분 |주소| 40 The Market, Covent Garden Piazza, WC2E 8RF |오픈| 월~토요일 10:00~23:00, 일요일 12:00~22:30 |요금| 메인 디시 £10~14(학생의 경우 본인의 국제 학생증을 지참하고 가면 20% 할인) |전화| 020-7379-0943 |홈피| www.taylor-walker.co.uk

튜더 왕조 시대의 유명 정치가였던 솔즈베리의 이름을 땄다. 이곳은 〈빅팀 Victim〉과 같은 몇몇 고전 영화의 영화 속 무대로 등장하기도 했다. 원래 코치 앤 호스로 알려진 펍이 자리한 곳이었으나 1898년 '솔즈베리'란 이름의 펍으로 새롭게 등장했고 1963년 대대적인 개보수를 거쳐 오늘날의 고풍스러운 빅토리안풍 인테리어를 지니게 되었다. 이곳에서 '뱅어스 앤 매시 Bangers and Mash'란 이름의 펍 푸드를 맛보자. 매시트포테이토 위에 세 가지 다른 맛의 소시지를 얹고 그레이비 육즙 소스를 뿌린 음식으로 이곳에서 맥주와 함께 먹을 수 있는 런치 메뉴로 제격이다.

|위치| 레스터 스퀘어역에서 도보 2분 |주소| 90 St Martin's Lane, WC2N 4AP |오픈| 월~수요일 11:00~23:00, 목요일 11:00~23:30, 금·토요일 12:00~24:00, 일요일 12:00~22:30 |요금| 펍 푸드 £6~13 |전화| 020-7836-5863 |홈피| www.taylor-walker.co.uk/pub/salisbury-covent-garden/c3111/

루비 블루
Ruby Blue

MAP 2 ⓒ

몬마우스 키친
Monmouth Kitchen

MAP 2 Ⓐ

스타일리시한 감각의 바와 파티 문화 공간으로 사용되는 곳이다. 하지만 저녁 식사 시간대에는 베지터블 커리, 버거, 바비큐 립, 치킨 파히타 등의 메뉴가 준비된다. 오후 5시부터 밤 9시까지는 해피 아워로 모든 음료를 반값에 즐길 수 있다. 이곳에 입장하려면 구두와 깃이 있는 셔츠 복장이 필요하다. 스포츠웨어 복장은 입장이 불가하다.

위치 레스터 스퀘어역에서 도보 2분 주소 1 Leicester St. Leceister Square, WC2 7BP 오픈 월~토요일 17:00~03:00, 일요일 17:00~23:00 요금 월~수요일 22:00 이전 무료, 22:00 이후 £5, 목·금요일 22:00 이전 무료, 22:00 이후 £8 전화 020-7287-8050 홈피 www.rubybluebar.co.uk

지중해 스타일의 메뉴를 비롯해 이탈리안과 페루비안 요리 등 인터내셔널 메뉴를 선보이는 레스토랑. 엄선한 식재료로 건강식을 제공해 고객 만족도가 매우 높다. 관광객과 행인으로 북적이는 코번트 가든 인근 세븐 다이알에 위치한다. 래디슨 머서 호텔과 지적의 거리에 있어 호텔 투숙객들이 주로 애용하는 곳이기도 하다. 런치 메뉴로는 타파스 메뉴를 추천한다. 치킨, 새먼 등으로 이루어진 타코 메뉴나 믹스드 그릴드 미트 Mixed Grilled Meat 메뉴도 훌륭하다. 무엇보다 손님이 필요한 것을 말하지 않아도 먼저 준비하고 대기하는 격조 높은 서비스를 즐길 수 있다. 저녁식사를 위해서는 예약하는 것을 추천한다.

위치 코번트 가든역에서 도보 5분 주소 20 Mercer Street, (Restaurant enterance on Monmouth Street), London WC2H 9HD 오픈 월~수요일 · 일요일 12:00~22:30, 목~토요일 12:00~23:00 요금 이탈리안 · 페루비안 세트 메뉴 £29~(요리 4개, 와인 한 잔) 전화 020-7845-8607 홈피 monmouthkitchen.co.uk

나루
Naru

MAP 2 Ⓐ

웰빙 키친
Wellbeing Kitchen

MAP 2 Ⓐ

2012년에 오픈한 한식당. 차이나타운 입구에 위치한 리틀 코리아가 본점이며 같은 가족이 운영하는 곳이다. 브리티시 뮤지엄에서 그리 멀지 않은 곳에 위치해 있다. 본점과 마찬가지로 갈비 정식 등의 한식을 전문적으로 제공한다. 가장 인기 있는 메뉴는 순두부찌개와 전골이다. 런던 시내의 다른 한식당에 비해 친절한 서비스와 저렴한 가격이 특징. 한식당이지만 현지인들이 많이 찾는 곳이라 와인 리스트를 갖추고 있다. 최근에는 양념치킨이나 떡볶이를 찾는 중국 손님들도 많이 찾아온다고. 포장이 가능한 도시락 메뉴도 주문할 수 있다.

런던에서 한국음식을 가장 저렴하게 맛볼 수 있는 포장 메뉴 전문 음식점. 각종 덮밥, 데리야키, 커리라이스, 회덮밥, 김치볶음밥 등이 있으며 순두부찌개, 김치찌개, 된장찌개 등 찌개류도 포장 가능하다. 그 밖에 떡만둣국, 떡국, 떡라면, 튀김우동, 야키소바 등의 메뉴도 제공한다. 밥은 라지, 스몰 사이즈로 나뉘어 제공된다. 가격이 저렴해 부담 없이 맛볼 수 있으니 이곳 음식을 포장해서 인근 공원의 벤치에 앉아 풍경을 즐기며 식사를 해결하는 것도 괜찮은 방법이다. 실내에도 앉아서 식사를 할 만한 테이블도 몇몇 마련되어 있다.

위치〉 토트넘 코트역에서 도보 5분 주소〉 230 Shaftesbury Ave, London WC2H 8EG 오픈〉 월~토요일 12:00~15:00, 17:30~22:30, 일요일 휴무 요금〉 갈비 정식 £13.5 전화〉 020-7379-7962

위치〉 토트넘 코트역에서 도보 5분. 한식당 나루 옆 주소〉 232 Shaftesbury Ave, London WC2H 8EG 오픈〉 월~토요일 08:00~21:30, 일요일 휴무 요금〉 덮밥류 £3.9/5.5 회덮밥 £6.9 김치볶음밥 £4.9 된장찌개 £4.9 떡만둣국 £4.9 전화〉 020-7240-6205 홈피〉 http://wellbeingkitchen.co.uk

스탠포즈
Standfords

MAP 2 ⓒ

여행을 좋아하는 여행 마니아라면 반드시 들러볼 만한 여행 전문 서점이다. 세계적으로 유명한 〈론리 플래닛〉 시리즈의 여행 가이드북을 비롯해 〈브라트 Bradt〉, 〈포더스 Foder's〉 등 다양한 정보 책자를 구비하고 있다. 그밖에도 영국이나 영어권 국가의 소소한 여행 정보를 모아 발간한 희귀한 여행 책자도 소장하고 있다. 무엇보다 국내에서 구입하기 어려운 세계 각지의 정밀 지도를 판매하고 있어 아프리카, 중남미 지역의 오지에 관한 자세한 정보를 얻을 수 있다.

위치 코번트 가든역에서 도보 5분 주소 12-14 Long Acre, WC2E 9LP 오픈 월~금요일 09:00~20:00, 토요일 10:00~20:00, 일요일 12:00~18:00 전화 020-7836-1321 홈피 www.stanfords.co.uk

아람
Aram

MAP 2 Ⓐ

마치 컨템퍼러리 아트 뮤지엄에서 가구 전시를 들여다보는 것 같다. 모던 감각의 가구류와 인테리어 소품 및 컨템퍼러리 스타일의 조명 기구, 장식품 등을 취급하는 대형 숍으로 영국 내에서 꽤 유명하다. 코번트 가든에서 멀지 않은 곳에 있어 잠시 시간적 여유가 있다면 드넓은 매장 안을 찬찬히 둘러볼 만하다.

위치 코번트 가든역에서 도보 7분 주소 110 Drury Lane, WC2B 5SG 오픈 월~수·금·토요일 10:00~18:00, 목요일 10:00~19:00 휴무 일요일 전화 020-7557-7557 홈피 www.aram.co.uk

폴 스미스
Paul Smith

MAP 2 ⓓ

캐스 키드슨
Cath Kidston

MAP 2 ⓓ

폴 스미스는 비비안 웨스트우드와 함께 영국을 대표하는 패션 디자이너로 폴 스미스 브랜드는 남성복 럭셔리 정장으로 세계적으로 인기를 끌고 있는 고급 패션 브랜드다. 오늘날 남성은 물론 여성, 아동을 위한 의류, 신발, 지갑, 벨트, 모자, 여행 가방, 안경 등 다양한 패션 아이템을 다룬다. 코번트 가든 주변에 자리한 이 매장은 런던에서 가장 큰 폴 스미스 매장 중 하나다. 그 외 소호, 올드 본드 스트리트, 켄싱턴 파크 로드, 매릴본 하이 스트리트 등에 매장을 두고 있다.

위치 코번트 가든역에서 도보 3분 주소 40-44 Floral St. WC2E 9TB 오픈 월~수요일 10:30~18:30, 목~토요일 10:30~19:00, 일요일 12:30~17:30 전화 020-7379-7133 홈피 www.paulsmith.co.uk

국내에도 매장을 지니고 있는 캐스 키드슨은 영국 출신의 패션 디자이너 캐더린 이사벨 오드리 키드슨이 창시한 브랜드다. 1993년 처음으로 세상에 선보인 영국 브랜드로 감수성을 자극하며 향수를 불러일으킬 만한 각종 꽃무늬, 과일무늬 패턴을 이용해 만든 원단으로 다양한 제품을 만들어내는 것으로 유명하다. 그동안 침구류, 주방용품, 식기류와 아동복 및 어린이 패션 아이템 등의 다양한 상품을 만들어 유럽, 아시아 등지에서 큰 호응을 불러일으켰다. 코번트 가든 주변 외에도 매릴본 하이 스트리트에 매장을 두고 있다.

위치 코번트 가든역에서 도보 5분 주소 28-32 Shelton St. WC2H 9JE 오픈 월~토요일 10:00~20:00, 일요일 12:00~18:00 전화 020-7240-8324 홈피 www.cathkidston.co.uk

닐스 야드 레머디스
Neal's Yard Remedies

MAP 2 ⓐ

건강과 미용에 관심이 있다면 꼭 한 번 들러볼 만한 곳으로 자체 생산한 영국산 유기농 헬스 케어 제품을 파는 곳이다. 페이셜 클리너, 페이셜 토너 등 페이스 케어 용품, 보디 모이스처라이저, 핸드 케어 등 보디 케어용품을 판매한다. 또한 샴푸, 컨디셔너 등 헤어 케어 제품을 비롯해 샤워 젤, 비누 등 배스용품, 베이비 케어 크림, 남성용 스킨케어 로션도 찾아볼 수 있다. 아로마 테라피에 관심이 있다면 에센셜 오일, 마사지 오일을 눈여겨보자.

위치 코번트 가든역에서 도보 7분
주소 15 Neal's Yard, WC2H 9DP
오픈 월~토요일 10:00~20:00, 일요일 11:00~18:00 전화 020-7379-7211 홈피 www.nealsyardremedies.com

내셔널 갤러리 아트 숍
The National Gallery Art Shop

MAP 2 ⓔ

트래펄가 스퀘어 앞에 놓인 내셔널 갤러리 안에 자리하고 있다. 근대미술, 현대미술 등 주요 예술가들의 작품을 소개하고 있는 각종 미술 서적, 포스터를 비롯해 다양한 디자인 아트용품을 판매한다. 내셔널 갤러리에 진열된 명화를 입힌 작은 쟁반, 접시 등도 눈여겨볼 만하다. 런던의 명소를 아이코닉 문양으로 그려 넣은 예쁜 쿠션이 인상적이다.

위치 차링 크로스역에서 도보 7분
주소 The National Gallery, Trafalgar Square, WC2N 5DN 오픈 월~목·토·일요일 10:00~18:00, 금요일 10:00~21:00 전화 020-7747-2870 홈피 www.nationalgallery.co.uk

내셔널 포트레이트 갤러리 아트 숍
National Portrait Gallery Art Shop

MAP 2 ⓔ

내셔널 갤러리 옆 내셔널 포트레이트 뮤지엄 내에 자리하고 있다. 셰익스피어, 헨리 8세, 엘리자베스 여왕을 비롯해 영국의 주요 인물의 초상화를 담은 엽서 및 포스터를 판매한다. 또한 유명 사진 작가들이 담은 근현대 셀러브리티의 얼굴이 담긴 엽서와 포스터, 배지, 손수건, 장식품 등 다양한 제품을 만날 수 있다. 그밖에 깜찍한 디자인의 사무용품, 아동용품도 놓여 있다.

위치 차링 크로스역에서 도보 10분
주소 National Portrait Gallery, St Martin's Place, WC2H 0HE 오픈 월~수·토·일요일 10:00~18:00, 목·금요일 10:00~21:00 전화 020-7306-0055 홈피 www.npg.org.uk/shop.php

WESTMINSTER

AREA 03

웨스트민스터
Westminster

정식 명칭은 시티 오브 웨스트민스터 City of Westminster다. 대영제국의 옛 영광을 간직한 웨스트민스터 지구는 영국에서 가장 근엄하고 기품 넘치는 영국 왕실이 자리 잡은 곳이다. 11세기 이래로 영국 왕실은 웨스트민스터에 머물면서 잉글랜드 전역을 통치했다. 런던을 방문한 여행자들 대부분은 아주 짧은 일정이라 하더라도 이곳을 한 번쯤 들른다. 그만큼 이곳에 있는 버킹엄 팰리스와 국회의사당과 빅벤, 웨스트민스터 애비는 런던을 대표하는 명승지이자 빼놓을 수 없는 관광 명소다.

웨스트민스터
이렇게 여행하자

가는 방법 전철 빅토리아역에서 하차하여 버킹엄 팰리스 로드를 따라 로열 뮤스, 버킹엄 팰리스, 퀸 빅토리아 메모리얼을 지나 세인트 제임스 파크를 가로지르자. 그런 다음 다우닝가 주변과 웨스트민스터 애비, 국회의사당 등을 둘러보자. 반대의 여정을 원할 경우에는 웨스트민스터역에서 하차하면 된다.

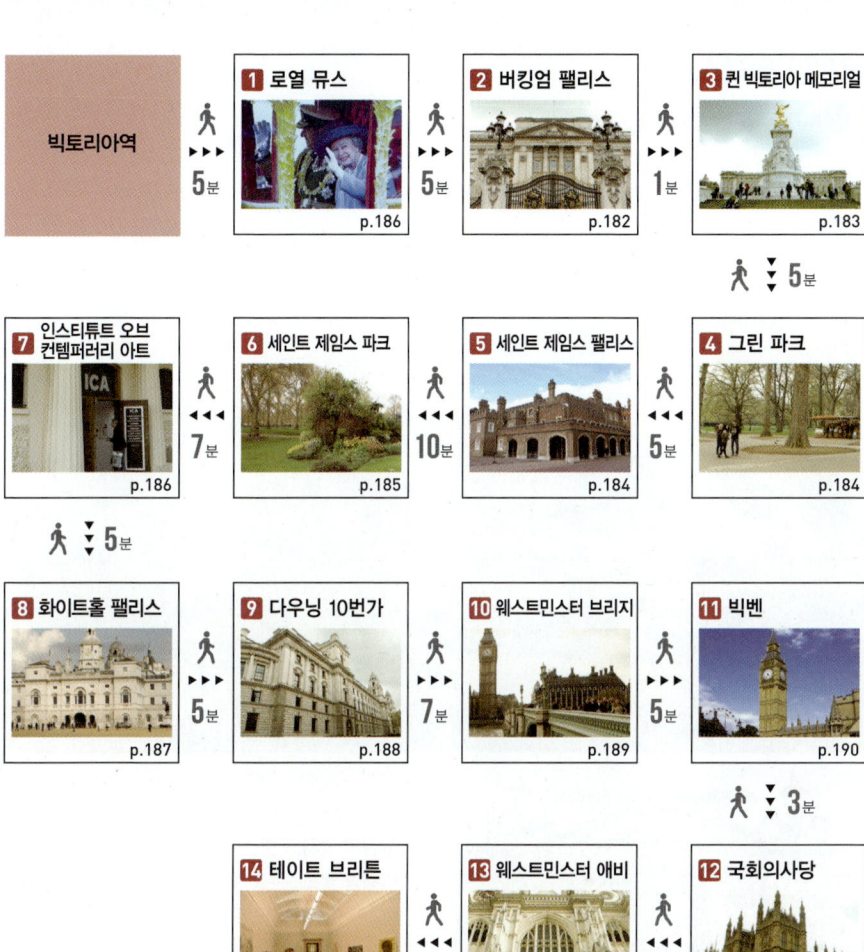

✓ 체크 포인트

① 버킹엄 팰리스에서 근위병 교대식을 관람하자.
② 세인트 제임스 파크를 거닐며 새들이나 다람쥐에게 먹이를 주자.
③ 웨스트민스터 애비에서 일요일마다 진행되는 예배에 참석해보자.
④ 테이트 브리튼에서 진행 중인 최근 미술 전시회를 방문하자.
⑤ 인스티튜트 오브 컨템퍼러리 아트에 들러 현대미술 작품을 감상하거나 갤러리의 아트북 숍에서 저렴한 가격으로 팔고 있는 아트북을 구입해보자.

버킹엄 팰리스
Buckingham Palace

MAP 4 Ⓕ

버킹엄 궁전은 막강한 권력과 부를 가지고 살아온 영국 왕실의 역사를 한눈에 보여주는 공간이다. 오늘날의 버킹엄 팰리스는 1705년에 지어진 건물로 원래 버킹엄이란 이름을 지닌 공작이 소유한 저택이었다. 이전까지 세인트 제임스 팰리스에 거하던 영국 왕실에서 이 저택을 구입하여 1837년부터 영국 왕실의 터전으로 삼았다. 영국 왕실이 스코틀랜드로 휴가를 떠나는 8~9월의 기간에만 일반인에게 일부 내부를 공개하는데, 호화스러운 벽면 장식과 천장화, 각종 금은 식기류, 카펫과 붉은 벽지 등이 영국 왕실의 고고한 기품을 유감없이 드러낸다. 궁전의 실내를 둘러보는 투어를 통해 가드 룸에서 시작하여 스테이트 다이닝 룸 State Dining Room을 거쳐 해외 귀빈이나 대사관들이 초청 시 머무는 화이트 드로잉 룸 Whtoe Drawing Room, 무도회나 만찬이 열리는 볼 룸Ball Room 등을 차례로 둘러보게 된다. 방문객들에게 가장 큰 관심을 자아내는 픽처 갤러리 Picture Gallery는 반 다이크, 렘브란트 등 유명 화가들의 주옥같은 미술품이 전시되어 있다. 궁전 남쪽에는 왕실 미술관인 퀸스 갤러리 Queen's Gallery가 일반에게 공개되고 있다. 또한 왕실의 마구간인 로열 뮤스도 방문객을 맞이하고 있다.

위치 세인트 제임스 파크역 또는 빅토리아역, 그린 파크역에서 하차하여 도보 7분 주소 Buckingham Palace Rd, SW1A 1AA 오픈 여름철 매일 09:30~19:30(마지막 입장은 17:15까지), 가을·겨울철 매일 09:30~18:30(마지막 입장은 16:15까지) 요금 스테이트 룸 방문 시 성인 £19.75, 17세 미만 £11.25, 60세 이상 또는 학생 £18, 5세 미만 무료, 가족 £50.75(성인 2인, 17세 미만 3인 기준) 전화 020-7930-4832 홈피 www.royalcollection.org.uk/visit/the-state-rooms-buckingham-palace

근위병 교대식
Changing of the Guard

MAP 4 Ⓕ

버킹엄 팰리스의 근위병은 '여왕의 근위병 Queen's Guard'으로 불린다. 근위병이 세워진 것은 찰스 2세 국왕 때인 1660년부터다. 영국군 소속의 근위병들은 버킹엄 팰리스 외에도 세인트 제임스 팰리스, 타워 오브 런던, 윈저 캐슬 등을 지킨다. 런던을 찾는 여행자들에게 가장 인기 있는 볼거리 중 하나인 버킹엄 팰리스의 근위병 교대식은 매일 오전 11시 30분에 약 30분 동안 진행된다. 우렁찬 목소리로 발을 크게 뻗으며 씩씩하게 걸어가는 빨간 제복의 근위병들을 자세히 보려면 일찍 서둘러야 한다.

〉위치〉세인트 제임스 파크역 또는 빅토리아역, 그린 파크역에서 하차하여 도보 7분 〉주소〉Buckingham Palace Rd, SW1A 1AA 〉오픈〉매일 11:30(4~7월), 8~3월 동안은 날씨에 한하여 열린다. 〉요금〉무료 〉홈피〉www.royalcollection.org.uk

퀸 빅토리아 메모리얼
Queen Victoria Memorial

MAP 4 Ⓑ

BEST SPOT

빅토리아 여왕의 동상이 놓여 있는 런던에서 가장 멋진 기념비 중 하나다. 이 동상은 조지 5세 국왕의 명령에 따라 조각가 토마스 브록 Thomas Brock 경이 1911년에 만들었다. 빅토리아 여왕의 손자인 조지 5세가 대영제국의 전성기를 연 조모의 업적을 기리기 위해서였다. 그리고 1924년 최종적으로 주변에 청동상으로 치장을 마쳤다. 빅토리아 여왕의 동상은 북동쪽을 향하여 더 몰 The Mall 지역을 바라보고 있다.

〉포토제닉 스폿〉퀸 빅토리아 메모리얼 앞에 서서 버킹엄 팰리스를 배경으로 사진을 찍어보자.

〉위치〉그린 파크역에서 하차하여 도보 5분, 버킹엄 팰리스 앞 퀸스 가든 안

그린 파크
Green Park

MAP 4 Ⓐ

하이드 파크, 세인트 제임스 파크 등 런던 시내의 크고 작은 공원으로 둘러싸인 그린 파크는 한마디로 거대한 참나무들이 아름다운 숲길을 만들고 있는 공원이다. 피커딜리 서커스에서 가까워 단시간 내에 런던 시내를 방문하는 여행자들이 가장 쉽게 찾아올 수 있는 공원이기도 하다. 16세기 때 조성된 이곳은 1667년 잉글랜드의 찰스 2세 국왕이 이 공원의 땅을 매입하면서 왕립공원이 되었다. 오늘날 런던에서 가장 차분하고 평화로운 분위기를 자랑하는 공원으로 손꼽힌다. 이러한 분위기에서 좋은 날씨에는 일광욕을 즐기는 런던 시민들의 모습을 볼 수 있다. 역사적으로는 1554년 이 공원에서 스페인의 필립 2세 국왕과 영국의 메리 여왕의 결혼을 반대하면서 반란이 일어난 곳이기도 하다.

위치 그린 파크역에서 하차하여 도보 1분, 피커딜리 로드와 버킹엄 팰리스 가든 사이 오픈 매일 24시간 홈피 www.royalparks.org.uk

세인트 제임스 팰리스
St. James's Palace

MAP 4 Ⓑ

1530년 헨리 8세 국왕 때 만든 이 궁전은 인상적인 튜더 스타일의 게이트하우스를 지니고 있다. 세인트 제임스 파크 북쪽에 자리하고 있는 이곳은 3세기 동안 영국 왕실의 국왕과 여왕들이 거주했던 곳이다. 오늘날에는 종종 영국 왕실에서 외교관을 접대하는 공간으로도 쓰인다. 이곳에 거주한 유명 인사로는 전 찰스 황태자비였던 다이애나 공주가 있는데, 그는 이곳에서 찰스 황태자와 이혼하던 1996년까지 살았다. 그 후 거처를 켄싱턴 팰리스로 옮겼다고 한다. 찰스 황태자와 그의 아들들은 이 궁전에서 2004년까지 살았으며, 오늘날에는 앤 공주가 여전히 이곳에 머물고 있다. 아쉽게도 이곳 내부는 일반인에게 공개되지 않고 있다.

위치 그린 파크역에서 도보 3분 주소 Marlborough Rd. SW1A 1BS 전화 020-7930-4832 홈피 www.royal.gov.uk

세인트 제임스 파크
St. James's Park

MAP 4 ⓒ

아마도 여행자들에게 런던에서 가장 많은 사랑을 받고 있는 공원이 아닐까 싶다. 하이드 파크나 리젠트 파크 등에 비해 상대적으로 규모가 작은 공간이지만 호수를 따라 산책로와 화단이 동화 속 분위기를 떠올리게 할 만큼 아름답게 조성되어 있다. 각종 새들과 다람쥐 등을 연중 내내 볼 수 있는데, 아이들과 함께 가족 나들이를 나온 런던 시민들은 물론 단체 관광객이나 연인들의 모습도 쉽게 볼 수 있다. 사람들로 붐비지만 이 공원은 피크닉과 일광욕을 하기에 좋은 곳이다. 멀리 런던 아이의 일부를 볼 수 있으며 공원 동쪽에 놓인 올드 애드머럴티와 다우닝 가 주변의 고풍스러운 건물도 한눈에 들어온다. 호수 위 작은 다리에 서면 멀리 버킹엄 팰리스와 화이트 홀, 웨스트민스터 주변이 시야에 들어온다. 호수 위와 호숫가에는 오리, 거위, 백조를 비롯해 여러 들새, 비둘기들이 저마다 자리를 차지하고 있다. 간혹 호수 남쪽에 펠리컨이 등장하기도 하는데, 가끔 오후 3시경에 공원 관리인이 펠리컨에게 먹이를 주기도 한다.

`포토제닉 스폿` 잘 정돈된 꽃밭에서 사진 찍기.

`위치` 세인트 제임스 파크역에서 도보 1분 `주소` London SW1A 2BJ `전화` 300-061-2350 `오픈` 매일 05:00~00:00(자정)
`홈피` www.royalparks.org.uk

인스티튜트 오브 컨템퍼러리 아트
Institute of Contemporary Arts(ICA)

MAP 4 ⓒ

개인적인 수집물, 소장품을 모아 전시, 기획하는 것으로부터 시작한 ICA는 1947년 설립되었다. 더 몰 The Mall 지구의 어느 전통적인 건물에 자리 잡은 것은 지난 1968년부터다. 역사적으로는 헨리 무어와 피카소의 작품이 영국에서 처음으로 소개된 곳이기도 하다. ICA는 작고 아담한 현대미술 작품 전시 공간으로 영화, 공연예술, 미술 전시 등이 이루어지며, 종종 예술적 분위기에서 펼쳐지는 클러빙 이벤트 등이 등장하기도 한다. 또한 방문객들이 젊은 아티스트들과 만나 대화하고 토론하는 이벤트도 종종 열린다.

위치〉 차링 크로스역에서 도보 3분 주소〉 The Mall, SW1Y 5AH 오픈〉 화~일요일 11:00~23:00(단, 전시실은 11:00~18:00, 목요일 11:00~21:00) 휴무〉 월요일 요금〉 무료 전화〉 020-7930-3647 홈피〉 www.ica.org.uk

로열 뮤스
The Royal Mews

MAP 4 ⓔ

영국 왕실에서 사용하는 마차와 말들이 머무는 곳이다. 예전에는 이곳 외에도 차링 크로스에 로열 뮤스가 있었다. 현재의 로열 뮤스는 1820년대에 들어선 것이다. 오늘날 이곳을 방문하면 영국 왕실에서 현재까지 사용하는 화려한 각종 마차를 볼 수 있다. 그중에는 의전 행사에 사용되는 것, 사적인 용도로 사용되는 것, 레크리에이션에 사용되는 것, 스포츠나 액티비티에 사용하는 것 등 다양한 용도로 나뉜다.

위치〉 빅토리아역에서 도보 5분 주소〉 Buckingham Palace Rd. SW1A 1AA 오픈〉 매일 11:00~16:00(3~7월), 10:00~17:00(8~9월) 요금〉 성인 £8.75, 17세 미만 £5.4, 60세 이상 또는 학생 £8 전화〉 020-7766-7302 홈피〉 www.royalcollection.org.uk/visit/royalmews

화이트홀 팰리스
Whitehall Palace

MAP 4 Ⓓ

호스 가드 퍼레이드
Horse Guard Parade

MAP 4 Ⓓ

수상 관저가 자리한 다우닝 가 옆에 들어서 있다. 원래 헨리 8세가 머물던 화이트홀 팰리스 Whitehall Palace가 자리 잡은 곳이었지만 1698년 대화재 때 모두 소멸되고 18세기 중엽에 팔라디안 스타일로 다시 지은 건물이다. 현재 런던 디스트릭트를 관할하는 군사령부와 왕실기마부대 사령부가 들어서 있다. 예전에 영국 군무성이 자리했다고 하여 '올드 아미 헤드쿼터 Old Army Headquarter'라 불리기도 했다. 건물 내에는 왕실기마부대에 관한 전시물을 담고 있는 하우스홀드 카발리 뮤지엄 Household Cavalry Museum이 있다.

위치 차링 크로스역에서 도보 3분 주소 Whitehall, SW1A 2AX 오픈 매일 10:00~18:00(4~10월), 10:00~17:00 (11~3월) 요금 하우스홀드 카발리 뮤지엄 성인 £7, 5세 이상 16세 미만 £5, 가족 £18(성인 2인, 소인 3인 기준) 전화 020-7930-3070 홈피 하우스홀드 카발리 뮤지엄 www.householdcavalrymuseum.com

호스 가드 빌딩 앞의 방대한 면적을 지닌 광장에서 기마병 퍼레이드가 펼쳐진다. 이곳의 기마병은 전통적으로 영국 왕실을 친위하던 일급 부대다. 하우스홀드 카발리 빌딩 앞에 서 있는 왕실기마부대 소속 근위병들의 교대식도 펼쳐지는데, 버킹엄 팰리스 앞의 근위병 교대식보다 방문객들로 덜 붐비기에 여유롭게 지켜볼 수 있어 좋다. 이곳은 지난 2012년 런던 올림픽 때 비치 발리볼 대회가 열린 곳이기도 하다.

위치 웨스트민스터역에서 도보 3분, 세인트 제임스 파크 동쪽의 호스 가드 로드 앞 오픈 행진 시간 월~토요일 11:00, 일요일 10:00 전화 0906-866-3344

영연방 외무성
Foreign & Commonwealth Office

MAP 4 Ⓓ

영국의 행정부서 중 하나인 영연방 외무성이 들어선 건물이다. 1968년 외무성과 영연방 부서가 합쳐 생겨났다. 건물 안 돔 천장 아래 수놓여 있는 멋진 타일과 조각 장식이 인상적이다. 이 건물은 건축가 조지 길버트 스코트가 1868년에 세운 것으로 지난 1997년 £1억의 비용을 들여 대대적으로 단장했다. 국제회의장으로 쓰이는 로카르노 스위트는 화사한 장식과 우아한 분위기가 눈길을 끄는 곳이다. 오픈 하우스 위켄드 Open House Weekend 동안 매년 일반인에게 내부가 공개된다.

위치 웨스트민스터 역에서 도보 2분, 호스 가드 빌딩과 캐비닛 워 뮤지엄 사이 주소 King Charles St. SWIA 2AH 홈피 www.fco.gov.uk

다우닝 10번가
No. 10 Downing Street

MAP 4 Ⓓ

조지 2세 국왕이 초대 총리 로버트 월폴에게 하사한 1732년 이래로 영국의 통치자들이 집무를 보는 곳이다. 1902년 대대적인 개보수를 통해 새단장을 하고 그 후로 역대 영국의 수상들이 거주하여 업무를 보는 곳이 되었다. 비록 다우닝 가는 평범한 거리처럼 보이는 건물 역시 특별한 매력을 지니고 있지 않지만 한 나라를 다스리는 통치자들이 연대기적으로 거주하면서 업무를 보아온 곳이라는 상징적 의미가 있다.

위치 웨스트민스터역에서 도보 2분 주소 10 Downing St. SW1A 2AA 홈피 www.number10.gov.uk

처칠 워 룸
Churchill War Rooms

MAP 4 ⓒ

웨스트민스터 브리지
Westminster Bridge

MAP 4 ⓗ

이곳은 제2차 세계대전 당시 처칠 수상이 연합군의 승리를 이끈 전투를 계획한 자리였기에 역사적 의미가 크다. 이 지하 벙커의 은밀한 공간에서 처칠 수상은 전시 중에 100회 이상 영국 내각과 함께 모여 회의했다고 한다. 그만큼 당시에는 철통 같은 보안이 이루어졌던 곳이기도 하다. 이곳에는 제2차 세계대전 당시 긴박했던 상황을 알게 해주는 방대한 차트 자료가 놓여 있어 눈길을 끈다. 또한 전시에 사용된 처칠 수상의 연설문이나 그의 필기도구도 찾아볼 수 있다. 루스벨트 당시 미국 대통령과의 통화를 연결하던 핫라인 전화기도 진열되어 있다. 이곳은 전후 냉전 시대를 거쳐 오랫동안 공개되지 않다가 지난 1984년부터 일반인에게 공개되고 있다.

위치 웨스트민스터역에서 도보 2분 주소 King Charles St. SW1A 2AQ 오픈 매일 09:30~18:00 휴무 12월 24~26일 요금 성인 £18, 학생 및 60세 이상 £14.4, 가족 £47.25(성인 2인, 소인 2인 기준) 전화 020-7930-6961 홈피 www.iwm.org.uk

템스강을 사이에 두고 북쪽의 웨스트민스터 지구와 남쪽의 램버스 지구를 연결한다. 이 다리의 색깔은 국회의사당 내 하원의원석의 녹색 가죽 의자와 같은 녹색이다. 상대적으로 이 다리 서쪽에 놓인 램버스 브리지는 영국의 상원의원석 자리와 같은 색깔인 빨간색으로 칠해져 있다. 원래 이 다리는 1750년 스위스 건축가 찰스 라벨리에 Charles Labelye가 세웠다. 당시에는 영국 왕실이 자리한 웨스트민스터 지구와 런던 남부의 해안에 위치한 항구를 연결하는 주요 교통 시설로 이목을 끌었다. 19세기 중엽, 다리가 가라앉자 다시 세우는 데 막대한 비용이 들었다. 결국 1862년에 건축가 토마스 페이지 Thomas Page에 의해 오늘날과 같은 길이 252m, 너비 26m를 지닌 7개의 아치로 꾸며졌다.

위치 웨스트민스터역에서 도보 1분, 북쪽의 국회의사당과 남쪽의 카운티 홀을 바라보며 가운데에 위치

빅벤
Big Ben

MAP 4 ⒣

1858년에 완공된 국회의 사당 건물의 시계탑으로 이곳을 빅벤이라고 부르는 이유는 건축가의 이름 벤자민에서 유래되었기 때문이다. 원래 시계탑 안에는 13t이 넘는 무게의 거대한 종이 있는데, 그 종의 이름 역시 빅벤이다. 혹자는 빅벤의 시곗바늘 움직이는 소리를 영국의 숨소리라고 표현하기도 했다. 영국 출신의 심리 소설가인 버지니아 울프의 대표작인 〈댈러웨이 부인〉의 작품에는 주인공 댈러웨이 부인이 빅벤의 종소리를 들으며 의식과 무의식 세계를 넘나들면서 스토리가 진행된다. 빅벤은 영국 의회민주주의 힘을 상징하기도 한다. 찰스 1세 국왕은 이 빅벤 아래에서 의회의 재판을 받고 사형 당했으며, 윌리엄 3세 때에는 영국의 헌법이라 할 수 있는 권리장전을 의회가 쟁취하기도 했다.

위치 웨스트민스터역에서 도보 1분 주소 Westminster, SW1A 0AA 전화 020-7219-4272 홈피 www.parliament.uk

TIP 영국의 상원과 하원

영국 국회는 상원과 하원으로 나뉜다. 상원은 귀족 중심으로 세습제 귀족과 종신직 귀족, 성공회 주교 등으로 구성되어 있다. 반면 하원은 국민의 선택으로 당선된 의원들로 구성되어 있다. 따라서 영국의 정치는 하원을 중심으로 펼쳐진다. 상원 의원은 명예직이라 별도의 연봉이 없다. 단, 의회 출석 수당을 받는다. 반면에 의정 활동을 펼치는 하원은 국민이 낸 세금으로 연봉을 받는다. 수상직을 은퇴한 윈스턴 처칠은 상원직을 마다 하고 하원직을 받았으며, 이와 반대로 마거릿 대처 수상은 은퇴 후 남작 서품을 받고 상원의원이 되었다.

국회의사당
House of Parliament

MAP 4 Ⓗ

'민주주의의 꽃'이라 불리는 영국의회 정치의 산실이자 영국의회 정치의 본가다. 예전에 영국 왕실이 거주하던 곳으로 웨스트민스터 팰리스로 불렸다. 1834년 대화재로 말미암아 웨스트민스터 홀만 남기고 크게 전소되었는데, 그 후 12년에 걸쳐 대대적인 재건을 통해 오늘날의 모습을 갖추게 되었다. 이 건물은 찰스 베리 Charles Barry 경이 설계한 건물로 건물 전체는 고딕 양식을 따랐다. 건물 전체 길이는 300m에 달하고 부지 면적은 3만m²에 달한다. 건물 내부에는 1100개의 방이 있으며 부지에는 11군데의 안뜰이 놓여 있다. 지난날 IRA의 폭탄 테러 이후 일반인의 경우 의회 심의 방청 형식으로만 방문이 가능하다. 의회가 시작되면 의장이 하얀 가발을 쓴 채 한가운데에 앉고 양쪽으로 여당과 야당이 마주 앉는다. 마주 앉은 여당과 야당 사이에는 붉은색으로 칠해진 스워드 라인 Sword Line이라는 것이 있는데, 이것은 옛날에 저마다 의원들이 긴 칼을 차고 다니던 시절, 칼로 상대를 찌르는 불상사를 막기 위해 일정 거리만큼 떼어놓은 선이다. 이 선을 넘어서면 안 되는 것이 불문율로 되어 있다. 앞좌석에는 각 당의 간부들이 앉고 뒷좌석에는 평의원들이 앉는다.

[위치] 웨스트민스터역에서 도보 1분 [주소] Westminster, SW1A 0AA [오픈] 의회 기간 중 입장 가능 시간 월요일 14:30~22:30, 화·수요일 11:30~19:00, 목요일 11:30~18:30, 금요일 09:30~15:00 [요금] 일반 입장 무료 [전화] 020-7219-3000 [홈피] www.parliament.uk

> **TIP 가이드 투어**
>
> 10월 말까지 매주 토요일마다 15~20분 간격으로 가이드 투어가 있다. 7월 말부터 8월 말까지는 월~금요일까지며 9월 중순부터 10월 중순까지는 화~금요일까지이다(단 의회가 열리는 기간에는 제한된다).
> [요금] 성인 £25, 5세 미만 무료, 5세 이상 16세 미만 £10, 학생 및 60세 이상 £20 [전화] 0870-906-3773

웨스트민스터 애비
Westminster Abbey

MAP 4 ⒽElementById

세인트 폴 대성당과 더불어 런던의 대표적인 교회 건축물이다. 유네스코 세계문화유산으로 지정된 이곳은 원래 11세기 때 지어진 교회 건물이었다. 이후 초기 영국식 고딕 양식이 가미되었으며 14세기 후반에는 프랑스의 고딕 양식이 추가되었다. 1519년에는 헨리 7세에 의해 세워진 예배당 건물이 추가되었다. 11세기 윌리엄 왕 이래로 대부분의 영국 왕들의 대관식이 열렸으며, 13세기 헨리 8세부터 18세기 조지 2세 국왕에 이르기까지 수많은 왕의 시신이 이곳에 묻혀 있다. 사원 내부에서 둘러볼 만한 곳으로는 역대 왕들의 대관식이 열렸던 수도원의 심장부인 랜턴 Lantern과 영국을 대표하는 문인들을 추모하는 포우잇츠 코너 Poet's Corner가 있다. 대관식에 사용되어 역대 왕들이 왕관을 쓰고 앉았던 의자인 코로네이션 체어 Coronation Chair는 헨리 8세 채플 맞은편에 놓여 있다. 사원 내에는 퀸 엘리자베스 채플을 비롯해 헨리 8세 채플, 로열 에어포스 채플 등이 자리하고 있다. 8각형으로 이루어진 챕터 하우스 Chapter House에서는 유럽에서 가장 잘 보존된 타일로 만든 바닥을 볼 수 있다. 사원의 서쪽 출구로 나가면 마틴 루터 킹 Martin Luther King 목사와 나치에 의해 살해된 막시밀리안 콜베 Maximilian Kolbe 주교의 석상을 찾아볼 수 있다. 이곳에서 치러진 최근의 왕실 행사로는 영국 왕실의 윌리엄 왕자와 케이트 미들턴의 결혼식이 지난 2011년 4월 29일에 있었다.

포토제닉 스폿 다리 건너편에서 국회의사당과 빅벤을 바라보며 사진을 찍어보자.

위치 웨스트민스터역에서 도보 3분 주소 20 Dean Yard, SW1P 3PA 오픈 월·화·목·금요일 09:30~15:45, 수요일 09:30~18:00, 토요일 09:30~13:45(마지막 입장은 폐관 1시간 전까지) 휴무 일요일 및 부활절, 크리스마스(예배 참여 시에만 입장 가능) 요금 성인 연간 방문권(1년 10회까지) £40, 학생 및 노인 연간 방문권 £34, 성인 £18, 11세 미만 무료, 11세 이상 19세 미만 £8, 60세 이상과 학생 £15, 가족 £36(성인 2인, 자녀 1인 기준), £44(성인 2인, 자녀 2인 기준), 매주 일요일 예배 및 부활절, 크리스마스 등 종교 행사 시 예배 참석 무료 전화 020-7222-5152 홈피 www.westminster-abbey.org

테이트 브리튼
Tate Britain

MAP 4 ⓛ

지난 2000년 테이트 모던이 등장하기 전까지 주옥같은 컨템퍼러리 아트 작품이 전시된 곳이다. 물론 테이트 모던이 등장한 후에도 이곳의 명성은 줄어들지 않았다. 테이트 모던과 테이트 브리튼은 모두 테이트 재단에 속한 미술관이다. 테이트 재단은 헨리 테이트 Henry Tate 경이 영국 미술을 육성, 보호할 목적으로 창설했다. 1877년 설립된 이 미술관은 그동안 영국 미술 작품을 감상할 수 있는 곳으로 내셔널 갤러리 다음으로 중요한 전시 공간으로 자리매김해왔다. 여전히 이 공간에서 영국 출신의 아티스트인 호가스 Hogarth, 게인스버러 Gainsborough, 레이놀즈 Reynolds 등을 만날 수 있다. 특히 윌리엄 터너는 별도의 클로어 갤러리 Clore Gallery에 작품이 전시되어 있다. 콘스테이블 Constable 역시 세 군데의 전시 공간에 작품을 담고 있다. 비록 많은 컨템퍼러리 아트 작품이 테이트 모던으로 옮겨졌지만 여전히 스탠리 스펜서 Stanley Spencer, 루시안 프로이트 Lucian Freud, 프란시스 베이컨 Francis Bacon 등의 작품이 이곳에 둥지를 틀고 있다. 무엇보다도 터너를 사랑하는 팬이라면 이 미술관을 결코 놓쳐서는 안 된다. 터너가 기증한 수많은 작품이 이곳에 전시되어 있기 때문이다. 영국 출신의 화가 외에도 세잔, 고갱, 피카소 등 유럽의 주요 화가의 작품도 만날 수 있다.

위치 핌리코 역에서 도보 5분 주소 Millbank, SW1P 4RG 오픈 매일 10:00~18:00 요금 무료 휴무 12월 24~26일 전화 020-7887-8888 홈피 www.tate.org.uk

AREA 04

사우스뱅크
South Bank

사우스뱅크의 워털루 지역은 버킹엄 팰리스, 국회의사당, 웨스트민스터 애비를 잇는 런던 중심가의 트라이앵글 지대 다음으로 런던에서 인기가 높은 지역이다. 새로운 런던의 랜드마크가 된 런던 아이 외에도 볼거리가 풍성해 런던의 공연 문화를 사랑하는 팬들에게 워털루 지역은 성지와 같다. 바로 사우스뱅크 센터와 로열 내셔널 시어터, 셰익스피어 글로브 등이 포진해 있기 때문이다. 또한 뱅크사이드에 자리 잡은 테이트 모던은 전 세계에서 가장 인기 많은 컨템퍼러리 아트 뮤지엄 중 하나다.

사우스뱅크
이렇게 여행하자

가는 방법

웨스트민스터역에서 하차하여 웨스트민스터 브리지를 건너면서 사우스뱅크의 런던 아이 등 주변 경관을 조망하며 여행을 시작해 보자. 워털루역에서 내릴 경우 북서쪽 방면으로 조금 이동하면 로열 페스티벌 홀과 만날 수 있다. 반대의 여정을 원할 경우 세인트 폴 대성당 앞의 세인트 폴역에서 하차하여 밀레니엄 브리지를 건너면 된다.

웨스트민스터역
또는 워털루역

▶▶▶ 7분

1 카운티 홀

p.201

▶▶▶ 5분

2 런던 아이

p.200

🚶 ▼ 5분

5 내셔널 시어터

p.205

◀◀◀ 2분

4 헤이워드 갤러리

p.204

◀◀◀ 3분

3 로열 페스티벌 홀

p.205

🚶 ▼ 2분

6 가브리엘스 워프

p.206

▶▶▶ 2분

7 옥소 타워

p.206

▶▶▶ 10분

8 테이트 모던

p.208

🚶 ▼ 5분

9 밀레니엄 브리지

p.206

☑ 체크 포인트

❶ 테이트 모던에서 무료로 모던 아트와 컨템퍼러리 아트의 작품을 감상해보자.
❷ 여름철이라면 미리 온라인으로 예약하여 셰익스피어 글로브에서 셰익스피어의 연극을 한 편 감상해보자.
❸ 아름다운 강변 산책로인 퀸스 워크를 따라 템스강 변을 거닐어보자.
❹ 세인트 폴 대성당에서 테이트 모던까지 이어진 밀레니엄 브리지를 건너보자.
❺ 저물녘 런던 아이에 탑승하여 고풍스러운 런던 상공에 드리운 저녁놀을 바라보자.

템스강
Thames River

MAP 5

런던은 로마 시대에 로마인들이 템스강 하구에 세운 요새로부터 출발하였다. 글로스터셔 Gloucestershire의 템스 헤드 Thames Head에서 발원하여 북해로 흘러들어가는 템스강은 영국에서 두 번째로 긴 강이다. 길이는 무려 346km. 런던의 중심부를 관통할 뿐 아니라 잉글랜드의 옥스퍼드, 리딩, 윈저 등지의 도시를 흐른다. 도시를 흐르는 전 세계 강 중에서 생물학적으로 가장 상태가 좋은 강이기도 하다. 오늘날에는 유람선이 오가고 시민들이 카누와 카약을 즐기는 강이지만 1870년 강의 분리 하수구인 임뱅크먼트 Embankment가 만들어지기 전까지 오물과 하수로 뒤덮인 곳이었다. 특히 1849년 런던에서 콜레라가 유행하여 1만4000 명 이상의 사망자를 내었을 때 템스강은 극도로 오염되어 있었다.

포토제닉 스폿 어둠이 깔린 뒤 템스강 북단의 강변에서 런던 아이와 카운티 홀을 바라보며 무지갯빛 일루미네이션을 드러내는 환상적인 조명 빛을 사진에 담아보자.

위치 웨스트민스터역, 템플 역, 임뱅크먼트역, 런던 브리지역에서 가깝다. 홈피 www.riverthames.co.uk

임피리얼 워 뮤지엄
Imperial War Museum(IWM)

MAP 5 Ⓚ

영국은 로마 시대를 제외하고 수백 년 동안 다른 나라의 통치를 받아온 적이 없다. 이는 지리적으로 대륙으로부터 떨어져 있기 때문이기도 하지만 예로부터 해군력이 강력했기 때문이다. 사실 영국의 군사력이 강성해진 것은 빅토리아 여왕의 대영제국 전성기인 19세기 이후부터다. 이곳에서는 19~20세기 영국의 군사력을 주도했던 다양한 무기가 전시되어 있다. 또한 제1·2차 세계대전, 한국전쟁, 베트남전쟁에서의 영국군의 활약을 담은 자료도 소개되고 있다. 방문객들에게 가장 관심을 끄는 전시물 중에는 캄보디아, 유고슬라비아, 르완다 내전에서 벌어진 전쟁의 참상을 드러내는 각종 사진과 영상물들이 있다.

위치 램버스 노스역에서 도보 5분 주소 Lambeth Rd, SE1 6HZ 오픈 매일 10:00~18:00 요금 무료(일부 특별 전시가 진행되는 경우 입장료 별도) 전화 020-7416-5000 홈피 www.iwm.org.uk

램버스 팰리스
Lambeth Palace

MAP 5 ①

램버스라는 의미는 진흙투성이의 땅을 말한다. 문헌에 의하면 13세기에 캔터베리 주교들이 램버스 팰리스에 머물며 배를 타고 런던 중심가를 오갔다고 한다. 물론 다리가 만들어지고 철도가 생긴 것은 수세기가 지나서다. 튜더 왕조 때 세워진 이 작은 성채 모양의 건물은 검붉은 벽돌로 만들어졌다. 날씨가 스산한 날이면 으스스한 장관을 연출하기도 한다. 이곳은 위에서 언급한 대로 예로부터 캔터베리 주교들이 머물던 곳이다. 아쉽게도 일반인에게 내부를 공개하지 않지만 종종 건물 앞 마당은 개방한다.

⟨위치⟩ 램버스 노스역에서 도보 10분
⟨주소⟩ Lambeth Palace Rd, London SE1

램버스 브리지
Lambeth Bridge

MAP 5 ①

1932년 조지 5세 국왕 시절에 세운 램버스 브리지는 타워 브리지나 웨스트민스터 브리지에 비하면 그리 잘 알려진 다리는 아니다. 게다가 웨스트민스터 브리지와 가까이 있어 때론 초라해 보일 때도 있다. 하지만 웨스트민스터 브리지와 나란히 템스강 위에 걸쳐 있는 램버스 브리지는 이곳을 찾아온 여행자에게 놀랄 만한 전경을 선사한다. 바로 램버스 브리지에 올라 동편을 바라보면 웨스트민스터 브리지는 물론 국회의사당 건물과 런던 아이 등을 모두 한눈에 바라다볼 수 있기 때문이다.

⟨포토제닉 스폿⟩ 웨스트민스터 브리지와 국회의사당, 런던 아이를 한 컷에 담아보자.

⟨위치⟩ 국회의사당과 웨스트민스터 브리지 남쪽에 자리한다. 사우스뱅크 지역과는 램버스 로드로 연결된다.

가든 뮤지엄
Garden Museum

MAP 5 ①

많은 영국인들이 꽃, 잔디, 화초로 자신만의 정원을 정성껏 가꾸는 일에 많은 시간과 노력을 할애한다. 하나 더 덧붙이자면 정원사는 영국인에게 매우 인기 있는 직업 중 하나이다. 씨앗 개수 세는 기계 등이 전시된 가든 뮤지엄은 영국 국민들의 정원 가꾸기에 대한 관심과 열정을 보여주는 곳이다. 이곳은 전시관과 정원, 코트야드가 딸린 카페, 숍으로 이루어져 있다. 무엇보다 정원이나 카페의 야외 테이블에 앉아 한가로운 낮 시간을 보내기에 더할 나위 없이 좋은 곳이다.

⟨위치⟩ 램버스 노스역에서 도보 8분 ⟨주소⟩ 5 Lambeth Palace Rd, SE1 7LB ⟨오픈⟩ 월·금·일요일 10:30~17:00(카페 16:30까지), 토요일 10:30~16:00(카페 16:00까지) ⟨요금⟩ 성인 £7.5, 60세 이상 £6.5, 학생 £3.0, 16세 미만 무료 ⟨전화⟩ 020-7401-8865 ⟨홈피⟩ www.gardenmuseum.org.uk

런던 아이
London Eye

MAP 5 Ⓔ

2000년에 혜성처럼 등장한 런던의 새로운 명소이자 어트랙션이다. 새천년을 맞는 기념비적인 회전관람차인 런던 아이는 이미 타워 브리지나 국회의사당 등과 함께 어깨를 견줄 정도로 런던의 대표 아이콘으로 급부상했다. 탑승하려면 오랫동안 줄을 서서 기다려야 하지만 캡슐 모양의 곤돌라 안에 올라타면 30분간 전후좌우로 런던의 시내 전경을 즐길 수 있다. 무엇보다 바로 앞에 놓인 국회의사당과 빅벤을 한눈에 내려다보기에 그 짜릿한 조망은 결코 잊을 수 없는 값진 감동이 된다. 런던 아이의 설계자는 밀레니엄 프로젝트에서 다른 경쟁자들을 물리치고 입선한 줄리아 바필드 Julia Barfield와 데이비드 막스 David Marks로 이루어진 부부 커플이다. 처음에 이들의 제안은 일시적으로 런던 아이를 사우스뱅크의 강가에 세우는 것이었지만 현재 폭발적인 인기로 이러한 제안은 수용되지 않을 전망이다. 런던 아이는 맑은 날씨나 어둠이 내릴 무렵에 올라타는 것이 좋다. 오늘날 런던 아이는 런던의 베스트 야경을 감상하는 최고의 수단으로 자리매김했다. 온라인 상에서 패스트 트랙 Fast Track 티켓을 구입하면 좀 더 빠르게 탑승할 수 있다.

[위치] 웨스트민스터역이나 워털루역에서 도보 10분 [주소] Riverside Building, County Hall, Westminster Bridge Rd. SE1 7PB(티켓 오피스) [오픈] 매일 10:00~20:30 또는 21:30(단, 6월 말~8월 말 사이 금요일 23:30까지, 12월 31일 15:00까지) [휴무] 1월 6~17일(관리 및 점검 기간, 변동 가능) [요금] 16세 이상 £20.95, 4세 이상 15세 이하 £15, 4세 미만 무료, 60세 이상 £17.5, 4인 가족 £67.92. 온라인 티켓만 가능한 패스트 트랙의 경우 16세 이상 £29.5, 4세 이상 15세 이하 £29.5, 4세 미만 무료, 4인 가족 £118 [전화] 871-781-3000 [홈피] www.londoneye.com

카운티 홀
County Hall

MAP 5 Ⓔ

런던 아이와 어깨를 나란히 하고 있는 이 건물은 1922년 오늘날의 램버스 지구에 런던 주의회 건물로 세워졌다. 멋진 조명으로 템스 강을 밝히는 이 건물에는 런던 던전, 시 라이프 아쿠아리움, 메리어트 호텔이 들어서 있다. 예전에 이곳에 있던 초현실주의 화가인 살바도르 달리의 전시관인 달리 유니버스 Dali Universe는 지난 2010년 1월 문을 닫았다.

위치 웨스트민스터역이나 워털루역에서 도보 10분 주소 County Hall, Belvedere Rd, SE1 7PB

런던 던전
London Dungeon

MAP 5 Ⓔ

런던 브리지 익스피리언스처럼 극도의 공포감을 주기 위해 만들어놓은 곳으로 중세 시대의 고문 장면이나 콜레라 대유행 시대의 처절했던 상황 등을 밀랍 인형 등으로 묘사해놓았다. 심장이 약한 자나 노약자들에게는 추천하고 싶지 않은 곳이다. 내부에는 '드롭 라이드 투 둠 Drop Ride to Doom'이라는 끔찍한 이름의 놀이기구가 놓여 있다. 얼마 전 서더크 지역에서 런던 아이 근처 카운티 홀 내로 이전했다.

위치 워털루역에서 도보 10분 주소 Riverside Building, County Hall, Westminster Bridge Rd, SE1 7PB 오픈 월~수 · 금요일 10:00~17:00, 목요일 11:00~17:00, 토 · 일요일 10:00~18:00(단, 7월 말~8월 말 주말과 공휴일 19:00까지) 요금 성인 £25.2, 4세 이상 15세 이하 £19.8, 4세 미만 무료(온라인 구매 시 30% 할인) 전화 087-1423-2240 홈피 www.thedungeons.com

시 라이프 아쿠아리움
Sea Life Aquarium

MAP 5 Ⓔ

세계적인 수준을 지닌 대형 수족관으로 자녀와 함께 런던 여행을 하고 있다면 런던 아이 및 다른 어트랙션과 함께 방문해보는 것도 좋다. 가장 눈길을 끄는 것은 상어, 젠투 펭귄 Gentoo Penguins, 말미잘 물고기라고도 불리는 클라운 피시 Clown Fish 등이다. 열대우림 지역에서는 독이 든 개구리, 악어, 아마존 피라냐를 만날 수 있다.

위치 웨스트민스터역이나 워털루역에서 도보 10분 주소 Riverside Building, County Hall, Westminster Bridge Rd, SE1 7PB 오픈 매일 10:00~19:00(휴일의 경우 09:00부터, 단 12월 24일 09:00~16:00, 12월 26일 10:00~20:00, 12월 31일 09:00~15:00, 1월 1일 10:00~20:00, 마지막 입장은 폐관 1시간 전까지) 요금 16세 이상 £25.2, 3세 이상 15세 이하 £19.5, 3세 미만 무료 전화 0871-663-1678 홈피 www.visitsealife.com

워털루 스테이션
Waterloo Station

MAP 5 Ⓕ

런던 내 18개의 주요 기차역 중 하나로 1848년 역사가 세워진 유서 깊은 철도역이다. 워털루역은 영국에서 가장 많은 승객과 행인들이 오가는 철도역으로 영국의 다른 기차역보다 더 많은 플랫폼과 편의시설을 갖추고 있다. 이곳에서 발차하는 기차들은 주로 영국의 남서부 지방과 서레이, 버크셔, 햄프셔 등지로 향한다. 워털루역은 현재 영국 정부에 의해 역사적 보존 가치가 있는 건물로 지정되어 있다.

위치 워털루역에서 하차, 사우스뱅크 지역의 워털루 브리지 하단에 자리한다.

워털루 브리지
Waterloo Bridge

MAP 5 Ⓐ

40~50대 이상이라면 추억의 명화 〈애수〉 속에 등장하는 워털루 브리지에 대한 애잔한 기억이 남아 있을 것이다. 특히 비비안 리의 올드 팬이라면 짙은 안개 속 자욱한 다리 위로 걸어가는 그녀에 대한 잔상이 아직까지 남아 있을 것이다. 비록 볼품없는 모습이지만 이 영화 한 편만으로도 이곳은 런던을 대표하는 다리가 되었다고 말할 수 있다. 1942년 길레스 길버트 스코트 경에 의해 세워졌다.

위치 워털루역에서 도보 1분, 템스강 북부의 스트랜드 지구와 템스강 남부의 서더크 지구를 연결한다.

BFI 아이맥스
BFI Imax

MAP 5 Ⓕ

BFI 사우스뱅크
BFI Southbank

MAP 5 Ⓑ

퀸스 워크
The Queen's Walk

MAP 5 Ⓔ

브리티시 필름 인스티튜트 British Flim Institute에서 운영하는 아이맥스 영화관이다. 워털루 브리지의 남쪽 끝에 놓인 라운드 어바웃에 위치하여 다소 접근하기에 불편한 점이 있지만 아이맥스 무비 팬이라면 꼭 들러볼 만한 곳이다. £2000만의 거대한 예산을 들여 세운 이곳은 다큐멘터리 필름은 물론 〈해리 포터〉 시리즈와 같은 블록버스터까지 다양한 아이맥스 영화를 상영하고 있다.

⟨위치⟩ 워털루역에서 도보 2분 ⟨주소⟩ 1 Charlie Chaplin Walk, SE1 8XR ⟨오픈⟩ 영화에 따라 상영 시간이 다양하다. 자세한 시간은 웹사이트 참조 ⟨요금⟩ 성인 £10~18.5, 학생 또는 60세 이상 £8~15 ⟨전화⟩ 0870-787-2525 ⟨홈피⟩ www.bfi.org.uk/bfi-imax

브리티시 필름 인스티튜트에서 운영하는 영화관이 들어선 곳이다. 간략하게 BFI로 불린다. 예전에 내셔널 필름 시어터로 불렸다. 초기의 무성영화에서부터 세계 각국의 영화들까지 실로 다양한 장르와 폭넓은 소재의 작품이 소개된다. 할리우드식 영화에서 탈피해 잔잔하고 감동적인 예술 영화 한 편을 보기 원한다면 이곳이야말로 제격이다. 이곳에서 열리는 필름 페스티벌도 놓치지 말 것. 주말에는 이곳 앞에서 중고 서적을 사고 파는 벼룩시장이 열린다.

⟨위치⟩ 워털루역에서 도보 5분 ⟨주소⟩ Southbank, Belvedere Rd. SE1 8XT ⟨오픈⟩ 영화마다 상영 시간이 다양하다. 자세한 상영 시간은 웹사이트 참조 ⟨요금⟩ 성인 £9.5(매주 화요일에는 £6.5), 학생 또는 60세 이상 £6.5 ⟨전화⟩ 020-7928-3535 ⟨홈피⟩ www.bfi.org.uk

템스강을 따라 펼쳐 있는 사우스뱅크에 자리 잡은 보행자 전용 도로다. 가히 런던에서 가장 아름다운 강변 산책로라 말할 수 있다. 램버스 브리지에서 타워 브리지까지 길게 펼쳐져 있으며 카운티 홀, 런던 아이, 사우스뱅크 센터, 옥소 타워 등 런던의 주옥같은 명소 앞을 지나가기에 여행자들에게 꼭 추천해주고 싶은 산책로다. '템스 패스 Thames Path'라고도 불린다. 테이트 모던 주변의 퀸스 워크에서 반대편 세인트 폴 대성당과 밀레니엄 브리지를 바라보는 광경이 멋지다.

⟨위치⟩ 램버스 노스역과 런던 브리지역에서 가까우며 램버스 브리지에서 타워 브리지까지 연결된다

토폴스키 센추리 갤러리
Topolski Century Gallery

MAP 5 Ⓐ

헝거포드 브리지 하단의 아치형 구조물 아래에 자리한 이 전시 공간은 폴란드 태생의 여행가 겸 아티스트인 펠릭스 토폴스키 Feliks Topolski(1907~1989)가 생전에 자신의 스튜디오로 사용하던 공간이다. 오늘날에는 그가 남긴 작품을 전시하는 공간으로 사용되고 있는데, 가장 눈길을 끄는 그의 작품은 180m가 넘는 길이의 초대형 회화 작품이다. 그 그림 안에는 20세기 다양한 군상의 모습이 다소 음울하게 다소 기괴하게 그려져 있다. 이 갤러리 벽면에 20세기의 주요 인물인 밥 딜런, 윈스턴 처칠, 마오쩌둥 등의 얼굴을 묘사한 벽화도 발견할 수 있다.

〈위치〉 워털루역에서 도보 5분 〈주소〉 158 Hungerford Bridge, SE1 8XU 〈오픈〉 월~토요일 11:00~19:00, 일요일 12:00~18:00 〈요금〉 무료(토폴스키의 딸인 테레사 토폴스키의 가이드 투어 £12.5) 〈전화〉 020-7082-8071 〈홈피〉 www.topolskicentury.org.uk

사우스뱅크 센터
Southbank Centre

MAP 5 Ⓐ

1950년대에 세워진 곳으로 멀리서 보면 거대한 콘크리트 박스로 보일 정도로 특색 없는 건물 형태다. 사실 이 건물 안에는 로열 페스티벌 홀과 퀸 엘리자베스 홀이 함께 들어서 있다. 다시 말해 사우스뱅크 센터는 다양한 장르의 공연 예술을 선보이는 멀티 컬처럴 스페이스다. 주변의 헤이워드 갤러리 등의 시설도 포함하여 세계에서 가장 크고 다양하며 인기 있는 아트 센터를 형성하고 있다. 물론 사우스뱅크 센터 내에는 공연장 외에도 방문객들을 위한 레스토랑, 카페 등의 편의시설이 자리하고 있다.

〈위치〉 워털루역에서 도보 5분 〈주소〉 South Bank Centre, Belvedere Rd. SE1 8XU 〈오픈〉 박스 오피스 매일 10:00~20:00 〈요금〉 £7~$75(공연에 따라 변동) 〈전화〉 020-7960-4200 〈홈피〉 www.southbankcentre.co.uk

헤이워드 갤러리
Hayward Gallery

MAP 5 Ⓑ

세계 각국에서 들여온 작품들로 해마다 서너 차례 주목할 만한 모던 아트 또는 컨템퍼러리 아트의 상설 전시를 여는 갤러리. 과거에는 레오나르도 다빈치, 에드워드 뭉크 등 프랑스 인상파의 작품을 전시하곤 했는데, 최근에는 댄 플라방, 안토니 곰리 등 명성 있는 컨템퍼러리 아티스트의 작품을 소개하고 있다. 회색빛의 요새화된 건물은 힉스 앤 힐 건축설계소가 1968년에 세운 것이다. 아래층에는 저녁마다 바로 변신하는 카페가 자리하고 있다.

〈위치〉 워털루역에서 도보 5분, 로열 페스티벌 홀과 내셔널 시어터 건물 사이 〈주소〉 Southbank Centre, Belvedere Rd. SE1 8XX 〈오픈〉 월요일 12:00~18:00, 화·수·토·일요일 10:00~18:00, 목·금요일 10:00~20:00 〈요금〉 전시에 따라 상이하다. 〈전화〉 020-7960-4200, 0844-875-0073 〈홈피〉 www.southbankcentre.co.uk

로열 페스티벌 홀
Royal Festival Hall

MAP 5 Ⓐ

3000석의 객석을 자랑하는 런던 최대의 콘서트 홀 중 하나다. 런던 필하모닉 오케스트라의 단골 연주와 클래식 음악 연주 외에도 각종 무용 등의 공연이 펼쳐진다. 사우스뱅크 센터에 들어선 건물 중 가장 오래되어 지난 2007년 £7500만을 들여 대대적인 보수 공사를 하였다. 위층에는 포잇트리 라이브러리 Poetry Library와 스카이론 Skylon이라는 근사한 레스토랑이 있으며 북 숍, 뮤직 스토어, 푸드 아웃렛도 자리하고 있다. 건물 내에서 무선인터넷을 무료로 사용할 수 있다.

위치 워털루역에서 도보 5분, 워털루역과 연결된 철로 옆 주소 Southbank Centre, Belvedere Rd. SE1 8XX 오픈 매일 10:00~23:00(공연 외 일반 입장 시) 휴무 12월 24·25일 요금 무료, 공연 관람은 공연에 따라 요금이 다양하다. 전화 020-7960-4200(일반 문의), 0844-875-0073(티켓 문의) 홈피 www.southbankcentre.co.uk

퀸 엘리자베스 홀
Queen Elizabeth Hall

MAP 5 Ⓑ

사우스뱅크 센터에서 로열 페스티벌 홀 다음으로 큰 규모의 콘서트 홀로 9백 석을 지닌 공연장이다. 이곳에서는 체임버 오케스트라나 사중주 악단의 연주, 또는 합창단이나 아방가르 음악 연주 등이 펼쳐진다. 이곳에서 퍼셀 룸 Purcell Room이라는 작은 공간이 마련되어 있는데, 360석의 객석을 지니고 있으며 이곳에서는 주로 컨템퍼러리 댄스 공연이 펼쳐진다. 힉스 앤 힐 설계소에 의해 브루탈리즘 건축양식으로 1967년 완공했다.

위치 워털루역에서 도보 7분 주소 Southbank Centre, Belvedere Rd. SE1 8XX 오픈 여름철 상시 오픈 (그 외 시간에는 공연하기 90분 전에만 오픈) 요금 로비 입장 무료, 공연 관람은 공연에 따라 요금이 다양하다(공연 티켓은 로열 페스티벌 홀 매표소에서도 구입 가능). 전화 020-7960-4200(일반 문의), 0844-875-0073(티켓 문의) 홈피 www.southbankcentre.co.uk

내셔널 시어터
National Theatre

MAP 5 Ⓑ

올드 빅 시어터 Old Vick Theatre에서 옮겨온 브리티시 시어터 British Theatre의 본거지다. 다시 말해 런던의 국립극장인 셈이다. 크고 작은 3개의 극장으로 이루어져 있으며, 고전극에서 전위극까지 각종 연극과 드라마 공연을 선보이고 있다. 건물은 단단한 고체 덩어리로 이루어진 듯하지만 밤이 되면 어둠 속에 화려한 조명 빛을 발해 템스강 반대편에서 바라다보이는 야경이 아름답다.

위치 워털루역에서 도보 7분 주소 Upper Ground, South Bank, SE1 9PX 오픈 월~토요일 09:30~20:00(티켓 박스) 요금 £12~45 전화 020-7452-3000(예매 및 문의) 홈피 www.nationaltheatre.org.uk

옥소 타워
Oxo Tower

MAP 5 ⓒ

오늘날 사우스뱅크의 작은 명물이 된 옥소 타워는 원래 19세기 말 우체국의 발전소로 만든 타워다. 1970~80년대 이 지역의 흉물로 헐릴 위기에 처했지만 주민들의 반대로 최근 아트 갤러리, 크래프트 숍, 디자인 숍을 비롯해 전망 좋은 레스토랑과 바가 들어선 복합문화 공간으로 탈바꿈하였다.

포토제닉 스폿 전망대에 자리 잡은 레스토랑의 야외 테이블에서 템스 강변 주변의 모습을 카메라에 담아보자.

위치 서더크역에서 도보 10분, 로열 내셔널 시어터와 테이트 모던 사이 주소 Barge House St, SE1 9PH
홈피 www.oxotower.co.uk

가브리엘스 워프
Gabriel's Wharf

MAP 5 ⓑ

대단한 관광 명소는 아니지만 히든 플레이스로 추천할 만한 곳이다. 런던에서 쉽게 볼 수 없는 작은 선창가이기에 새롭게 다가온다. 예전 모습을 새롭게 복원한 곳으로 옥소 타워 옆에 위치한다. 템스강 변의 선창가 앞에는 오래된 창고 공간을 개조하여 만든 카페와 지중해 메뉴 전문 레스토랑 및 피자 가게 등이 있다. 날씨 좋은 날 이 주변에서 휴식과 산책을 즐기기에 좋다.

위치 서더크역에서 도보 10분, 로열 내셔널 시어터와 옥소 타워 사이

밀레니엄 브리지
Millenium Bridge

MAP 5 ⓓ

시티 오브 런던 코퍼레이션 City of London Corporation에 의해 1998년에 착공하여 2000년 6월에 완공되었다. 이 다리의 공식적인 명칭은 런던 밀레니엄 풋 브리지다. 길이 325m에 최대 4m의 폭을 지닌다. 철근으로 이어진 이 다리는 보행자 전용 다리로 세인트 폴 대성당과 테이트 모던을 연결하는 런던의 새로운 명물이다. 이 다리는 1996년 서더크 시의회 Southwark Council에서 공모하여 당선된 디자인과 엔지니어링 전문 회사인 영국의 아룹 Arup에 의해 설계되었다. 전체 공사 비용은 £1820만 이 들었다.

위치 세인트 폴역에서 도보 5분, 세인트 폴 대성당과 테이트 모던 사이

셰익스피어 글로브
Shakespeare's Globe

MAP 5 ⓓ

미국 출신의 배우이자 연출가인 샘 워너메이커 Sam Wanamaker가 엘리자베스 여왕 시절부터 사용되었던 글로브 극장을 복원하여 연극 〈헨리 5세〉의 막을 올리면서 지난 1997년에 오픈한 곳이다. 글로브 극장은 1613년 화재로 소멸되었다가 1614년 다시 복원되었다가 1644년에 다시 헐렸다. 셰익스피어 시대의 감동을 전하기 위해 옛 모습에 충실하게 설계된 오늘날의 극장 안에서 매년 여름 셰익스피어의 오리지널 연극을 비롯해 다채로운 연극을 감상할 수 있다. 또한 극장 안에는 '스완 앳 더 글로브 Swan at the Globe'라는 이름의 펍이 자리하고 있다. 또한 방문객에게 런치와 디너를 제공하는 브라세리 Brasserie도 2층에 오픈했다. 이곳에 앉아 음식을 즐기며 시티 지구의 전경과 템스강 변의 모습을 바라볼 수 있다.

위치 런던 브리지역에서 도보 10분 주소 21 New Globe Walk, SE1 9DT 오픈 투어 시간 월요일 09:30~17:00, 화~토요일 09:30~12:30, 일요일 09:30~11:30(전시 관람 및 투어, 매 30분마다 진행) 휴무 12월 24·25일 요금 전시 관람 및 투어 성인 £13, 60세 이상 £13.5, 학생 £11, 5세 이상 15세 이하 £8, 5세 미만 무료, 4~5인 가족 £36(이상 예약 불필요) 전화 020-7902-1400(일반 문의), 020-7401-9919(티켓 예약) 홈피 www.shakespeares-globe.org

뱅크사이드 갤러리
Bankside Gallery

MAP 5 ⓓ

테이트 모던 서쪽에 자리한 작은 갤러리다. 1980년 당시 영국 엘리자베스 2세 여왕의 지원 아래 문을 열었다. 비록 유명 아티스트의 작품은 아니지만 주로 재능 있는 로컬 아티스트의 판화와 수채화를 주로 전시한다. 현대 작품 위주의 전시품은 매년 수차례 바뀐다. 영국 귀족에 의해 선출된 자만이 회원으로 등록될 수 있는 왕립수채화협회와 왕립판화협회에 소속된 전시 공간이기도 하다. 판화에 관심이 있다면 한 번쯤 들러볼 만한 곳이다. 테이트 모던과 템스 강변 근처에 자리하며 수채화처럼 아름다운 주변 경관이 갤러리와 잘 어울린다.

위치 서더크역에서 도보 10분 주소 48 Hopton St. SE1 9JH 오픈 매일 11:00~18:00 요금 무료 전화 020-7928-7521 홈피 www.banksidegallery.com

테이트 모던
Tate Modern

MAP 5 ⓓ

2000년에 오픈한 테이트 모던은 테이트 브리튼과 함께 테이트 재단에 속한 미술 전시 공간이다. 과거에 발전소로 사용했던 건물을 개조하여 미술관을 만들었다는 사실만으로도 세인들의 주목을 받았다. 오픈 후 10여 년이 지난 지금 세계에서 손꼽히는 컨템퍼러리 아트의 명당이 된 것은 실험적이고 창조적인 작품 활동을 벌인 신예 아티스트들과 기존 아티스트들과의 조화 덕분이기도 하다. 테이트 모던은 해마다 약 470만 명의 방문객이 찾는다. 실로 세계에서 가장 많은 방문객들이 찾는 모던 아트 뮤지엄이라 말할 수 있다.

테이트 브리튼이 근대의 영국 출신 작가에게 초점을 맞춘 반면, 테이트 모던은 좀 더 글로벌한 감각을 지니면서 세계 각국의 촉망받는 아티스트의 작품을 모두 섭렵하고 있다. 물론 테이트 모던에도 16세기부터 지금까지의 영국의 눈에 띄는 미술 작품을 전시하고 있다. 또한 국제적으로 이름 높은 모던 아트와 컨템퍼러리 아트의 작품을 풍경, 정물, 인체, 역사 등 4가지 주제로 나누어 다룬다. 건물은 총 7개의 층으로 이루어져 있으며 LEVEL 0부터 LEVEL 4까지가 전시 공간이다. 상설 전시관인 LEVEL 2의 포잇트리 앤 드림 Poetry & Dream 공간에서는 살바도르 달리, 신디 셔먼, 프랜시스 베이커 등의 초현실주의 작품을 볼 수 있다. LEVEL 4의 에너지 앤 프로세스 Energy & Process 공간에서는 사진, 영상, 설치미술 등 모던 아트의 새로운 경향을 띤 작품을 주로 만날 수 있다. 한국의 대표적인 컨템퍼러리 아티스트인 서도호의 2010년 작품 '계단 Staircase' 역시 이곳에 진열되어 있다. 특별 전시는 LEVEL 0의 터빈 홀 Turbine Hall에서 진행되며 LEVEL 3의 전시 공간에서는 가장 트렌디한 작품이 2~3개월 간격으로 소개된다. LEVEL 3의 카페와 LEVEL 6의 레스토랑에서는 밀레니엄 브리지 너머로 세인트 폴 대성당의 장엄한 풍광이 한눈에 들어온다.

포토제닉 스폿 LEVEL 3에 있는 카페 발코니에서 밀레니엄 브리지와 세인트 폴 대성당이 담긴 런던 시내 전경을 카메라에 담아보자.

위치 서더크역에서 도보 10분 주소 Tate Modern, Bankside, SE1 9TG 오픈 일~목요일 10:00~18:00(마지막 입장 17:15까지), 금·토요일 10:00~22:00(마지막 입장 21:15까지) 휴무 12월 24~26일 요금 무료(특별 전시는 유료) 전화 020-7887-8888 홈피 www.tate.org.uk

가든 카페
The Garden Café

MAP 5 ①

가든 박물관 내 각종 차와 커피, 직접 주방에서 만든 홈메이드 타입의 케이크류와 쿠키를 즐길 수 있는 멋진 카페다. 정원에서 직접 재배한 허브를 이용한 샐러드도 일품이다. 이곳의 훌륭한 베지테리언 메뉴를 즐기기 위해 찾는 채식주의자들이 적지 않다. 담쟁이 덩굴이 살아 있는 듯한 영국식 정원에서 애프터눈 티를 즐겨보는 것도 좋다. 크리스마스 시즌인 12월 1일부터 카페에서 제공하는 영국 전통식 민스 파이 Mince Pie를 맛보자.

위치 램버스 노스역에서 도보 8분, 가든 뮤지엄 내 **주소** 5 Lambeth Palace Rd. SE1 7LB **오픈** 월~금・일요일 10:30~16:30, 토요일 10:30~15:30(단, 점심 메뉴는 12:00~15:00에만 제공) **요금** 민스 파이 1조각 £2.5, 메인 디시 £7.5, 수프 £4.75, 샐러드 £5.95, 케이크류 £2.85~ **전화** 020-7401-8865 **홈피** www.gardenmuseum.org.uk/page/cafe

아치듀크
The Archduke

MAP 5 ⓕ

워털루역과 연결된 철로 아래 자리하고 있는 레스토랑으로 1979년에 오픈했다. 다이닝 공간과 바 공간을 겸하고 있을 뿐 아니라 무엇보다 식사와 음료를 즐기며 라이브 재즈를 들을 수 있어 좋다(참고로 라이브 재즈 스케줄은 매달 홈페이지에 소개된다). 샌드위치, 햄버거, 스테이크 등을 제공하는데 무엇보다 생선, 치킨 등의 그릴 메뉴가 먹음직스럽다. 식후 디저트로 바닐라 아이스크림을 곁들인 푸딩(£6)이나 레몬 타르트 (£6), 초콜릿 브라우니(£6) 등도 놓치지 말고 맛볼 것.

위치 워털루역에서 도보 7분, 사우스뱅크 센터 근처 **주소** 153 Concert Hall Approach, SE1 8XU **오픈** 일~목요일 12:00~23:00, 금・토요일 12:00~23:30 **요금** 치킨 베이컨 클럽샌드위치 £10, 홈메이드 수프 £5, 서로인 스테이크 £24, 갈릭 허브를 곁들인 로스트 치킨 £14 **전화** 020-7928-9370 **홈피** www.blackandbluerestaurants.com

스카이론
Skylon

MAP 5 Ⓐ

고상한 분위기에서 템스강의 리버 뷰를 즐기며 연인과 식사를 하고 싶다면 강력히 추천하고 싶은 곳이다. 이곳은 세계 곳곳의 레서피와 재료를 가미한 창조적 메뉴를 많이 선보이는데, 스파이시 포테이토와 레몬 드레싱을 곁들인 농어 요리를 비롯해 각종 해산물 요리와 그릴 메뉴 등을 폭넓은 와인 리스트와 함께 선보인다. 레스토랑과 바 공간으로 이루어져 있으며 주말에는 미리 예약하는 게 좋다.

위치 워털루역에서 도보 7분, 사우스뱅크의 로열 페스티벌 홀 건물 내 **주소** Royal Festival Hall, Belvedere Rd. SE1 8XX **오픈** 레스토랑 런치 월~토요일 12:00~14:30, 일요일 12:00~16:00, 디너 월~토요일 17:30~22:30, 바 월~토요일 12:00~01:00, 일요일 12:00~22:30 **요금** 스타터・메인 2코스 £42, 스타터・메인・디저트 3코스 £48 **전화** 020-7654-7800 **홈피** www.skylon-restaurant.co.uk

칸틴
Canteen

MAP 5 ⓐ

영국 정통식 메뉴를 맛볼 수 있는 레스토랑으로 사우스뱅크의 로열 페스티벌 홀 Royal Festival Hall, 스피탈필즈 Spitalfields, 카나리 워프 Canary Wharf 등 세 군데에 지점을 두고 있다. 로열 페스티벌 홀에 자리 잡은 칸틴은 실내 공간 외에도 야외 테이블 공간을 별도로 지니고 있다. 계절에 따라 메뉴가 바뀌며 신선한 재료로 최상의 영국 전통 음식을 제공한다. 아침부터 영업을 하기에 아침 메뉴나 브런치 메뉴를 즐기기에 좋다.

위치 워털루역에서 도보 5분, 로열 페스티벌 홀 내 주소 Southbank Centre, Belvedere Rd. SE1 8XX 오픈 월~금요일 08:00~23:00, 토요일 09:00~23:00, 일요일 09:00~22:00 요금 칸틴 잉글리시 브렉퍼스트 £8.5, 시럽과 요구르트를 곁들인 스코틀랜드식 팬케이크 £4.5, 잉글리시 미트 파이(또는 베지테리언 파이) £13.5, 샌드위치와 케이크를 곁들인 애프터눈 티(2인 기준) £19 전화 084-5686-1122 홈피 www.canteen.co.uk

리버사이드 테라스 카페
Riverside Terrace Café

MAP 5 ⓐ

창문 너머로 템스강 변의 리버 뷰를 감상하거나 강변의 산책로를 거니는 사람들의 모습을 바라보며 식사나 음료를 즐기기에 좋은 곳이다. 매일 계절에 걸맞은 다양한 수프를 비롯해 홈메이드 타입의 스튜도 제공한다. 이른 아침 브렉퍼스트 티를 맛보거나 로스트 비프 디너를 즐기는 것도 좋다. 디저트로 허니 앤 그레놀라 요구르트를 맛보자.

위치 워털루역에서 도보 5분, 로열 페스티벌 홀 내 주소 Southbank Centre, Belvedere Rd. SE1 8XX 오픈 매일 10:00~22:30 요금 메인 디시 £5~11, 차·음료 £2~4 전화 020-7921-0758 홈피 www.southbankcentre.co.uk

스트라다
Strada

MAP 5 ⓐ

컨템퍼러리 이탈리안 레스토랑으로 런던을 비롯해 영국의 주요 도시에 체인점을 두고 있다. 런던만 해도 무려 24군데에 지점이 있다. 그만큼 스트라다는 영국에서 매우 인기 있는 곳이다. 단순하지만 신선한 재료로 만든 피자, 파스타, 리소토, 샐러드 등의 음식을 제공한다. 또한 이탈리안 스타일의 그릴 메뉴와 피시 메뉴도 이곳에서 맛볼 수 있다. 이탈리아에서 공수해 온 모차렐라 치즈와 엑스트라 버진 올리브 오일을 재료로 사용하기에 훨씬 음식의 풍미가 깊다.

위치 워털루역에서 도보 5분, 로열 페스티벌 홀 내 주소 Southbank Centre, Belvedere Rd. SE1 8XX 오픈 월~수요일 11:30~23:00, 목~토요일 11:30~00:00, 일요일 및 공휴일 11:30~22:30 요금 이탈리안 브레드 £4.95~5.95, 스타터 £4.95~6.95, 마르게리타 피자 £8.25, 리소토 £11~13, 그릴 치킨 샐러드 £11.95, 파스타 £7.95~13.25 전화 020-7401-9126 홈피 www.strada.co.uk

옥소 타워 레스토랑
Oxo Tower Restaurant

MAP 5 ⓒ

옥소 바 앤 브라세리
Oxo Bar & Brasserie

MAP 5 ⓒ

타스 피데
Tas Pide

MAP 5 ⓓ

템스강의 야경과 주변의 멋진 전망과 함께 황홀한 저녁 식사를 즐길 수 있는 고품격 다이닝 전문 레스토랑이다. 이 레스토랑은 현재 하비 니콜스 Harvey Nichols가 운영하고 있다. 하비 니콜스는 1831년 런던의 나이트브리지 Knightbridge에 세워진 고급 백화점이다. 메뉴는 모던 감각의 영국 음식과 다양한 기법으로 만든 프렌치·이탈리안 메뉴로 구성된다. 무엇보다 이 레스토랑의 소믈리에 팀에 의해 800여 종에 달하는 전 세계 최고급 와인을 제공받을 수 있다.

위치 서더크역에서 도보 10분, 옥소 타워 8층 주소 Barge House St. SE1 9PH 오픈 런치 월~토요일 12:00~15:00, 일요일 12:00~15:30, 디너 월~금요일 18:00~23:00, 토요일 17:30~23:00, 일요일 18:30~22:30 요금 스타터 £14.5~25, 메인 디시 £19.5~40, 디저트 £9~ 전화 020-7803-3888 홈피 www.harveynichols.com

옥소 타워 레스토랑 맞은편에 자리 잡은 이곳은 바 공간과 브라세리 공간으로 나뉘어 있다. 바 공간에서는 멋진 런던 템스강 주변의 야경을 바라보며 각종 고급 주류와 칵테일, 와인을 맛볼 수 있다. 무엇보다 멋진 블루 컬러의 조명이 인상적이다. 브라세리 공간에서는 캐주얼하면서도 크리에이티브한 메뉴를 맛볼 수 있다. 간혹 한여름 밤 이곳에서 라이브 재즈 연주와 여성 보컬의 공연이 펼쳐지기도 하기에 로맨틱한 런던의 밤을 느낄 수 있다.

위치 서더크역에서 도보 10분, 옥소 타워 8층 주소 Barge House St. SE1 9PH 오픈 바 월~목요일 11:00~23:00, 금·토요일 11:00~00:00, 일요일 12:00~22:30, 브라세리 월~토요일 12:00~23:00, 일요일 12:00~22:00 요금 스타터·메인·디저트 3코스 £29.5, 위스키 £6.5~ 전화 020-7803-3888 홈피 www.harveynichols.com

이곳은 터키 음식을 선보이는 곳이다. 특별히 터키식 피자인 피데 Pide를 맛볼 수 있는 곳으로 유명하다. 이곳에서는 직접 목재를 사용하는 화로에 구워 피데를 만든다. 무엇보다 원하는 대로 피데 위에 올려 먹을 토핑을 선택할 수 있다. 다양한 종류의 피데 외에도 베지테리언 메뉴와 피시 메뉴, 시푸드 메뉴를 제공하며 각종 샐러드와 라이스 메뉴도 맛볼 수 있다.

위치 런던 브리지역에서 도보 10분, 셰익스피어 글로브 시어터 근처 주소 20-22 New Globe Walk, SE1 9DR 오픈 월~토요일 12:00~23:30, 일요일 12:00~22:30 요금 아나톨리안 터키식 전통 수프 £4.25, 피데 £7.3~8.75 전화 020-7928-3300 홈피 www.tasrestaurants.co.uk

테이트 모던 숍
Tate Modern Shop

MAP 5 ⓓ

페스티벌 테라스 숍
Festival Terrace Shop

MAP 5 Ⓐ

전 세계 미술 애호가들이 찾는 테이트 모던 숍은 미술관 내 아트 숍으로서 규모도 제법 크다. 테이트 모던 숍은 LEVEL 0에 자리한 메인 숍 Main Shop, LEVEL 1에 자리한 리버 숍 River Shop, LEVEL 3에 자리한 엑시비션 숍 Exhibition Shop으로 이루어져 있다. 컨템퍼러리 아트에 관심 있는 사람이라면 누구나 메인 숍에 소장된 방대한 서적을 둘러볼 만하다. 아트 스쿨 학생을 위한 좋은 참고 서적도 많이 구비하고 있다. 데미안 허스트의 팬이라면 그와 관련된 서적을 눈여겨보는 게 좋다. 각 층에 자리한 숍마다 어린이들에게 창의력을 불러일으킬 만한 다양한 서적 및 아이디어 제품을 소개하고 있다. 온라인 매장에서도 다양한 서적 및 아트 관련 제품을 구입할 수 있다.

위치 서더크역에서 도보 10분, 테이트 모던 내 주소 Tate Modern, Bankside, SE1 9TG 오픈 일~목요일 10:00~18:00, 금·토요일 10:00~22:00 휴무 12월 24~26일 전화 020-7401-5267 홈피 www.tate.org.uk(온라인 숍 shop.tate.org.uk)

디자인용품과 아트용품을 주로 파는 곳으로 지난 2011년 4월 매장을 대대적으로 확장하여 쾌적하고 아늑한 공간을 자랑한다. 무엇보다 트렌드에 민감하여 빠른 시일 안에 새롭게 주목받는 제품으로 진열대를 가득 채운다는 점이다. 이곳에서 찾아볼 수 있는 물건으로는 심플하면서도 모던한 키친에 잘 어울릴 것 같은 플라스틱으로 만든 식기, 스테인리스로 만든 주방용품, 주목받는 로컬 디자이너의 세련된 감각으로 만든 액세서리, 어린이들의 환상과 꿈을 키워줄 수 있는 목재 장난감, 동화 속 풍경을 담은 것 같은 패브릭 패턴으로 수놓은 쿠션 커버 등이 있다.

위치 워털루역에서 도보 5분, 사우스뱅크 센터 내 주소 Southbank Centre, Belvedere Rd. SE1 8XX 오픈 월~금요일 10:00~21:00, 토요일 10:00~20:00, 일요일·공휴일 12:00~20:00 전화 020-7960-4219 홈피 www.southbankcentre.co.uk/shop

헤이워드 갤러리 숍
Hayward Gallery Shop

MAP 5 ⓑ

가든 뮤지엄 숍
Garden Museum Shop

MAP 5 ⓘ

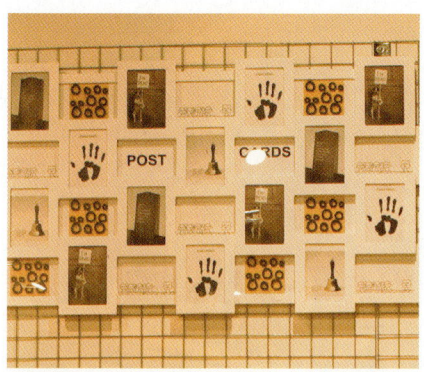

1968년 문을 연 헤이워드 갤러리와 함께한 헤이워드 갤러리 숍은 모던 아트와 관련된 다양한 선물용품, 미술 서적, 포스터, 포스터 카드 등을 판매한다. 특히 전시와 관련되어 특별전시의 경우 해당 전시물의 사진이 담긴 포스터나 리미티드 에디션의 사진집 등을 구할 수 있다. 주목할 만한 쇼핑 아이템으로는 아티스트에 의해 코믹한 그림이 커버에 그려진 다이어리나 아티스트의 작품 사진으로 이루어진 포스트 카드 팩 Pack 등이 있다.

위치 워털루역에서 도보 5분, 헤이워드 갤러리 내 주소 Southbank Centre, Belvedere Rd. SE1 8XX 오픈 월요일 12:00~18:00, 화·수·토·일요일 10:00~18:00, 목·금요일 10:00~20:00 요금 유료 전시이며 전시에 따라 다양하다. 전화 020-7960-4230 홈피 www.southbankcentre.co.uk/shop

정원 가꾸기나 화초 가꾸기 등에 대단한 관심과 열정을 지닌 사람이라면 이곳에 놓인 수많은 전문 서적을 눈여겨볼 필요가 있다. 또한 지금부터라도 자신만의 정원을 아름답게 가꾸려는 열망과 꿈이 있다면 이곳 숍에서 추천하는 정원 가꾸기에 대한 베이식한 안내서를 유심히 들여다보자. 특히 BBC방송에서 방영한 시리즈물을 토대로 만든 책인 〈어떻게 정원사가 될 것인가 How to be a Gardener〉라는 책을 구입해보는 것도 좋다. 이곳에는 관련 서적뿐 아니라 정원 가꾸기에 필요한 다양한 물건, 이를테면 삽, 철제 도구, 작은 화분, 장갑 등을 구비해놓고 있다. 또한 정원에서 재배한 유기농 과일로 만든 잼도 판매한다. 크리스마스 시즌에는 정원을 장식할 크리스마스 데코용품을 판매하기도 한다.

위치 램버스 노스역에서 도보 8분, 가든 뮤지엄 내 주소 Garden Museum, 5 Lambeth Palace Rd. SE1 7LB 오픈 일~금요일 10:30~17:00, 토요일 10:30~16:00 전화 020-7401-8865 홈피 www.gardenmuseum.org.uk/page/shop

SOUTHWARK

AREA 05

서더크
Southwark

런던 시내로부터 남동쪽에 위치한 서더크는 런던을 방문한 여행자들이 최소한 한 번쯤 방문하는 곳이다. 그 이유는 바로 이곳에 런던의 명물인 타워 브리지가 있기 때문이다. 무엇보다 어둑해질 무렵 이곳을 찾으면 환상적인 타워 브리지의 야경을 눈앞에서 볼 수 있어 좋다. 사우스뱅크로부터 동쪽에 자리한 서더크는 도클랜드, 그리니치로 가는 길목에 있다. 여행자에게 추천할 만한 명소로는 타워 브리지 외에 버러 마켓이 있으며, 섀드 템스 리버사이드 스트리트는 산책을 즐기기에 좋은 곳이다.

서더크
이렇게 여행하자

가는 방법 런던 브리지역에서 시작할 경우 먼저 버러 마켓에 들러 가볍게 요기를 하고 서더크 대성당을 둘러보는 것으로 여행을 시작하자. 또는 사우스뱅크 지구를 여행한 후 강변 산책로를 따라 걸어서 서더크로 이동해 비노폴리스를 방문해도 좋다.

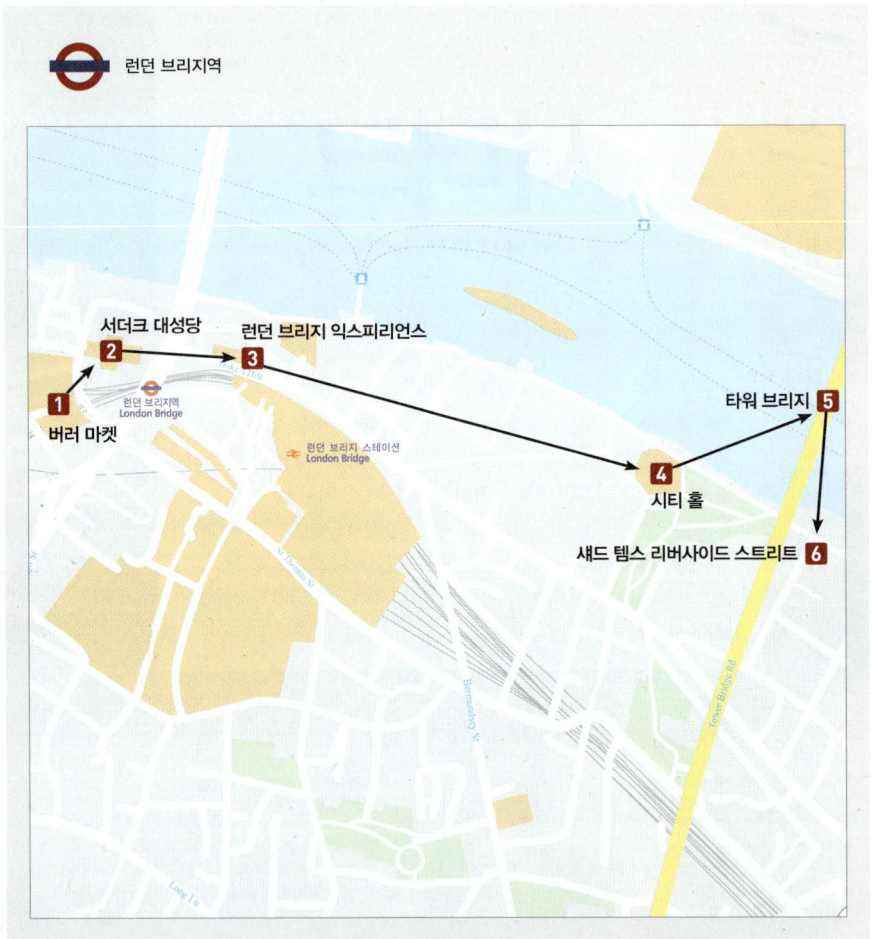

런던 브리지역 ▶▶▶ 3분 → **1** 버러 마켓 p.218 ▶▶▶ 3분 → **2** 서더크 대성당 p.219

↕ 10분

5 타워 브리지 p.223 ◀◀◀ 5분 ← **4** 시티 홀 p.221 ◀◀◀ 10분 ← **3** 런던 브리지 익스피리언스 p.219

↕ 3분

6 섀드 템스 리버사이드 스트리트 p.222

✓ 체크 포인트

❶ 타워 브리지 주변의 강변에서 환상적인 타워 브리지의 야경을 감상해보자.
❷ 버러 마켓에서 홈메이드 쿠키나 샌드위치를 맛보자.
❸ 화창한 날 섀드 템스 리버사이드 스트리트를 거닐며 템스강 변의 정취를 만끽해보자.
❹ 오싹한 공포 체험을 원한다면 클링크 프리슨 뮤지엄이나 런던 브리지 익스피리언스를 방문해보자.
❺ 패션과 디자인에 관심 있다면 각각 패션 앤 텍스타일 뮤지엄을 방문해보자.

버러 마켓
Borough Market

MAP 6 ⓔ

비록 지금은 관광객이 주로 찾는 시장으로 많이 변모했지만 13세기부터 내려오는 런던의 전형적인 푸드 마켓의 맥을 이어가는 곳이다. 이곳의 상점은 주중에는 새벽부터 이른 아침까지 도매로 과일, 채소 등을 판다. 하지만 매주 목·금·토요일 낮시간에는 관광객 위주의 일반 방문객을 상대로 런던에서 가장 풍성한 먹거리를 지닌 장터 행사를 펼친다. 이때 과자류, 빵류, 낙농 제품 등 살 거리가 풍성해진다. 와인, 초콜릿, 쿠키, 샌드위치를 비롯해 에스닉 푸드 등 다양한 먹거리도 만날 수 있다.

포토제닉 스폿 시끌벅적한 행상인의 모습을 카메라에 담아보자.

위치 런던 브리지역에서 도보 2분, 서더크 성당 옆 **주소** 8 Southwark St, SE1 1TL **오픈** 목요일 11:00~17:00, 금요일 12:00~18:00, 토요일 09:00~16:00 **전화** 020-7407-1002 **홈피** www.boroughmarket.org.uk

클링크 프리슨 뮤지엄
Clink Prison Museum

MAP 6 Ⓐ

서더크 대성당
Southwark Cathedral

MAP 6 Ⓔ

런던 브리지 익스피리언스
London Bridge Experience

MAP 6 Ⓕ

윈체스터 팰리스의 공원에 자리한 개인이 운영하던 감옥이다. 12세기부터 18세기 말까지 존재했으며 죄수들을 잔인하게 다루던 악명 높은 감옥이다. 윈체스터 주교의 관할 아래 당시 범법자들이나 자신의 권력에 순복하지 않는 자들을 가두던 곳이었다. 내부에는 당시 죄수들에게 가하던 다양한 고문 장치가 놓여 있으며 죄수들이 머물던 감방이 복원되어 있다.

사우스뱅크 지역에서 가장 유서 깊은 교회로 규모가 그리 크지 않고 장식도 별로 없는 소박한 교회다. 상공에서 내려다보면 십자형 모양을 하고 있다. 대화재를 비롯해 사건, 사고로 여러 차례 재건축 및 개보수하였는데, 교회 건물의 대부분은 1220년부터 1420년 사이에 만든 것들이다. 이곳은 런던 최초의 고딕 성당이기도 하다.

런던 브리지와 상관없을 법한 흥미 위주의 공포 체험 현장이다. 심장이 약한 사람이나 노약자에게는 권하고 싶지 않을 만큼 잔인하고 피가 흥건한 시체나 좀비들의 모습이 널려 있는 곳을 지나는 루트로 이루어져 있다. 11세 이상의 어린이와 성인을 위한 공포의 체험 루트가 있으며, 11세 미만의 어린이를 위해 덜 무서운 별도의 공포 체험 루트가 있다.

[위치] 런던 브리지역에서 도보 15분 [주소] 1 Clink St, SE1 9DG [오픈] 월~금요일 10:00~18:00 토·일요일 10:00~21:00 [요금] 성인 £7.5, 16세 미만 £5.5, 학생 및 60세 이상 £5.5, 가족(성인 2인, 16세 미만 2인 기준) £18 [전화] 020-7403-0900 [홈피] www.clink.co.uk

[위치] 런던 브리지역에서 도보 5분 [주소] Montague Close, SE1 9DA [오픈] 월~금요일 08:00~18:00 토·일요일 09:00~18:00 [요금] 무료 [전화] 020-7367-6700 [홈피] www.southwark.anglican.org/cathedral

[위치] 런던 브리지역에서 도보 2분 [주소] 2-4 Tooley St, SE1 2SY [오픈] 월~금요일 10:00~17:00, 토·일요일 10:00~18:00 [요금] 성인 £17, 5세 이상 15세 이하 £15, 가족(성인 2인, 소인 2인 기준) £55(이상 온라인 티켓 구매 기준으로 시즌에 따라 가격 변동 가능) [전화] 080-0043-4666 [홈피] www.thelondonbridgeexperience.com

올드 오퍼레이팅 시어터
Old Operating Theater

MAP 6 ⓔ

과거에는 의사들이 환자를 수술하는 장면을 극장식 공간에서 학생들과 일반인들이 관람하는 것이 가능했다. 이러한 공간을 오퍼레이팅 시어터라고 불렀는데, 1822년에 세워진 이곳은 오늘날 전 세계에 남아 있는 몇 안 되는 오퍼레이팅 시어터 중 하나다. 방문객들은 이곳에 놓인 19세기 초의 수술대 모습과 주변 공간을 둘러볼 수 있다.

[위치] 런던 브리지역에서 도보 2분
[주소] 9A St. Thomas St. SE1 9RY
[오픈] 매일 10:30~17:00 [요금] 성인 £6.5, 60세 이상 및 학생 £5, 16세 미만 £3.5, 가족(성인 2인, 소인 4인 기준) £13.9 [전화] 020-7188-2679
[홈피] www.thegarret.or.uk

패션 앤 텍스타일 뮤지엄
Fashion & Textile Museum

MAP 6 ⓚ

1950년대 이후에 영국과 전 세계에 유행했던 패션 디자인과 텍스타일 디자인에 관한 특별 전시가 3~4개월마다 다채롭게 펼쳐진다. 오렌지빛 건물에 들어선 이곳은 아쉽게도 사우스뱅크의 주요 명소로부터 다소 떨어진 곳에 있다. 내부에는 시대별로 유행했던 다양한 형태의 패션 의상과 세계 각국의 진귀한 텍스타일이 전시되어 있다.

[위치] 런던 브리지역에서 도보 20분 [주소] 83 Bermondsey St. SE1 3XF [오픈] 화·수·금~일요일 11:00~18:00, 목요일 11:00~20:00 [휴무] 월요일 [요금] 성인 £8.8, 학생 £5.5, 60세 이상 £6.6, 12세 미만 무료 [전화] 020-7407-8664 [홈피] www.ftmlondon.org

더 샤드
The Shard

MAP 6 ⓕ

현재 런던에서 가장 높은 빌딩이며 유럽에서 두 번째로 높은 건물이다(가장 높은 건물은 잉글랜드의 웨스트 요크셔 지방에 있는 330m의 엠리 무어 Emley Moor라는 이름의 송신탑이다). 샤드 오브 글라스 Shard of Glass뿐 아니라 샤드 런던 브리지 또는 런던 브리지 타워라고도 불린다. 세계적인 건축가 렌조 피아노 Renzo Piano가 설계했으며 2009년 3월 착공하여 2012년 7월 5일에 완공식을 가졌다. 높이는 245m이며, 72개 층으로 이루어진 뾰족한 삼각탑 모양의 형태를 지녔다. 샹그릴라 호텔이 자리해 있으며 멋진 전망을 지닌 세계적 수준의 다이닝 공간이 들어서 있다.

[위치] 런던 브리지역에서 도보 2분
[주소] 31 St. Thomas St. SE1 9SY
[홈피] www.the-shard.com

스쿱
The Scoop

MAP 6 Ⓖ

런던에 새롭게 생긴 무대 공간으로 매년 6~8월까지 여름철마다 야외무대에서 다채로운 공연과 콘서트가 펼쳐진다. 공연은 해마다 개최되는 런던 브릿지 시티 섬머 페스티벌의 일환으로 누구나 무료로 즐길 수 있다. 콘서트 외에도 무용이나 연극이 공연되며 영화도 상영된다. 또 야외공연장 옆으로 다양한 음식과 음료를 제공하는 간이 푸드코트가 마련돼 식사를 즐길 수도 있다. 여름 한 철 무대로 사용된 무대 공간은 11월 말이 되면 상설 크리스마스 마켓으로 사용된다.

위치 런던 브리지역에서 도보 7분. 시티홀 옆 주소 the Scoop, Queen's Walk, SE1 2DB 오픈 24시간, 연중무휴 요금 무료 홈피 www.visitlondon.com

시티 홀
City Hall

MAP 6 Ⓖ

BEST SPOT

영국 출신의 세계적인 건축 디자이너 노만 포스터 Norman Foster가 설계한 런던의 대표적인 현대 건축물 중 하나다. £6500만의 비용을 들여 지난 2002년 7월 기울어질 듯한 돛 모양의 독특한 형태를 드러냈다. 이전에 런던 시청은 웨스트민스터 지구에 자리하고 있었으나 이 건물이 들어선 후로 이곳으로 이전하여 런던시의 전반적인 업무를 보는 공간으로 사용하고 있다. 특별한 용무 없이 일반인들의 내부 출입을 통제하고 있다.

포토제닉 스팟 시티 홀 앞에서 타워 브리지 전경을 카메라에 담아보자.

위치 런던 브리지역에서 도보 7분 주소 The Queen's Walk, SE1 2AA 오픈 일반인 출입 제한 전화 020-7983-4000 홈피 www.london.gov.uk/city-hall

섀드 템스 리버사이드 스트리트
Shad Thames Riverside Street

MAP 6 ⓗ

버몬시 지구의 타워 브리지 옆에 놓인 섀드 템스 리버사이드 스트리트는 역사적으로 유서 깊은 강변길이다. 빅토리아 여왕 시대에 이 길은 런던에서 가장 큰 창고들이 밀집한 곳이었다. 1873년에 완성된 창고 단지에는 세계 각국으로 오가는 차, 커피, 향료 등이 쌓여 있었다. 20세기에 들어와 다른 곳에서 물건의 선적이 이루어지면서 이곳의 창고들은 무용지물이 되고 1972년에는 남아 있던 마지막 창고 건물이 문을 닫았다. 하지만 1980~90년대를 지나면서 쓸모없던 창고 건물이 근사한 아파트, 레스토랑, 숍 등이 들어선 건물로 변모하여 이색적인 모습을 보여준다.

[위치] 런던 브리지역에서 도보 15분

HMS 벨파스트
HMS Belfast

MAP 6 ⓒ

제2차 세계대전에 참전했던 군함 중에 오늘날까지 남아 있는 유일한 군함으로 내부를 방문객들에게 공개하고 있다. 무게 1만1500t, 길이는 187m에 달하는 경순양함이다. 참고로 순양함은 구축함보다 크고 전함보다 작은 전투 목적의 군함이다. 1938년 건조된 이 군함은 1943년 북극 원정대를 러시아까지 호위하는 역할을 맡았으며, 제2차 세계대전 시에는 연합군의 노르망디 상륙을 도왔다. 그 후 한국전쟁에 참여하여 UN군의 부대를 돕는 역할을 했다. 지난 1965년 마지막 임무를 완수하고 활동을 중단했다.

[위치] 런던 브리지역에서 도보 15분 [주소] Queens Walk, SE1 2JH [오픈] 3~10월 매일 10:00~18:00(마지막 입장 17:00까지), 11~2월 매일 10:00~17:00(마지막 입장 16:00까지) [요금] 성인 £14.5, 5세 이상 16세 미만 £7.25 [전화] 020-7940-6300 [홈피] www.iwm.org.uk

타워 브리지
Tower Bridge

MAP 6 Ⓗ

명실상부 세계에서 가장 아름다운 다리이자 런던의 대표적인 아이콘. 남단의 버러 지역과 북단의 시티 지구를 연결하는 길이 244m의 타워 브리지는 선박이 통과할 수 있도록 다리의 일부가 위로 열리는 도개 교다. 1886년 착공하여 1894년에 완공되었다. 종종 타워 브리지는 런던 브리지로 잘못 불리기도 하는데, 런던 브리지는 타워 브리지 옆에 존재하는 또 다른 다리다. 원래 타워 브리지의 색상은 초록색과 파란색을 각각 띤 청록색에 가까웠다. 오늘날의 색상은 1977년에 결정된 것으로 엘리자베스 여왕의 영국연방의 즉위 25주년을 맞아 새롭게 입힌 것이다. 타워 브리지에는 별도의 전시관인 타워 브리지 엑시비션 Tower Bridge Exhibition이 있어 선박이 지나갈 때 타워 브리지의 다리를 열게 하는 장치인 거대한 엔진이 놓인 엔진 룸을 견학할 수 있다. 또한 타워 브리지의 두 개의 탑을 연결하는 상당부의 워크웨이 Walkway를 거닐며 템스강과 주변 전망을 즐길 수 있다.

포토제닉 스폿 타워 브리지 위에서 시티 홀과 더 샤드 빌딩의 전경을 카메라에 담아보자.

위치 런던 브리지역에서 도보 15분, 타워 힐 역에서 도보 5분 주소 Tower Bridge Rd. SE1 2UP 오픈 매일 09:30~16:30 요금 성인 £9, 학생 £6.3, 16세 미만 £3.9, 5세 미만 무료 전화 020-7403-3761 홈피 www.towerbridge.org.uk

카페 브러드
Café Brood

MAP 6 Ⓔ

난도스
Nando's

MAP 6 Ⓐ

카페 브러드는 버러 마켓으로 들어가는 입구에 자리한 곳으로 수제 소시지가 들어간 먹음직스러운 핫도그와 스패니시 볶음밥의 일종인 빠에야를 비롯해 각종 꼬치구이 등을 파는 맛집이다. 이른 아침부터 문을 열어 밤 늦게 문을 닫기에 아침식사나 브런치, 야식을 저렴하게 즐기기에 좋다. 무엇보다 음식을 만드는 셰프의 모습을 직접 바라보며 야외 테이블에 앉아 거리를 오가는 행인들을 바라보며 음식을 즐길 수 있어 좋다.

⟨위치⟩ 런던 브리지역에서 도보 2분 ⟨주소⟩ 1-6 Borough High St. Bridge Arcade, SE1 9AH ⟨오픈⟩ 매일 08:00~22:00 ⟨요금⟩ 메인 디시 £5~8 ⟨전화⟩ 020-7407-0644 ⟨홈피⟩ www.cafebrood.co.uk

1992년 테이크아웃 전문점으로 시작하여 오늘날 영국 전역에 300개가 넘는 점포를 지닌 가장 성공한 레스토랑 체인점 중 하나다. 치킨을 재료로 피타 Pita, 랩 Wrap, 버거 등 다양한 치킨 메뉴를 선보인다. 채식주의자를 위한 베지테리언 메뉴도 있다. 한 가지 재미난 사실 중 하나는 이 레스토랑 지점마다 남아프리카공화국에서 들여온 미술 작품이 걸려 있는데, 그 수가 3000점에 달한다. 이 수는 런던의 테이트 브리튼에 전시된 500여 점의 남아공 미술 작품보다 무려 2500여 점이나 더 많은 수다.

⟨위치⟩ 런던 브리지역에서 도보 10분 ⟨주소⟩ 225-227 Clink St. SE1 9DG ⟨오픈⟩ 매일 11:30~00:00 ⟨요금⟩ 샐러드 £4.15~, 치킨 브레스트 피타 £6, 치킨 브레스트 버거 £6 ⟨전화⟩ 020-7357-8662 ⟨홈피⟩ www.nandos.co.uk

피시!
Fish!

MAP 6 Ⓔ

버틀러스 워프 찹하우스
Butlers Wharf Chop House

MAP 6 Ⓗ

유리와 철재를 이용해 만든 건물 구조가 인상적인 피시 레스토랑은 1999년 오픈한 곳으로 원래 이 지역의 버려진 창고 건물을 개조해 세워졌다. 버러 마켓과 서더크 대성당 인근에 자리하기에 버러 마켓을 찾아온 방문객 중 이 레스토랑을 찾는 이들이 적지 않다. 산지에서 바로 직송하여 싱싱한 생선을 재료로 음식을 만들어 손님들에게 제공하는 피시 메뉴 전문 레스토랑으로, 영국 정통식 피시 앤 칩스를 비롯해 북해산 황새치로 만든 클럽샌드위치, 피시 스테이크 등 다양한 생선 요리를 제공한다. 포장 주문도 가능하다.

위치 런던 브리지역에서 도보 3분 주소 Cathedral St. Borough Market, SE1 9AL 오픈 월~목요일 11:30~23:00, 금요일 11:00~23:00, 토요일 09:00~23:00, 일요일 10:00~22:30 요금 피시 수프 £6.95, 피시 케이크 £7.95, 피시 앤 칩스 £16.95, 피시 그릴 메뉴 £11.95~ 전화 020-7407-3803 홈피 fishkitchen.co.uk

강가에 자리한 고품격 레스토랑으로 타워 브리지를 바라보는 전경이 일품인 곳이라 테라스의 야외 테이블에 앉아 우아한 분위기에서 타워 브리지의 야경을 감상하며 디너를 즐기고자 하는 여행자에게 추천해 주고 싶은 곳이다. 이곳에서 정통 영국식 요리의 진수와 함께 서로인 스테이크, 럼 스테이크 등 맛있는 스테이크 요리를 맛볼 수 있다. 매일 오전 11시에 오픈하는 바에서는 이곳의 셰프가 자랑하는 신선한 재료로 만든 햄버거가 런치 메뉴로 제공된다.

위치 런던 브리지역에서 도보 15분 주소 36E Shad Thames, SE1 2YE 오픈 런치 월~금 12:00~15:00, 토 · 일요일 12:00~16:00, 디너 월~토요일 18:00~23:00, 일요일 18:00~22:00 (바 11:00~17:00, 18:00~23:00) 요금 데일리 스페셜 메뉴 £12.95, 메인 디시 £17~19.5, 세트 메뉴 3코스 £30 전화 020-7403-3403 홈피 www.chophouse-restaurant.co.uk

HOLBORN & CITY

AREA 06

홀번&시티
Holborn&City

홀번은 자칫 모르고 지나치기 쉬운 지역이지만 서머싯 하우스, 존 손 뮤지엄, 왕립재판소, 올드프루덴셜 빌딩 등 런던의 숨은 진주 같은 명소가 빼곡하다. 시티 지구는 런던을 찾는 전 세계의 여행자가 모이는 세인트 폴 대성당과 타워 오브 런던 등의 유명 명소와 상대적으로 덜 알려져 한갓진 모뉴먼트 전망대, 리덴홀 마켓 등이 이웃하고 있다. 현대 건축물에 관심이 많다면 30 세인트 메리 엑스, 로이즈 오브 런던, 88 우드 스트리트 빌딩 숲을 돌아보고 음악 감상이 취미라면 바비칸 센터에서 콘서트 등 문화 이벤트를 즐겨보자.

홀번&시티
이렇게 여행하자

홀번역 근처의 존 손 뮤지엄에서 시작하거나 템플역 근처의 서머싯 하우스에서 여정을 시작할 수 있다. 역사적 의미를 지닌 스트랜드 대로를 좀 더 걷고 싶다면 차링 크로스역에서부터 스트랜드 대로를 따라 동쪽으로 이동해도 좋다.

✅ 체크 포인트

1. 세인트 폴 대성당의 돔에 올라가 주변을 조망해보자.
2. 세인트 폴 대성당에서 종종 일요일에 열리는 오르간 리사이틀 공연 및 각종 이벤트에 참여해보자.
3. 타워 오브 런던을 방문하여 주얼하우스에 보관된 영국 왕실의 왕관과 진귀한 보석을 감상하자.
4. 모뉴먼트에 올라가 타워 오브 브리지와 그 주변을 한눈에 내려다보자.
5. 서머싯 하우스의 코트야드에서 여름철에는 콘서트를 감상하고 겨울철에는 야외 스케이팅을 즐겨보자. 그리고 서머싯 하우스 내 코톨드 갤러리에서 인상파와 후기 인상파의 작품을 관람해보자.
6. 존 손 뮤지엄의 놀라운 개인 소장품을 엿보자.
7. 바비칸 센터의 연주홀에서 펼쳐지는 클래식 콘서트 등 다양한 문화적 이벤트에 참여해보자.

존 손 뮤지엄
Sir John Soane's Museum

MAP 7 Ⓓ

올드 프루덴셜 빌딩
Old Prudential Building

MAP 7 Ⓐ

건축가이자 골동품 수집가인 존 손 John Soane(1753~1837) 경이 만든 고풍스러운 건물 안에 그가 수집한 독특하고 놀라운 작품과 유물, 골동품을 소개하고 있다. 존 손 경은 18세기에 이탈리아 전역을 여행하며 이탈리아 건축미의 영감을 받고 돌아와 런던 시티 지구의 잉글랜드 은행 건물을 건축한 인물로 유명하다. 그는 부유한 여성과 결혼하여 유리로 만든 돔 천장을 지닌 지금의 건물을 지었다. 이곳에 전시된 그의 수집 아이템 중에는 18세기의 유명한 풍경화가인 베네치아 출신의 조반니 안토니오 카날 Giovanni Antonio Canal과 19세기 풍경화의 거장 윌리엄 터너 William Turner의 작품이 있다.

위치 홀번역에서 도보 4분 주소 13 Lincoln's Inn Fields, WC2A 3BP 오픈 화~토요일 10:00~17:00(마지막 입장 16:30까지) 휴무 월·일요일 요금 무료(가이드 투어 매주 토요일 11:00, £10) 전화 020-7405-2107 홈피 www.soane.org

홀번역에서 나와 동쪽으로 길을 걷다 보면 왼편에 마치 중세의 붉은 고성 같은 모습의 멋진 건축물과 맞닥뜨리게 된다. 오늘날 홀번 바스 Holborn Bars라는 이름으로 불리는 이 건물은 빅토리아 시대의 대표적인 건축가 알프레드 워터하우스 Alfred Waterhouse가 빅토리안 양식의 건축에 고딕 양식을 접목해 1879년에 건축한 건물이다. 당시 1848년 설립된 영국의 대표적인 보험회사인 프루덴셜의 건물로 쓰였다. 오늘날 비즈니스맨이나 기업체의 컨퍼런스나 행사를 위한 40개의 미팅 룸과 레스토랑, 바 등의 편의시설을 지닌 공간으로 활용되고 있다.

포토제닉 스폿 올드 프루덴셜 빌딩의 멋진 자태를 카메라에 담아보자.

위치 홀번역에서 도보 10분, 챈서리 레인역에서 도보 1분 주소 138-142 Holborn, EC1N 2NQ 전화 084-4980-2327

링컨스 인 필즈
Lincoln's Inn Fields

MAP 7 ⓓ

존 손 뮤지엄 앞에 놓인 아담한 공원으로 1630년에 조성되었다. 수많은 런던의 시인, 문인, 철학가들이 사색을 즐기던 곳이기에 이러한 고고한 풍취가 오늘날에도 그대로 남아 있다. 번잡하지 않아 햇살이 따스한 오후, 나무 밑에 앉아 휴식을 취하거나 산책로를 거닐기에 좋다.

위치 홀번역에서 도보 5분, 남동쪽으로 약 150m 지점

스트랜드 대로
The Strand

MAP 7 ⓓ

얼핏 보면 런던 시내의 일반 도로를 생각할지도 모른다. 하지만 이 도로의 역사적 의미는 깊고 깊다. 12세기 말 이 도로가 만들어졌을 때 템즈강가를 흐르는 강변로였다. 또한 시티 오브 런던과 웨스트민스터를 연결하는 통로이자 귀족들에 의해 세워진 고상한 석조 건물들이 도로의 양옆을 메웠던 곳이다. 중세 시대에 이 거리 주변은 런던 최고의 거주지로 손꼽혔던 곳이기도 하다. 19세기 한 때 유럽에서 가장 세련된 거리라는 평을 들었다.

위치 차링 크로스역에서 왕립재판소까지 이어진다. 차링 크로스역과 템플역에서 접근이 용이하다.

왕립재판소
Royal Courts of Justice

MAP 7 ⓓ

1874년 건축가 조지 에드문드 스트리트 George Edmund Street에 의해 빅토리안 고딕 스타일로 만든 회색 건물이다. 스트랜드 대로에 자리 잡고 있어 한눈에 들어올 정도로 건물의 풍채가 대단하다. 오늘날 잉글랜드와 웨일스의 항소법원과 고등법원이 있다. 건물 내부의 그레이트 홀에는 방문객들을 위한 법관 의복 등이 전시되어 있으며 진행되는 재판 과정을 엿볼 수도 있다.

위치 템플역에서 도보 7분 주소 460 the Strand, WC2A 2LL 오픈 월~금요일 09:00~16:30 휴무 토·일요일 요금 무료 전화 020-7936-6000

세인트 폴 대성당
St. Paul's Cathedral

MAP 7 F

현재의 자리에 놓였 있던 원래의 교회는 7세기 초 성서의 인물인 사도바울에게 헌정하는 교회로 세워졌다. 런던 대화재 이후 원래의 교회가 큰 손실을 입자 크리스토퍼 렌 Cristopher Wren의 설계로 17세기 말 새로운 형태의 교회를 세우게 된다. 바로 바로크 스타일로 재탄생된 세인트 폴 대성당이었다. 이곳은 단순한 교회 건축물이 아니다. 높이 111m 로 1962년까지 런던에서 가장 높은 건물이기도 했다. 또한 넬슨 제독, 윈스턴 처칠의 장례식이 행해지고 빅토리아 여왕의 즉위 60주년 기념행사(다이아몬드 주빌리 셀러브레이션 Diamond Jubilee Celebration이라 칭함), 엘리자베스 2세 여왕의 80세 생일 축하 기념식 등이 펼쳐진 역사적 장소이기도 하다. 런던의 대표적인 교회 건축물로 가장 영국적인 장엄미가 넘치는 고전적 건물이지만 이러한 말만으로 이곳의 매력을 모두 표현할 순 없다. 성당의 외관은 정면, 측면, 후면 등 보는 각도에 따라 다양한 모습을 선보인다. 이 어마어마한 크기의 건물은 시티 지구의 유력한 랜드마크일 정도로 런던의 곳곳에서도 쉽게 눈에 띄는데, 아마도 템스강 건너편에서 바라보는 성당의 자태가 가장 신비스럽지 않을까 싶다. 필자가 개인적으로 가장 선호하는 전망은 강 건너 테이트 모던의 발코니에서 바라보는 세인트 폴 대성당의 전경이다. 이 전망이야말로 템스강과 밀레니엄 브리지가 함께 어우러져 가장 이상적인 전경을 선사한다.

위치 세인트 폴역에서 도보 2분 주소 St. Paul's Churchyard, EC4M 8AD 오픈 월~토요일 08:30~16:00(일반인 관람 시간) 휴무 일요일(예배 참석을 위한 입장만 가능) 요금 성인(18세 이상) £16.5, 학생 및 60세 이상 £14.5, 17세 미만 6세 이상 £7.5, 가족(성인 2인, 소인 2인 기준) £40 전화 020-7246-8537 홈피 www.stpauls.co.uk

➕ **Zoom in**

세인트 폴 대성당 관람하기

세인트 폴 대성당의 화려한 내부는 시티 지구 관광의 하이라이트다. 입장료가 아깝지 않을 정도로 세계에서 가장 화사한 교회 건축물의 내부를 선보인다. 거대한 돔 아래 치장된 천장화의 화려함은 르네상스 시대의 찬란한 영광을 담은 이탈리아의 벽화들과 닮았다. 오히려 왕궁보다 화려해 예배자의 영과 기를 살리지 못하는 것은 아닌지 궁금하기도 하다. 세상에서 가장 기품 넘치는 예배를 드리고 싶다면 이곳에서 매주 일요일마다 펼쳐지는 오전 예배에 참석해볼 것을 추천한다. 돔 아래 위스퍼링 갤러리 Whistering Gallery라는 공간에 올라가 내려다보는 세인트 폴 대성당의 인테리어 모습도 가히 환상적이다. 성당 내부에는 넬슨 제독, 크리스토퍼 렌, 터너 등 유명 인사들의 기념비, 비석 등이 놓여 있다.

서머싯 하우스
Somerset House

MAP 7 ⓓ

템플 바 메모리얼
Temple Bar Memorial

MAP 7 ⓓ

런던에서 주목할 만한 가장 멋진 건축물 중 하나이다. 1796년 윌리엄 체임버스 William Chambers에 의해 화려한 팔라디안 건축양식으로 완공된 서머싯 하우스는 당시 영국 왕실의 사교 공간으로 만든 건물이었다. 오늘날 내로라하는 인상파와 후기인상파 작가의 작품들을 전시하고 있는 코톨드 갤러리 Courtauld Galley가 재정비 후 지난 2011년 6월 다시 문을 열었다. 이밖에도 비주얼 아트, 설치미술, 조각, 패션, 건축 등 다방면에 대한 전시 이벤트가 펼쳐지고 있다. 코트야드는 여름철에는 콘서트 장소로, 겨울철에는 스케이트를 타기 위한 아이스링크로 사용되고 있다. 코트야드의 분수대는 어린이들의 놀이터가 되기도 한다. 건물 뒤편에는 임뱅크먼트 Embankment 지역을 바라보는 테라스와 카페가 놓여 있다.

포토제닉 스폿 코트야드에 서서 저물녘 야경 속 건물을 찍어보자.

템플은 중세의 기독교 기사단 템플라 Templar의 이름에서 유래된 지역 명칭이고 바는 기둥을 의미한다. 템플 바는 역사적으로 시티 오브 런던과 웨스트민스터의 경계선에 놓인 일종의 성문이었다. 크리스토퍼 렌이 디자인한 템플 바는 19세기에 다른 장소로 옮겨진 뒤 우여곡절 끝에 지난 2004년 세인트 폴 대성당 바로 옆에 자리한 페이트모스터 Paternoster 광장에 그 모습을 드러냈다. 그리고 원래 템플 바가 자리한 곳에는 1880년 용의 형상을 지닌 동상이 템플 바 메모리얼로 세워졌다. 이 동상은 그리스 신화에 등장하는 괴물인 그리핀 Griffin의 이름으로 불리기도 한다. 용은 시티 오브 런던의 심벌로 예로부터 런던 시의 재산과 보물을 지켜주는 수문장을 상징해 왔다.

위치 템플역에서 도보 7분, 템플역에서 북동쪽으로 약 400m 거리로 왕립재판소 앞에 놓여 있다.

위치 템플역에서 도보 3분, 코번트 가든역에서 도보 10분
주소 The Strand, WC2R 1LA **오픈** 건물 내부 및 코톨드 갤러리 매일 10:00~18:00(코트야드 매일 07:30~23:00)
요금 본관 무료(코톨드 갤러리 성인 £6, 60세 이상 £4.5, 국제학생증 소지자 £4.5) **전화** 020-7845-4600(코톨드 갤러리 020-7872-0220) **홈피** www.sormesethouse.org.uk(코톨드 갤러리 www.courtauld.au.uk)

바비칸 센터
Barbican Center

MAP 7 ⒷⒺ

바비칸 센터는 런던시에서 운영하는 유럽에서 가장 큰 공연예술센터이다. 바비칸이란 이름은 적들의 침입에 대비해 중세 시대 도심 외곽에 설치된 요새화된 초소를 지칭하는 말에서 유래되었다. 지난 1982년 엘리자베스 2세 여왕의 후원으로 당시 £1억6100만의 거금을 들여 문을 열었다. 이곳에서는 실로 다채로운 장르의 예술적 향연이 펼쳐지는데 클래식 연주, 모던 감각의 재즈 연주, 콘서트 등이 펼쳐지며 현대무용, 전위예술, 영화 상영, 미술품 전시회 등 실로 다채로운 예술 분야의 이벤트가 소개된다. 참고로 런던 심포니 오케스트라와 BBC 심포니 오케스트라가 주로 이곳의 콘서트홀에서 정기적인 연주회를 열고 있다. 1166명이 관람할 수 있는 바비칸 시어터, 200석의 더 피트 The Pit 소극장, 바비칸 아트 갤러리, 3개의 스크린을 지닌 바비칸 영화관 등으로 구성되어 있다. 그동안 이곳에서 공연을 펼친 세계적인 유명 재즈 및 팝 뮤지션과 오케스트라, 악단은 셀 수 없을 정도로 많다. 지난 2006년에는 국내의 극단 목화가 선보인 연극 〈로미오와 줄리엣〉이 전회 매진을 기록하며 성황리에 공연을 마치기도 했다. 바비칸 센터 내부에는 도서관을 비롯해 세 군데의 레스토랑, 카페 등의 편의시설도 있다.

위치 바비칸역에서 도보 7분 주소 Silk St. EC2Y 8DS 오픈 매일 09:00~23:00 요금 공연에 따라 다름 전화 020-7638-4141 홈피 www.barbican.org.uk

뮤지엄 오브 런던
Museum of London

MAP 7 Ⓑ

세인트 자일스 크리플게이트
St. Giles Cripplegate

MAP 7 Ⓑ

런던의 수많은 박물관 중에서 여행자들에게 인기 많은 박물관은 아니지만 분명히 시티 지구에서는 대표적인 박물관으로 런던의 연대기적 발전 모습을 보여주고 있다. 또한 런던의 도시 개발 역사에 관련된 자료나 전시물, 미래적 도시 발전에 대한 청사진 등도 소개하며, 이 도시 내에서 발견된 선사시대 유물도 전시하고 있다. 바비칸 센터에서 가까운 곳에 자리한 이 박물관은 1976년 오픈하였다. 오늘날의 건물은 필립 파월 Philippe Powell과 히달고 모야 Hidalgo Moya가 설계한 1970년대 스타일의 건축양식을 띠고 있다.

바비칸 센터 인근에 있는 전형적인 중세 스타일의 영국 교회 건물이다. 원래 11세기부터 있던 건물 대신 14세기 후반 고딕 양식의 건축물로 새롭게 세워졌다. 그리고 1682년 오늘날 볼 수 있는 5층 높이의 석조탑이 첨가되었다. 제2차 세계대전 시 독일 공군의 공습으로 심하게 부서졌으나 1950년대 중반에 다시 오늘날의 모습으로 복원하였다. 17세기 초 올리버 크롬웰 Oliver Cromwell이 이 교회에서 결혼식을 행했으며 17세기 후반 〈실락원〉의 저자 존 밀턴 John Milton이 이곳에서 잠들었다.

위치 세인트 폴역과 바비칸역에서 도보 8분 주소 150 London Wall, EC2Y 5HN 오픈 매일 10:00~18:00 휴무 12월 24~26일 요금 무료 전화 020-7001-9844 홈피 www.museumoflondon.org.uk

위치 바비칸역에서 도보 7분 주소 Fore St. Cripplegate, EC2Y 8DA 오픈 월~목요일 08:30(아침 기도회), 일요 예배 08:00, 10:00, 16:00 요금 무료 전화 020-7638-1997 홈피 www.stgilesnewsite.co.uk

세인트 알반 처치 타워
St. Alban Church Tower

MAP 7 ⓑ

길드홀
Guildhall

MAP 7 ⓑ

길드홀 아트 갤러리
Guildhall Art Gallery

MAP 7 ⓕ

우드 스트리트를 거닐다 우연히 마주친 이 흥미로운 건축물은 마치 타임머신을 타고 미래 도시에 뚝 떨어진 중세 시대의 캡슐처럼 보인다. 현대식 고층 건물 사이에 둘러싸인 이 중세 시대 탑 모양의 건물은 제2차 세계대전 때 독일군의 공습으로 폐허가 된 세인트 알반 교회의 남아 있는 부분이며 현재 개인의 주거지로 사용되고 있다.

〈위치〉 세인트 폴역에서 도보 8분
〈주소〉 Wood St, EC2

길드홀은 중세 시대에 같은 지역 내에서 물건을 만들던 장인들이 모여 조합을 이루었던 장인 조합원들이 만나고 모이는 장소를 가리킨다. 영국 외에도 다른 유럽국가들의 도시에 중세의 길드홀이 존재했는데, 시티 지구의 길드홀은 런던의 대표적인 아름다운 중세 건축물이다. 15세기 초에 세워진 이 건물은 시청사로 쓰였는데, 오늘날 이 건물은 시티 지구의 행정처가 자리하며 시티 지구의 주요 행사를 위한 장소로도 사용된다. 길드홀 내부에는 현재 이곳에 놓였던 로마 시대의 원형경기장 유적이 남아 있다.

〈위치〉 뱅크역에서 도보 10분 〈주소〉 Gresham St, EC2V 7HH 〈오픈〉 매일 10:00~16:30 〈요금〉 무료 〈전화〉 020-7606-3030 〈홈피〉 www.guildhall.cityoflondon.gov.uk

바비칸 센터 내의 바비칸 아트 갤러리와 함께 시티 지구의 대표적인 전시 공간이다. 바비칸 아트 갤러리가 디자인, 건축, 컨템퍼러리 회화 방면의 작품을 담고 있는 반면, 이곳은 고전적인 회화 작품을 주로 다룬다. 특히 라파엘 시대 이전의 이탈리아 회화의 특성을 담고자 19세기 중반에 영국에서 결성된 프리 라파엘리트 Pre-Raphaelite라는 화파의 작품들이 주목할 만하다.

〈위치〉 뱅크역에서 도보 10분, 길드홀 내 〈주소〉 Gresham St, EC2V 7HH 〈오픈〉 매일 10:00~16:30 〈요금〉 무료(일부 특별 전시 제외) 〈전화〉 020-7606-3030 〈홈피〉 www.guildhall.cityoflondon.gov.uk

세인트 메리 알더메리 처치
St. Mary Aldermary Church
MAP 7 Ⓕ

캐논 스트리트 스테이션
Cannon Street Station
MAP 7 Ⓕ

모뉴먼트
Monument
MAP 7 Ⓕ

시티 지구의 대표적인 성공회 교회 중 하나로 900년간 같은 자리에 머물면서 시티 지구에서 가장 오랜 역사를 지닌 교회이기도 하다. 1666년 런던 대화재로 전소된 뒤 크리스토퍼 렌에 의해 재건축되었다. 이후 다시 제2차 세계대전 때 독일 공군의 대공습으로 피해를 입히도 했다. 내부가 아담한 작은 교회로 입구 앞에 벤치가 놓인 조그만 안뜰이 있어 가던 길을 잠시 멈추고 휴식을 취하기에 좋다.

위치 맨션 하우스역에서 도보 5분
주소 Watling St. EC4M 9BW 오픈 매일 09:00~18:00 요금 무료 전화 020 7248 9902

아직 런던을 찾는 여행자들에게 잘 알려지지 않았지만 시티 지구에서 주목할 만한 현대 건축물 중 하나다. 이곳은 새로 생긴 기차역이 들어선 건물로 교통시설 외에도 상업적 편의시설이 들어설 예정이다. 이곳은 세련된 감각의 외관이 특징적이다. 주변의 세인트 폴 대성당과 타워 브리지의 경관을 해치지 않기 위해 고도를 낮게 건축하고 평탄한 건물로 만들었다고 한다.

위치 맨션 하우스역에서 도보 7분
주소 Cannon St. EC4N 6AP 홈피 www.nationalrail.co.uk

단일 석조 탑으로는 세계에서 가장 높은 석조탑. 타워 브리지를 조망하기에 가장 좋은 전망대가 있음에도 상대적으로 방문객이 적다. 런던 대화재 기념탑이라고도 불리는 이 탑은 1677년 로마 시대의 도리스식으로 지어졌으며 내부에 나선형 계단이 전망대까지 이어져 있어 멋진 런던 시내 전망을 선사한다. 이 탑의 높이는 62m이며 탑이 현재 위치한 곳이 1666년 9월 2일 런던 대화재가 시작된 곳이기도 하다.

포토제닉 스폿 전망대에 올라 타워 오브 브리지의 전경을 카메라에 담아보자.

위치 모뉴먼트역에서 도보 1분 주소 Fish Street Hill 오픈 4~9월 매일 09:30~18:00(마지막 입장 17:30까지), 10~3월 매일 09:30~17:30(마지막 입장 17:00까지) 요금 성인 £4, 학생 및 60세 이상 £2.7, 16세 미만 £2 전화 020-7626-2717 홈피 www.themonument.info

뱅크 오브 잉글랜드 뮤지엄
Bank of England Museum

MAP 7 Ⓕ

로열 익스체인지
Royal Exchange

MAP 7 Ⓕ

듀크 오브 웰링턴 동상
Duke of Wellington Statue

MAP 7 Ⓕ

알다시피 금융업은 런던의 주요 산업 중 하나다. 또한 런던은 유럽뿐 아니라 세계의 유명 금융회사가 몰려 있는 세계 금융 시장의 허브이기도 하다. 특히 이곳이 자리잡은 뱅크 지역은 런던 금융업의 핵이라 불리는 곳이다. 그런 의미에서 이곳은 상징적인 볼거리를 제공한다. 스톡 오피스 The Stock Office로도 알려진 이곳은 은행 주를 보유한 투자자들이 배당금을 받는 곳이다. 이곳의 박물관에는 은행의 연대기적인 역사를 소개하고 있다. 물론 각종 지폐와 동전, 관련 서적과 자료, 사진 등을 전시하여 소개하기도 한다.

[위치] 뱅크역에서 도보 5분 [주소] Threadneedle St, EC2R 8AH [오픈] 월~금요일 10:00~17:00(12월 24·31일 10:00~13:00) [휴무] 주말 및 공휴일 [요금] 무료 [전화] 020-7601-5545 [홈피] www.bankofengland.co.uk

1565년 초기 르네상스 시기의 건축양식에 영향을 받아 벨기에 앤트워프 출신의 건축가 앙리 드 파셴 Henri de Paschen이 설립하였다. 100년이 지나 1666년 런던 대화재로 소실되고 난 뒤 복원한 건물도 1838년 화재로 전소된다. 오늘날의 건물은 1844년 완공된 세 번째 거래소 건물이다. 이곳에서 상업적 거래가 끊긴 것은 1939년부터다. 비록 오늘날에는 에르메스, 폴 스미스, 티파니, 부들스, 해리스 오브 런던 등 럭셔리 부티크숍과 레스토랑, 카페가 들어선 쇼핑센터로 명맥을 유지하고 있다.

[위치] 뱅크역에서 도보 5분 [주소] Centre Management, The Court Yard, Royal Exchange, EC3V 3LQ [오픈] 월~금요일 10:00~18:00(레스토랑&바 08:00~23:00) [휴무] 토·일요일 [전화] 020-7283-8935 [홈피] www.theroyalexchange.co.uk

웰링턴 공의 원래 이름은 아서 웨슬리 Arthur Wellesley다. 아일랜드 출신으로 군인이자 정치가였던 그는 1815년 벨기에의 워털루 지역의 전투에서 나폴레옹 군대를 물리쳐 영국민들의 영웅이 된 인물로 유명하다. 전장에서의 승리를 통해 웰링턴 공이라는 호칭을 얻은 그는 1829년부터 1830년까지와 1834년에 각각 두 차례에 걸쳐 영국 수상직을 맡기도 했다. 웰링턴은 잉글랜드의 한 지방인 서머싯 Somerset의 작은 도시 웰링턴을 지칭한다.

[위치] 뱅크역에서 도보 5분, 로열 익스체인지 건물 앞에 서 있다.

리덴홀 마켓
Leadenhall Market

MAP 7 ⓕ

14세기 때부터 존재했던 곳으로 런던에서 가장 오래된 시장 중 하나. 시티 지구의 숨은 명소로 지붕이 덮여 있는 일종의 쇼핑 아케이드이다. 마치 잘 갖춰놓은 영화 촬영 세트장에 온 것 같은 느낌이 든다. 실제로 〈해리포터〉 속 마법사들의 쇼핑 거리 '다이애건앨리'의 모티브가 되기도 했다. 주중 이른 아침부터 가공 육류, 치즈, 제빵류 등을 파는 상인으로 분주하다. 오후 늦게 시장과 주변 상점이 문을 닫으면 일부 펍을 중심으로 퇴근한 직장인들이 모여 맥주를 마시며 담소를 즐기는 런던 직장인들의 전형적인 퇴근 후 펍 문화도 엿볼 수 있다. 시장 외에도 다양한 물건을 파는 상점들이 쇼핑 아케이드를 형성하고 있다. 이곳의 포커스는 시장 분위기나 쇼핑 아이템보다는 화려하게 치장된 돔과 지붕, 건축 구조와 형태를 감상하는 것이다.

포토제닉 스폿 리덴홀 마켓의 웅장한 내부를 카메라에 담아보자.

위치 모뉴먼트역에서 도보 12분 주소 Gracechurch St, EC3V 1LR 오픈 월~금요일 10:00~18:00 휴무 토·일요일 전화 020-7332-1961 홈피 www.cityoflondon.gov.uk

로이즈 오브 런던
Lloyd's of London
MAP 7 Ⓕ

올 할로우스 바이 더 타워 처치
All Hollows by the Tower Church
MAP 7 Ⓕ

30 세인트 메리 액스
30 St. Mary Axe
MAP 7 Ⓕ

로이드는 영국의 유명 보험회사다. 일반인이나 기업체를 상대로 보험 서비스를 제공할 뿐 아니라 다른 보험회사를 상대로 재보험(보험회사를 위한 보험) 서비스를 제공하기도 한다. 시티 지구에 놓인 로이즈 빌딩은 건축 디자이너 리처드 로저스 Richard Rogers에 의해 1986년 완공되어 오랫동안 런던의 대표적인 현대 건축물로 군림해왔다. 비록 최근에 30 세인트 메리 액스, 런던 시티 홀, 샤드 등 주목받는 현대 건축물이 대거 등장해 그 명색이 좀 퇴색한 느낌이 전혀 없진 않으나 이 건물은 여전히 SF영화의 공장을 떠올리게 하는 오라를 뿜낸다.

위치 모뉴먼트역에서 도보 15분 주소 1 Lime St, EC3M 7HA 오픈 내부는 비즈니스 관련 방문객만 사전 예약 시 견학 가능 전화 020-7327-1000 홈피 www.lloyds.com

타워 오브 런던 인근에 자리한 이 교회는 첫인상이 영국식이라기보다는 북유럽풍에 가깝다. 특히 교회의 첨탑 부분을 청동색으로 입힌 것은 영국의 교회 건축물에서 흔히 볼 수 없고 코펜하겐이나 스톡홀름의 교회에서나 볼 수 있기 때문이다. 하지만 이 교회는 675년에 세운 성공회 교회이다. 런던에서 가장 오랜된 교회이기도 하다. 런던 타워에서 가까워 예로부터 그곳에서 교수형에 처한 자들의 시체가 이곳으로 옮겨와 일시적으로 매장되기도 했다.

위치 타워 힐역에서 도보 5분 주소 Byward St, EC3R 5BJ 오픈 매일 09:00~18:00(가이드 투어 4~10월 월~금요일 14:00~16:00) 요금 무료 전화 020-7481-2928 홈피 www.allhallowsbythetower.org.uk

게킨 Gherkin이라는 특이한 닉네임을 지닌 이 건물은 지난 2004년 5월 오픈한 최신식 현대 건축물로 세계적 건축 디자이너 노만 포스터 Norman Foster가 설계에 참여한 것으로 유명하다. 거대한 총알을 허공을 향해 수직으로 세워놓은 것 같은 모양의 이 건축물은 높이 180m, 41층으로 이루어져 있다. 일반인들의 출입은 제한되며 건물 내 자리한 럭셔리 다이닝 스폿인 전망대 레스토랑은 오직 예약을 통해 입장 및 식사가 가능하다.

포토제닉 스폿 게킨과 로이즈 오브 런던 등 주옥같은 현대 건축물을 앵글에 담아보자.

위치 알드게이트역에서 도보 5분 주소 30 St. Mary Axe, EC3A 8EP 오픈 일반인의 경우 입장 제한 전화 020-7071-5029 홈피 www.30stmaryaxe.com

타워 오브 런던
Tower of London

MAP 7 ⓕ

런던뿐 아니라 영국 왕조의 역사를 대변하는 매우 중요한 역사적 명소다. 규모 면에서 최소한 반나절은 보내면서 이곳의 매력을 음미해볼 것을 추천한다. 이 성의 역사는 노르만인 정복왕 윌리엄이 1078년 이곳에 화이트 타워를 세우면서 시작된다. 13세기까지는 이곳에서 영국 왕실의 즉위식이 열렸으나 14세기 이후로는 웨스트민스터 애비에서 행해지게 된다. 이 성은 왕실의 병기고, 보물 창고, 화폐를 주조하는 곳 등으로 사용되기도 했다. 타워 오브 런던은 중앙의 27m 높이의 화이트 타워 White Tower, 중앙으로부터 남서쪽에 ㄴ자 모양으로 놓인 퀸스 하우스 Queen's House, 중앙으로부터 북쪽의 워털루 바렉 Waterloo Barracks 등으로 이루어져 있다. 또한 퀸스 하우스와 워털루 바렉 사이에는 주얼 하우스 Jewel House, 로열 채플 Royal Chapel과 처형대가 놓여 있다. 타워 오브 런던으로 들어가는 정문은 남쪽의 트레이터스 게이트 Traitor's Gate다. 방문객들이 즐겨 찾는 곳으로 영국 왕실의 왕관들이 전시된 주얼 하우스가 있다. 이곳에는 530캐럿의 어마어마한 크기의 다이아몬드로 장식된 셉터(Scepter: 왕위를 상징하는 막대로 끝에 장식이 이루어져 있고, 왕들이 손수 지니고 다님)가 있다. 이밖에도 2800개 이상의 다이아몬드로 장식된 영국 왕실의 왕관들도 볼 수 있다.

|포토제닉 스폿| 역사적 향취 가득한 타워 오브 런던의 구석구석을 사진에 담아보자.

|위치| 타워 힐역에서 도보 1분 |주소| Tower Hill, EC3N 4AB |오픈| 3~10월 화~토요일 09:00~17:30, 일·월요일 10:00~17:30(마지막 입장 17:00까지) / 11~2월 화~토요일 09:00~16:30, 일·월요일 10:00~16:30(마지막 입장 16:00까지) |요금| 성인 £20, 5세 이상 15세 미만 £11, 학생 및 60세 이상 £18.7, 가족(성인 2인, 자녀 3인 기준) £59, 연간 입장료 £46~ |전화| 0844~482~7777 |홈피| www.hrp.org.uk/towerofIondon

비극의 탑

타워 오브 런던은 왕위 쟁탈로 처절했던 처형이 진행되었던 곳이기도 하다. 한때 왕실이 사용하던 성이었으나 12세기 초부터 감옥으로도 사용되면서 투옥과 처형 등 영국 왕실과 관련된 잔인한 역사가 이곳에서 이루어졌다. 오늘날 방문객들은 성의 곳곳에서 그 쓰라린 역사적 상처의 흔적을 엿볼 수 있다. 타워 오브 런던은 여러 개의 탑으로 이루어져 있는데, 외곽을 둘러싸고 있는 성벽의 모퉁이에 세워진 미들 타워를 비롯해 내곽 성벽의 모퉁이를 이루는 비워드 타워, 데벨린 타워 등이 있으며, 성채를 구성하는 벨 타워, 블러디 타워, 뷰챔프 타워, 데베록스 타워, 바우어 타워, 마틴 타워 등으로 이루어져 있다. 특히 블러디 타워는 헨리 8세의 두 번째 아내인 앤 불린 Anne Boleyn이 도끼로 처형당한 곳으로 유명하다. 앤 불린은 헨리 8세가 로마 가톨릭 교황의 허락 없이 전처와 이혼을 하고 왕이 영국 국교회의 수장이 되게 한 유명한 사건과 직접적인 연관을 지닌 인물이다. 그녀는 왕비의 시녀이자 왕의 정부였으며 결국 왕의 둘째 아내가 되었는데, 그녀 역시 첫째 왕비와 마찬가지로 왕위를 상속시킬 아들을 낳지 못하고 헨리 8세에게 새로운 정부인 제인 시무어가 나타나자 근친상간, 반역 등의 죄목으로 이곳에서 처형당했다.

타워 오브 런던과 세기의 유령들

헨리 8세와 결혼했던 시녀 앤 불린은 헨리 8세에 의해 반역죄로 1536년 타워 오브 런던에서 처형 당하는데, 처형 후 그녀의 유령이 이 성안의 로열 채플 안에서 나타났다는 전설이 있다. 그밖에도 사후 나인 데이스 퀸 9 days Queen이라 불렸던 레이디 제인 그레이 Lady Jane Grey의 유령 출현도 종종 회자되었는데, 헨리 7세의 손녀였던 그녀 역시 여왕으로 즉위한 뒤 9일 후 헨리 7세의 딸인 메리 튜더 Mary Tudor를 여왕으로 즉위하고자 하는 세력들의 음모에 의해 1554년 이곳에서 처형되고 말았다. 그 외에도 여러 형태의 유령과 신비스러운 현상이 야간에 나타난다고 한다.

PLUS AREA

쇼디치
Shoreditch

쇼디치, 스피탈필즈, 화이트 채플을 비롯한 런던의 동부 지역을 이스트엔드라 부른다. 소호, 피커딜리 서커스 등이 포진한 웨스트엔드가 화려한 런던의 심장인 데 반해 전통적으로 슬럼가이고 빈민가인 이 지역에 붙여진 닉네임이다. 지금은 많이 변모하여 런던의 이색 지구로 떠오르고 있다. 그만큼 창의적이고 개성 넘치는 레스토랑, 카페, 바 등이 속속 들어서고 있기 때문이다.

쇼디치 이렇게 여행하자

가는 방법
먼저 알드게이트 이스트역 바로 옆에 자리한 화이트 채플 갤러리를 방문한 뒤 브릭 레인 거리를 따라 이 일대의 마켓 순례를 하며 이 지역의 독특한 거리 풍경을 감상하자.

추천 코스
알드게이트 이스트역 ➡ 화이트 채플 갤러리 ➡ 브릭 레인 ➡ 올드 스피탈필즈 마켓 ➡ 올드 트루먼 브루어리 ➡ 브릭 레인 마켓 ➡ 콜롬비아 로드 플라워 마켓 ➡ 혹스턴 스퀘어 ➡ 제프리 뮤지엄

☑ 체크 포인트

❶ 일요일 오전 브릭 레인을 방문하여 기발한 물건들로 가득찬 올드 스피탈필즈 마켓, 브릭 레인 마켓 등지를 둘러보자.
❷ 브릭 레인의 에스닉 푸드를 음미하자.
❸ 화이트 채플 갤러리의 기괴하고 난해한 컨템퍼러리 아트 전시 작품을 둘러보자.
❹ 화초와 정원 가꾸기에 관심 많은 런더너들이 방문하는 콜롬비아 로드 플라워 마켓의 활기찬 분위기를 만끽해보자.
❺ 제프리 뮤지엄을 방문하여 영국식 정통 홈 데코와 인테리어의 장식미를 감상해보자.

📷 리버풀 스트리트 스테이션 Liverpool Street Station   MAP 8 ⓔ

1874년에 완공된 런던 시내의 주요 기차역 중 하나로 캠브리지행 기차와 노위치행 기차가 이곳으로부터 출발한다. 1년에 약 5500만 명의 승객이 오가는 이곳은 런던에서 세 번째로 번잡한 기차역이기도 하다. 기차역 앞에 재미난 동상들이 놓여 있으며 역사 내로 들어서면 발코니에서 아래를 내려다보는 광경이 흥미롭다.

〈위치〉 스피탈필즈 마켓에서 서쪽 방면 도보 500m 거리

📷 화이트 채플 갤러리 White Chapel Gallery   MAP 8 ⓕ

이스트엔드 지구의 대표적인 컨템퍼러리 아트 갤러리다. 1901년 설립된 곳으로 1938년에는 피카소의 대표작 〈게르니카〉를 전시하기도 했다. 오늘날 때로는 기괴할 정도로 독창적인 작품들이 주류를 이루는 이곳은 회화, 조각, 설치미술, 사진, 비디오 아트 등 다방면의 작품을 선보인다. 알드게이트 이스트역 바로 옆에 자리한다.

〈위치〉 알드게이트 이스트역에서 도보 1분 〈주소〉 77-82 White Chapel High St. E1 7QX 〈오픈〉 화~일요일 11:00~18:00, 목요일 11:00~21:00 〈휴무〉 월요일 〈요금〉 무료 〈전화〉 020-7522-7888 〈홈피〉 www.whitechapelgallery.org

📷 올드 스피탈필즈 마켓 Old Spitalfields Market   MAP 8 ⓕ

쇼디치 지구와 인접한 스피탈필즈 지구에 자리 잡은 실내 마켓으로 현 건물은 1887년 과일과 채소 판매를 위한 도매시장으로 만들어졌다. 1638년 찰스 1세 국왕의 명령에 따라 그 전에는 런던 외곽에서만 판매되었던 고기류의 판매가 이곳에서 시작되었다. 오늘날 이곳에서는 지역 주민보다 관광객들의 눈길을 끌 만한 빈티지 아이템이나 패션용품 등을 팔고 있다.

〈위치〉 리버풀 스트리트역에서 도보 7분 〈주소〉 16 Horner Square, Spitalfields, E1 6EW 〈오픈〉 월~금요일 10:00~17:00, 토요일 11:00~17:00, 일요일 09:00~17:00 〈전화〉 020-7247-8556 〈홈피〉 www.oldspitalfieldsmarket.com

📷 브릭 레인 Brick Lane

MAP 8 Ⓕ

쇼디치 지구의 대표적인 거리다. 이 거리는 일요일 오전마다 펼쳐지는 벼룩시장으로 오늘날 잘 알려져 있지만 패션 피플에게는 빈티지 패션의 메카로도 알려져 있다. 오랫동안 런던의 낙후 지역이었던 이곳은 예로부터 방글라데시 이민자들이 모여 살던 곳이다. 그러한 연유로 이 거리에는 오늘날까지 방글라데시 레스토랑과 관련한 상점이 즐비하다.

위치 알드게이트역에서 도보 3분
홈피 www.visitbricklane.org

➕ Zoom in

브릭 레인 스트리트 아트

브릭 레인은 런던에서 거리 벽화가 가장 많이 그려져 있는 거리로 이름 높다. 또한 시장이 열리는 일요일 오전에는 자신이 직접 그린 독특하고 개성 넘치는 그림을 들고 와서 파는 로컬 아티스트의 모습도 보인다. 이 거리 주변의 벽화는 뱅크시 Banksy라는 유명 그래피티 아티스트의 비공식적인 전시 공간이기도 한데, 군데군데 그의 기지가 담긴 특유의 그림들이 직인처럼 벽면에 찍혀 있는 모습을 볼 수 있다.

브릭 레인의 에스닉 푸드

브릭 레인은 길거리 음식의 메카다. 매주 일요일 등장하는 벼룩시장과 함께 여러 곳의 음식 가판대가 등장한다. 이곳에서 제공하는 메뉴들은 대부분 영국이 아닌 물 건너온 것들이다. 이를테면 서남아시아나 중동, 동남아시아, 동북아시아 지방의 음식 메뉴를 비롯해 아프리카, 카리브해, 중남미 메뉴들까지 등장한다.

📷 백야드 마켓 Backyard Market
MAP 8 ⓓ

2006년 브릭 레인 거리에 들어선 작은 규모의 시장이다. 80여 개의 작은 점포들이 모여 있는 이곳은 이스트엔드의 젊은 패션 디자이너와 로컬 아티스트들의 재치 넘치는 아이디어가 돋보이는 물건들을 진열해놓고 파는 곳이다.

위치 올드 트루먼 브루어리 근처 오픈 토요일 11:00~18:00, 일요일 10:00~17:00 휴무 월~금요일 홈피 www.backyardmarket.co.uk

📷 올드 트루먼 브루어리 Old Truman Brewery
MAP 8 ⓓ

17세기부터 존재한 스피탈필즈 지구의 브릭 레인 인근에 자리한 양조회사 건물이다. 예전에는 이곳에 블랙 이글이라는 이름의 양조회사가 자리했다. 양조업자 트루만의 이름을 딴 이곳의 건물에는 오늘날 250개에 달하는 점포와 사무실이 들어서 있다. 방문객들이 둘러볼 만한 작은 아트 갤러리 및 전시 공간을 비롯해 푸드코트, 카페와 레스토랑, 아트 숍, 패션 부티크 숍 등 아기자기한 공간이 가득하다.

위치 알드게이트역에서 도보 12분 주소 Ely's Yard, 15 Hanbury St. E1 6QR 오픈 1주일 내내 문을 열며 상점마다 카페, 레스토랑마다 문을 열고 닫는 시간이 다양하다. 전화 020-7770-6000 홈피 www.trumanbrewery.com

📷 브릭 레인 스트리트 마켓 Brick Lane Street Market
MAP 8 ⓓ

브릭 레인 마켓으로도 불리는 브릭 레인 거리의 벼룩시장은 매주 일요일 오전 9시부터 오후 5시까지 브릭 레인 거리의 북쪽 끝에 자리한다. 가판을 세워 놓고 파는 상인이 있는가 하면 바닥에 물건을 펴놓고 파는 상인도 있다. 물건의 품목은 다양하다. 예전에는 주로 오래된 가정용품이나 골동품이 많았는데, 요즘에는 여행자들의 눈길을 끌 만한 빈티지 의상이나 구두 같은 것들도 등장한다.

위치 알드게이트역에서 도보 17분, 브릭 레인 북쪽 오픈 매주 일요일 09:00~17:00 휴무 월~토요일 홈피 www.visitbricklane.org

콜롬비아 로드 Colombia Road   MAP 8 Ⓑ

쇼디치 지구 북쪽에 자리 잡은 작은 거리로서 매주 일요일마다 펼쳐지는 플라워 마켓으로 유명하다. 이 거리에는 독특한 상점, 카페, 서점, 아트 갤러리 등이 포진하고 있어 일요일이 아니더라도 주중이나 토요일에 이 거리를 들러보는 것도 좋다. 쇼디치의 브릭 레인 거리와는 또 다른 느낌의 거리 분위기를 느낄 수 있을 것이다.

위치 ▷ 캠브리지 히스역에서 도보 12분   홈피 ▷ www.colombiaroad.info

콜롬비아 로드 플라워 마켓 Colombia Road Flower Market   MAP 8 Ⓑ

이스트엔드 지구의 대표적인 거리 시장이다. 매주 일요일마다 펼쳐지는 이곳의 시장은 꽃과 화분, 작은 나무 등을 파는 플라워 마켓이다. 이곳을 둘러보면 단순한 꽃 시장이 아닌 영국인들의 정원 가꾸기에 대한 관심과 열정을 엿볼 수 있게 된다. 콜롬비아 로드 마켓은 1869년 이 지역의 푸드 마켓으로 시작하여 1960년대부터 런던의 대표적인 플라워 마켓으로 도약하게 되었다.

위치 ▷ 캠브리지 히스역에서 도보 12분, 콜롬비아 로드   주소 ▷ Colombia Rd. E2 7RG   오픈 ▷ 매주 일요일 08:00~13:00   휴무 ▷ 월~토요일   전화 ▷ 020-7613-0896   홈피 ▷ www.colombiaroad.info

혹스턴 스퀘어 Hoxton Square   MAP 8 Ⓒ

잔디가 조성되어 있는 쇼디치 지구의 작은 광장이다. 17세기 말에 조성된 이후로 이 지역의 작은 휴식 공간인 광장 자체는 그다지 매력적이지 않지만 10여 년 전부터 광장 주변에 들어선 카페, 레스토랑, 갤러리 등이 주목받으면서 이스트엔드 지구의 명소가 되었다.

위치 ▷ 올드 스트리트역에서 도보 10분

📷 제프리 뮤지엄 Geffrye Museum

MAP 8 Ⓐ

쇼디치 지구의 대표적인 박물관이다. 영국식 홈 데코 및 인테리어에 관심이 있다면 가볼 만한 가치가 있다. 철제기구 회사의 소유주였던 로버트 제프리 Robert Geffrey에 의해 1914년 설립된 이 박물관은 원래 철제기구 회사에서 운영하는 구제 빈민소 건물 안에 자리해 있다. 이 박물관의 전시 공간은 건물 구조에 따라 일자로 길게 늘어서 있는데, 17세기 이후 영국 가정의 흥미로운 옛 모습을 보여주고 있다. 어느 귀족의 오래된 저택 같은 모습의 박물관 건물 앞에는 잔디가 조성된 넓은 정원이 있다.

위치 혹스턴역에서 도보 3분 주소 136 Kingsland Rd. E2 8EA 오픈 화~일요일 10:00~17:00 휴무 매주 월요일, 부활절, 12월 24~26일, 1월 1일 요금 무료 전화 020-7739-9893 홈피 www.geffrye-museum.org.uk

📷 스트래퍼드 시티 Stratford City MAP

런던 전도 Ⓗ

2012 런던올림픽을 위한 주경기장과 올림픽 파크가 들어선 스트래퍼드 시티는 얼마 전까지만 해도 아무도 알아주지 않는 런던 외곽의 변두리에 불과했다. 하지만 최근 2012 런던올림픽을 전후하여 이곳에 고급 호텔과 카지노, 쇼핑몰 등이 들어섰다. 주경기장 인근에는 쇼핑 및 여흥을 위한 복합공간인 웨스트필드 스트래퍼드 시티가 자리하고 있다. 알다시피 웨스트필드 쇼핑몰은 영국 최대의 쇼핑몰로 런던 서부의 화이트 시티에도 있다.

위치 스트래퍼드역에서 하차

📷 올림픽 스타디움 Olympic Stadium

MAP 런던 전도 Ⓗ

2012 런던올림픽을 위해 스트랫포드 시티에 들어선 올림픽 주경기장이다. 2008년 5월 착공하여 8만 명을 수용한다. 2017년 런던 세계육상선수권대회 장소로 쓰였다. 올림픽 주경기장 옆에 놓인 아첼러 미탈 오르빗 Arcelor Mittal Orbit은 곡선미와 입체미가 독특한 설치예술 작품으로 2012 런던올림픽 개최를 기념하기 위해 세워졌다. 115m의 높이를 지닌 이 작품은 영국에서 공공장소에 놓인 예술 작품으로는 가장 큰 크기를 갖는다.

위치 푸딩 밀 레인역에서 도보 15분, 알드게이트역에서 북동쪽으로 전철을 이용해 17분 거리 주소 Queen Elizabeth Olympic Park, E20 2ST 전화 080-0072-2110 홈피 www.queenelizabetholympicpark.co.uk

🍴 혹스턴 그릴 Hoxton Grill　　　MAP 8 ⓒ

더 혹스턴 호텔 내에 자리한 그릴 전문 레스토랑이다. 호텔 문을 열고 호텔 로비로 다가가는 순간 로비에 맞닿아 있는 활기찬 분위기의 아메리칸 스타일 다이닝 공간이 한 눈에 들어온다. 혹스턴 그릴은 클래식 그릴 메뉴를 전문으로 하는 곳으로 다양한 종류의 스테이크를 맛볼 수 있는 곳이다. 또한 프렌치 스타일의 안심 스테이크인 샤토 브리앙(2인 기준 £49)도 맛볼 수 있다. 그릴 메뉴와 함께 결코 빼놓을 수 없는 다양한 와인 리스트도 구비하고 있다. 실내 공간 외에도 야외 테이블이 놓여 있으며 나이트라이프를 위한 바, 라운지 공간은 매일 새벽 2시까지 영업을 한다. 아침 식사를 비롯해 브런치 메뉴도 제공된다. 정원에서의 식사는 예약을 통해 가능하다.

위치) 올드 스트리트역에서 도보 10분 주소) The Hoxton Hotel, 81 Great Eastern St. EC2A 3HU 오픈) 매일 07:00~02:00 요금) 햄버거 메뉴 £12~15, 립 메뉴 £16, 런치 콤보 £9, 메인 메뉴 £10~16 전화) 020-7739-9111 홈피) www.hoxtongrill.com

🍴 혹스턴 스퀘어 바 앤 키친 Hoxton Square Bar & Kitchen　　　MAP 8 ⓒ

쇼디치의 혹스턴 스퀘어에 자리한 곳으로 누구라도 편안하게 만날 수 있을 것 같은 분위기로 손님을 맞이하는 곳이다. 낮에는 부리토 Burrito, 타코스 Tacos 등 멕시칸 메뉴로 간단한 점심 식사가 가능하고 늦은 밤에는 프로즌 마르가리타 Frozen Margaritas를 비롯해 각종 주류를 맛볼 수 있는 곳이다. 특히 종종 펼쳐지는 쇼디치 지역에서 라이브 음악의 연주를 들으며 식사를 하기에 좋은 곳이다. 라이브 음악은 그때마다 장르가 다르기에 미리 이곳의 홈페이지를 통해 정보를 알아두는 게 좋다. 쇼디치 지구에서 나이트 라이프를 즐기고 싶은 여행자들에게 추천해주고 싶은 곳이다.

위치) 올드 스트리트역에서 도보 10분 주소) 2-4 Hoxton Square, N1 6NU 오픈) 매일 07:00~00:00 요금) 부리토 £7.5~9.5, 타코스 £5~6, 사이드 디시 £3~4, 칵테일 등 주류 £7~9 전화) 020-7613-0709 홈피) mamacolive.com/hoxton/restaurant/

로코코 Roccoc

MAP 8 Ⓓ

브릭 레인에 자리한 빈티지 패션 전문 매장이다. 브릭 레인 거리에는 수많은 빈티지 전문 패션 숍이 자리하고 있지만 이곳만큼 잔잔한 음악이 흐르는 분위기에서 친절한 스태프의 안내를 받으며 여유롭게 쇼핑을 즐길 수 있는 곳은 많지 않다. 로코코는 여성 의류, 가방, 구두, 액세서리 등 다양한 빈티지 패션 아이템을 취급한다. 특히 캐시미어로 만든 스카프와 여성용 점퍼가 눈길을 끈다.

위치 쇼디치 하이 스트리트역에서 도보 10분 주소 188 Brick Lane, E1 6SA 오픈 월~수요일 11:00~19:00, 목~토요일 12:00~20:00 휴무 일요일 전화 020-7033-3920

메종 트루아 가르송 Maison Trois Garcons

MAP 8 Ⓓ

빈티지 오브제, 빈티지 의상과 빈티지 액세서리, 감성적인 골동품을 비롯해 예술적인 감각의 장식품에 관심이 많다면 데커레이션 부티크 숍인 메종 트루아 가르송을 방문하기를 추천한다. 원래 노팅힐에 앤티크 숍으로 출발한 이곳은 쇼디치로 이주하여 지금의 자리에 둥지를 튼 뒤 근래 카페를 겸한 쇼핑 공간으로 변신하여 방문객에게 커피와 티, 각종 페이스트리와 델리 푸드를 제공한다. 참고로 이곳의 웹사이트를 통해서도 제품을 구입할 수 있다.

위치 쇼디치 하이 스트리트역에서 도보 10분 주소 45 Redchurch St. E2 7DJ 오픈 월~금요일 08:00~19:00, 토 · 일요일 09:00~19:00 전화 020-3370-7761 홈피 www.lestroisgarcons.com/shop/index.html

박스 파크 Box Park

MAP 8 Ⓒ

쇼디치에는 빈티지 숍만 있다는 편견을 깨기 위해 기발한 쇼핑 공간인 박스 파크를 둘러보기 바란다. 영 캐주얼 패션 부티크 숍 등 다양한 멀티 브랜드 숍이 작은 박스 모양의 공간 안에 일렬로 들어서 있는 모습이 매우 특이하다. 현지에서는 이러한 형태의 소규모의 쇼핑 콤플렉스를 팝업 몰 Pop-Up Mall이라 부른다. 이러한 형태의 쇼핑 공간을 공간이 부족한 우리나라에서도 한번 도입하면 어떨까 싶다. 지난 2011년 첫선을 보인 박스 파크는 쇼디치 하이 스트리트 전철역 옆에 자리한다.

위치 쇼디치 하이 스트리트역에서 도보 1분 주소 2 Bethnal Green Rd. E1 6HT 오픈 패션 숍 월~토요일 11:00~19:00, 목요일 11:00~20:00, 일요일 12:00~18:00 / 푸드 숍 월~토요일 08:00~23:00 홈피 www.boxpark.co.uk

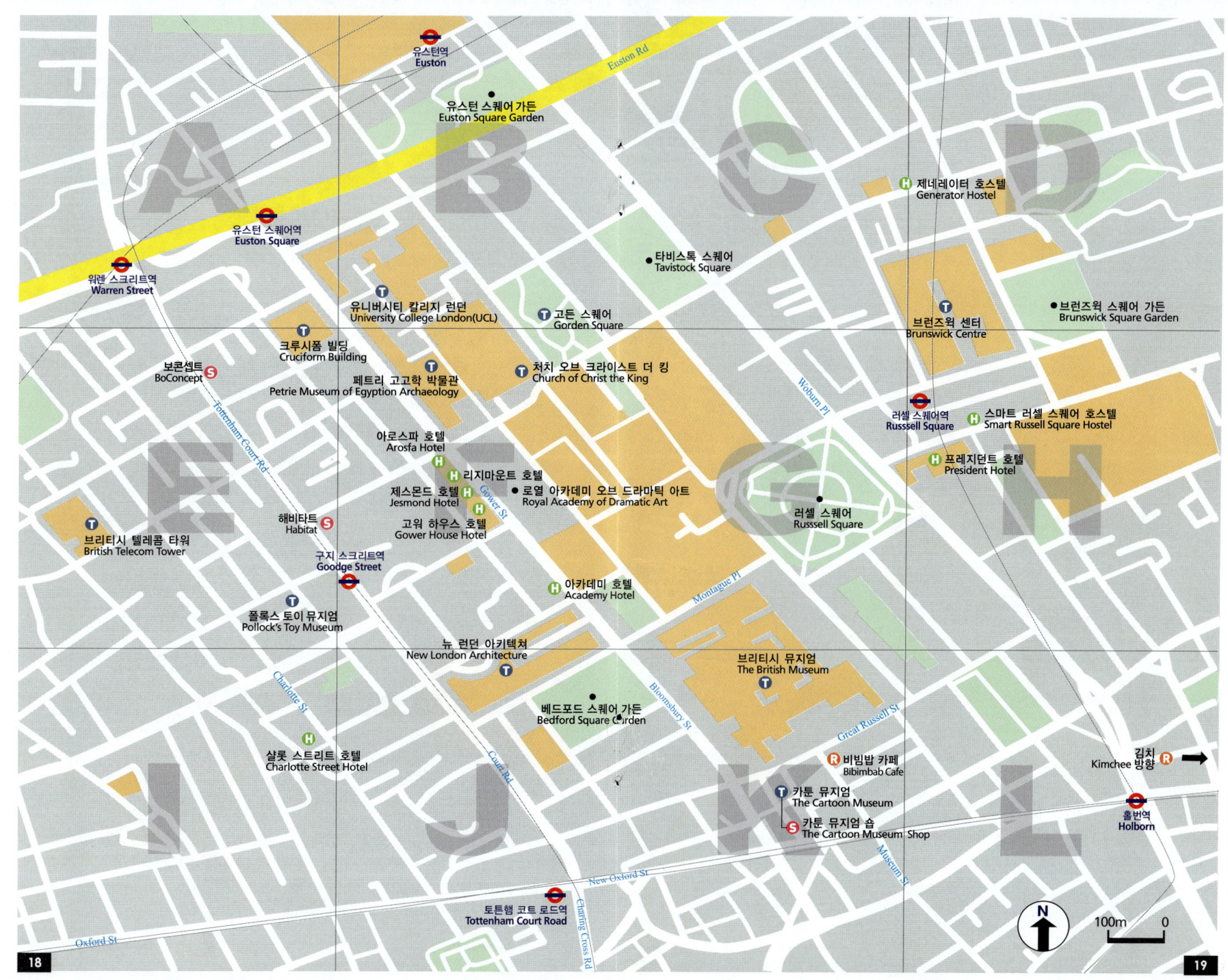

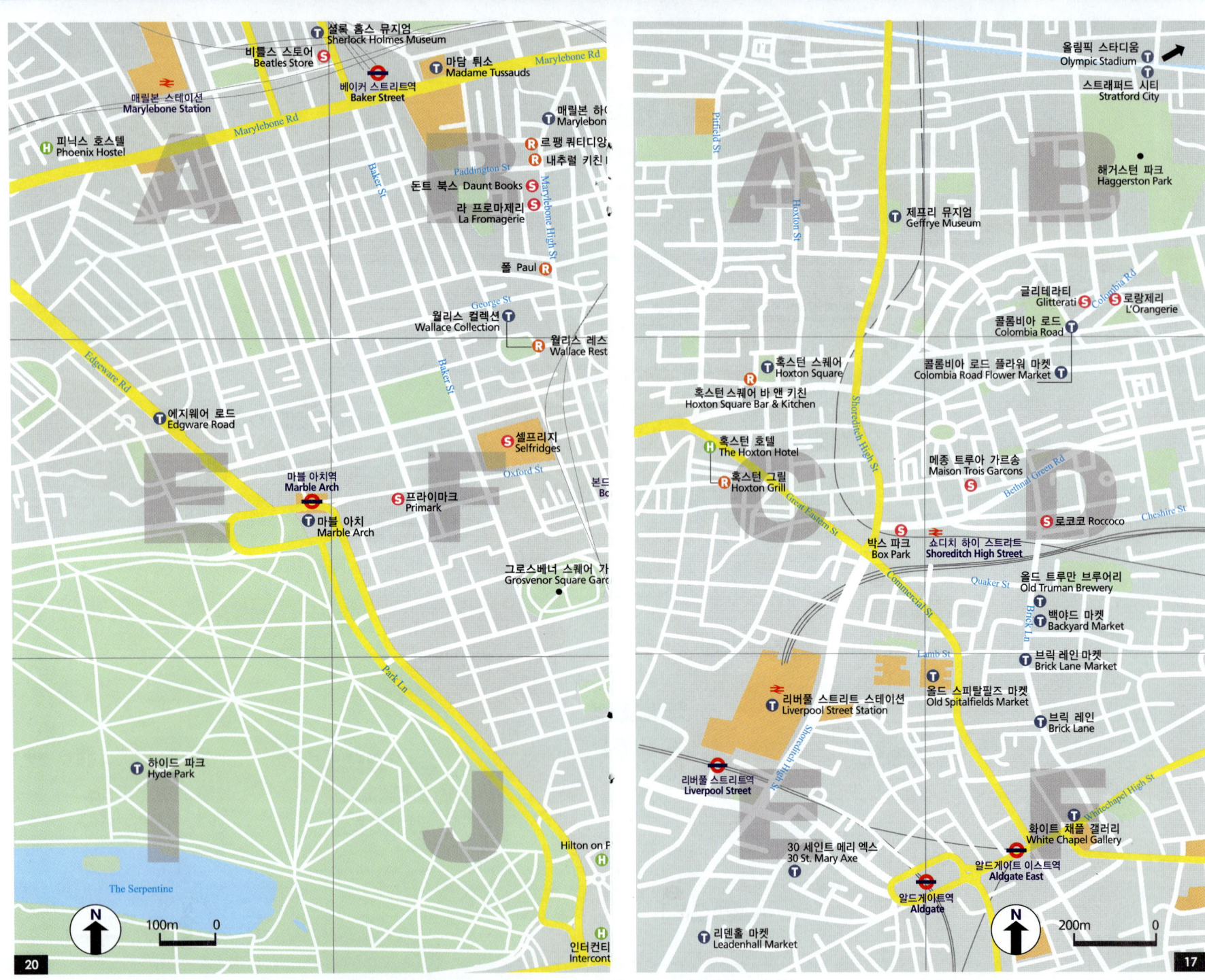

MAP 7 홀번&시티

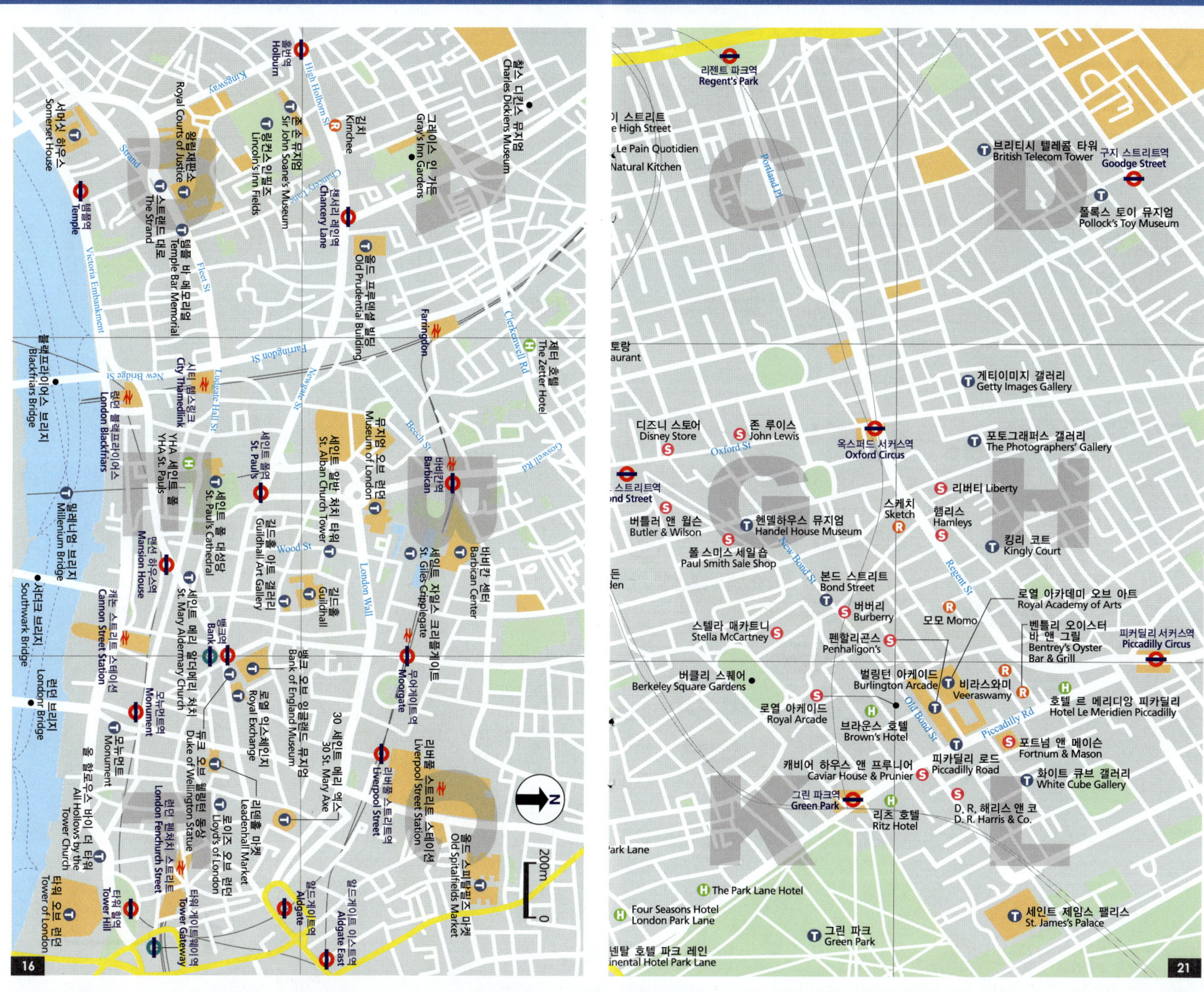

MAP 11 켄싱턴 가든

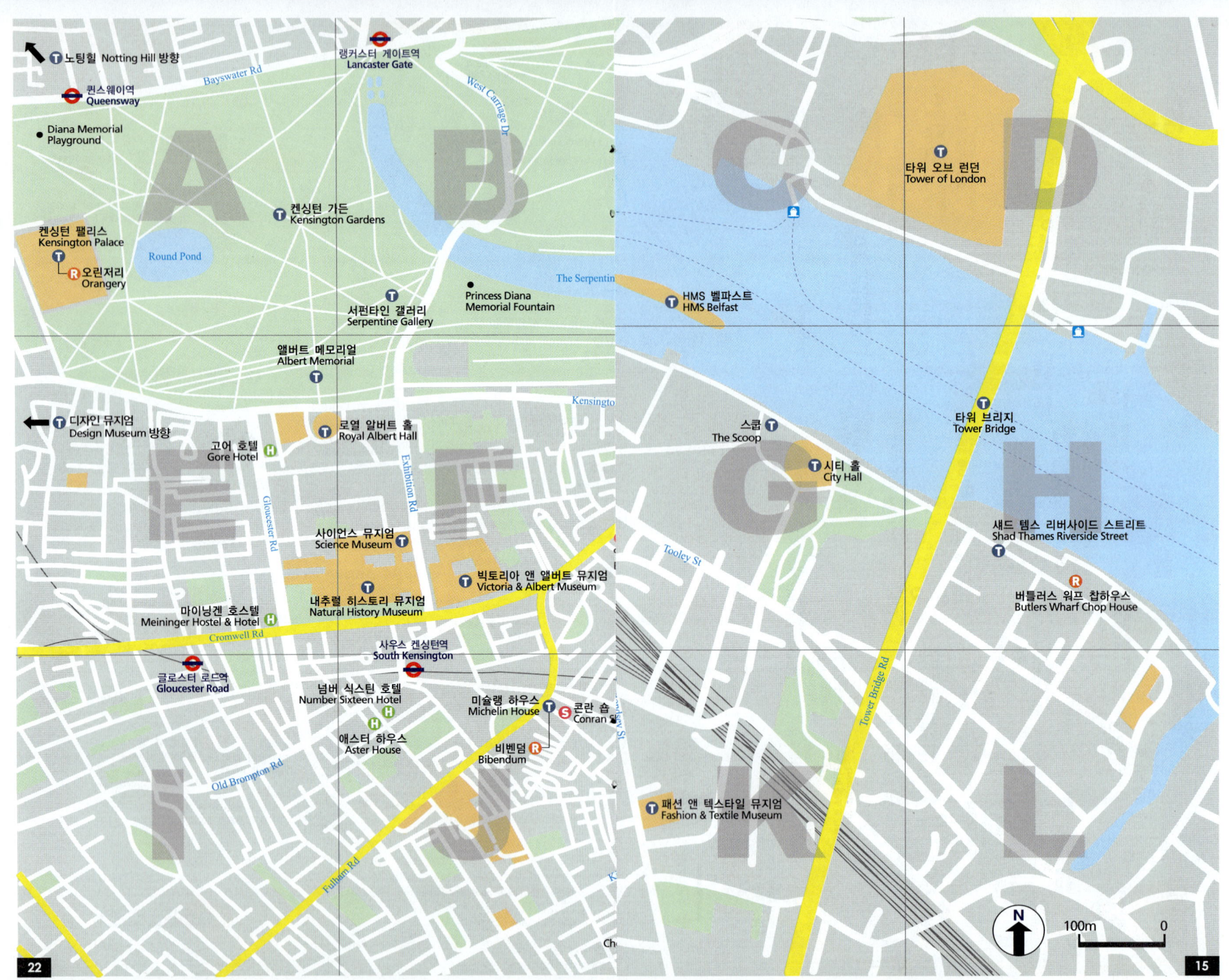

MAP 6 서더크

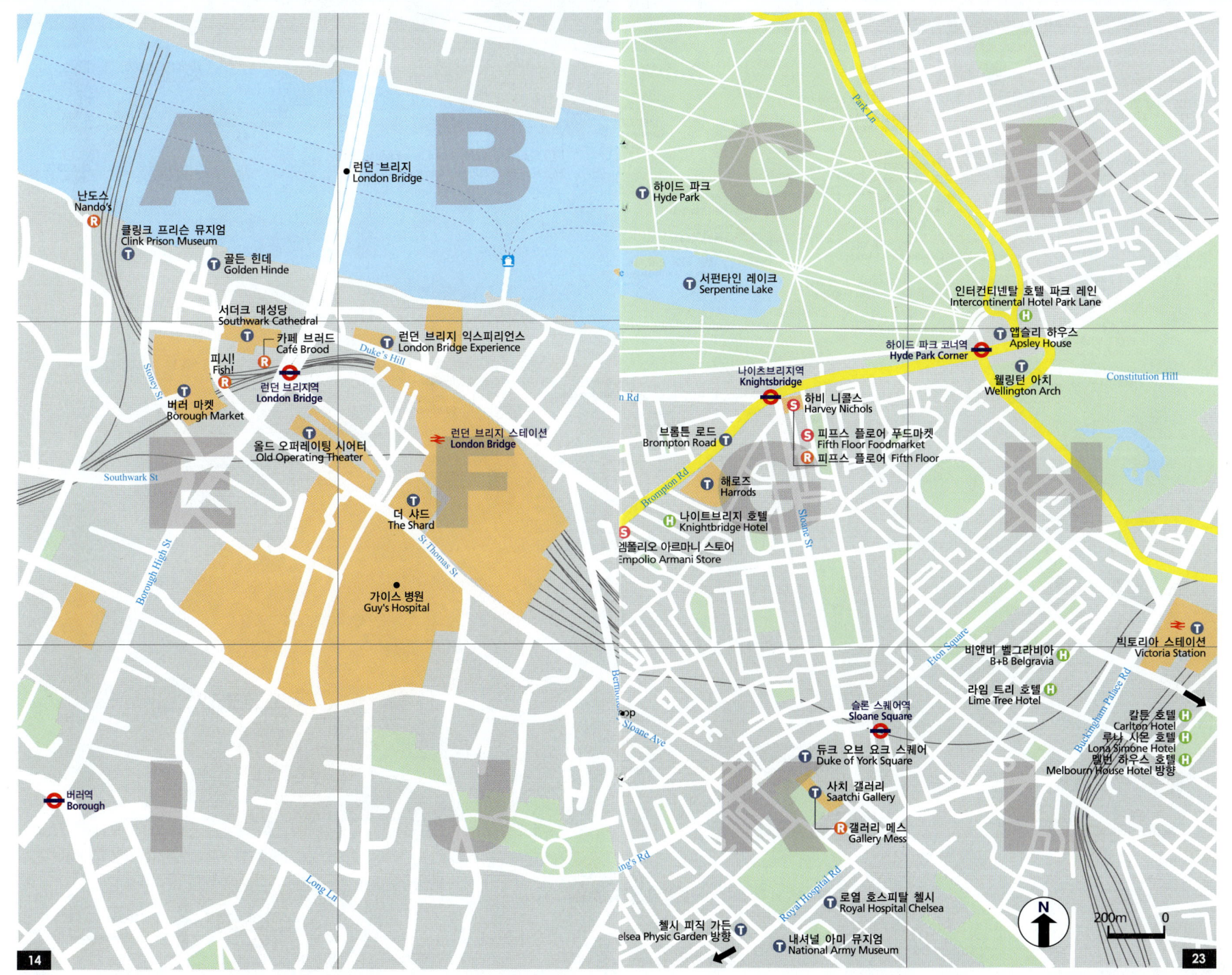

MAP 12 캠던 타운

MAP 5 사우스뱅크

MAP 13 그리니치

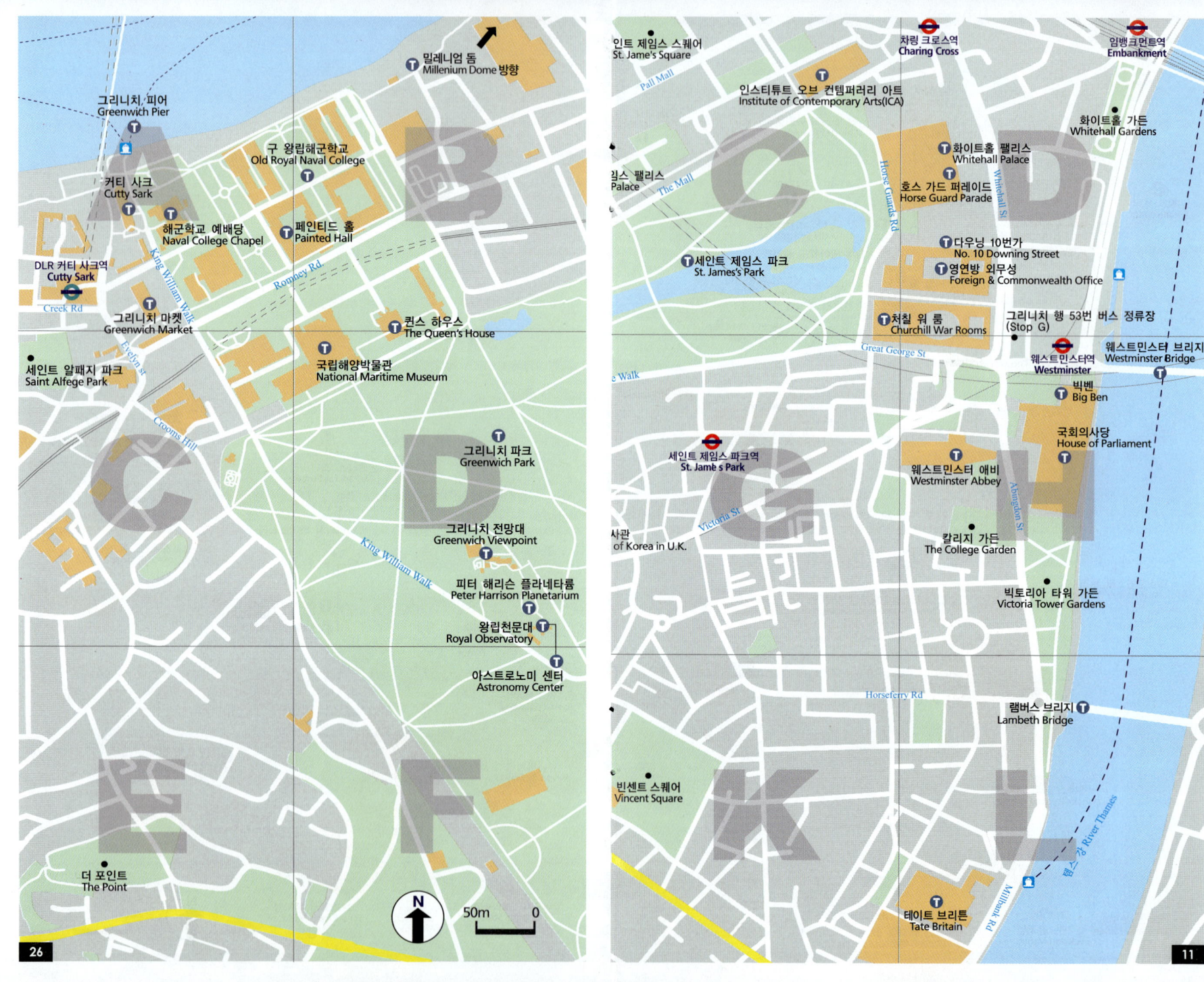

MAP 4 웨스트민스터　　　　　　　　　MAP 14 도클랜드

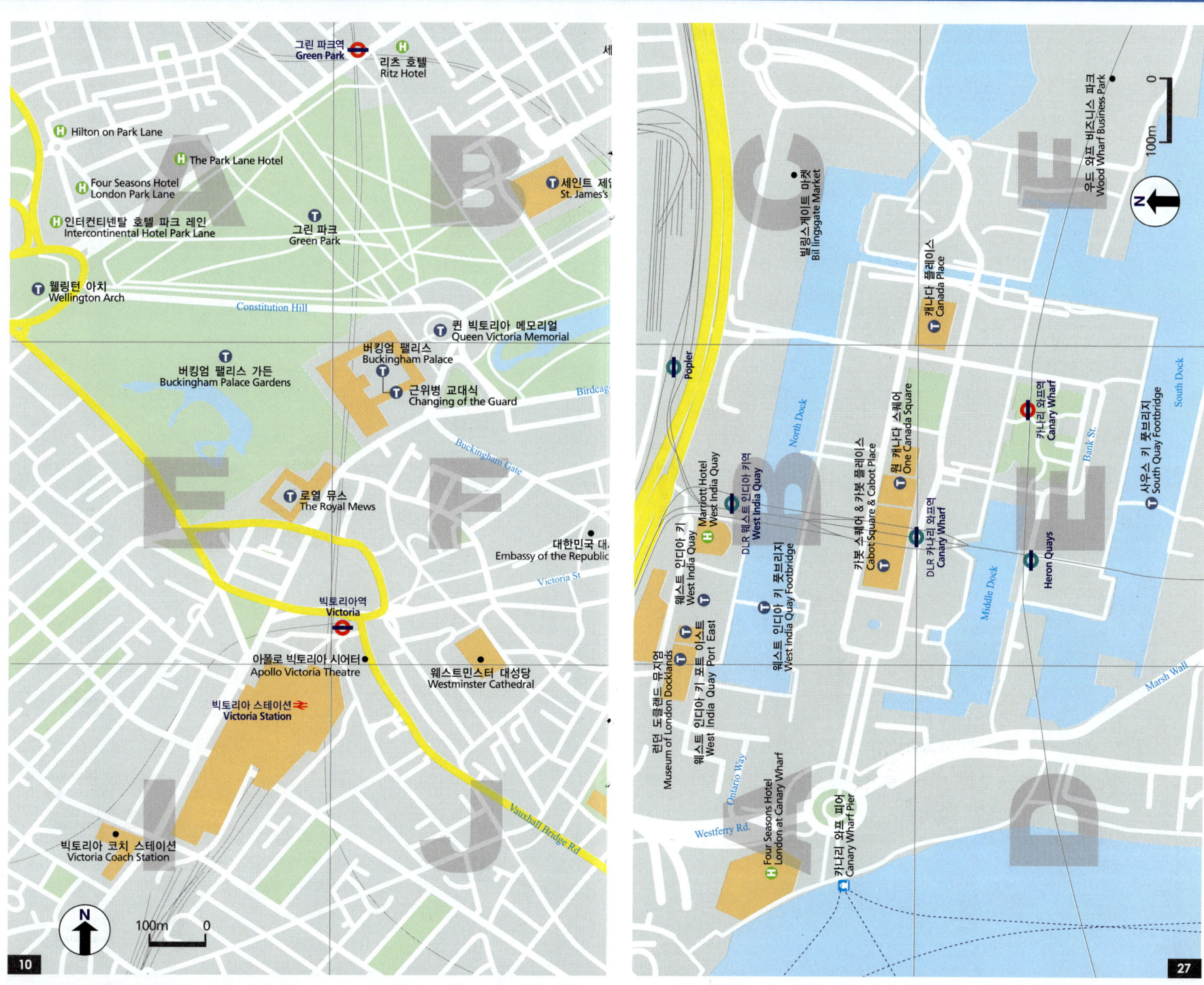

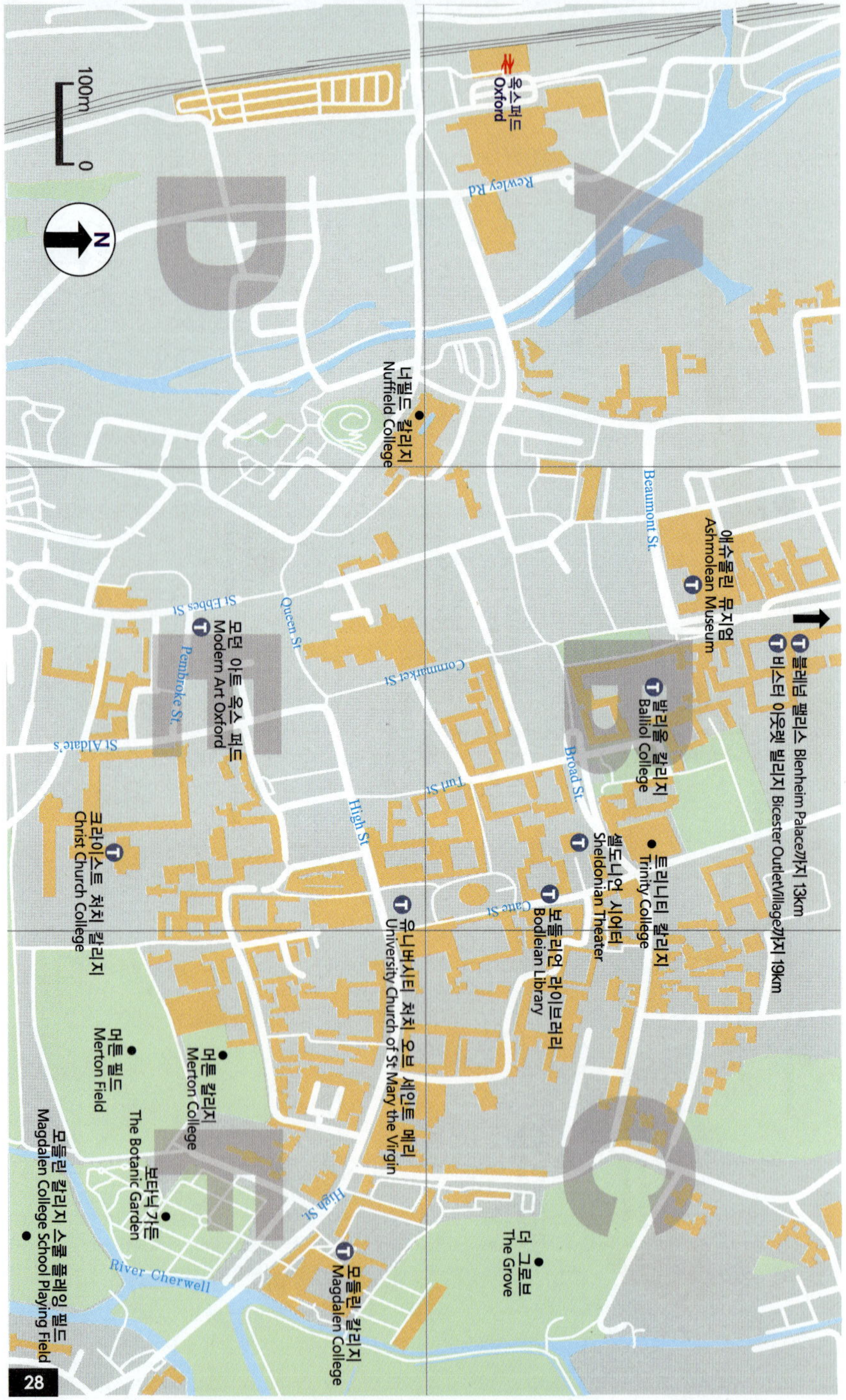
100m 0
N
옥스퍼드 Oxford
Rewley Rd
너필드 칼리지 Nuffield College
Beaumont St.
애슈몰린 뮤지엄 Ashmolean Museum
블레넘 팰리스 Blenheim Palace까지 13km
비스터 아웃렛 빌리지 Bicester OutletVillage까지 19km
St Ebbes St
Queen St
Cornmarket St
모던 아트 옥스퍼드 Modern Art Oxford
Pembroke St
발리올 칼리지 Balliol College
St Aldate's
Turl St
Broad St
High St
트리니티 칼리지 Trinity College
셸도니언 시어터 Sheldonian Theater
크라이스트 처치 칼리지 Christ Church College
Catte St
보들리언 라이브러리 Bodleian Library
유니버시티 처치 오브 세인트 메리 University Church of St.Mary the Virgin
머튼 필드 Merton Field
머튼 칼리지 Merton College
보터닉 가든 The Botanic Garden
High St
모들린 칼리지 스쿨 플레잉 필드 Magdalen College School Playing Field
River Cherwell
모들린 칼리지 Magdalen College
더 그로브 The Grove

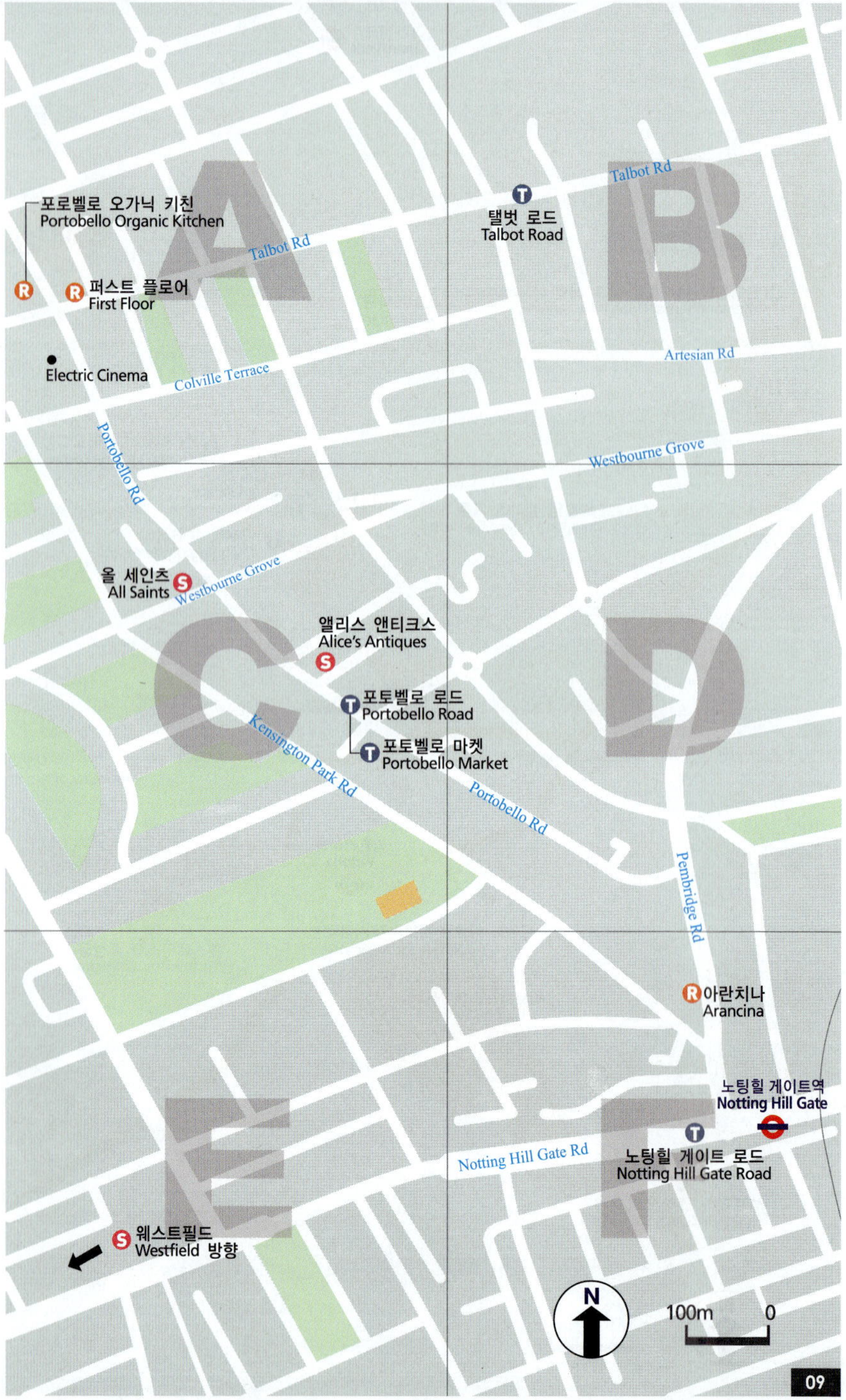
포르토벨로 오가닉 키친 Portobello Organic Kitchen
퍼스트 플로어 First Floor
Talbot Rd
탤벗 로드 Talbot Road
Talbot Rd
Electric Cinema
Colville Terrace
Artesian Rd
Westbourne Grove
Portobello Rd
올 세인츠 All Saints
Westbourne Grove
앨리스 앤티크스 Alice's Antiques
포토벨로 로드 Portobello Road
포토벨로 마켓 Portobello Market
Kensington Park Rd
Portobello Rd
Pembridge Rd
아란치나 Arancina
노팅힐 게이트역 Notting Hill Gate
Notting Hill Gate Rd
노팅힐 게이트 로드 Notting Hill Gate Road
웨스트필드 Westfield 방향
N
100m 0

MAP 2 코번트 가든

MAP 16 캠브리지

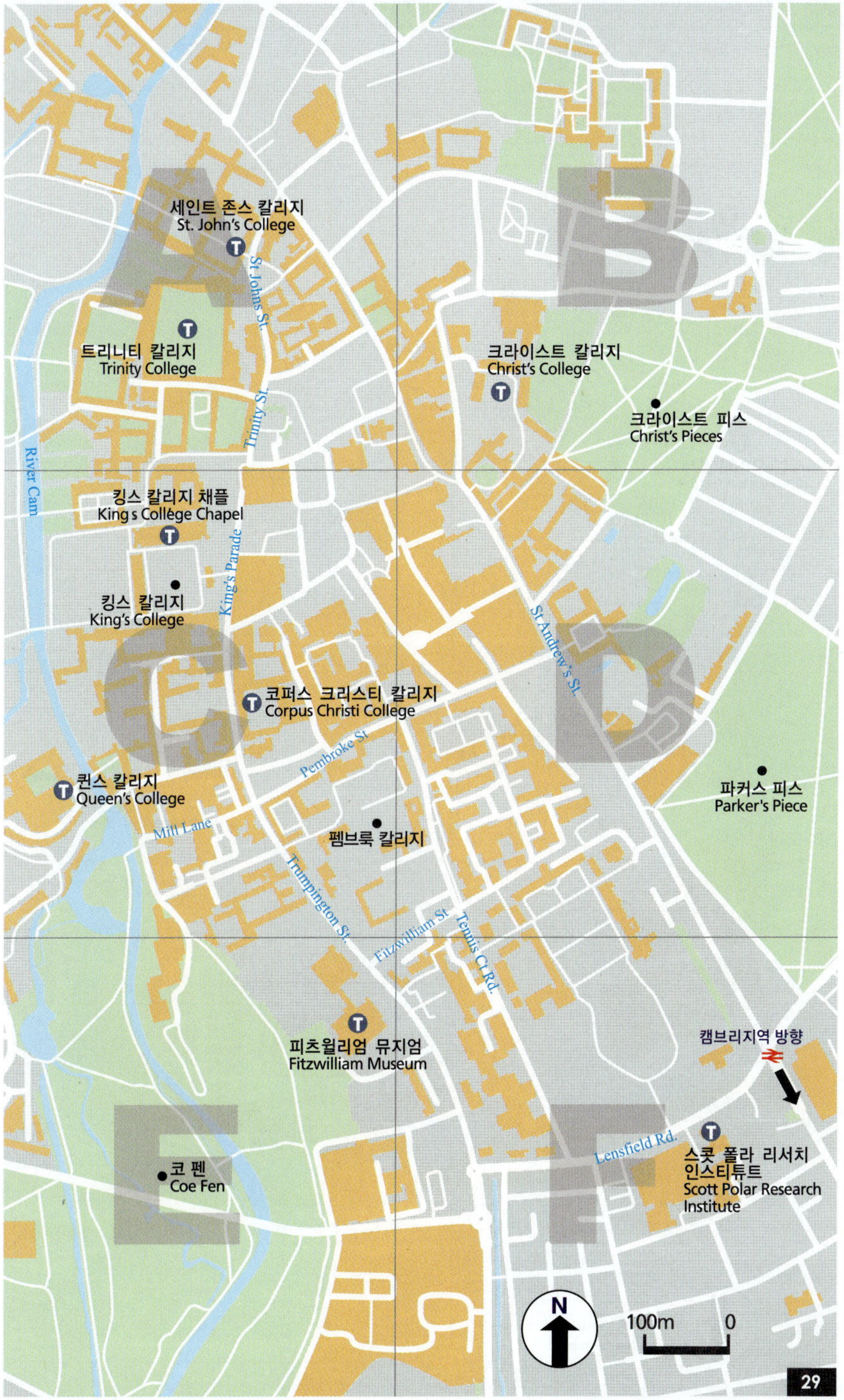

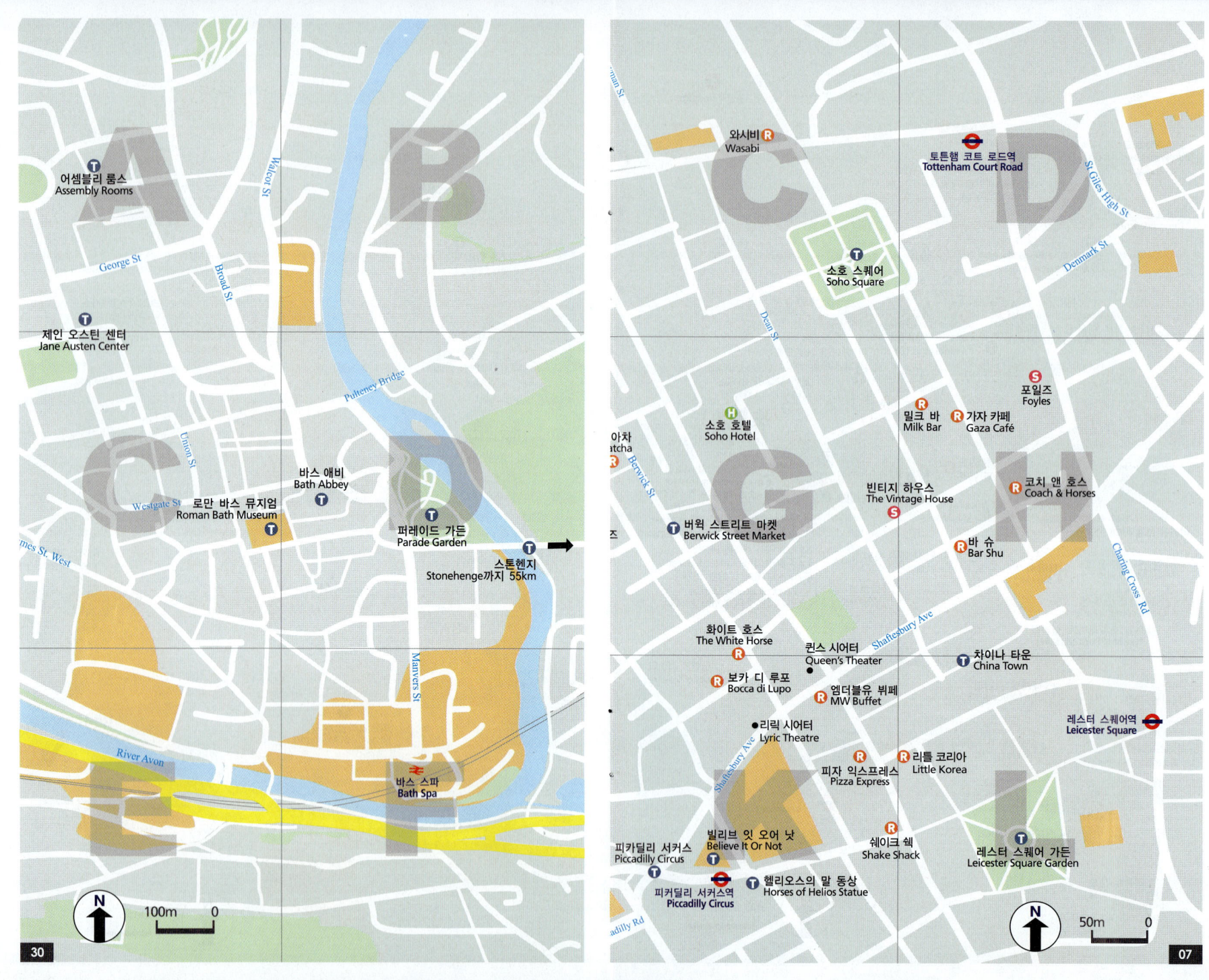

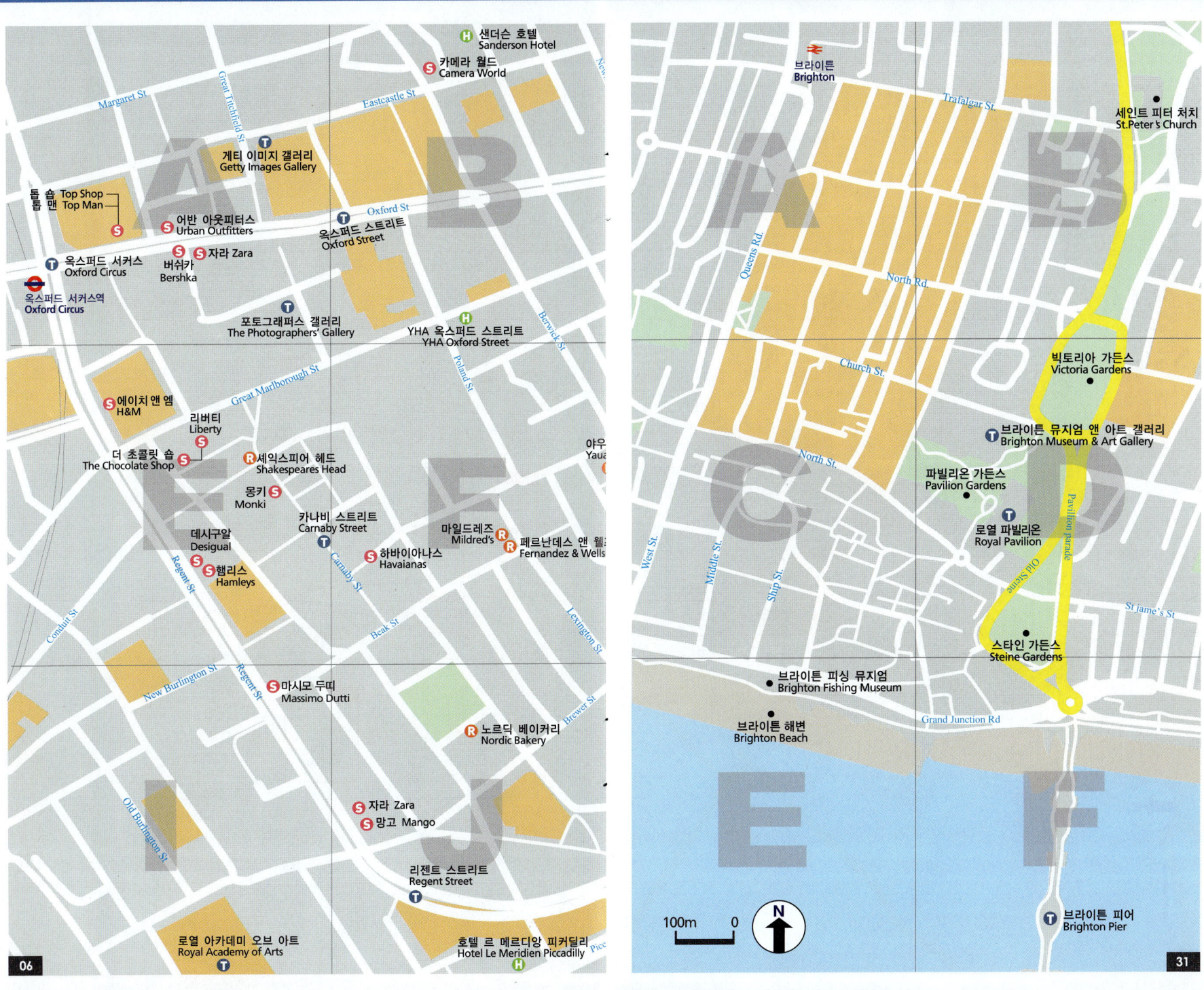

MAP 19 맨체스터

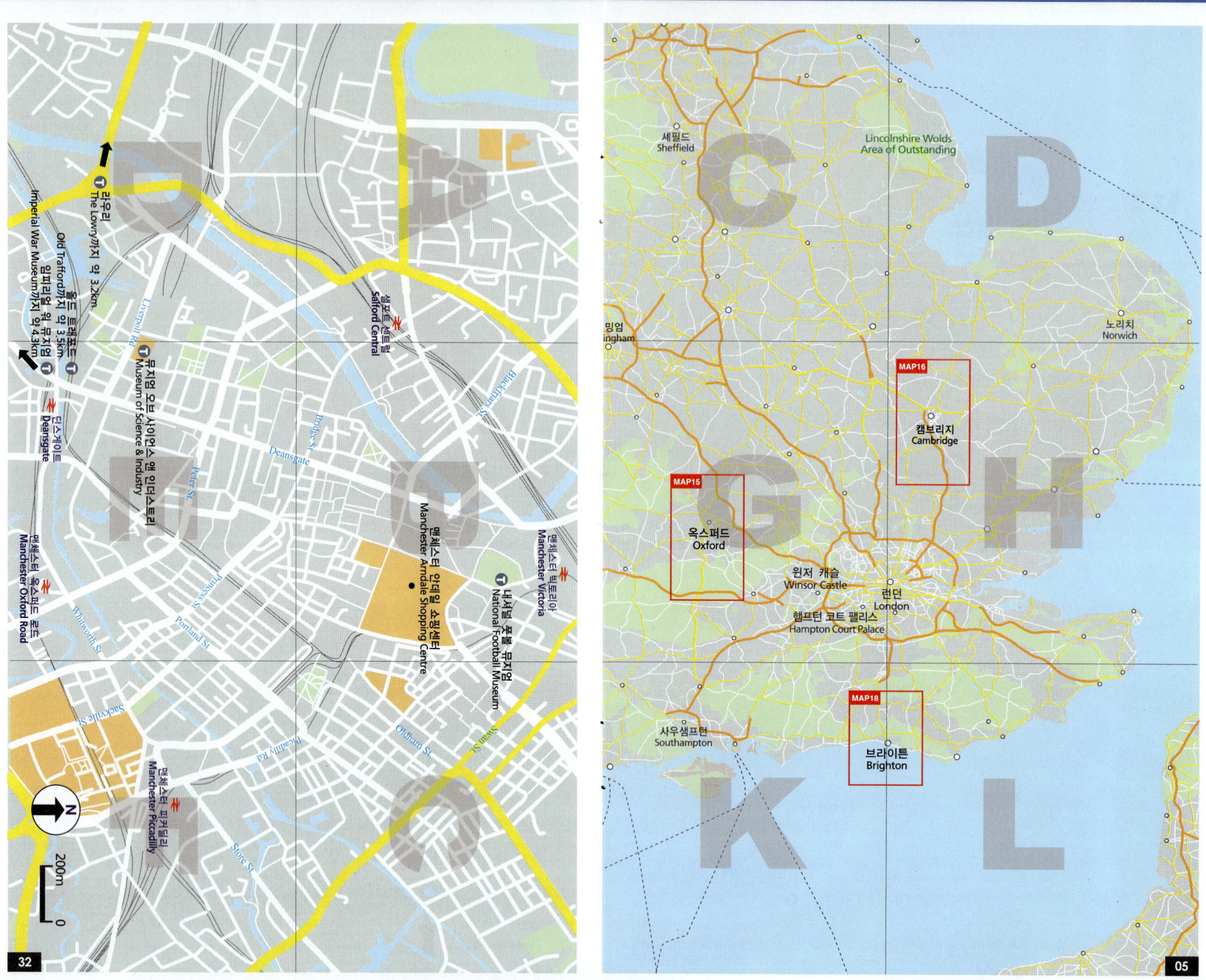

영국 남부 전도

MAP 20 콘위

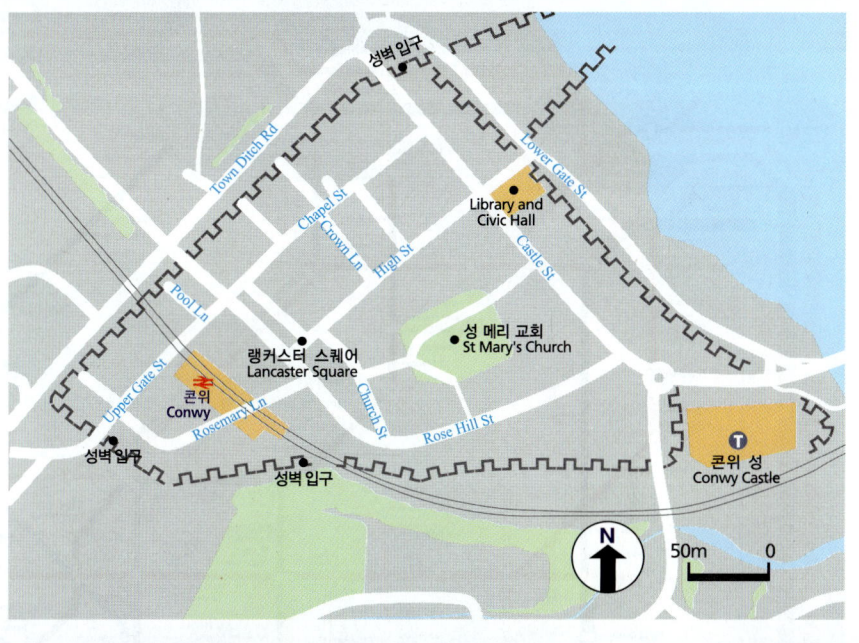

MAP 21 카에나폰

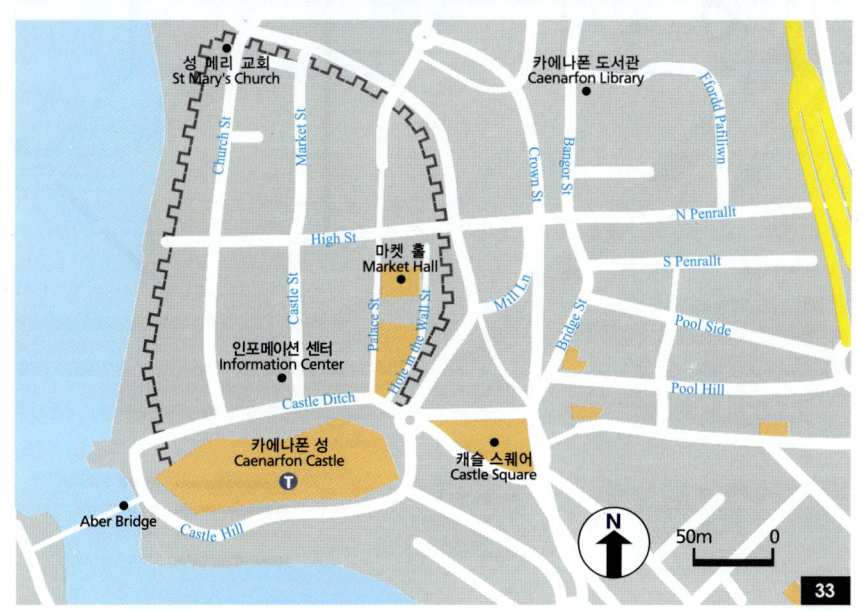

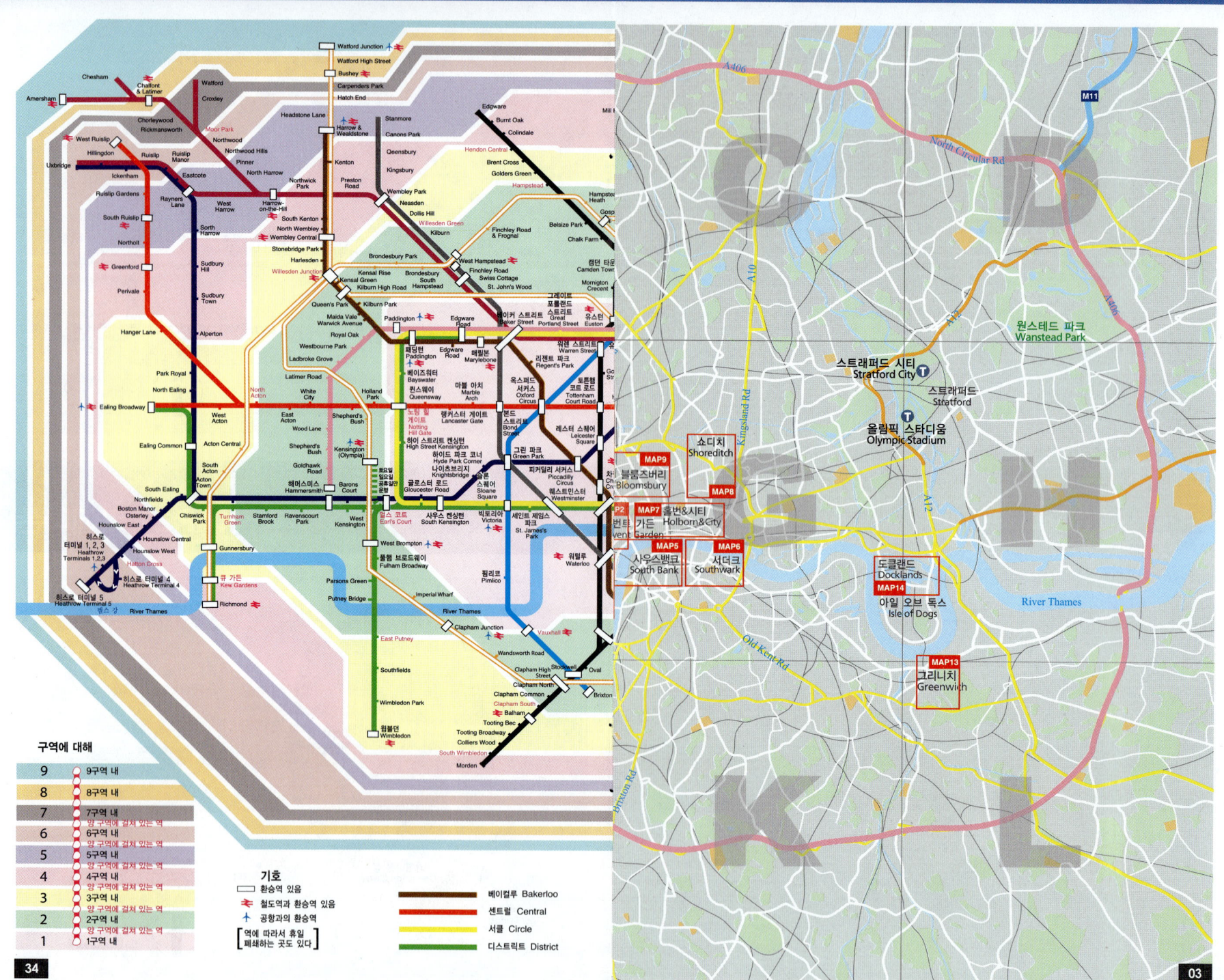

런던 전도

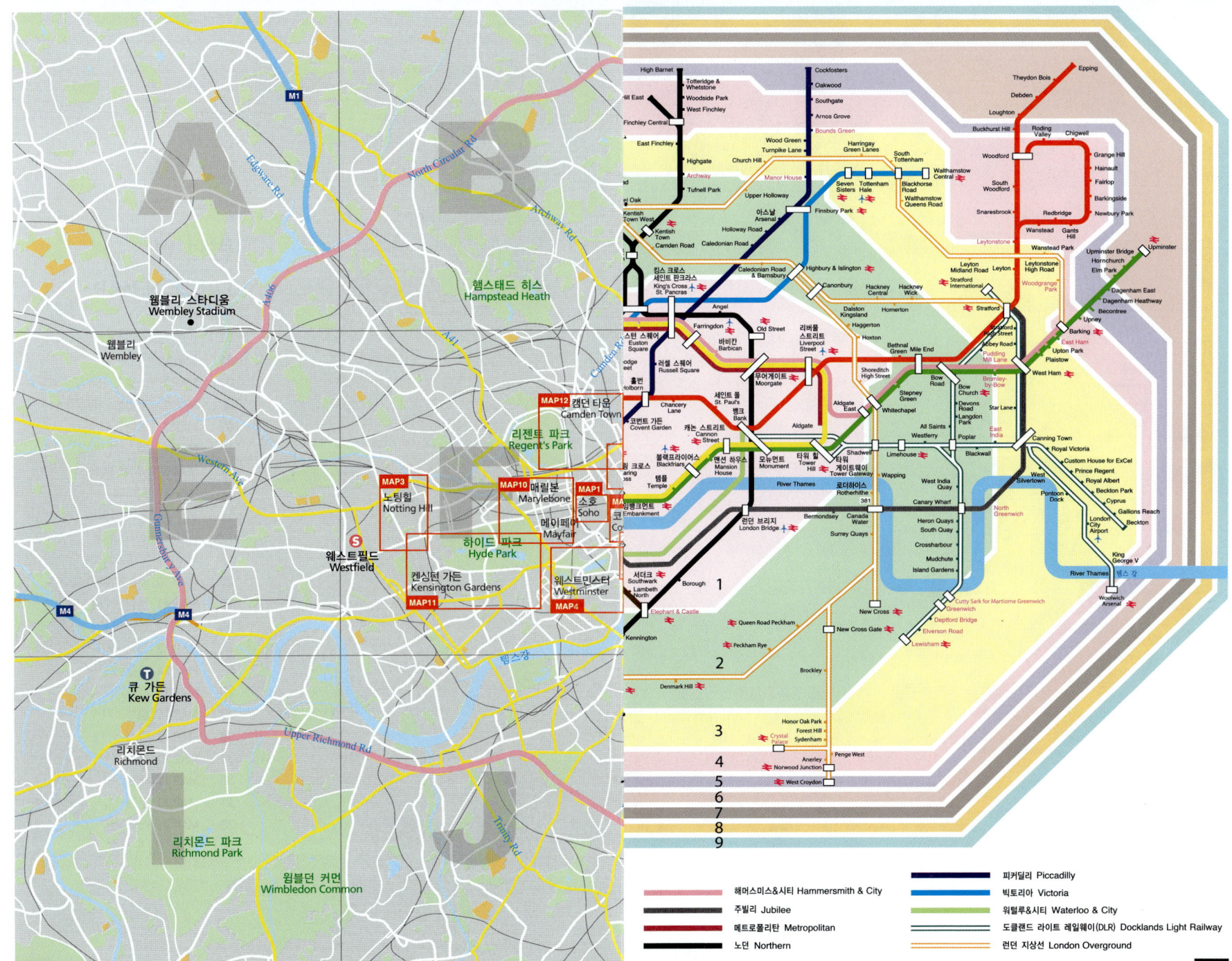

MEMO

런던 맵
LONDON MAP

- 02 런던 전도
- 04 영국 남부 전도
- 06 MAP 1 소호
- 08 MAP 2 코번트 가든
- 09 MAP 3 노팅힐
- 10 MAP 4 웨스트민스터
- 12 MAP 5 사우스뱅크
- 14 MAP 6 서더크
- 16 MAP 7 홀번&시티
- 17 MAP 8 쇼디치
- 18 MAP 9 블룸즈버리
- 20 MAP 10 매릴본&메이페어
- 22 MAP 11 켄싱턴 가든
- 24 MAP 12 캠든 타운
- 26 MAP 13 그리니치
- 27 MAP 14 도클랜드
- 28 MAP 15 옥스퍼드
- 29 MAP 16 캠브리지
- 30 MAP 17 바스
- 31 MAP 18 브라이튼
- 32 MAP 19 맨체스터
- 33 MAP 20 콘위
- 33 MAP 21 카에나폰
- 34 런던 전철 노선도

로랑제리 L'Orangerie

MAP 8 ⓑ

일요 화초 시장으로 유명한 콜롬비아 로드에 자리 잡은 인테리어 전문 숍으로 캐주얼풍의 가구를 비롯해 데커레이션 소품 및 전 세계에서 수집한 각종 장식용품을 판매한다. 알록달록한 방울이 달려 있는 목걸이도 눈에 띄고 벽에 걸려 있는 팝아트 그림도 눈길을 끈다. 인테리어 및 데커레이션 전문 숍이지만 여성용 가방, 액세서리 등 패션 아이템도 선보이고 있다.

위치 혹스턴역에서 도보 10분 주소 162 Columbia Rd. E2 7RG 오픈 월~토요일 09:00~17:00, 일요일 10:00~16:00 전화 020-7729-3767

글리테라티 Glitterati

MAP 8 ⓑ

겉으론 평범하고 다소 허름해 보이는 매장의 외관을 지니고 있지만 글리테라티는 화려한 무도회풍 의상이나 빈티지풍 고급 의상과 어울리는 액세서리와 주얼리를 전문으로 취급하는 곳으로 꽤 이름 높다. 빈티지풍 주얼리 디자이너로 유명한 뉴욕 출신의 미리암 하스켈 Miriam Haskell의 최상급 주얼리를 선보이기까지 한다.

빈티지풍 모자, 스카프, 핸드백도 진열되어 있으며 1970년대 영화 〈007〉 시리즈의 제임스 본드가 착용하고 나왔을 법한 커프링크스 Cufflinks(정장 셔츠의 소매끝에 장식하는 일종의 남성용 액세서리)도 구비되어 있다.

위치 혹스턴역에서 도보 10분 주소 148 Columbia Rd. E2 7RG 오픈 일요일 08:00~14:00 휴무 월~토요일 전화 020-7739-7739

BLOOMSBURY

AREA 07

블룸즈버리
Bloomsbury

소호 지구와 옥스퍼드 스트리트를 경계로 북쪽에 자리하고 있는 블룸즈버리는 런던에 위치하지만 시내의 번잡함으로부터 꽤 벗어나 있는 듯 보인다. 물론 블룸즈버리의 최고 명소인 브리티시 뮤지엄 앞에 길게 줄을 늘어선 관람객을 제외하고는 말이다. 블룸즈버리에는 런던 시내에서 접근이 용이한 UCL 대학 캠퍼스가 있어 젊은이들의 활기찬 일상이 엿보인다. 1970년대 획기적인 건축물이었던 브런즈윅 센터도 2006년 새 단장 후 다시 모습을 드러내며 눈여겨볼 만한 이 지역의 명소로 자리매김했다.

블룸즈버리
이렇게 여행하자

가는 방법 런던을 찾는 여행자들이 가장 많이 찾는 소호나 코번트 가든으로부터 멀지 않은 곳에 위치해 있어 도보로 찾아갈 수 있다. 블룸즈버리 지역 여행의 출발점은 토튼햄 코트 로드역이나 홀번역이다. 이곳에서 도보로 쉽게 브리티시 뮤지엄을 찾아갈 수 있다.

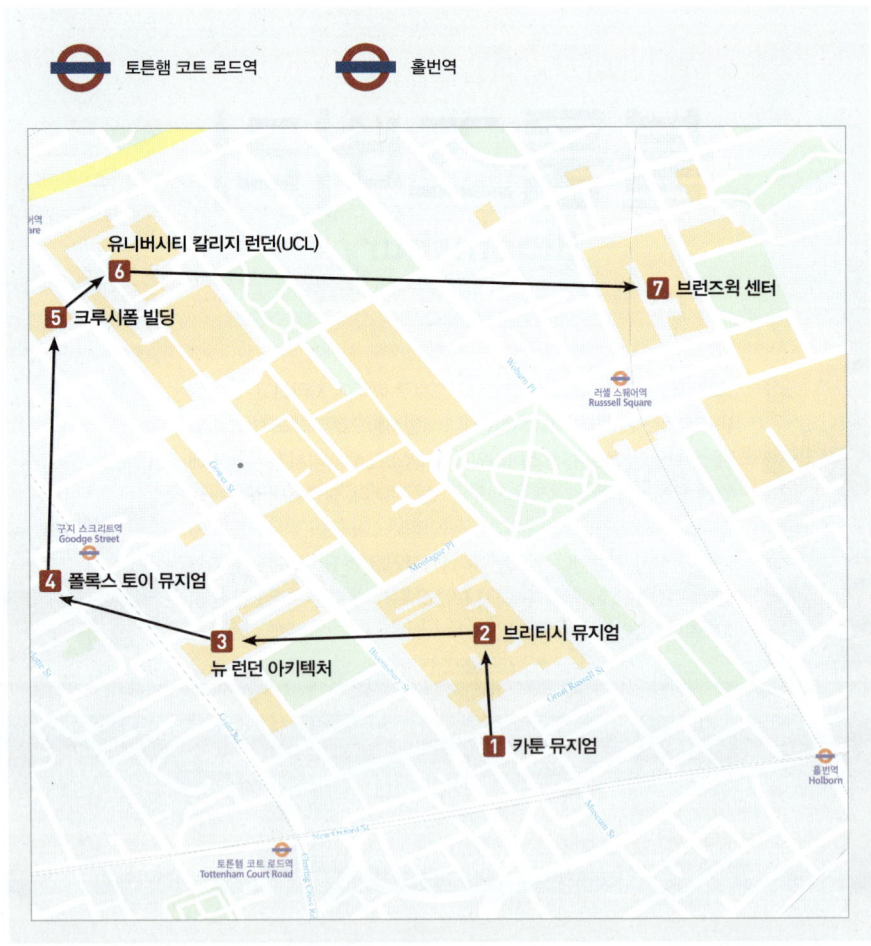

토튼햄 코트 로드역

▶▶▶ 5분

1 카툰 뮤지엄
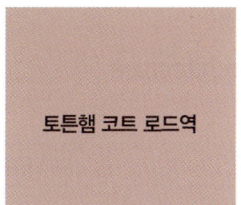
p.258

▶▶▶ 2분

2 브리티시 뮤지엄

p.262

▼ 5분

3 뉴 런던 아키텍처

p.258

5 크루시폼 빌딩

p.261

◀◀◀ 10분

4 폴록스 토이 뮤지엄

p.259

◀◀◀ 5분

▼ 2분

6 유니버시티 칼리지 런던 (UCL)

p.260

▶▶▶ 5분

7 브런즈윅 센터

p.265

✓ 체크 포인트

❶ 브리티시 뮤지엄에서 무료로 제공되는 영어 가이드 투어에 참여하거나 한국어 안내로 전시물을 설명해주는 오디오 가이드 헤드셋을 귀에 꽂고 전시관을 관람해보자.

❷ UCL 빌딩 내에 있는 페트리 고고학박물관을 방문하여 이집트의 고대 유물을 만나보자. 아울러 UCL 인근에서 대학가의 젊고 활기찬 분위기를 만끽해보는 것도 좋다.

카툰 뮤지엄
The Cartoon Museum

MAP 9 Ⓚ

뉴 런던 아키텍처
New London Architecture

MAP 9 Ⓙ

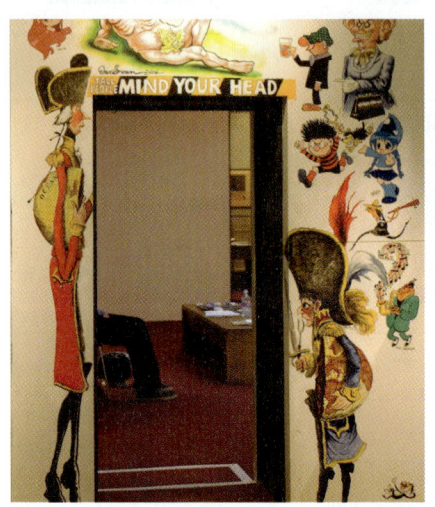

시대적 흐름과 역사적 흥미를 담은 영국 만화, 만화로 그린 초상화, 연재 만화를 소개하는 곳이다. 영국에서 만든 독특한 애니메이션 작품도 엿볼 수 있다. 뮤지엄 내에는 만화와 관련된 5000여 권의 서적과 4000여 권의 만화책을 보유한 도서관이 있다. 브리티시 뮤지엄 앞에 놓인 이곳은 지난 2006년 에딘버러 공작의 적극적인 후원으로 오픈했다.

위치 토튼햄 코트 로드역에서 도보 5분 주소 35 Little Russell St. WC1A 2HH 오픈 월~토요일(공휴일 포함) 10:30~17:30, 일요일 12:00~17:30 요금 성인 £7, 60세 이상 £5, 학생증 소지자 £3, 18세 미만 무료 전화 020-7580-8155 홈피 www.cartoonmuseum.org

런던의 건축과 도시 개발을 보여주는 전시관이다. 이곳이 들어선 취지는 자연환경을 보존하면서 런던을 더 살기 좋은 도시 공간으로 만들기 위해서다. 다시 말해 미래 청사진을 제시하는 곳이라고나 할까. 이곳에서는 많은 이들이 참여하여 현재 진행 중인 런던의 도시 개발, 건축 계획 등에 대한 정보를 나누고 의견을 수렴한다. 전시관을 들여다보면 33개의 구역으로 나뉜 런던 각 지역의 개발 모습을 엿볼 수 있다. 주요 건축물을 미니어처로 만들어놓은 입체적 개념도가 눈길을 끈다.

위치 구지 스트리트역에서 도보 3분 주소 The Building Center 26 Store St. WC1E 7BT 전화 020-7636-4044 오픈 월~금요일 09:30~18:00, 토요일 10:00~17:00 휴무 일요일 · 공휴일, 12월 24일~1월 2일 요금 무료 홈피 www.newlondonarchitecture.org

폴록스 토이 뮤지엄
Pollock's Toy Museum

MAP 9 Ⓔ

18~19세기 때 지어진 두 건물을 합한 공간에 자리하고 있다. 원래 코번트 가든 근처에 자리 잡은 뮤지엄을 1969년에 이곳으로 옮겼다. 비록 내부 공간이 비좁고 낡고 울퉁불퉁한 계단을 오르내리기도 쉽지 않아 보이지만 런던에서 가장 오래된 장난감박물관이라는 자부심은 대단하다. 6개의 방 안이 전시 공간으로 사용 중인데, 1903년 처음으로 태어난 테디 베어, 토이 시어터, 인형의 집, 보드게임 등이 놓여 있다. 양철로 만든 틴 토이 Tin Toy나 유럽 각국의 민속 의상 인형도 눈길을 끈다. 코번트 가든 지역에도 별도의 숍이 있다.

위치〉구지 스트리트역에서 도보 2분 주소〉1 Scala St, W1T 2HL 오픈〉월~토요일 10:00~17:00 휴무〉일요일·공휴일, 12월 24~26일, 1월 1일 요금〉성인 £6, 어린이 £3, 3세 미만 무료 전화〉020-7639-3452 홈피〉www.pollocks-coventgarden.co.uk

브리티시 텔레콤 타워
British Telecom Tower

MAP 9 Ⓔ

'비티 타워 BT Tower'라고도 불리는 이곳은 옛 런던의 진한 향수를 간직한 피츠로비아 Fitzrovia 지구에 자리하고 있다. 이곳은 1962년에 통신탑 역할로 세워져 1960~70년대 일반인들에게 공개되었다. 이 타워의 전체 높이는 177m로 이곳이 완공되기 전까지 1310년에 세워진 150m 높이의 올드 세인트폴 대성당이 런던에서 가장 높은 건물이었다. 이곳의 꼭대기층에 런던 최초의 회전식 레스토랑이 자리하고 있어 식사를 즐기며 360도 파노라믹 뷰를 즐길 수 있었다. 하지만 1971년 이 레스토랑의 화장실에서 IRA 테러리스트의 폭탄이 발견되었다. 안전상 이유로 1980년부터 오늘날까지 이 기념비적인 타워를 방문하려는 일반인의 출입을 통제하고 있다. 지난 2009년 회전식 레스토랑을 다시 오픈한다는 보도가 있었지만 진행되고 있지 않다.

위치〉구지 스트리트역에서 도보 5분 주소〉60 Cleveland St, W1T 4JZ 전화〉020-7356-5000

유니버시티 칼리지 런던(UCL)
University College London(UCL)

MAP 9 ⓑ

1826년 세운 종합대학이다. 시내에 자리하고 있어 쉽게 방문하여 캠퍼스 주변의 활기찬 분위기를 엿볼 수 있다. 이 대학은 영국에서 처음으로 종교적 색채를 띠지 않고 자유롭게 탄생했다. 또한 영국에서 처음으로 남녀 구분 없이 동등하게 입학을 받아들인 곳이기도 하다. 100개 이상의 학과와 학회, 연구소가 자리한 이곳은 생리학, 의학, 화학 등의 분야에서 역대 26명의 노벨상 수상자를 배출했다. 그중에는 아시아인 최고로 노벨상을 수상한 인도의 시인 타고르가 있다. 이 학교에서 법률을 공부했던 간디는 노벨평화상 후보로 다섯 번이나 선정되기도 했다.

위치 〉 유스턴 스퀘어역이나 구지 스트리트역에서 도보 7분 주소 〉 Gower St. WC1E 6BT 오픈 〉 연중 내내(학내 뮤지엄의 경우 화~토요일 13:00~17:00) 요금 〉 무료 전화 〉 020-7679-2000 홈피 〉 www.ucl.ac.uk

---

TIP UCL의 뮤지엄 순례

UCL에는 UCL 아트 뮤지엄 UCL Art Museum, 그랜트 뮤지엄 Grant Museum, 페트리 뮤지엄 Petrie Museum, 지올로지 컬렉션 Geology Collections 등 총 네 군데의 전시관이 있다. UCL 아트 뮤지엄에서는 16세기부터 오늘날에 이르기까지 다양한 미술 세계를 엿볼 수 있는 1만여 점의 작품이 전시되어 있다. 그중 주목할 만한 작품으로는 반다이크의 초상화, 터너의 풍경화 등이 있다. 또한 도서관에 자리한 돔 아래에는 플렉스만 갤러리 Flaxman Gallery가 있다. 플렉스만은 18세기 말과 19세기 초에 영국의 네오클래식 화풍을 이끌던 인물 중 하나로 수많은 부조 작품을 만들어낸 조각가다. 고상한 건축미로 치장된 이곳에서 플렉스만의 방대한 작품을 감상할 수 있다. 크루시폼 빌딩 맞은편의 록펠러 빌딩 내에 자리 잡은 그랜드 뮤지엄에서는 재미있게도 침팬지, 코끼리 등 일부 동물이 그려낸 그림을 소개하고 있다. '록 룸 Rock Room'으로도 불리는 지올로지 컬렉션에서는 지난 175년간 수집된 역사적 의미를 지닌 화석, 광물, 돌과 바위 등 지질학적 유물 및 자료 등이 전시되어 있다.

크루시폼 빌딩
Cruciform Building

MAP 9 Ⓔ

십자 형태로 이뤄진 중세 스타일의 건물로 블룸즈버리에 놓인 가장 멋진 건축물 중 하나다. 사실 중세풍 건물 같지만 19세기 때 지어진 것으로 1896년 영국의 건축가 알프레드 워터하우스가 착공한 UCL 부속 대학병원이다. 사실 이 병원 건물은 인근의 고어 스트리트 Gower St.에 1830년대에 세워진 유니버시티 칼리지 호스피탈 University College Hospital을 대체하기 위해 만든 것이다. 크루시폼 빌딩은 1906년에 완성되었는데, 아쉽게도 알프레드 워터하우스는 이 건물을 완성한 뒤 이듬해에 세상을 떴다.

위치 워런 스트리트역이나 유스턴 스퀘어역에서 도보 3분 홈피 www.ucl.ac.uk

페트리 고고학박물관
Petrie Museum of Egyption Archaeology

MAP 9 Ⓕ

여행가인 아멜리아 에드워즈가 1892년에 세운 박물관이다. 고대 이집트 유물을 발굴하는 데 일생을 바쳤던 플린더스 페트리의 이름을 땄다. 이 박물관은 이집트와 수단에서 발굴한 고고학적 유물 8만 점을 보유하고 있다. 고대 이집트의 고고학적 유물을 다루는 단일 박물관으로는 최대 규모다. 이곳의 역사적 유물은 선사 시대부터 파라오 시대, 로마 시대, 이슬람 시대에 이르기까지 나일강 일대의 삶과 역사를 알려주는 중요한 자료가 되고 있다.

위치 구지 스트리트역에서 도보 5분 주소 Malet Place, WC1E 6BT 오픈 화~토요일 13:00~17:00 휴무 월·일요일(단, 단체 방문자나 특별 목적이 있는 개인 방문자는 사전 예약 시 월요일 오전, 오후나 주중 오전 10~12시에 방문 가능) 요금 무료(10세 이하는 보호자와 동반해야 함) 전화 020-7679-2884 홈피 www.ucl.ac.uk/museums/petrie

처치 오브 크라이스트 더 킹
Church of Christ the King

MAP 9 Ⓕ

고든 스퀘어 옆에 자리 잡은 가톨릭 사도교회단에 속한 교회다. 초기 네오고딕 형태의 건물이자 십자형 건물로 1854년에 지어졌다. 이 교회 건물의 재질은 북부 잉글랜드의 바스 Bath에서 가져온 단단한 재질의 돌이다. 1963년부터 이 교회가 가톨릭 교구에 다시 복속되던 1994년까지 런던 시내 대학부속교회의 성공회 목회자들이 모여 예배를 드리는 장소로 잘 알려져 있다. 한때 이곳의 지하 공간에 마련된 스튜던트 카페가 인기를 얻기도 했다. 오늘날 이 교회는 성공회의 보수 단체에 의해 사용되고 있다.

포토제닉 스폿 나란히 서 있는 세 개의 빨간 공중전화 부스는 사진 작가들의 포토제닉 스폿!

위치 유스턴 스퀘어역에서 도보 7분, UCL 캠퍼스의 엔지니어링 프런트 빌딩 오른편에 위치

브리티시 뮤지엄
The British Museum

MAP 9 Ⓚ

방대한 세계 문명의 역사적 증거물이 이곳에서 지난날의 인류 역사를 증언하고 있기에 감히 세계 최대의 박물관이라 말할 수 있다. 이곳에 전시, 소장된 유물만 해도 800만 점에 이른다고 하니 가히 어마어마한 규모를 짐작할 수 있다. 또한 1759년 1월 15일 한스 슬로운 Hans Sloane 경에 의해 오늘날의 자리에 문을 열었다. 그 후 200여 년 동안 계속 확장하면서 오늘날의 규모를 지닌 대형 박물관이 되었다. 1881년에는 이곳의 일부 유물로 사우스 켄싱턴 지역에 오늘날의 내추럴 히스토리 뮤지엄을 세웠으며 1997년에는 이곳의 도서관을 이전해 오늘날의 브리티시 라이브러리를 세웠다. 이곳의 주요 볼거리는 크게 고대 이집트 시대의 유물과 앗시리아, 페르시아 등 고대 중동의 유물, 고대 그리스와 로마 시대의 각종 조각상과 미술품, 고대 중국의 유물 등이다. 구석기 시대의 흔적에서부터 세계에서 가장 오래된 이집트의 미라, 이집트 상형문자를 해독하는 데 결정적인 기여를 한 로제타 스톤이 주목할 만한 전시물이다. 메소포타미아에 꽃피웠던 아시리아의 유물과 페르시아의 조각상을 통해 각 지역마다 화려했던 역사를 읽을 수 있다. 아테네에서 로마로 세계 문화의 중심지가 옮겨 가는 모습도 담고 있다 보니 전시물을 관람하면서 흥미로운 고대 유럽의 역사적 스토리를 읽을 수도 있다. 참고로 박물관 내 대부분의 전시물에 대한 사진 촬영이 가능하다.

포토제닉 스폿 뮤지엄 내 진열된 파라오 동상 앞에 서서 사진을 찍어보자.

위치 토튼햄 코트 로드역에서 도보 5분 주소 Great Russell St, WC1B 3DG 오픈 전시관 월~수 · 토 · 일요일 10:00~17:30, 목 · 금요일 10:00~18:30/그레이트 코트 월~수 · 일요일 09:00~18:00, 목~토요일 09:00~23:00 요금 무료(일부 특별 전시의 경우는 유료) 전화 020-7323-8399 홈피 www.thebritishmuseum.org

이집트 전시물

이곳에는 시대별로 선사 시대부터 중세 시대에 이르기까지 1만1000년 동안의 약 10만여 점의 이집트 유물이 전시되어 있다. 로제타 스톤을 비롯해 이 중 상당수는 1801년 나일 강 전투에서 프랑군에 승리를 얻은 후 전리품으로 얻은 것들이다. 또한 19세기 초부터 박물관 측에서는 영국의 유명 수집상들이 개인적으로 소장한 것을 다량으로 구입해왔다. 5000년 역사를 자랑하는 로제타 스톤은 이집트 상형문자를 해독하는 데 결정적인 역할을 한 유물로 25호실에 놓여 있으며 고대 이집트의 주요 미라는 60호실에 보관되어 있다. 고대 이집트의 신전과 무덤에 있던 거대 조각품은 4호실에 모여 있다. 이곳에는 람세스 2세의 거대 흉상이 놓여 있어 눈길을 끈다.

고대 그리스·로마 시대 전시물

11호실에는 미코노스, 델로스, 낙소스 등 그리스 섬에서 출토된 다양한 고대 유물을 전시하고 있다. 고대 미노아 시대의 유물은 12A호실에서, 기원전 11세기부터 기원전 6세기까지의 고대 유물은 13호실에서 볼 수 있다. 파르테논 신전 유물은 18호실, 알렉산더 시대의 유물은 22호실에서 만날 수 있다. 고대 로마 시대의 주요 유물은 70호실에 전시되어 있으며, 고대 그리스·로마 시대의 일상을 담은 유물은 69호실에서, 고대 그리스·로마 시대의 건축에 관련된 전시는 77호실에서 볼 수 있다. 찰스 타운리 Charles Towneley 경이 18세기 말부터 19세기 초에 이탈리아를 여행하며 수집한 고대 로마 시대의 조각품은 83·84호실에 있다.

중동과 동북아시아 전시물

고대 이집트와 고대 그리스·로마 시대 유물과 더불어 많은 방문객들이 관심 있어 하는 고대 메소포타미아와 고대 페르시아 유물은 각각 55~56호실과 52호실에 전시되어 있다. 브리티시 뮤지엄은 방대한 고대 아시리아 제국의 유물을 보유하고 있는데, 6~10호실에 걸쳐 전시되어 있다. 아시아 국가의 경우 중국의 비취 세공품은 33B호실에, 중국의 자기는 95호실에, 미츠비시 회사의 후원을 받는 일본 전시관은 92~94호실에 마련되어 있다. 비록 중국·일본관에 비해 상대적으로 규모가 작지만 한국관은 67호실에 있으며 목재 한옥의 장식과 함께 불상, 불화, 17~18세기의 이조 백자 등이 전시되어 있다.

TIP 브리티시 뮤지엄의 무료 가이드 투어에 참여해보자

영어로 진행되는 가이드 투어는 무료이며 매일 오전 11시부터 해당 전시관에서 30분 간격으로 진행된다. 30~40분 소요되며 주요 전시실의 투어 시간 및 장소는 다음과 같다.

로만 브리튼관(49호실)	11:15	고대 그리스관(17호실)	11:30
고대 메소포타미아(56호실)	11:45	아프리카관(24호실)	12:00
중동 미술관(34호실)	14:00	고대 이집트관(64호실)	14:30
중세 유럽관(40호실)	14:45	고대 로마관(70호실)	15:15
아시리아관(6호실)	15:45		

※ 혼자 오디오를 들으며 해당 전시실의 설명을 듣는 셀프 오디오 가이드(한국어 포함)의 경우, 요금은 성인 £5, 멤버십 소유자, 학생, 실직자 £4.5, 12세 미만 £3.5다.

고든 스퀘어
Gorden Square

MAP 9 ⓑ

브런즈윅 센터
Brunswick Centre

MAP 9 ⓓ

1820년대에 조성된 조용하고 한적한 블룸즈버리의 작은 공원이다. 동쪽으로 한 블록 떨어진 곳에 자리하고 있는 타비스톡 스퀘어 Tavistock Square와 같은 크기여서 서로 짝으로 불린다. 한때 이곳은 주변을 감싸고 있는 저택 주인들의 소유였으나 오늘날에는 UCL의 소유로 일반인들의 출입을 허용하고 있다. 이 광장을 감싸는 주변 건물은 런던의 유명 인사들이 머물던 곳으로도 유명하다. 영국의 유명 철학자인 버틀란드 러셀, 경제학자였던 존 메이나드 키네스를 비롯해 화가이자 인테리어 디자이너였던 바네사 벨, 전기 작가로 유명했던 리튼 스트래치, 여류 소설가 버지니아 울프와 그녀의 가족 등이 이곳에 살았다.

|위치| 유스턴 스퀘어역에서 도보 7분, UCL 캠퍼스 빌딩과 처치 오브 크라이스트 더 킹 건물 오른편에 위치

1960~70년대의 런던을 대표하는 주상복합 건물이다. 일반 거주형 아파트와 상점, 레스토랑, 영화관 등이 함께 들어서 있다. 사실 이곳은 오늘날 쇼핑센터로 더 명성이 높아 브런즈윅 쇼핑센터로 불리기도 한다. 1960년대 패트릭 호즈킨슨이 설계해 1972년에 완공되었다. 지난 2002년 £2200만의 비용을 들여 대대적인 보수 공사와 리모델링 작업에 착공했다. 그리고 대대적인 공사를 거쳐 지난 2006년 말 새 모습을 선보였다. 오늘날 이곳은 일반 거주 형태의 주거 공간으로 560개의 플랫이 자리하며 웨이트로스 슈퍼마켓, 르누아르 시네마를 비롯해 여러 레스토랑, 카페, 숍 등이 들어서 있다.

|포토제닉 스폿| 21세기 모습으로 변모한 브런즈윅 센터의 모습을 카메라에 담아보자.

|위치| 러셀 스퀘어역에서 도보 1분 |주소| The Brunswick, WC1N 1BS |오픈| 월~토요일 09:00~21:00, 일요일 12:00~18:00 |요금| 무료 |전화| 020-7833-6066 |홈피| www.brunswick.co.uk

피시 플레이스
Fish Plaice

MAP 9 ⓒ

한국인이 운영하는 피시 앤 칩스 전문 레스토랑. 한 번쯤 영국의 전통 음식 피시 앤 칩스를 맛보고 싶을 때 들러볼 것을 추천한다. 브리티시 뮤지엄 입구 인근에 있어 박물관 견학 후 식사하기에 좋다. 런던 시내의 어느 곳보다 맛 좋고 질 좋은 피시 앤 칩스를 맛볼 수 있다. 가시 없는 통통한 생선 살에 튀김옷을 얇게 입혀 바삭하게 튀겨낸다. 무엇보다 홈메이드 요구르트를 이용한 타르타르 소스 맛이 일품. 게다가 가격도 저렴하다. 양이 많아 한 접시를 두 명이서 나눠 먹기도 좋다. 1층에는 40석, 지하에는 20석이 마련돼 있다.

|위치| 토트넘 코트 로드역에서 도보 7분. 브리티시 뮤지엄 입구에서 도보 2분. |주소| 32 Museum St, WC1A 1LH |오픈| 월~토요일 11:30~20:00, 일요일 11:30~19:30 |요금| 피시 £4.7~, 칩스 £2.0~ |전화| 020-7580-2146 |홈피| www.fishplaice.co.uk

김치
Kimchee

MAP 9 Ⓛ · 7 Ⓐ

지난 2012년에 오픈한 한식 레스토랑으로 오픈과 동시에 영국의 주요 매체를 통해 가볼 만한 한식당으로 여러 차례 소개된 곳이다. 기존의 한식 레스토랑과 달리 현지인의 입맛을 고려해 만든 맛깔스러운 음식을 제공할뿐더러 깔끔하고 돋보이는 모던 감각의 실내 장식이 인상적인 곳이다. 또한 시푸드 비빔밥, 두부 우동 등 여느 한식당에서는 찾을 수 없는 창의적인 메뉴를 제공하기도 한다. 탁 트인 넓은 실내 공간을 자랑하며 오픈 키친을 통해 셰프의 요리 만드는 과정을 엿볼 수 있다.

|위치| 홀번역에서 도보 5분 |주소| 71 High Holborn, WC1V 6EA |오픈| 월~금요일 12:00~15:00, 17:30~22:30, 토요일 12:00~22:30, 일요일 12:00~22:00 |요금| 돌솥비빔밥 £8.2, 불고기 £8.5, 육개장 £7.2, 깍두기 £2.5(반찬은 별도) |전화| 020-7430-0956 |홈피| www.kimchee.uk.com

비빔밥 카페
Bibimbab Café

MAP 9 Ⓚ

브리티시 뮤지엄으로 가는 길목인 뮤지엄 스트리트에 있다. 작은 형태의 식당으로 저렴한 식사를 원하는 한국인 여행자들에게 안성맞춤인 곳이다. 비빔밥(£6.5)을 전문으로 하는 곳이지만 떡볶이(£6), 김밥(£6, 김치, 미소국 포함), 파전(한 조각 £1), 잡채(£5), 라면(£5) 등을 제공한다. 반찬류인 김치(£1)나 나물무침(£3) 등을 별도로 주문해야 한다.

|위치| 토트넘 코트 로드역에서 도보 7분 |주소| 37 Museum St, WC1A 1LP |오픈| 매일 10:00~20:00 |요금| 돌솥비빔밥 £8(세트 메뉴 주문 시 국과 김치, 음료가 포함되며 요금은 £10) |전화| 020-7404-8880 |홈피| www.bibimbabcafe.com

보콘셉트
BoConcept

MAP 9 Ⓔ

1950년대 탄생한 덴마크의 가구 브랜드다. 고급스러운 소재를 사용한 컨템퍼러리 스타일의 가구를 생산한다. 깔끔하고 세련된 디자인의 소파, 침대, 테이블 등을 만날 수 있을뿐더러 독특한 디자인의 조명, 인테리어 소품도 찾아볼 수 있다. 글로벌 브랜드로 입지를 굳힌 보콘셉트는 현재 유럽 전역은 물론 북미, 일본, 두바이 등지에 300여 군데 매장을 두고 있다. 런던에서는 블룸즈버리 매장 외에 해러즈 백화점, 셀프리지 백화점, 노팅힐에 매장이 있다.

위치 워런 스트리트역에서 도보 5분 **주소** 158 Tottenham Court Rd. W1T 7NH **오픈** 월~수·금요일 10:00~18:30, 목요일 10:00~20:00, 토요일 10:00~18:00, 일요일 12:00~18:00 **전화** 020-7388-2447 **홈피** www.boconcept.co.uk

해비타트
Habitat

MAP 9 Ⓔ

보콘셉트와 마찬가지로 가구 및 인테리어용품 전문 브랜드다. 고가의 보콘셉트에 비해 상대적으로 가격이 저렴한 물건을 주로 판매한다. 해비타트는 런던 및 영국 전역에 수많은 매장을 두고 있다. 블룸즈버리에 자리한 매장은 비교적 규모가 큰 편집매장이다. 이곳에서 볼 수 있는 가구로는 거실용 소파, 팔걸이 의자, 침대, 커피 테이블, 다이닝 테이블, 선반, 야외 테이블 등이 있으며 다양한 용도의 주방용품과 화려하고 모던한 감각의 장식용 조명기기도 만날 수 있다. 촛불, 거울, 문구류, 사진 받침대 등 감각적인 인테리어 소품도 있다.

위치 구지 스트리트역에서 도보 2분 **주소** 196-199 Tottenham Court Rd. W1T 7PJ **오픈** 월~수·금·토요일 10:00~19:00, 목요일 10:00~20:00, 일요일 12:00~18:00 **전화** 0344-499-1122 **홈피** www.habitat.co.uk

카툰 뮤지엄 숍
Cartoon Museum Shop

MAP 9 Ⓚ

다소 낯선 영국 및 유럽의 신문이나 잡지 등에 연재된 만화 속 주인공을 만날 수 있는 곳이다. 물론 최신 다시 세계적으로 인기를 얻고 있는 마블 코믹스의 주인공인 스파이더맨, 아이언맨 등이 등장하는 만화책도 구할 수 있다. 그밖에 각종 만화 포스터, 엽서 및 카드, 그림 액자, 키홀더, 머그잔 등을 판매한다. 온라인 스토어를 통해 물품을 주문할 수도 있다.

위치 토트넘 코트 로드역에서 도보 7분 **주소** 35 Little Russell St. WC1A 2HH **오픈** 월~토요일 10:30~17:30, 일요일 12:00~17:30 **전화** 020-7580-8155 **홈피** www.cartoonmuseum.org

MARYLEBONE & MAYFAIR

AREA 08

매릴본&
메이페어
Marylebone&Mayfair

매릴본과 메이페어 지구는 옥스퍼드 서커스를 기준으로 서쪽에 위치한다. 매릴본은 리젠트 파크 남쪽에, 메이페어는 하이드 파크 동쪽에 자리한다. 매릴본은 매릴본 하이 스트리트를 중심으로 고급 레스토랑과 개성 넘치는 숍, 카페 등이 들어서 있다. 스케치와 같은 스타일리시한 다이닝 스폿도 자리하고 있다. 이곳의 최대 볼거리는 단연코 마담 튀소와 월리스 컬렉션이다. 메이페어의 중심은 최고급 럭셔리 브랜드 숍이 늘어선 본드 스트리트다. 피커딜리 로드에 위치한 로열 아카데미 오브 아트에서의 미술 관람도 잊지 말자.

매릴본&메이페어
이렇게 여행하자

가는 방법

베이커 스트리트역에서 출발한다면 오전 일찍 마담 튀소를 방문하자. 그다음 셜록 홈스 뮤지엄과 비틀스 스토어에 들른 후 매릴본 하이 스트리트를 거쳐 월리스 컬렉션을 방문하자. 반대로 소호나 옥스퍼드 서커스에서 가까운 본드 스트리트부터 방문한 뒤 여정을 베이커 스트리트역 인근에서 일정을 마무리할 수도 있다.

| 베이커 스트리트역 | ▶▶▶ 🚶 1분 | **1** 셜록 홈스 뮤지엄
p.272 | ▶▶▶ 🚶 5분 | **2** 마담 튀소
p.272 |

🚶 10분

| **5** 본드 스트리트
p.274  | ◀◀◀ 🚶 15분 | **4** 월리스 컬렉션
p.273  | ◀◀◀ 🚶 7분 | **3** 매릴본 하이 스트리트
p.273  |

🚶 10분

| **6** 로열 아카데미 오브 아트
p.275 | ▶▶▶ 🚌 20분 | **7** 마블 아치
p.274 | ▶▶▶ 🚶 15분 | **8** 에지웨어 로드
p.274 |

☑ 체크 포인트

❶ 마담 튀소를 방문하여 사람처럼 생기가 흘러 넘치는 우사인 볼트, 웨인 루니의 밀랍 인형과 기념사진을 찍어보자.
❷ 차분하면서도 발랄한 매릴본 하이 스트리트를 거닐며 매력 넘치는 인테리어 공간을 지닌 카페, 숍, 서점에 들러 한가로운 시간을 가져보자.
❸ 월리스 컬렉션을 방문하여 기품이 넘치는 월리스 경의 소장품을 구경하고 이곳에 마련된 레스토랑에서 고상한 점심 식사를 즐겨보자.
❹ 아랍인 거리인 에지웨어 로드에서 아랍 음식과 아랍 전통차를 즐겨보자.
❺ 셜록 홈스의 팬이라면 셜록 홈스 뮤지엄에서 그에 대한 향수를 찾아보자. 인근 비틀스 스토어에 들러 비틀스의 음악적 향기가 담긴 기념품을 골라보는 것도 재미있다.
❻ 본드 스트리트의 고급 브랜드 숍을 둘러보며 윈도쇼핑을 즐겨보자.
❼ 로열 아카데미 오브 아트의 특별 전시에 주목하고 일정에 맞춰 방문하여 미술 작품을 관람해보자.

셜록 홈스 뮤지엄
Sherlock Holmes Museum

MAP 10 Ⓐ

마담 튀소
Madame Tussauds

MAP 10 Ⓑ

셜록 홈스는 아마도 런던에서 가장 흥미를 자아내는 인물 중 하나일 것이다. 잘 알다시피 런던을 배경으로 대활약을 펼친 명탐정 셜록 홈스는 외과의사이자 작가인 아서 코난 도일이 창조해낸 소설 속 인물이다. 소설 속 셜록 홈스는 대중 앞에 1887년 처음으로 그 모습을 드러냈다. 그는 4개의 장편소설과 56개의 단편소설에 등장했다. 특히 〈더 스트랜드 매거진 The Strand Magazine〉에 단편소설이 연재되면서 인기가 더해 갔다. 소설 속 셜록 홈스의 집 주소는 현재 뮤지엄의 주소가 아닌 좀 더 남쪽에 자리하고 있는 애비 내셔널 Abbey National 빌딩이다. 셜록 홈스 소설의 팬이라면 아마도 이곳 뮤지엄에 진열된 사냥모자의 일종인 디어스토커 Deerstalker, 불꽃이 타오르는 벽난로 등 소설 속에 등장하는 물건에도 관심 갖게 될 것이다.

위치 베이커 스트리트역에서 도보 1분 주소 221b Baker St. NW1 6XE 오픈 매일 09:30~18:00 휴무 12월 24〜25일 요금 성인 £10, 16세 미만 £8 전화 020-7935-8866 홈피 www.sherlock-holmes.co.uk

가볍고 재미난 명소를 찾는다면 이만 한 곳이 없다. 튀소 부인이 밀랍으로 만든 인형들을 런던에 처음 선보인 것은 1802년이다. 그 후 1884년 파리에도 마담 튀소 밀랍인형관을 만들었다. 현재 런던의 마담 튀소에는 약 300여 개의 밀랍 인형이 전시되어 있다. 익히 들어서 아는, 대중매체를 통해 봐온 인물들의 인형들이다. 상당히 사실적으로 만들어 처음 방문한 관람객들의 발길이 멈추면서 '와우' 하는 환호성이 연신 터져나온다. 터미네이터, 브래드 피트, 우사인 볼트, 웨인 루니, 엘리자베스 여왕의 인형 앞에 방문객들이 많이 몰린다. 참고로 오후 4시 이후 입장시 덜 붐빈다. 연중 내내 방문객으로 북적이는 곳이기에 미리 온라인으로 예매하는 게 좋다.

포토제닉 스폿 주요 인물들의 밀랍 인형과 함께 사진을 찍어보자.

위치 베이커 스트리트역에서 도보 2분 주소 Marylebone Rd. NW1 5LR 오픈 성수기 4·7·8월 매일 09:00~19:00, 비성수기 월~금요일 09:30~17:30, 토·일요일 09:00~18:00(오픈 시간이 다양하니 방문 전 홈페이지에서 오픈 시간 참조), 12월 24일 09:00~14:30 휴무 12월 25일 요금 성인 £30, 16세 미만 £25.8, 가족(성인 2인, 소인 2인 기준) £111.6, 4세 미만 무료(온라인 예매 시 25% 할인) 전화 0870-400-3000 홈피 www.madametussauds.com/london

매릴본 하이 스트리트
Marylebone High Street

MAP 10 Ⓑ

월리스 컬렉션
Wallace Collection

MAP 10 Ⓑ

헨델 하우스 뮤지엄
Handel House Museum

MAP 10 Ⓖ

BEST SPOT

런던 시내의 주목받은 많은 거리 중에서 비교적 덜 알려진 곳이지만 눈길을 끄는 상점과 서점, 카페 등이 군데군데 들어서 있다. 이 거리에 위치한, 식사와 쇼핑이 가능한 내추럴 키친 Natural Kitchen, 우아한 인테리어가 인상적인 폴Paul 베이커리, 치즈와 와인을 맛볼 수 있는 라 프로마제리 La Fromagerie, 런던에서 가장 아름다운 작은 서점인 돈트 북스 Daunt Books 등을 한번 방문해보자.

위치 베이커 스트리트역과 리젠트 파크역, 본드 스트리트역에서 도보 약 5~7분, 매릴본 로드와 교차하며 남북으로 500m 정도 길게 늘어서 있다.

1776년에 세워진 귀족의 대저택에 18세기의 프랑스 고급 가구, 회화 작품, 장식 예술품 등이 가득하다. 부친으로부터 막대한 보물을 물려받은 리처드 월리스 경의 소장품들이다. 지난 2010년 여름 새롭게 단장한 웨스트 갤러리에는 19세기 화가들과 베네치아 화파의 작품이 걸려 있고 2012년 초에 오픈한 이스트 갤러리에는 네덜란드 화가의 작품이 추가되었다. 이곳의 유리 천장 아래 코트야드에는 런던에서 가장 고상하고 아름다운 분위기를 지닌 뮤지엄 레스토랑이 자리하고 있다.

포토제닉 스폿 월리스 컬렉션의 소장품 앞에 서서 사진을 찍어보자.

위치 본드 스트리트역에서 도보 5분 주소 Hertford House, Manchester Square, W1U 3BN 오픈 매일 10:00~17:00 휴무 12월 24~26일 요금 무료 전화 020-7935-0687 홈피 www.wallacecollection.org

헨델의 메시아 곡으로 잘 알려진 독일 출신의 작곡가 게오르그 프리드리히 헨델이 런던에서 36년간 살았던 4층짜리 붉은 벽돌집이다. 18세기 바로크 음악의 뛰어난 작곡가인 헨델은 독일, 이탈리아를 거쳐 마지막에 런던으로 활동 무대를 넓힌 후 영국에 자리잡고 영국 왕실을 위해 여러 곡을 작곡하며 런던에서 수많은 오페라 공연을 펼쳤다.

위치 본드 스트리트역에서 도보 5분 주소 25 Brook St. W1K 4HB 오픈 화~토요일 10:00~18:00, 목요일 10:00~20:00, 일요일 12:00~18:00(마지막 입장은 폐관 1시간 전까지) 휴무 월요일 요금 성인 £6.5, 60세 이상 및 학생 £5.5, 5세 이상 16세 미만 £2(주말 무료), 4세 이하 무료 전화 020-7495-1685 홈피 www.handelhouse.org

본드 스트리트
Bond Street

MAP 10 Ⓖ

럭셔리 브랜드 숍이 즐비하게 들어선 유럽에서 가장 유명한 최고급 쇼핑가. 18세기 이래로 런던의 쇼핑 중심이 된 이 거리는 북쪽의 뉴 본드 New Bond 스트리트와 남쪽의 올드 본드 Old Bond 스트리트로 나뉜다. 이 거리에는 루이 비통, 버버리, 구찌, 에르메스 등 하이 패션 브랜드 숍을 비롯해 고가의 미술품이나 골동품을 취급하는 상점으로 가득하다. 소더비 경매장의 사무실이 들어서 있기도 하다.

위치 본드 스트리트역에서 도보 1분, 옥스퍼드 스트리트와 피커딜리 로드 사이 홈피 www.bondstreet.co.uk

마블 아치
Marble Arch

MAP 10 Ⓔ

이탈리아 투스카니 지방의 카라라 Carrara에서 생산되는 고급 대리석을 사용하여 1825년 존 나시 John Nash가 만든 기념비다. 마블 아치는 1851년까지 버킹엄 팰리스 앞에 있다가 지금의 자리로 옮겨놓은 것이다. 예전에 이 기념비의 아치형 문은 오직 영국 왕실의 사람들과 국왕 직속 군대, 왕립기마포병대만이 지나갈 수 있었다.

위치 마블 아치역에서 도보 1분, 옥스퍼드 스트리트와 파크 레인 로드, 에지웨어 로드의 교차로

에지웨어 로드
Edgware Road

MAP 10 Ⓔ

19세기 후반부터 형성된 아랍인 거리로 런던의 이색 지대 중 하나다. 마블 아치에서 시작하여 북서쪽으로 길게 뻗은 이 도로의 양옆에는 레바논, 시리아, 이라크 등 아랍에서 온 이민자들이 운영하는 레스토랑, 티하우스, 카페, 식료품점, 슈퍼마켓, 은행 등이 빼곡히 들어서 있다. 이곳을 찾는 일부 관광객이나 런던 시민은 티하우스에서 아랍 전통 음악을 들으며 물담배와 아랍 전통차를 즐긴다. 런던 시내의 다른 지역보다 이곳의 식료품, 과일, 채소 등의 가격이 저렴하다.

포토제닉 스폿 시끌벅적한 아랍 카페가 늘어선 밤거리를 카메라에 담아보자.

위치 마블 아치역이나 에지웨어 로드역에서 도보 1분, 마블 아치에서 북서쪽으로 약 1km

로열 아카데미 오브 아트
Royal Academy of Arts

MAP 10 Ⓛ

조지 3세 국왕의 개인적인 관심과 후원 아래 1768년에 세워진 영국의 첫 번째 아트 스쿨이다. 77명의 학생들로 처음 모여 시작되었으며 설립 초기의 목적은 영국의 디자인 예술을 발전시키고 교육시키는 것이었다. 이곳은 19세기에 오늘날의 자리인 벌링턴 하우스 Burlington House에 터를 마련했다. 오늘날 일부 전시실은 종종 방문객들에게 무료로 개방되는데, 터너, 호크니, 게인스버러, 레이놀즈 등 영국의 내로라하는 화가들의 주옥같은 작품을 화려한 장식미로 가득한 공간에서 만날 수 있다. 최근 이곳은 비잔틴 시대의 예술 등 몇몇 대형 기획 전시를 통해 세인들의 극찬을 받는 성공적인 성과를 거두기도 했다. 매년 6월 초에서 8월 중순까지 로열 아카데미 서머 엑시비션 Royal Academi Summer Exhibition이 펼쳐지는데, 지난 250년간 대중들이 원하는 작품을 엄선해 선보이는 전시 행사다. 로열 아카데미 오브 아트는 건축학적으로도 매우 흥미롭다. 특히 멋지게 조성된 내부의 코트야드에 서면 이 아트 스쿨의 창시자 조수아 레이놀즈 Joshua Reynolds의 동상을 바라볼 수 있고 종종 대체되는 조각품이나 설치 미술품을 감상할 기회가 주어진다.

포토제닉 스폿 코트야드에 서서 주변을 감싸고 있는 근사한 건축물을 카메라에 담아 보자.

위치 그린 파크역이나 피커딜리 서커스역에서 도보 3~4분 주소 Burlington House, W1J 0BD
오픈 매일 10:00~18:00(단, 금요일 22:00까지) 요금 전시마다 다름 전화 020-7300-8000
홈피 www.royalacademy.org.uk

피커딜리 로드
Piccadilly Road

MAP 10 Ⓛ

벌링턴 아케이드
Burlington Arcade

MAP 10 Ⓛ

화이트 큐브 갤러리
White Cube Gallery

MAP 10 Ⓛ

런던 시내의 주요 도로 중 하나. 서쪽으로 웰링턴 아치 Wellington Arch에서 동쪽으로 피커딜리 서커스 Piccadilly Circus까지 이어져 있다. 로열 아카데미 오브 아트, 그린 파크, 화이트 큐브 갤러리 등의 명소가 주변에 밀집해 있으며 벌링턴 아케이드, 포트넘 앤 메이슨 백화점, 워터스톤스 서점 등의 쇼핑가가 포진해 있다. 리츠 칼튼, 르메르디앙 등 고급 호텔을 비롯해 카페 네로, 스시 앤 벤토 등 런치와 음료를 즐기기에 좋은 카페와 캐주얼풍 델리 숍도 찾아볼 수 있다.

위치 피커딜리 서커스역과 그린 파크역에서 하차

1819년에 만든 영국의 첫 번째 쇼핑 아케이드. 클래식 손목시계를 취급하는 데이비드 더간, 영국의 유명 향수 전문점인 펜할리곤스, 영국의 고급 여행가방 브랜드인 글로브 트로터의 매장이 입점해 있다. 그 외에도 이탈리아 고급 가죽 장갑을 취급하는 세르모네타 등이 있다. 고급 차와 디저트를 제공하는 라뒤레는 파리지앵의 입맛을 녹인다는 마카롱 과자로 유명한 곳이다. 19세기 스타일의 프록코트를 입고 중산모를 쓴 비들즈 Beadles라 불리는 경비원이 아케이드의 출입을 지킨다.

위치 피커딜리 서커스역이나 그린 파크역에서 도보 3~4분 주소 51 Piccadilly, W1J 0QJ 오픈 월~토요일 08:00~19:30, 일요일 11:00~18:00 요금 무료 전화 020-7493-1764 홈피 www.burlington-arcade.co.uk

런던의 대표적인 소규모 미술 전시 공간으로 화이트 큐브 갤러리는 런던에 모두 세 군데가 있다. 웨스트엔드 외에도 이스트엔드의 혹스턴 스퀘어 주변과 타워브리지 남쪽의 서더크 Southwark 지역에 위치한다. 각각의 갤러리는 모두 작은 규모로 전시된 작품 수는 그리 많지 않다. 이 갤러리가 세인의 주목받기 시작한 것은 지난 2007년 현존하는 가장 값비싼 작품을 만들어내는 데미안 허스트의 개인전 'Beyond Belief'가 열려, 해골에 수많은 다이아몬드를 박은 그의 대표작 'For the Love of God'이 일반인에게 모습을 드러내면서부터다.

위치 그린 파크역이나 피커딜리 서커스역에서 도보 5~7분 주소 25-26 Mason's Yard, SW1Y 6BU 오픈 화~토요일 10:00~18:00 휴무 일 · 월요일 요금 무료 전화 020-7930-5373 홈피 www.whitecube.com

스케치
Sketch

MAP 10

아마도 런던에서 가장 화려하고 스타일리시한 다이닝 공간이자 가장 개성 넘치는 바가 아닐까 싶다. 스케치는 렉처 룸 Lecture Room, 갤러리 Gallery, 팔러 Parlor, 글레이드 Glade, 이스트 바 East Bar로 구성되어 있다. 렉처 룸은 레스토랑에 대한 품평으로 세계적 권위를 지닌 〈미슐랭〉 가이드로부터 별점 두 개를 받은 고품격 다이닝 스폿으로 품격 있는 다이닝 서비스를 받을 수 있는 곳이다. 갤러리는 프랑스 출신의 마스터 셰프가 선보이는 크리에이티브 메뉴를 맛볼 수 있는 곳으로 서로 다른 디자인 감각의 테이블과 체어만 보더라도 이곳의 예술적 창의성을 엿볼 수 있다. 팔러는 아늑한 분위기를 조성하는 오렌지빛 조명이 인상적인 프렌치풍의 라운지 바 공간이다. 오전 8시부터 아침 식사가 가능하며 오후 6시부터는 칵테일 바로 사용되는데, 밤 9시부터는 멤버들만 입장이 가능하다. 글레이드는 동화 속 풍경을 담은 듯한 포레스트 월페이퍼가 인상적인 바 공간으로 애프터눈 티, 컴포트 푸드, 이브닝 칵테일 등을 즐길 수 있는 곳이다. 이스트 바는 패셔너블한 커플들이 주로 즐겨 찾는 모던 감각의 스타일리시 바다. 주로 저녁 식사 이전에 칵테일을 즐기는 공간으로 애용된다. 렉처 룸의 경우 예약이 필수이며 다른 다이닝 공간도 미리 예약하는 게 좋다. 입장 시 깔끔한 복장이 요구된다.

[위치] 옥스퍼드 서커스역에서 도보 7분 [주소] 9 Conduit St. W1S 2XG [오픈] 렉처 룸 화~금요일 12:00~14:15, 19:00~23:00, 토요일 19:00~23:00 / 갤러리 월~토요일 18:30~02:00, 일요일 18:00~24:00 / 팔러 월~금요일 08:00~02:00, 토요일 10:00~02:00, 일요일 10:00~24:00 / 글레이드 월~금요일 12:30~02:00, 토요일 10:00~02:00, 일요일 10:00~23:30 / 이스트 바 매일 18:30~02:00(단, 수~토요일 라이브 DJ 쇼 22:30~02:00) [요금] 렉처 룸 스타터 £42~, 생선 메뉴 £47~52, 육류 메뉴 £46~55, 디저트 £17~ / 팔러 아침 식사용 토스트 £4, 애프터눈 티 세트(13:00~18:00) 1인 £34, 2인 £62 [전화] 020-7659-4500 [홈피] sketch.uk.com

월리스 레스토랑
Wallace Restaurant

MAP 10 ⓑ

모모
Momo

MAP 10 ⓗ

월리스 컬렉션의 투명한 천장을 지닌 코트야드에 마련된 월리스 레스토랑은 조각상, 나무, 자연광이 어우러진 분위기에서 운치 있는 런치와 디너를 즐기기에 좋다. 손님들은 예술적 감성으로 무장한 이곳에서 아침 식사나 애프터눈 티를 즐길 수도 있고, 이곳의 스페셜리티인 비프 로시니 Beef Rossini, 개구리 뒷다리 요리, 올리브 오일을 곁들인 랑구스틴 Langustine 그릴 메뉴 등 프렌치 메뉴도 맛볼 수 있다. 그야말로 격조 높은 전시물에서 받은 영감이 입맛으로도 전달된 기분이라고나 해야 할까? 이곳을 방문하려면 가능한 한 미리 예약하는 게 좋다.

위치 본드 스트리트역에서 도보 5분 주소 Wallace Collection, Hertford House, Manchester Square, W1U 3BN 오픈 아침 10:00~12:00, 런치 12:00~15:00, 애프터눈 티 14:30~16:30(저녁 식사의 경우 금·토요일에만 가능 18:00~22:00) 휴무 12월 24일~26일 요금 오늘의 메뉴 2코스 £22, 3코스 £26, 수프 £7.5, 랑구스틴 그릴 메뉴 £13.5, 애프터눈 티 메뉴 £12.75, 케이크류 £4.5~5.5 전화 020-7563-9505 홈피 www.peytonandbyrne.co.uk/the-wallace-restaurant/

런던 시내 한복판에서 이국적인 감각의 다이닝을 즐기고 싶다면 모로칸 퀴진 전문 레스토랑인 모모를 추천한다. 레스토랑과 언더그라운드 바 라운지, 야외 라운지로 구성되어 있는 이곳은 음식 맛도 그만이지만 별천지 같은 분위기가 더욱 매력적이다. 모로코의 대표적인 전통 음식인 타진과 쿠스쿠스를 맛보자. 채소와 고기를 넣고 만드는 타진은 진흙을 구워 만든 전통 식기에 담겨 나올 정도로 특별한 요리다. 입맛에 따라 치킨 타진, 피시 타진, 베지터블 타진을 선택할 수 있다. 그밖에도 모로칸 스타일의 그릴 메뉴를 맛볼 수 있다. 레스토랑 내에서 운영되는 모 카페 Mo Café에서는 매일 아침 식사와 애프터눈 티 세트 메뉴를 제공한다. 밤 늦은 시각에는 칵테일이나 와인을 즐기러 오는 부류들로 북적인다.

위치 피커딜리 서커스역에서 도보 10분, 리젠트 스트리트에서 고디바 매장의 뒤편 골목으로 들어가야 한다. 주소 25 Heddon St, W1B 4BH 오픈 월~토요일 12:00~14:15, 18:30~01:00, 일요일 18:30~24:00(모 카페 월~금요일 06:30~12:00, 12:30~17:30, 토·일요일 10:00~12:00, 12:30~17:30) 요금 스타터 £7~12, 메인 디시 £17~59 전화 020-7434-4040 홈피 momoresto.com

비라스와미
Veeraswamy

MAP 10 ⓛ

런던에서 가장 오래된 인도 레스토랑 중 하나다. 1926년에 문을 연 이후로 이곳을 꾸준히 찾는 고객들이 적지 않다. 리모델링을 통해 화려하고 세련된 감각의 인테리어를 지닌 공간으로 새롭게 태어났기에 오랜 세월의 흔적이 한눈에 들어오지는 않는다. 인도 현지의 셰프가 주방을 리드하며 진흙으로 만든 전통 방식의 오픈을 사용하여 클래식 퀴진은 물론 각종 이국적인 진미와 컨템퍼러리 스타일의 인도 요리를 제공한다.

[위치] 피커딜리 서커스역에서 도보 5분, 리젠트 스트리트에서 안쪽 골목에 자리한 건물 2층 [주소] Mezzanine Floor, Victoria House, 99-101 Regent St, W1B 4RS [오픈] 월~금요일 12:00~14:15, 17:30~22:30, 토요일 12:30~14:30, 17:30~22:30, 일요일 12:30~14:30, 18:00~22:00 [요금] 3코스 메뉴 £65(와인 포함), 런치 메뉴 £38, 스타터 £10~13, 메인 디시 £20~27 [전화] 020-7734-1401 [홈피] www.veeraswamy.com

벤틀리스 오이스터 바 앤 그릴
Bentrey's Oyster Bar & Grill

MAP 10 ⓛ

1916년에 오픈한 오래된 시푸드 레스토랑으로 현재 〈미슐랭〉 가이드로부터 별점을 받은 경력이 있는 리처드 코리간 Richard Corrigan이 셰프로 있다. 오이스터 바 공간과 다이닝 공간으로 나뉜다. 신선한 굴 요리와 함께 맥주를 즐길 수 있는 오이스터 바에서는 매주 목요일부터 토요일까지 오후 7시 30분부터 11시까지 라이브 피아노 연주를 들을 수 있다. 다이닝 공간에서는 새우, 조개 관자, 랍스터, 스시 샐러드 볼 등 다양한 메뉴를 즐길 수 있다.

[위치] 피커딜리 서커스역에서 도보 5분 [주소] 11 Swallow St, W1B 4DG [오픈] 월~토요일 11:30~24:00, 일요일 11:30~22:00 [요금] 랍스터 반 마리 메뉴 £25, 핫 시푸드 플래터 £59, 랍스터 비스킷 수프 £13.5, 랍스터 스파게티 £24.5, 서로인 그릴 비프 (300g) £29 [전화] 020-7734-4756 [홈피] www.bentreys.org

내추럴 키친
Natural Kitchen

MAP 10 ⓑ

유기농 음식과 유기농 음식 재료를 파는 카페, 다이닝 공간, 델리, 주스 바 Juice Bar로 구성되어 있다. 바쁜 일상에 쫓기는 샐러리 맨들에게 인기인 이곳은 자신의 건강을 생각하고 간편하게 건강에 좋은 음식을 만들거나 맛보는 데 관심 있는 이들에게 눈길을 끄는 공간이다. 이곳에서 판매하는 음식들은 날마다 이른 새벽 시장에서 가져온 신선한 채소와 육류로 만든 음식이다. 각종 샌드위치, 버거, 샐러드, 치킨 그릴을 비롯해 갓 볶은 커피와 신선한 생과일 주스를 맛볼 수 있다.

[위치] 베이커 스트리트역에서 도보 8분 [주소] 77-78 Marylebone High St, W1U 5JX [오픈] 월~금요일 07:00~20:00, 토·일요일 08:00~19:00, 카페 08:00~16:00 [요금] 브런치 메뉴 £7.95~8.95, 오늘의 수프 £5.95, 샐러드 £12.95~14.50, 각종 샌드위치 £8.5 [전화] 020-3012-2123 [홈피] www.thenaturalkitchen.com

폴
Paul

MAP 10 Ⓑ

르 팽 쿼티디앙
Le Pain Quotidien

MAP 10 Ⓑ

프랑스에서 1889년에 창립된 프렌치 정통 베이커리로 카페를 겸한 식도락 공간이다. 런던 시내에 주요 지점을 두고 있다. 가격은 다소 비싼 편이지만 프렌치 정통 파티세리의 먹거리를 찾는다면 이만 한 곳이 없다. 매릴본 하이 스트리트에 위치한 폴 매장은 다른 매장에 비해 인테리어가 깔끔해 스트로베리 타르트, 라즈베리나 피스타치오 맛의 마카롱, 크루아상, 케이크류와 같은 다과와 함께 커피나 차를 즐기기에 좋다. 또한 가벼운 스낵이나 수프, 샌드위치, 샐러드로 점심 식사를 할 수도 있다. 오전 일찍 문을 열기에 신선한 빵과 우유, 커피로 아침 식사를 하기에 좋으며 늦은 오후에는 애프터눈 티를 맛볼 수도 있다.

〉위치〉 베이커 스트리트역에서 도보 8분 〉주소〉 115 Marylebone High St, W1U 4SB 〉오픈〉 월~금요일 07:00~19:30, 토·일요일 08:00~19:00 〉요금〉 마카롱 1박스 £9, 샌드위치 £4~5 〉전화〉 020-7224-5615 〉홈피〉 www.paul-uk.com

갓 구운 프렌치 바게트를 비롯해 정통 프렌치 빵 맛을 맛보려면 르 팽 쿼티디앙을 추천한다. '데일리 브레드 Daily Bread'란 의미를 지닌 르 팽 쿼티디앙은 빵을 나누어 이웃과 함께 먹는 전통을 중시하며 일상생활에서 신선한 재료로 만든 빵으로 식탁을 풍성하게 하고자 하는 모토를 지니고 있다. 매장 내에서는 프렌치 브레드 외에도 각종 페이스트리, 타르트, 샐러드, 샌드위치, 수프, 커피, 유기농 주스, 유기농 와인 등을 맛볼 수 있다. 홈페이지에는 다달이 새롭게 등장하는 하이라이트 메뉴를 선보인다. 이곳을 즐겨 찾는 손님들은 창의적인 감각으로 만든 음식을 기대하는 마음이 남다르기에 늘 하이라이트 메뉴를 눈여겨본다. 아침 식사로 따뜻하게 데운 크루아상을 커피와 함께 맛보자.

〉위치〉 베이커 스트리트역에서 도보 7분 〉주소〉 72-75 Marylebone High St, W1U 5JW 〉오픈〉 월~금요일 07:00~21:00, 토요일 08:00~21:00, 일요일 08:00~19:00 〉요금〉 바게트 £2.95, 머핀 £2.95, 벨기에 와플 £4.95, 핫 크루아상 £3.6, 커피(1포트) £2.9 〉전화〉 020-3657-6949 〉홈피〉 www.lepainquotidien.co.uk

셀프리지
Selfridges

MAP 10 F

1909년에 오픈한 셀프리지는 런던 시내에 있는 백화점으로 나이트 브리지에 위치한 해로즈 백화점보다 큰 규모를 자랑하는 쇼핑 스폿이다. 런던 외에도 맨체스터의 트라포드 센터와 버밍엄 등지에 자리하고 있다(시간적 여유가 있다면 잉글랜드 북부에 위치한 버밍엄의 초현대적 감각의 디자인으로 무장한 셀프리지 백화점을 한번 방문해보자). 옥스퍼드 스트리트에 자리한 셀프리지 백화점에는 알렉산더 맥퀸, 마크 바이 마크 제이콥스, 폴 스미스, 비비안 웨스트우드, 멀버리, 샤넬, 지방시 등 내로라하는 고급 브랜드 매장이 입점해 있다. 남녀 의류를 비롯해 가방, 구두, 뷰티, 아동, 홈 인테리어 등의 아이템을 취급한다. 그 밖에 와인, 초콜릿, 티, 커피, 오일 등의 먹거리도 판매한다.

위치 본드 스트리트역에서 도보 1분 주소 400 Oxford St. W1A 1AB 오픈 월~토요일 09:30~22:00, 일요일 11:30~18:15 전화 080-012-3400 홈피 www.selfridges.com

프라이마크
Primark

MAP 10 F

유럽 최대의 저가 쇼핑몰로 자체 브랜드의 물건을 생산, 판매한다. 1969년 아일랜드에서 시작하여 오늘날 161개의 매장을 지닌 영국은 물론 독일, 프랑스, 스페인 등지에 매장을 두고 있다. 런던 시내에도 여러 매장이 있지만 가장 큰 규모의 매장은 마블 아치 인근에 자리한 매장으로 저가 아이템에 관심이 있다면 이곳의 프라이마크 매장을 한번 둘러볼 필요가 있다. 이 엄청난 규모의 쇼핑 공간 안에는 이 브랜드가 찍어내는 어마어마한 종류의 각종 쇼핑 아이템이 있으며 주중이나 주말 상관없이 밀려드는 고객들로 즐거운 비명을 지르는 곳이다. 패셔너블하면서도 매우 저렴한 이곳에서는 남녀 의류, 언더웨어, 구두, 가방, 지갑, 벨트, 액세서리, 시계 등을 쇼핑할 수 있다. 얼마 전 토튼햄 코트 로드역 옆에서 새로운 매장이 생겼다.

위치 마블 아치역에서 도보 1분, 옥스퍼드 스트리트 서쪽 끝 주소 499 Oxford St. W1K 7DA 오픈 월~금요일 08:30~21:00, 토요일 08:30~20:00, 일요일 12:00~18:00 전화 020-7495-0420 홈피 www.primark.com

존 루이스
John Lewis

MAP 10 ⓖ

돈트 북스
Daunt Books

MAP 10 ⓑ

역사와 전통을 자랑하는 런던의 대표적인 백화점 중 하나. 1864년 오늘날의 자리에 오픈해 2014년 150주년을 맞이했다. 영국 전역에 43개의 백화점을 두고 있으며 새롭게 생활용품 등을 파는 '앳 홈 At Home' 매장 10여 개점을 두고 있다. 옥스퍼드 스트리트의 존 루이스 백화점에는 남녀 의류, 가전, 생활용품, 뷰티, 유아 및 아동, 장난감, 스포츠·레저용품, 선물류 등 다양한 분야의 상품을 판매한다. 특히 정원 가꾸기와 화초 재배에 필요한 물품도 구매할 수 있다.

위치 〉 본드 스트리트역에서 도보 3분 주소 〉 300 Oxford St. W1C 1DX 오픈 〉 월~수·금·토요일 09:30~20:00, 목요일 09:30~21:00, 일요일 12:00~18:00 전화 〉 020-7629-7711 홈피 〉 www.johnlewis.com

매릴본, 첼시, 홀랜드 파크 등지에 지점을 두고 있는 서점 체인으로 워터스톤스나 포일스만큼 대형 규모의 서점은 아니지만 매릴본 하이 스트리트에 자리한 돈트 북스 서점은 전형적인 영국식 내부 공간을 보여주는 멋진 서점이다. 필요한 책이 없더라도 매릴본 하이 스트리트에 갈 예정이라면 이 서점 인테리어를 잠시 둘러볼 것을 권한다. 이 서점은 여행 도서, 논픽션, 소설이나 시집 등의 문학 도서를 주로 취급한다.

위치 〉 베이커 스트리트역에서 도보 8분 주소 〉 83-84 Marylebone High St. W1U 4QW 오픈 〉 월~토요일 09:00~19:30, 일요일 11:00~18:00 전화 〉 020-7224-2295 홈피 〉 www.dauntbooks.co.uk

비틀스 스토어
Beatles Store

MAP 10 Ⓐ

라 프로마제리
La Fromagerie

MAP 10 Ⓑ

런던 유일의 비틀스 아이템 전문 매장으로 셜록 홈스 뮤지엄 인근에 자리해 있다. 매장 내부는 그다지 크지 않지만 비틀스의 향수를 찾으려는 팬들로 북적인다. 비틀스 멤버들의 사진이나 앨범 커버가 담긴 각종 티셔츠와 멤버들이 런던의 애비 로드 Abbey Rd.를 걷는 장면이 담긴 포스터를 이곳에서 구입할 수 있다. 그밖에 피규어, 각종 악세서리도 인기 아이템이다.

위치〉 베이커 스트리트역에서 도보 3분 주소〉 231-233 Baker St. NW1 6XE 오픈〉 매일 10:00~18:30 전화〉 020-7935-4464 홈피〉 www.beatlesstorelondon.co.uk

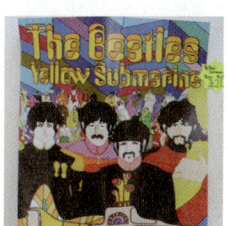

이곳은 치즈 숍과 테이스팅 카페로 이루어져 있다. 치즈 숍에서는 영국을 비롯해 프랑스, 독일, 네덜란드, 스위스, 스페인 등 유럽 전역에서 생산되는 다양한 고급 치즈를 판매한다. 이곳에서 판매되는 치즈는 소, 양, 염소, 버펄로의 젖으로 만든다. 16명까지 앉을 수 있는 테이블이 마련되어 있는 테이스팅 카페에서는 각종 치즈와 샤큐테리 Charcuterie(일종의 프랑스식 햄이나 소시지 등)를 와인이나 빵과 함께 맛볼 수 있다. 또한 테이스팅 카페에서는 아침 식사도 가능하며 런치와 애프터눈 티도 즐길 수 있다. 참고로 따로 예약은 필요없다.

위치〉 베이커 스트리트역에서 도보 3분 주소〉 2-6 Moxon St. W1U 4EW 오픈〉 월~금요일 08:00~19:30, 토요일 09:00~19:00, 일요일 10:00~18:00 전화〉 020-7935-0341 홈피〉 www.lafromagerie.co.uk

디즈니 스토어
Disney Store

MAP 10 G

옥스퍼드 스트리트에 위치한 디즈니 스토어는 연일 어린이를 동반한 가족 여행자들이 즐겨 찾는 곳이다. 애니메이션 〈겨울왕국〉의 메인 캐릭터인 엘사와 안나, 올라프 인형을 비롯해 피규어, 머그잔, 비치 타월, 플라스틱 식기류 등 다양한 쇼핑 아이템을 만날 수 있다. 그 밖에도 인어공주, 밤비, 토이스토리, 신데렐라, 라이언 킹, 라이트닝 맥퀸, 마블 코믹스 캐릭터와 해당 상품이 진열되어 있다. 온라인 쇼핑몰에서도 물건을 구매할 수 있으며, 여름철과 겨울철에 세일한다. 화이트 시티의 웨스트필드 쇼핑몰과 코번트 가든에도 매장이 있다.

위치 본드 스트리트역에서 도보 2분 주소 350-352 Oxford St. W1C 1JH 오픈 월~토요일 09:00~22:00, 일요일 12:00~18:00 전화 020-7491-9136 홈피 www.disneystore.co.uk

버틀러 앤 윌슨
Buttler & Wildson

MAP 10 G

독특한 형태의 귀고리, 팔찌, 목걸이, 브로치, 반지 등의 액세서리를 취급하는 곳이다. 다양한 형태의 클러치 백도 찾아볼 수 있다. 독자적인 스타일과 감각으로 꾸준한 사랑을 받으며 40년의 역사를 자랑한다. 젊은 층을 위한 남성용 액세서리도 판매하며, 감각적인 디자인의 제품들이 많다. 지드래곤 등 일부 국내 연예인이 애용하는 브랜드로도 유명하다. 수공예로 만든 소량 생산 제품인 만큼 대부분 가격은 다소 비싼 편이다.

위치 본드 스트리트역에서 도보 2분 주소 20 South Molton St. W1K 5QY 오픈 월~수·금·토요일 10:00~18:00, 목요일 10:00~19:00, 일요일 12:00~18:00 전화 020-7409-2955 홈피 www.butlerandwilson.co.uk

폴 스미스 세일 숍
Paul Smith Sale Shop

MAP 10 G

영국의 대표 명품 패션 브랜드인 폴 스미스의 이월 상품과 전년도 상품을 30~50% 할인, 판매하는 곳이다. 따라서 폴 스미스를 좋아하는 팬이라면 굳이 런던 근교의 아웃렛 스토어까지 가지 않아도 된다. 폴 스미스를 모르더라도 저 가로 고가의 럭셔리 패션 아이템을 찾는 이들에게는 한 번쯤 들러볼 만한 런던의 패션 명소다. 남성복, 여성복뿐 아니라 아동복과 폴 스미스 특유의 색동무늬 패턴이 들어간 넥타이, 장갑, 지갑, 가방, 머플러 등 각종 패션 액세서리를 취급한다.

위치 본드 스트리트역에서 도보 5분 주소 23 Avery Row, W1K 4AX 오픈 월~수·금·토요일 10:30~18:30, 목요일 10:30~19:00, 일요일 12:00~18:00 전화 020-7493-1287 홈피 www.paulsmith.co.uk

스텔라 매카트니
Stella McCartney

MAP 10 Ⓖ

비틀스의 리드 싱어인 폴 매카트니의 딸로 일찍이 매스컴의 스포트라이트를 받았던 스텔라 매카트니는 패션계에 화려하게 데뷔한 후 세계에서 가장 촉망받는 디자이너로 주목받은 뒤 탄탄대로를 걸으며 세계의 유명 패션 브랜드와 어깨를 견줄 만한 브랜드로 성장했다. 코트, 재킷, 드레스, 수영복, 란제리 등 여성 의류를 비롯해 핸드백, 가방, 구두, 지갑, 스마트폰 가죽 케이스 등 다양한 쇼핑 아이템을 취급한다.

[위치] 본드 스트리트역에서 도보 10분 [주소] 30 Bruton St. W1J 6QR [오픈] 월~토요일 10:00~19:00 [휴무] 일요일 [전화] 020-7518-3100 [홈피] www.stellamccartney.co.uk

버버리
Burberry

MAP 10 Ⓖ

1856년에 창립된 영국 명품 패션 브랜드의 대명사다. 1891년 런던의 헤이마켓 Haymarket에 처음으로 문을 연 상점은 오늘날 버버리의 본사 건물이 자리하고 있다. 탄탄한 재질에 방수 기능이 뛰어난 버버리 트렌치코트는 예로부터 국내에서도 인기가 높다. 트렌치코트 외에도 다양한 남녀 의류를 생산하며 아동 의류를 비롯해 향수 등 뷰티용품도 선보인다. 이월 상품 등을 판매하는 버버리 팩토리 아웃렛 Burberry Factory Outlet은 런던의 해크니 Hackney에 있다.

[위치] 본드 스트리트역에서 도보 5분 [주소] 21-23 New Bond St. W1S 2RE [오픈] 월~토요일 10:00~22:00, 일요일 11:30~18:00 [전화] 020-7980-8425 [홈피] uk.burberry.com/store/

> **TIP 버버리 팩토리 아웃렛**
> **Burberry Factory Outlet**
>
> [위치] 해크니 센트럴 역에서 동쪽 방면으로 도보 10분 [주소] 29-31 Chatham Place, E9 6LP [오픈] 월~토요일 10:00~18:00, 일요일 11:00~17:00 [전화] 020-8328-4287

캐비아 하우스 앤 프루니어
Caviar House & Prunier

MAP 10 ⓛ

런던을 비롯해 파리, 홍콩 등지에 매장을 둔 캐비아 전문 브랜드 숍이다. 최상급 캐비아를 비롯해 훈제 연어 및 북대서양 럼피시의 알, 푸아그라, 와인, 머스타드 소스, 브레드 등을 취급한다. 무엇보다 고급스럽게 포장되어 판매되는 상품이기에 선물용으로 구입할 만하다. 숍과 함께 다양한 시푸드를 맛볼 수 있는 다이닝 테이블이 매장 내에 마련되어 있다.

위치 그린 파크역에서 도보 5분
주소 161 Piccadilly Rd. W1J 9EA
오픈 월~토요일 10:00~22:00, 일요일 12:00~18:00 전화 020-7409-0445 홈피 www.caviarhouse-prunier.com

D. R. 해리스 앤 코
D. R. Harris & Co.

MAP 10 ⓛ

1790년에 오늘날의 자리에 약국으로 문을 연 뒤 그로부터 50년이 지난 후에 향수 및 남성 전용 고급 생활용품 전문점으로 탈바꿈하여 오늘날까지 이르고 있다. 감미로운 향을 담은 비누, 셰이빙 크림을 비롯해 스킨케어, 면도용품 등을 판매한다. 영국 내 각계각층의 유명 인사들이 들른 곳으로도 유명하다. 한 번쯤 들러 220여 년의 오랜 역사를 지닌 상점 내의 고고한 기운을 느껴보는 것도 좋다.

위치 그린 파크역에서 도보 5분 주소 35 Bury St. SW1Y 6AY
오픈 월~금요일 08:30~18:00, 토요일 09:30~17:00 휴무 일요일
전화 020-7930-3915 홈피 www.drharris.co.uk

로열 아케이드
Royal Arcade

MAP 10 ⓚ

본드 스트리트에 자리한 작은 쇼핑 아케이드다. 1879년에 세워진 로열 아케이드는 예로부터 럭셔리 명품 제품만을 취급하는 상점들로 구성되어 왔다. 오늘날에도 고가의 골동품을 취급하는 상점인 사이먼 그리핀 앤티크 Simon Griffin Antiques가 있다. 그밖에도 고급 시계만을 취급하는 상점에서부터 럭셔리 주얼리 숍, 고가의 아티스트 작품을 판매하는 아트 갤러리 등이 자리하고 있다.

위치 그린 파크역에서 도보 7분
주소 28 Old Bond St. W1S 4SL
오픈 월~수요일 10:00~18:00, 목~토요일 10:00~19:00, 일요일 12:00~18:00

포트넘 앤 메이슨
Fortnum & Mason

MAP 10 Ⓛ

1707년 식료품 전문 상점으로 오픈한 유서 깊은 백화점으로 무엇보다 저렴하고 향이 좋은 각종 티와 커피를 판매하는 백화점으로 유명하다. 1층에는 요리와 관련된 각종 상품이, 2층에는 여성용 패션 아이템이, 3층에는 남성들을 위한 가죽 제품, 여행용 가방, 문구류 등이 마련되어 있다. 4층에는 다이아몬드 주빌리 티 살롱 공간이 마련되어 있어 격조 높은 공간에서 티와 다과를 음미할 수 있다. 지난 2013년 런던의 세인트 판크라스역 내에 포트넘 앤 메이슨 스토어를 새롭게 오픈했다. 또한 2014년 3월에는 두바이에 지점을 오픈했다.

위치 피커딜리 서커스역이나 그린파크역에서 도보 5~7분 주소 181 Piccadilly, W1A 1ER 오픈 월~토요일 10:00~21:00, 일요일 12:00~18:00 전화 084-5300-1707 홈피 www.fortnumandmason.com

펜할리곤스
Penhaligon's

MAP 10 Ⓛ

'센트 라이브러리 Scent Library'라고도 불리는 펜할리곤스는 런던의 대표 향수 전문 매장으로 다양한 종류의 향수를 자체적으로 생산, 판매하고 있다. 벌링턴 아케이드를 비롯해 리젠트 스트리트, 뉴 본드 스트리트 인근 등 런던 시내의 주요 지점에 매장을 두고 있다. 여행자용 향수 케이스에서부터 목욕용품, 양초, 면도용품 등을 취급한다.

위치 그린 파크역에서 도보 5분, 벌링턴 아케이드 내 주소 16-17 Burlington Arcade, W1J 0PL 오픈 월~금요일 10:00~18:00, 토요일 10:00~18:30, 일요일 12:00~17:00 전화 020-7629-1416 홈피 www.penhaligons.com

KENSINGTON GARDENS

AREA 09

켄싱턴 가든
Kensington Gardens

켄싱턴 가든 주변의 가장 매력적인 명소는 브리티시 뮤지엄에 버금하는 소장품을 지닌 빅토리아 앤 앨버트 뮤지엄과 웅장한 인테리어를 자랑하는 내추럴 히스토리 뮤지엄, 18세기부터 근대까지 세계의 과학기술을 주도했던 대영제국의 화려한 모습을 엿볼 수 있는 사이언스 뮤지엄이 모여 있는 뮤지엄 쿼터 지구다. 또한 나이츠브리지에 자리한 세계 최고의 초호화 백화점 해로즈는 쇼핑 마니아가 아니더라도 둘러볼 만한 가치가 있는 곳이며, 켄싱턴 가든과 하이드 파크는 런던 시민들이 사랑하는 휴식 공간으로 다양한 볼거리가 있다.

켄싱턴 가든
이렇게 여행하자

가는 방법

도보로 켄싱턴 가든 주변을 탐방하기 원한다면 나이츠브리지역에서 출발하여 해로즈를 둘러본 뒤 하이드 파크를 가로질러 켄싱턴 가든을 방문해보자. 그 후 로열 앨버트 홀을 거쳐 사이언스 뮤지엄, 내추럴 히스토리 뮤지엄, 빅토리아 앤 앨버트 뮤지엄을 차례대로 관람해보자. 추천 동선의 반대 여정을 원할 경우 슬론 스퀘어역에서 출발하여 듀크 오브 요크 스퀘어와 사치 갤러리부터 둘러보면 된다.

나이츠브리지역

| 1 해로즈 p.293 | → 5분 | 2 하이드 파크 p.294 | → 5분 | 3 서펜타인 레이크 p.295 |

↓ 5분

| 7 앨버트 메모리얼 p.296 | ← 5분 | 6 서펜타인 갤러리 p.295 | ← 10분 | 5 켄싱턴 팰리스 p.296 | ← 5분 | 4 켄싱턴 가든 p.294 |

↓ 3분

| 8 로열 앨버트 홀 p.295 | → 6분 | 9 사이언스 뮤지엄 p.297 | → 1분 | 10 내추럴 히스토리 뮤지엄 p.299 | → 5분 | 11 빅토리아 앤 앨버트 뮤지엄 p.298 |

↓ 6분

| 14 사치 갤러리 p.300 | ← 8분 | 13 듀크 오브 요크 스퀘어 p.300 | ← 5분 | 12 미슐랭 하우스 p.300 |

☑ **체크 포인트**

❶ 빅토리아 앤 앨버트 뮤지엄을 방문하여 화려한 장식 미술품을 관람해보자.
❷ 내추럴 히스토리 뮤지엄에 들러 지구의 생태계에 관한 다양한 전시물을 관람해보자.
❸ 사이언스 뮤지엄에 들러 과학기술의 진화 과정을 진지하게 들여다보자.
❹ 로열 앨버트 홀에서 오페라, 발레, 클래식 등 공연 관람을 즐기고 콘서트홀 내의 화려한 인테리어를 둘러보자.
❺ 켄싱턴 팰리스에 들러 영국 왕실의 기품을 느껴보고 오린저리 레스토랑에서 애프터눈 티를 맛보자.
❻ 하비 니콜스 백화점 내의 피프스 플로어 레스토랑이나 미슐랭 하우스의 비벤덤 레스토랑에서 격조 높은 다이닝을 즐겨보자.
❼ 토요일 오후 흥겨운 분위기의 듀크 오브 요크 스퀘어를 거닐어보고 인근 사치 갤러리에 들러 주목받는 신예 아티스트의 작품을 감상해보자.

빅토리아 스테이션
Victoria Station

MAP 11 Ⓗ

런던에서 워털루역 다음으로 많은 철도 승객들이 오가는 기차역이다. 최근 통계에 의하면 연간 약 7300만 명의 사람들이 이 역을 다녀간 것으로 기록된다. 개트윅 공항을 비롯해 브라이튼, 도버, 캔터베리 등 잉글랜드의 남부와 남동부로 향하는 기차들이 이곳으로부터 출발한다. 인근에 영국 전역 및 유럽의 주요 도시로 향하는 버스들이 출발하는 빅토리아 코치 스테이션이 있다.

위치 빅토리아역에서 하차 주소 Victoria St, SW1E 5ND 오픈 매일 24시간 전화 034-3222-1234 홈피 www.tfl.gov.uk

웰링턴 아치
Wellington Arch

MAP 11 Ⓓ

하이드 파크의 남동쪽과 그린 파크의 남서쪽이 만나는 지점에 놓인 웰링턴 아치는 일종의 개선문이다. 하이드 파크 북동쪽에 놓인 마블 아치와 마찬가지로 나폴레옹 시대에 영국군의 승리를 기념하기 위해 1830년에 세워졌다. 아치 위의 동상은 네 마리의 말이 끄는 마차를 모는 평화의 천사의 모습을 담고 있다. 내부 1층에 관련 전시물이 진열되어 있다.

위치 하이드 파크 코너역에서 도보 1분 주소 Apsley Way, Hyde Park Corner, W1J 7JZ 오픈 4~9월 10:00~18:00, 10월 10:00~17:00, 11~3월 10:00~16:00 요금 성인 £4.2, 5세 이상 15세 이하 £2.5, 학생 또는 60세 이상 £3.8, 가족(성인 2인, 소인 2인 기준) £22.4 휴무 12월 24~26일, 12월 31일, 1월 1일 전화 020-7930-2726 홈피 www.english-heritage.org.uk/visit/places/wellington-arch/

앱슬리 하우스
Apsley House

MAP 11 Ⓓ

18세기 초반과 중반에 활약한 영국의 군인이자 1828년부터 1830년까지 영국의 수상직을 맡은 인물인 아서 웨슬리 웰링턴 Arthur Wellesley Wellington 공이 살던 저택이다. 오늘날 '웰링턴 뮤지엄 Wellington Museum'이라고도 불리며 웰링턴 공과 그의 업적에 관한 자료와 회화 작품 등이 전시되어 있다. 웰링턴은 군인이던 시절 나폴레옹 군대와의 워털루 전투에서 승리하여 공을 인정받아 공작 칭호를 받았다.

위치 하이드 파크 코너역에서 도보 2분 주소 149 Piccadilly, Hyde Park Corner, W1J 7NT 오픈 4~10월 수~일요일 11:00~17:00, 11~3월 토·일요일 10:00~16:00 휴무 4~10월 월·화요일, 11~3월 월~금요일, 12월 24~26일, 12월 31일, 1월 1일 요금 성인 £6.9, 5세 이상 15세 이하 £4.1, 학생 및 60세 이상 £6.2, 가족(성인 2인, 소인 3인 기준) £23.1 전화 020-7499-5676 홈피 www.english-heritage.org.uk/visit/places/apsley-house

브롬튼 로드
Brompton Road

MAP 11 ⓖ

나이츠브리지 Knightsbridge는 하이드 파크 바로 남쪽에 자리 잡은 거주지로 런던의 최상류층이 모여 사는 동네로 유명하다. 이러한 연유로 이 지역의 주요 거리인 브롬튼 로드에는 해로즈 백화점, 하비 니콜스 백화점을 비롯해 세계 최고의 고가 명품들이 모여 있는 백화점과 프라다, 지미 추 등 유명 브랜드의 플래그십 스토어 Flagship Store가 들어서 있다. 그야말로 나이트브리지 지구의 번화가로 런던에서 최상류층이 모여 사는 동네를 관통하는 거리로 손색이 없다. 쇼핑 스폿 외에도 5성급 호텔과 고급 레스토랑, 카페, 베이커리도 들어서 있다.

위치 › 나이츠브리지역에서 도보 1분

해로즈
Harrods

MAP 11 ⓖ

나이츠브리지의 브롬튼 로드에 자리하고 있는 해로즈는 세계 최고급의 백화점이다. 2만㎡의 지면 위에 세워진 해로즈 백화점은 9만㎡에 달하는 건물 내부 면적을 지니고 있다. 유럽에서 가장 큰 백화점이기도 한 해로즈는 1880년대에 부친의 사업을 이어 사업을 확장시켜 성공한 찰스 딕비 해로드 Charles Digby Harrod에 의해 오늘날의 자리에 백화점의 전신인 큰 쇼핑 스폿을 세우게 된다. 오스카 와일드, 찰리 채플린, 비비안 리 등 주요 명사들을 고객으로 두었던 해로즈의 꾸준한 VIP 고객은 여전히 영국 왕실이다. 비록 이 백화점이 전 세계 상류층을 위한 쇼핑 스폿이지만 런던을 방문한 일반 여행자들에게는 꼭 한 번 들러 둘러볼 만한 명소이기도 하다. 고가의 앤티크 가구들이 놓인 곳이나 아이들을 위한 고가의 장난감이 놓인 곳을 둘러보자.

위치 › 나이츠브리지역에서 도보 10분 주소 › 87-135 Brompton Rd. SW1X 7XL 오픈 › 월~토요일 10:00~21:00, 일요일 11:30~18:00 전화 › 020-7730-1234 홈피 › www.harrods.com

하이드 파크
Hyde Park

MAP 11 ⓒ

켄싱턴 가든
Kensington Gardens

MAP 11 Ⓐ

디자인 뮤지엄
Design Museum

MAP 11 Ⓔ

런던에서 가장 큰 공원 중 하나이자 1851년 런던만국박람회 때 장소로 쓰인 곳이다. 350에이커의 면적을 지니며 서펀타인 호수를 경계로 켄싱턴 가든과 나뉘어 있다. 예전에는 영국 왕실의 사슴 사냥터로 쓰였으나 1637년 찰스 1세 국왕 때부터 일반인들의 출입이 가능하게 되었다. 1689년 윌리엄 3세 국왕이 거주지를 켄싱턴 팰리스로 옮김에 따라 이곳과 가까운 하이드 파크의 가장자리에 왕실의 마차가 지나다니는 길이 생기게 되었고 이 길은 19세기 초까지 상류층들이 말을 타고 지나다니는 장소로만 사용되었다.

위치 마블 아치역이나 하이드 파크 코너에서 도보 1분 주소 Hyde Park, W2 2UH 오픈 매일 05:00~00:00 전화 030-0061-2000 홈피 www.royalparks.org.uk/parks/hyde-park

한때 켄싱턴 팰리스의 프라이빗 가든이었던 곳이다. 270에이커의 면적을 지닌 이곳은 서펀타인 호수를 사이에 두고 하이드 파크와 마주하고 있다. 하이드 파크가 자정까지 일반인들에게 문을 여는 반면 켄싱턴 가든은 해가 저물기 직전까지만 문을 연다. 가든 내에는 '엘핀 오크 Elfin Oak'라 불리는 900년 된 참나무 그루터기가 놓여 있다. 런던 시내의 다른 공원과는 달리 켄싱턴 가든에는 켄싱턴 팰리스, 서펀타인 갤러리, 앨버트 메모리얼 등 여러 군데의 명소가 자리하고 있으며 공원 바로 앞에 대규모 콘서트 홀인 로열 앨버트 홀이 있다.

위치 랭커스터 게이트역에서 도보 2분 주소 Kensington Gardens, W2 2UH 오픈 매일 06:00~저물녘 요금 무료 전화 030-0061-2000 홈피 www.royalparks.org.uk/parks/kensington-gardens

1989년에 타워브리지 인근 템스강 변 바나나 적재 창고를 개조한 건물 안에 자리 잡았던 디자인 뮤지엄은 지난 2016년 켄싱턴 가든 인근 커먼웰스 인스티튜트로 이전하였다. 이로 인해 빅토리아 앤 알버트 뮤지엄, 사이언스 뮤지엄, 내츄럴 히스토리 뮤지엄으로 구성된 이른바 뮤지엄 쿼터 지구에 새롭게 디자인 뮤지엄이 더해졌다. 이곳은 건축디자인, 산업디자인, 그래픽 디자인, 패션디자인 등 다양한 분야의 디자인에 관한 전시물로 구성되어 있다.

위치 홀랜드 파크 남쪽에 자리한다. 홀랜드 파크역이나 얼스 코트역에서 도보 10분 주소 224-238 Kensington High St, W8 6AG 오픈 매일 10:00-18:00(단, 매월 첫 번째 금요일은 20:00까지) 요금 무료(일부 상설전시 입장료 £10~20) 전화 020-3862-5900 홈피 https://designmuseum.org

서펀타인 레이크
Serpentine Lake

MAP 11 ⓒ

서펀타인 갤러리
Serpentine Gallery

MAP 11 ⓑ

로열 앨버트 홀
Royal Albert Hall

MAP 11 ⓔ

하이드 파크와 켄싱턴 가든의 경계를 이루는 40에이커의 면적을 지닌 호수다. 1730년 캐롤린 여왕의 부탁으로 만들어진 곳으로 런던 시민들과 관광객들에게 휴양과 휴식을 위한 보금자리 역할을 한다. 1730년대에는 웨스트번 Westbourne 강이나 타이번 Tyburn 개천으로부터 호수에 물을 공급했지만, 1830년대에는 템스강에서 펌프로 물을 끌어올려 호수에 물을 공급했다.

위치 나이츠브리지역에서 도보 5분, 하이드 파크와 켄싱턴 가든 내 오픈 매일 05:00~00:00

작은 규모의 아트 갤러리이지만 공원 안에 있다는 것만으로도 낭만적인 감성을 불러일으킨다. 켄싱턴 가든 내에 자리한 서펀타인 갤러리는 창의적이고 실험적인 모던 아트와 컨템퍼러리 아트를 소개한다. 1970년 오픈했으며 현재 건물은 1934년 티 하우스로 만든 것이다. 지금까지 데미안 허스트 Damien Hirst, 앤디 워홀 Andy Warhol을 비롯해 유명 아티스트나 이름이 알려지지 않은 신예의 작품을 전시해 오고 있다. 갤러리 입구에 이 갤러리의 후원자였던 고 다이애나 황태자비에게 헌정된 이안 해밀턴 핀레이 Ian Hamilton Finlay의 작품이 걸려 있다.

위치 나이츠브리지역에서 도보 15분 주소 Kensington Gardens, W2 3XA 오픈 화~일요일 10:00~18:00 휴무 월요일 요금 무료 전화 020-7402-6075 홈피 www.serpentinegalleries.org

런던의 대표적인 콘서트 홀이다. 특히 1941년 이래로 해마다 여름에 이곳에서 펼쳐지는 BBC방송국 주최의 헨리우드 프롬나드 콘서트(BBC Henry Wood Promenade Concerts, 줄여서 프롬스 Proms)로 유명하다. 1871년 빅토리아 여왕 시절 문을 열었으며 당시 세계적으로 유명한 음악가를 초청하여 주도적인 공연 문화를 이끌기도 했다. 이곳에서는 클래식 콘서트뿐 아니라 발레, 오페라, 록 콘서트, 재즈 콘서트 등이 열리기도 한다. 개보수한 모던 감각의 인테리어가 매우 화려하다.

위치 사우스 켄싱턴역에서 도보 15분, 켄싱턴 가든 남쪽 끝의 맞은편 주소 Kensington Gore SW7 2AP 오픈 박스오피스 매일 09:00~21:00 요금 공연에 따라 다양함 전화 020-7589-8212 홈피 www.royalalberthall.com

켄싱턴 팰리스
Kensington Palace

MAP 11 Ⓐ

버킹엄 팰리스에 비해 단출한 규모로 여행자들에게도 관심을 덜 받고 있는 영국 왕실의 궁전이다. 17세기부터 영국 왕실의 거주지가 된 이곳은 버킹엄 궁전에 비해 공원 내에 자리하고 있다는 것만으로도 차분하고 평화로운 분위기를 이끈다. 이곳은 1981년부터 1997년까지 고 다이애나 황태자비가 거주했던 곳으로 유명하다. 또한 영국 왕실의 인물 중에서는 현 엘리자베스 2세 여왕의 여동생인 마거릿 공주가 1960년부터 그가 죽은 2002년까지 살았으며, 앨리스 공주(조지 5세 국왕의 셋째 아들인 헨리 왕자의 아내)도 1994년부터 그가 죽은 2004년까지 이곳에 살았다. 현재 이 궁전의 내빈실이 일반인들에게 공개되고 있다.

`포토제닉 스폿` 켄싱턴 가든과 잘 어우러진 켄싱턴 팰리스의 단아한 자태를 카메라에 담아보자.

`위치` 퀸즈웨이역에서 도보 10분, 켄싱턴 가든 내 `주소` Kensington Gardens, W8 4PX `오픈` 3~10월 10:00~18:00(마지막 입장 17:00까지). 11~2월 10:00~17:00(마지막 입장 16:00까지) `휴무` 12월 24~26일, 1월 26~30일 `요금` 성인 £16.5, 16세 미만 무료, 학생 및 60세 이상 £13.7 `전화` 084-4482-7777 `홈피` www.hrp.org.uk/kensingtonpalace

앨버트 메모리얼
The Albert Memorial

MAP 11 Ⓔ

앨버트 메모리얼은 지나칠 정도로 화려하게 금장으로 치장된 기념비의 모습이 어딘지 모르게 런던의 고풍스러운 관광 명소와 어울리지 않는다는 인상을 주기도 한다. 하지만 이 기념비를 통해 대영 제국의 화려한 시대를 열었던 빅토리아 여왕의 남편이자 협력자였던 앨버트 왕자의 치적에 대해 다시 한 번 생각해볼 여유를 갖게 된다. 독일 태생의 앨버트 왕자는 영국 국민들에게 1861년 장티푸스로 인한 죽음 이후 외국인 이상의 관심과 존경을 받아왔다.

숙부였던 벨기에 국왕 레오폴드 1세 Leopold I의 주선으로 빅토리아 여왕과 결혼한 그는 1856년 프로이센과의 분쟁, 1861년 미국과의 분쟁에 드러나지 않는 큰 공헌을 하였으며, 1851년 런던만국박람회를 성공적으로 이끌었다. 앨버트 메모리얼은 켄싱턴 가든 남쪽 끝에 자리한다.

`위치` 사우스 켄싱턴역에서 도보 10분, 켄싱턴 가든 남쪽에 있으며 큰 길을 사이에 두고 로열 앨버트 홀과 마주보고 있다. `주소` Kensington Gardens, W2 2UH `오픈` 매일 06:00~저물녘 `전화` 020-7298-2000 `홈피` www.royalparks.org.uk/parks/kensington-gardens

사이언스 뮤지엄
Science Museum

MAP 11 Ⓕ

빅토리아 앤 앨버트 뮤지엄, 내추럴 히스토리 뮤지엄과 함께 사우스 켄싱턴 지구 일대의 뮤지엄 쿼터 지구를 형성하고 있다. 무료로 관람이 가능하기에 어린아이들이나 청소년 자녀들과 함께 둘러보기에 부담 없는 곳이다(특별 전시의 경우 별도의 관람료가 요구되기도 한다). 1857년 로열 소사이어티 오브 아트 Royal Society of Arts의 후원으로 사우스 켄싱턴 뮤지엄 South Kensington Museum이 세워졌는데, 후에 이곳의 소장품 중 기계에 관련된 것들을 모아 1885년 사이언스 뮤지엄을 만들게 되었다. 30만 개의 전시 아이템을 지닌 이곳은 로켓, 증기기관차, 제트엔진 등 기계류나 과학 장치에 관심 많은 어린이, 청소년들의 많은 관심을 얻고 있다. 이 박물관 내부에 자리한 아이맥스 시어터 IMAX Theatre를 통해 자연과 과학, 우주에 관한 3D 입체 영상물을 선보이고 있다. 이 박물관은 6개의 층으로 이루어져 있는데, 1층은 에너지 홀, 우주 탐사, 아이맥스 3D 시어터 등으로 이루어져 있고, 2층은 농업, 우주, 우편, 전화 등에 관한 전시물, 3층은 컴퓨터, 에너지, 수학, 대기환경 등, 4층은 비행, 신체, 미래, 18세기의 과학 등, 5층은 의학, 6층은 과학과 의학, 수의학 등에 관한 전시를 이루고 있다. 특히 4층에는 영상을 보면서 관람의자의 움직임을 즐기는 모션라이드 시뮬레이터라는 흥미진진한 체험 놀이 기구가 마련돼 있다.

위치 사우스 켄싱턴역에서 도보 7분 주소 Exhibition Rd. SW7 2DD 오픈 매일 10:00~18:00(마지막 입장 17:15까지) 휴무 12월 24~26일 요금 무료 전화 087-0870-4868 홈피 www.sciencemuseum.org.uk

빅토리아 앤 앨버트 뮤지엄
Victoria & Albert Museum

MAP 11 Ⓕ

1851년 런던만국박람회의 성공적 개최 후 박물관 건립의 필요성을 느끼면서 1852년 말버러 하우스 Marlborough House에 매뉴팩처 뮤지엄을 만들게 되고 1857년 오늘날의 자리에 오픈한 사우스 켄싱턴 뮤지엄이 이 박물관의 효시다. 1899년 박물관의 명칭을 오늘날의 이름으로 바꾸었는데, 빅토리아 앤 앨버트라는 이름은 19세기의 빅토리아 여왕과 그의 남편 앨버트 왕자의 이름을 딴 것이다. 종종 V&A로도 불린다. 현재 이곳은 장식미술과 관련 디자인에 관하여는 세계 최대의 소장품을 지닌 곳이다. 참고로 장식미술은 치장이나 장식을 목적으로 하는 응용미술의 한 분야이다. 이곳은 건물 내부의 인테리어가 우아하고 건물 외관의 건축미 또한 화려한 것으로 유명하다. 게다가 지난 2005년 건물 뒤편에 존 마데스키 가든 John Madejski Garden이 생겨 방문객들에게 따스하고 평온

한 휴식 공간도 제공한다. 12.5에이커의 면적에 145개의 크고 작은 전시 공간을 담고 있으며 그 안에 무려 450만 점의 소장품을 지니고 있다. 소장품은 반만 년 전의 미술품부터 중세와 근대, 현재의 도자기, 유리 공예품, 직물류, 의상, 금은 세공품, 보석류, 가구, 회화, 조각, 사진에 이른다. 유럽, 인도, 터키, 페르시아, 동아시아에 이르기까지 폭넓은 지역을 다루는데, 아시아관에는 몇 해 전 국내 대기업의 후원으로 고려청자, 이조백자, 조선 전통 공예 가구 등 한국 고유의 장식미술품이 전시된 별도의 공간이 생겼다.

포토제닉 스폿 화려한 인테리어와 시대별 화려한 전시물을 카메라에 담아보자.

위치 사우스 켄싱턴역에서 도보 3분 주소 Cromwell Rd. SW7 2RL 오픈 월~목·토·일요일 10:00~17:45, 금요일 10:00~22:00 휴무 12월 24~26일 요금 무료 전화 020-7942-2000 홈피 www.vam.ac.uk

내추럴 히스토리 뮤지엄
Natural History Museum

MAP 11 Ⓕ

식물, 곤충, 광물, 동물, 고생물 등 다섯 분야에 관한 7000만 개에 달하는 소장품을 담고 있는 박물관으로 지구의 자연환경과 생태에 대한 흥미롭고 다양한 전시물을 소개하고 있는 곳이다. 이곳의 도서관에는 장대한 서적과 자료가 보관되어 있는데, 일반인들에게는 별도의 요청을 통해 공개된다. 빅토리아 시대의 전형적인 건축양식을 보여주는 박물관이 들어선 건물은 1881년 세워진 알프레드 워터하우스 Alfred Waterhouse 빌딩으로 사용되는 곳이다. 원래 지질학박물관으로 첫 문을 연 뒤 다윈의 진화론에 관한 자료가 첨가되었다. 개인적으로 지구과학이나 다윈의 진화론 등에 관심이 없다 하더라도 런던 박물관 중에서 가장 드라마틱한 인테리어를 선보이는 이 거대한 건물의 인상적인 내부를 꼭 한 번 둘러볼 것을 추천한다. 어린 자녀나 청소년들과 함께라면 박물관 내 포유류 전시관에 있는 각종 거대 동물의 모형이나 박물관 1층의 중앙 홀에 있는 32m 길이의 공룡의 복제 모형 등이 흥미를 끌 것이다. 11월부터 다음 해 1월까지 뮤지엄 앞에 거대한 야외 아이스 링크가 개장한다 (자세한 일정은 홈페이지 참고).

포토제닉 스폿 2층에 올라 빅토리안 스타일의 뮤지엄 인테리어 전경을 담아보자.

위치 사우스 켄싱턴역에서 도보 3분 주소 Cromwell Rd. SW7 5BD 오픈 매일 10:00~17:50 휴무 12월 24~26일 요금 무료 전화 020-7942-5000 홈피 www.nhm.ac.uk

미슐랭 하우스
Michelin House
MAP 11 Ⓙ

듀크 오브 요크 스퀘어
Duke of York Square
MAP 11 Ⓚ

사치 갤러리
Saatchi Gallery
MAP 11 Ⓚ

오늘날까지 옛 모습을 그대로 간직한 프랑스의 타이어 전문 회사 미슐랭의 본사 건물로 1911년 오픈했다. 알다시피 미슐랭은 미식가들의 입맛을 흡족케 하는 레스토랑에 별점을 주어 소개하는 〈미슐랭〉 가이드북으로 더 유명한 회사다. 이 건물에는 현재 1층에 비벤덤 Bibendum이라는 이름의 레스토랑이 있으며, 그 옆 공간에는 디자인 숍으로 유명한 콘란 Conran 숍이 들어서 있다. 건물 내 유리창을 장식하는 스테인드글라스는 옛 모습 그대로 최근 복원된 것이다.

위치 사우스 켄싱턴역에서 도보 5분 주소 81 Fulham Rd. SW3 6RD 오픈 매일 12:00~22:00 전화 020-7589-2941 홈피 www.bibendum.co.uk

요크 공작은 영국의 왕실에게 부여하는 직위로 특별히 왕가의 둘째 아들에게 이 칭호가 주어진다. 현재의 요크 공작은 찰스 황태자의 동생이자 엘리자베스 2세 여왕의 둘째 아들인 앤드루 왕자다. 듀크 오브 요크라는 이름을 지닌 이 광장은 첼시 지구의 숨은 명소다. 벤치와 나무, 분수대 등이 놓인 이 적당한 크기의 공간에는 방문객들의 이목을 끌 만한 각종 패션 브랜드의 숍들과 몇몇 노천카페와 레스토랑, 미술 애호가들의 순례지 중 하나인 사치 갤러리 그리고 적절한 휴식 공간을 제공하는 갤러리 앞의 잔디밭이 놓여 있다.

위치 슬론 스퀘어역에서 도보 1분 주소 Management Suite, 80 Duke of York Square, SW3 4LY 오픈 상점에 따라 다름 전화 020-7823-5577 홈피 www.dukeofyorksquare.com

세계적으로 주목받는 컨템퍼러리 아트 전시 공간 중 하나다. 1985년 아티스트인 찰스 사치가 세운 곳으로 처음에는 자신의 작품을 소개하기 위해 만들었으나 현재에는 이름이 알려지지 않은 신예 아티스트들의 도발적이고 개성 넘치는 작품을 소개하는 등용문이 되고 있다. 그동안 이곳에 작품이 전시된 아티스트로는 앤디 워홀, 댄 플래빈, 솔 르 윗, 안젤름 키퍼 등이 있다. 원래 사치 갤러리는 런던 북부에 둥지를 텄으나 후에 사우스뱅크 지역으로 이주하게 되고 다시 오늘날의 첼시 지구에 정착하게 되었다.

위치 슬론 스퀘어역에서 도보 3분 주소 Duke of York's HQ, King's Rd. SW3 4SQ 오픈 매일 10:00~18:00 (마지막 입장 17:30까지) 요금 무료 전화 020-7811-3070 홈피 www.saatchi-gallery.com

로열 호스피털 첼시
Royal Hospital Chelsea

MAP 11 Ⓚ

부상당하거나 퇴역한 노인 장병들을 위한 요양소이자 치료를 위한 왕립병원이다. 이곳은 1682년 찰스 2세 국왕에 의해 전쟁에서 돌아온 장성들과 고위 군간부들을 위한 요양 시설로 세워졌다. 당시 퇴역 군인들에게 연금 대신 무료로 요양할 곳을 제공한다는 것은 획기적인 일이었다. 내부의 그레이트 홀을 둘러보면 샹들리에와 고상한 대형 벽화로 치장되어 있음을 알 수 있다. 또한 이곳에는 예배당과 유명 퇴역 군인들의 유품이 놓인 로열 호스피털 첼시 뮤지엄이 놓여 있다.

[위치] 슬론 스퀘어역에서 도보 10분 [주소] Royal Hospital Rd. SW3 4SR [오픈] 뮤지엄 월~금요일 10:00~16:00 [요금] 무료 [전화] 020-7881-5516 [홈피] www.chelsea-pensioners.co.uk

내셔널 아미 뮤지엄
National Army Museum

MAP 11 Ⓚ

영국 군대의 전반적인 역사를 소개하는 곳이다. 11세기부터 오늘날까지 식민지 시대, 제국주의 시대, 영국 연방 시대를 거쳐 영국군의 활약상을 자료와 유물 등을 통해 소개하고 있다. 상대적으로 임피리얼 워 뮤지엄이 제1차 세계대전과 제2차 세계대전 위주로 전쟁 당시의 상황과 군대뿐 아니라 민간인들의 활동도 다루었다면 이곳에서는 훨씬 폭넓은 시대를 다루면서 시대마다 활약한 군대의 모습만을 소개하고 있다. 박물관 뒤편에 마련된 뮤지엄 숍에서 전쟁이나 군대에 관련된 다채로운 장난감을 만날 수 있다.

[위치] 슬론 스퀘어역에서 도보 15분 [주소] Royal Hospital Rd. SW3 4HT [오픈] 매일 10:00~17:30(현재 건물 개보수 관계로 2016년 리오픈 예정) [휴무] 12월 24~26일, 1월 1일 [요금] 무료 [전화] 020-7881-6606 [홈피] www.nam.ac.uk

첼시 피직 가든
Chelsea Physic Garden

MAP 11 Ⓚ

시내 외곽에 큐 가든이라는 엄청난 규모의 정원이 존재하지만 런던 시내에서 가까운 전형적인 영국 정원을 보려면 이곳에 와 보는 것도 좋다. 이곳은 1673년 약초를 가꾸는 약제사의 정원으로 만들어졌다. 이곳은 옥스퍼드 대학교의 식물원 다음으로 오랜 역사를 지닌 정원으로 약초를 비롯해 다채로운 식물을 보여준다. 무엇보다 정원 내 탠저린 카페가 인기다. 한여름 밤 카페에서 식사를 원한다면 미리 예약을 하는 게 좋다.

[위치] 슬론 스퀘어역에서 도보 20분 [주소] 66 Royal Hospital Rd. SW3 4HS [오픈] 화~금·일요일 및 공휴일 11:00~18:00(7월 초~9월 초 매주 수요일 22:00까지 오픈. 단, 마지막 입장은 20:30까지) [휴무] 월·토요일 [요금] 성인 £9.9, 학생 및 5세 이상 15세 이하 £6.6, 5세 미만 무료 [전화] 020-7352-5646 [홈피] www.chelseaphysicgarden.co.uk

피프스 플로어
Fifth Floor

MAP 11 ⓖ

나이츠브리지의 하비 니콜스 백화점 5층에 자리한 고품격 레스토랑으로 브렉퍼스트 메뉴 및 브런치 메뉴, 애프터눈 티도 함께 즐길 수 있는 곳이다. 화이트 컬러의 테이블과 체어가 앙상블을 이루며 푸른빛 조명이 인상적인 천장의 글라스 인테리어도 독특하다. 모던 감각의 인테리어가 돋보이는 공간에서 계절마다 메뉴가 바뀌는 메인 디시와 스타터 메뉴가 포함된 2코스의 런치 메뉴(£25)를 맛볼 것을 권한다. 와사비 크림 소스를 얹은 바다 송어 요리나 육즙이 가득한 스테이크 요리도 맛보자. 너트메그 퓌레를 곁들인 구운 오리고기 요리도 일품이다. 메인 디시와 함께 그린 빈, 브로콜리, 파르메산 샐러드 등을 사이드 디시(£4.5)로 별도로 주문할 수 있다.

위치 나이츠브리지역에서 도보 5분 주소 Harvey Nichols, 109~125 Knightsbridge, SW1X 7RJ 오픈 월~토요일 브렉퍼스트 08:00~12:00, 런치 12:00~15:30, 애프터눈 티 15:00~18:00, 디너 18:00~22:30, 일요일 브런치 11:00~17:00, 애프터눈 티 15:00~18:00, 디너 18:00~22:30 요금 샐러드 £10~13, 메인 디시 £24~29 디저트 £9.5~10.5 전화 020-7235-5250 홈피 www.harveynichols.com/restaurants

오린저리
Orangery

MAP 11 Ⓐ

아늑하고 평화로운 켄싱턴 가든을 배경으로 우아하고 기품이 넘치는 빅토리안 건축양식의 건물 내에 자리하고 있다. 멋진 대저택을 떠올리게 하는 오린저리에 들어서는 순간 마치 영국 귀족으로부터 만찬에 초대받은 느낌을 받게 될 것이다. 이러한 귀족적 분위기에서 브렉퍼스트, 런치 메뉴 및 애프터눈 티를 즐기기에 좋은 곳이다. 실내 테이블에서 음식과 음료를 즐길 수 있을 뿐 아니라 야외 테라스에 놓인 테이블에서도 식음료를 즐길 수 있다. 모닝 커피와 각종 페이스트리가 포함된 아침 식사는 오전 10시부터 11시 30분까지 제공되고 로스트 치킨 브레스트 메뉴 등의 점심 식사는 정오부터 오후 2시까지 가능하다. 오후 2시부터는 가족이나 친구와 함께 각종 다과와 함께 정통 영국식 애프터눈 티를 맛볼 수 있다.

위치 퀸스웨이역에서 도보 10분 주소 Kensington Palace, Kensington Gardens, W8 4PX 오픈 3~10월 10:00~18:00, 11~2월 10:00~17:00 요금 스타터 £6.5~8.5, 메인 디시 £11.5~17.5, 애프터눈 티 £3.25~3.75, 디저트 £6~9.5 전화 020-3166-6000 홈피 www.orangerykensingtonpalace.co.uk

비벤덤
Bibendum

MAP 11 Ⓙ

미슐랭 하우스 내에 자리한 고품격 레스토랑으로 오이스터 바 Oyster Bar를 겸하고 있다. 1994년 오픈한 이곳은 이 레스토랑의 창업 멤버 중 하나인 매튜 해리스 Matthew Harris가 디렉터이자 헤드 셰프로 활동하고 있다. 프렌치풍 인테리어가 돋보이는 이곳은 붉은색 원형 의자가 하얀 테이블, 투명한 글라스웨어와 함께 잘 조화를 이룬 곳이다. 이곳에서는 점심과 저녁 식사 메뉴가 제공되며 각종 그릴 메뉴와 로스트 메뉴가 손님들에게 인기를 끌고 있다. 사이드 디시(£4)로는 로스트 어니언, 매시트포테이토 등을 주문할 수 있다. 디저트로는 라즈베리 라이스 푸딩 Raspberry Rice Pudding이나 레몬 소르베 Lemon Sorbet를 추천한다.

위치 〉 사우스 켄싱턴역에서 도보 8분 주소 〉 Michelin House, 81 Fulham Rd. SW3 6RD 오픈 〉 매일 12:30~14:30, 19:00~23:00 요금 〉 메인 디시 £28~55, 스타터 £11.5~25, 주중 런치 메뉴 2코스 £27.5, 3코스 £31, 토일 런치 메뉴 3코스 £31, 일요일 런치 메뉴 3코스 £33.5, 일요일 디너 메뉴 3코스 £33.5 전화 〉 020-7581-5817 홈피 〉 www.bibendum.co.uk

갤러리 메스
Gallery Mess

MAP 11 Ⓚ

사치 갤러리 Saatchi Gallery에서 운영하는 레스토랑으로 사치 갤러리 옆 별도의 공간에 자리고 있다. 바와 카페를 겸하고 있으며 레스토랑 앞에 별도의 야외 테이블을 두고 있어 날씨 좋은 날 잔디밭이 어우러진 주변의 멋진 풍광과 오가는 행인의 모습을 바라보며 식사나 음료를 즐길 수 있어 좋다. 또한 애프터눈 티 메뉴도 맛볼 수 있다. 메인 디시로는 훈제 연어 피시 케이크(£13.5)와 일종의 파스타인 펌프킨 토르텔로니(£13.5)가 있으며 피시 앤 칩스(£14.95)와 로스트 치킨 브레스트(£15.25) 등 영국 정통식 메뉴도 맛볼 수 있다. 이탈리안 베이컨인 판세타 Pancetta와 달걀이 곁들여진 잉글리시 아스파라거스 메뉴(£12.25)나 완두콩과 물냉이로 만든 수프(£7.25)는 가벼운 런치 메뉴로 그만이다.

위치 〉 슬론 스퀘어역에서 도보 7분 주소 〉 Duke of York's HQ, King's Rd. SW3 4RY 오픈 〉 월~토요일 10:00~23:30, 일요일 10:00~19:00 요금 〉 2코스 메뉴 £19, 3코스 메뉴 £23 전화 〉 020-7730-8165 홈피 〉 www.saatchigallery.com/gallerymess/

엠폴리오 아르마니 스토어
Empolio Armani Store

MAP 11 ⓖ

조르지오 아르마니에 의해 1975년 이탈리아 밀라노에서 창립된 엠폴리오 아르마니는 이탈리아의 대표적인 글로벌 패션 브랜드다. 아르마니 패션 그룹은 현재 〈조르지오 아르마니〉 〈엠포리오 아르마니〉 〈아르마니 까사〉 〈아르마니 진스〉 〈아르마니 주니어〉로 이루어져 있다. 엠폴리오 아르마니는 캐쥬얼 의류, 정장, 가죽제품, 신발류, 시계, 보석, 액세서리, 안경, 화장품, 인테리어 용품에 이르기까지 광범위한 패션 아이템을 생산하고 있다. 나이츠브리지에 자리한 엠폴리오 아르마니 매장은 영국에서 가장 큰 매장 중 하나로 각양각색의 패션 아이템을 만날 수 있는 복합매장 형태를 띠고 있다.

위치 나이츠브리지역에서 도보 12분 주소 191 Brompton Road, SW1 1NE 오픈 월·화·목·금요일 10:00~18:00, 수요일 10:00~19:00, 토요일 10:00~18:30, 일요일 12:00~18:00 전화 020-7823-8818 홈피 www.armani.com

콘란 숍
Conran Shop

MAP 11 ⓙ

모던 감각의 가구, 조명, 인테리어 소품, 장식용품 등을 판매하는 곳으로 미슐랭 하우스 내에 자리해 있다. 런던의 첼시, 매릴본에 매장이 있고 유럽 내에는 파리, 유럽 외 지역에는 도쿄, 오사카 등지에 매장을 두고 있다. 1973년 런던에서 오픈했으며 그 후로 모던 가구와 모던 조명기기를 취급하는 전문 매장으로 런더너들에게 사랑을 받아왔다. 모던 아이템 외에도 모던 감각을 가미한 빈티지 스타일의 가구나 조명기기, 인테리어 소품도 찾아볼 수 있다. 지난 2013년에 전문 잡지 〈홈스 앤 가든스 Homes & Gardens〉으로부터 '올해의 숍'으로 선정되기도 했다.

위치 사우스 켄싱턴역에서 도보 8분 주소 Michelin House, 81 Fulham Rd. SW3 6RD 오픈 월·화·금요일 10:00~18:00, 수·목요일 10:00~19:00, 토요일 10:00~18:30, 일요일 12:00~18:00 전화 020-7589-7401 홈피 www.conranshop.co.uk

하비 니콜스
Harvey Nichols

MAP 11 ⓖ

런던에서 가장 패셔너블한 백화점으로 해로즈 백화점과 함께 나이츠브리지의 양대 산맥을 이루고 있다. 알렉산더 맥퀸, 끌로에, 지방시, 마크 바이 마크 제이콥스, 막스마라 등 여성 패션 브랜드를 비롯해 폴 스미스, 앤 드뮐미스터, 돌체 앤 가바나 등 남성 패션 브랜드 매장이 들어서 있다. 하비 니콜스 백화점은 패션 잡화 아이템 외에도 푸드와 와인 코너로 각광을 받고 있다. 선물용 와인을 비롯해 유기농 허브와 스파이스, 각종 요리용 오일과 비니거, 드레싱 등을 다양하게 진열하게 하고 있다. 또한 티와 커피를 좋아한다면 이곳에 자리한 커피와 티 코너를 둘러볼 것을 추천한다. 서로 다른 원산지에서 들여온 서로 다른 맛의 커피와 티를 고를 수 있다.

〈위치〉 나이츠브리지역에서 도보 5분 〈주소〉 109-125 Knightsbridge, SW1X 7RJ 〈오픈〉 월~토요일 09:00~20:00, 일요일 11:30~18:00 〈전화〉 020-7235-5000 〈홈피〉 www.harveynichols.com

피프스 플로어 푸드마켓
Fifth Floor Foodmarket

MAP 11 ⓖ

하비 니콜스 백화점 5층에 자리하고 있다. 다양한 음식과 식재료를 구입할 수 있는 전문 매장으로 영국에서 생산된 식재료 외에 유럽이나 북미 등지에서 생산된 고급 식재료 및 식료품도 만날 수 있다. 특히 인증받은 유기농 제품을 다량으로 판매하기에 건강을 우선시하는 소비자들에게 호평을 받고 있다. 빵류, 육가공 제품, 치즈, 와인, 커피, 티, 향신료, 드레싱, 식용유, 과자류, 초콜릿, 과일, 채소, 음료수, 통조림 등을 비롯해 테이크아웃이 가능한 조리된 음식도 판매한다. 저예산 여행자라면 이곳에서 간단한 음식을 식사거리로 구입하여 공원 등지나 숙소에서 맛보는 것도 좋다.

〈위치〉 나이츠브리지역에서 도보 5분 〈주소〉 109-125 Knightsbridge, SW1X 7RJ 〈오픈〉 월~토요일 10:00~20:00, 일요일 11:30~18:00 〈전화〉 020-7201-8525 〈홈피〉 www.harveynichols.com/restaurant/knightsbridge-dining/foodmarket

PLUS AREA

노팅힐
Notting Hill

줄리아 로버츠와 휴 그랜트가 출연한 영화 〈노팅힐〉로 그 이름이 친숙한 동네다. 1999년에 발표된 이 영화는 수많은 영화 팬들에게 사랑을 받았던 영국의 로맨틱 코미디 영화로 그해에 가장 많은 수익률을 올린 영국 영화이기도 하다. 포토벨로 마켓이 자리한 곳으로, 해마다 여름철에 펼쳐지는 노팅힐 카니발 페스티벌도 유명하다.

노팅힐 이렇게 여행하자

가는 방법 전철 노팅힐 게이트역에서 하차해 노팅힐 게이트 로드에서부터 도보로 노팅힐 지역을 둘러보자. 포토벨로 마켓을 방문할 생각이라면 토요일 오전 일찍 이곳을 찾는 게 좋으나 좀 더 한가한 시간에 노팅힐 지역의 아기자기한 상점이나 레스토랑, 카페, 펍을 방문하고 싶다면 주중 오후가 가장 좋다.

추천 코스 노팅힐 게이트역 ➡ 노팅힐 게이트 로드 ➡ 포토벨로 로드 ➡ 포토벨로 마켓 ➡ 탤벗 로드

✅ **체크 포인트**

❶ 토요일 오전 일찍 포토벨로 마켓을 방문하자.
❷ 주중 한가한 오후에 포토벨로 로드와 탤벗 로드에 자리한 카페, 상점을 둘러보자.

📷 노팅힐 Notting Hill

MAP 3

노팅힐은 켄싱턴 가든의 북서쪽 근처에 자리하고 있다. 1980년대까지만 해도 낙후된 이 지역이 1990년 이후부터 관광객이 급증하면서 오늘날 런던에서 가장 흥미롭고 세련된 동네 중 하나가 되었다. 노팅힐을 방문하는 대다수의 여행자들이 주말의 포토벨로 마켓만 둘러보고 이곳을 지나치지만 노팅힐의 매력은 실제로 그 이상이다. 한가롭고 차분한 주중 낮 시간에 포토벨로 로드나 탤벗 로드를 찾아 거닌다면 오히려 포토벨로 마켓에서 느끼지 못한 또 다른 감성을 이곳에서 느낄 수 있을 것이다. 바로 런던의 다른 곳에서는 느낄 수 없는 감미로운 감성의 분위기가 휘휘 도는 듯한 분위기인데, 자유롭게 길을 거닐며 북적거림이 없는 주중에 앤티크 숍에 들러 신기한 물건을 들여다보거나 카페나 아트 갤러리를 방문해 나만의 조용한 휴식 속 즐거움을 찾는 것도 좋을 듯하다.

위치 노팅힐 게이트역에서 하차

📷 포토벨로 마켓 Portobello Market　　　　　　MAP 3 ⓒ

런던에서 가장 유명한 벼룩시장이다. 원래 19세기에 신선한 음식물을 파는 이 지역의 시장이었으나 1940년대 이후 골동품 상인들이 몰려오면서 런던의 대표적인 앤티크 마켓으로 자리매김했다. 토요일 오전이 되면 포토벨로 로드를 따라 남북으로 길게 가판대들이 들어선다. 차량 통행이 제한되고 가판대는 두 줄로 길게 늘어서 있어 좁은 공간에서 인파들의 행렬만이 간신히 허락되는데, 이렇게 극심한 북적거림 속에서도 도난 사고나 무질서로 인한 사고가 거의 일어나지 않는 것은 참으로 신기하다. 가판대 위에는 전통적으로 골동품이나 오래된 물건들이 주인을 기다리고 있다. 지금은 시중에서 구할 수 없는 오래된 물건이 주를 이루는데, 가정집 창고에 보관되어 있다가 나온 물건부터 오랜 손때가 묻은 앤티크 장난감까지 다양한 물건이 진열되어 있다. 이밖에도 일반인들이 한때 입던 것들을 모아 시장에 내어 놓은 중고 의류들도 한 무더기를 이룬다. 오늘날에는 앤티크나 중고 의류 외에도 관광객들의 눈길을 끄는 각종 진기한 물건도 많이 눈에 띈다. 시장이 형성되는 토요일 낮에는 포토벨로 로드 주변에 거리 공연을 펼치는 악사들도 종종 등장하기도 한다.

`위치` 노팅힐 게이트역에서 도보 7분　`주소` 192A Portobello Rd, W11 1LA

📷 포토벨로 로드 Portobello Road

MAP 3 ⓒ

런던에서 가장 흥미로운 거리 중 하나다. 주말에 포토벨로 마켓을 찾아갈 기회가 없다 하더라도 주중에 이 거리를 활보하면서 거리 위에 놓인 상점을 하나씩 음미해보는 것도 좋다. 이 거리의 가옥들도 모두 3층짜리 건물들로 이루어져 있는데, 각기 파스텔 톤의 색감으로 입혀진 것이 이색적이다. 이 거리의 상점 중에는 앤티크 숍이 많아 눈길을 끄는데, 런던 시민뿐 아니라 세계 각기에서 몰려온 바이어들에게 꽤 이름난 곳이라고 한다. 앤티크 숍 외에도 오늘날에는 관광객들을 상대로 카페, 펍, 레스토랑, 와플 가게 등이 들어서 있다. 〈동물농장〉, 〈1984〉를 쓴 영국 작가인 조지 오웰이 1927년 이곳에 살기도 했다.

> 위치 › 노팅힐 게이트역에서 도보 7분

📷 노팅힐 게이트 로드 Notting Hill Gate Road

MAP 3 Ⓕ

노팅힐 지구의 평온하고 차분한 분위기의 식도락, 쇼핑 거리다. 3층짜리 하얀 건물들이 어깨동무하듯 줄지어 들어선 거리에 아래층마다 레스토랑, 카페, 숍, 아트 갤러리 등이 들어서 있다. 영화 〈노팅힐〉의 로케이션이 되었던 서점이 자리하고 있는 거리이기도 한데, 영화 속 서점은 현재 자취를 감추고 그 자리에 다른 상점이 들어설 예정이다. 아쉽게도 영화 〈노팅힐〉 속 남자 주인공 윌이 일하면서 여주인공 안나를 만났던 공간을 다시 볼 수 없게 되었다.

> 위치 › 노팅힐 게이트역에서 도보 1분

📷 탤벗 로드 Talbot Road

MAP 3 Ⓑ

노팅힐 지구의 평온하고 차분한 분위기의 식도락, 쇼핑 거리다. 3층짜리 하얀 건물들이 어깨동무하듯 줄지어 들어선 거리에 아래층마다 레스토랑, 카페, 숍, 아트 갤러리 등이 들어서 있다. 영화 〈노팅힐〉의 로케이션이 되었던 서점이 자리하고 있는 거리이기도 한데, 영화 속 서점은 현재 자취를 감추고 그 자리에 다른 상점이 들어설 예정이다. 아쉽게도 영화 〈노팅힐〉 속 남자 주인공 윌이 일하면서 여주인공 안나를 만났던 공간을 다시 볼 수 없게 되었다.

> 위치 › 라드브로크 그로브역에서 도보 5분

🍴 아란치나 Arancina

MAP 3 Ⓕ

시칠리안 전통 피자를 파는 피자 전문점으로 노팅힐에서 가장 맛있는 정통 이탈리안 피자를 만드는 곳으로 소문난 곳이다. 시칠리아에서 이주해온 모르타리 Mortari 가문에 의해 이곳 노팅힐의 펨브리지 로드 Pembridge Rd.에 오래전 둥지를 텄다. 이곳에서 만든 피자를 얹은 이탈리아산 구형 피아트 자동차를 쇼윈도에 놓은 모습이 특이하다. 오후 3~5시대의 해피 아워 Happy Hour에는 £7에 저렴하게 피자를 맛볼 수 있다. 포장도 가능하며 베이스워터 Bayswater에도 지점을 두고 있다.

[위치] 노팅힐 게이트역에서 도보 5분 [주소] 19 Pembridge Rd. W11 3HG [오픈] 매일 08:00~23:00 [요금] 스타터 £2.4~, 샐러드 £3.7~, 라자냐 £5.2, 마르게리타 피자 £9.5~19 [요금] 020-7221-7776 [홈피] www.arancina.co.uk

🍴 퍼스트 플로어 First Floor

MAP 3 Ⓐ

노팅힐에서 가장 우아한 분위기를 지닌 격조 높은 레스토랑이다. 유럽풍의 장식미를 갖춘 테이블에는 멋진 은빛 촛대가 놓여 있고 천장에 매달린 샹들리에는 다이닝룸의 화사함에 정점을 찍고 있다. 계절마다 메뉴가 바뀌며 신선한 재료를 사용하여 모던 감각의 브리티시 메뉴와 프렌치 메뉴를 선사한다. 1층에 바 공간이 있으며, 요청에 따라 미리 프라이빗 룸을 예약할 수 있다. 점심, 저녁 식사는 각각 세트 메뉴와 단품 메뉴로 제공되며 주말에는 브런치 메뉴와 세트 메뉴를 제공한다.

[위치] 라드브로크 그로브역에서 도보 5분 [주소] 186 Portobello Rd. W11 1LA [오픈] 매일 런치 12:00~16:00, 18:30~23:00 [요금] 스타터 £3~10, 메인 디시 £12~25, 사이드 디시 £3 [요금] 020-7243-0072 [홈피] www.firstfloorportobello.co.uk

🍴 포토벨로 오가닉 키친 The Portobello Organic Kitchen

MAP 3 Ⓐ

신선한 유기농 재료를 엄선하여 런치와 디너 메뉴를 제공하는 레스토랑이다. 이곳에서 취급하는 대부분의 유기농 재료는 인근 포토벨로 마켓에서 구입해 가져오는 것들이다. 매일 아침마다 유기농 재료로 만든 빵을 구워내기도 한다. 오가닉 피자 메뉴의 경우 배달도 가능하다. 메인 디시로는 포테이토 뇨키, 연어 피시 케이크, 피시 앤 칩스, 서로인 비프 스테이크, 로스트 치킨 브레스트 등이 있다.

[위치] 라드브로크 그로브역에서 도보 5분 [주소] 207-209 Portobello Rd. W11 1LU [오픈] 월~토요일 12:00~23:00, 일요일 12:00~21:00 [요금] 빵 £4, 수프 £5.5, 피자 £10.5~, 메인 디시 £12.5~, 사이드 디시 £4~, 디저트 £6~ [요금] 020-7792-7999 [홈피] www.portobelloorganickitchen.co.uk

앨리스 앤티크스 Alice's Antiques

MAP 3 ⓒ

노팅힐에서 가장 오래된 골동품 가게 중 하나로 빨간색 페인트로 칠해진 길모퉁이의 상점이다. 값비싼 골동품 물건도 있지만 어느 가정에나 있을 법한 추억의 물건, 잊혀진 물건이 가득하기에 내부에 소장된 물건을 진지하게 들여다보면 과거의 추억의 시간으로 마치 거슬러 올라가는 것 같은 기분이 든다. 오래된 아날로그식 전화기, 바나 카페에서 장식용품으로 쓰였을 법한 벽걸이용 장식물 등 다양한 물건이 한자리에 모여 있다.

|위치| 노팅힐 게이트역에서 도보 10분 |주소| 86 Portobello Rd. W11 2QD |오픈| 월~금요일 09:00~17:00, 토요일 07:00~16:00 |휴무| 일요일 |전화| 020-7229-8187

올 세인츠 All Saints

MAP 3 ⓒ

남성용, 여성용 캐주얼 의류와 여러가지 패션 아이템을 취급하는 브랜드로 영국의 유명 뮤지션 밴드인 U2 등 예로부터 영국의 언더그라운드 뮤직 밴드를 후원하고 있다. 노팅힐의 올 세인츠 스피탈필즈 매장은 꽤 넓은 공간을 지니고 있다. 특히 수십 개의 재봉틀을 나란히 진열하여 독특한 인테리어를 꾸미고 있다. 독특한 디자인으로 다른 브랜드와 차별성을 두는 올 세인츠는 1994년 남성 의류로 시작하여 1998년 여성 의류를 론칭하고 이후 뉴욕, 도쿄에도 진출했다. 웨스트필즈 쇼핑몰과 코번트 가든, 리젠트 스트리트 등지에도 매장을 두고 있다.

|위치| 노팅힐 게이트역에서 도보 12분 |주소| 290 Westbourne Grove, W11 2PS |오픈| 월~목요일 10:00~18:00, 금요일 10:00~19:00, 토요일 09:00~19:00, 일요일 12:00~18:00 |전화| 020-7985-9070 |홈피| www.allsaints.com

웨스트필드 Westfield

MAP 런던 전도 ⓕ

런던에서 가장 큰 규모의 쇼핑몰이다. 노팅힐 지구에서 조금 떨어진 곳에 자리 잡은 화이트 시티 White City 지구에 있다. 무엇보다 이곳은 미래지향적인 내부 인테리어가 화려하다. 마치 SF영화의 촬영을 위해 만들어놓은 거대한 세트장 같다. 사실 웨스트 필드 쇼핑몰은 이곳 화이트 시티 외에도 지난 2012년 런던올림픽이 열렸던 올림픽주경기장 인근의 스트랫퍼드 시티 Stratford City에도 자리하고 있다. 하지만 규모 면에서는 이곳 화이트 시티의 웨스트필드가 더 크다. 화이트 시티의 웨스트필드에는 내로라할 만한 럭셔리 브랜드를 비롯해 각종 패션 브랜드, 고급 레스토랑, 시네마 등이 있다.

위치〉셰퍼드 부시역에서 도보 3분 주소〉Centre Management Suite, Unit 4006, Ariel Way, W12 7GF 오픈〉월~토요일 10:00~22:00, 일요일 12:00~18:00 전화〉020-3371-2300 홈피〉uk.westfield.com/london

CAMDEN TOWN

AREA 10

캠던 타운
Camden Town

오래전부터 런던의 이색 지대로 불리는 캠던 타운은 리젠트 파크 북쪽에 위치해 있다. 캠던 타운은 런던 시내 중심가에서 리젠트 파크를 가로질러 운하를 따라 도보로 찾아갈 수도 있다. 로맨틱한 수로가 흐르는 캠던 타운은 주변이 매우 아름다운데, 이 수로를 따라 작은 커낼 크루즈 보트도 오가며 물길 주변의 산책로를 따라 한가로운 산책도 즐길 수 있다. 캠던 타운은 런던에서 가장 인상적인 시장 캠던 마켓이 자리 잡은 곳이다. 기상천외한 물건부터 스타일리시한 감각의 쇼핑 아이템까지 쇼핑의 1번지라 부르기에 부족함이 없다.

캠던 타운
이렇게 여행하자

가는 방법 전철 베이커 스트리트역 또는 리젠트 파크역에서 출발하여 리젠트 파크를 가로질러 런던 동물원을 둘러본 뒤 리젠트 커낼을 따라 캠던 타운을 방문해보자. 캠던 타운의 여행은 리젠트 파크 북쪽의 리젠트 파크 로드에서 시작하는 것이 좋다. 캠던 타운을 다 둘러본 뒤에는 도보나 전철로 이동하여 최첨단 시설로 개수한 기차역인 킹스 크로스 스테이션과 세인트 판크라스 스테이션, 브리티시 라이브러리 등을 둘러보자.

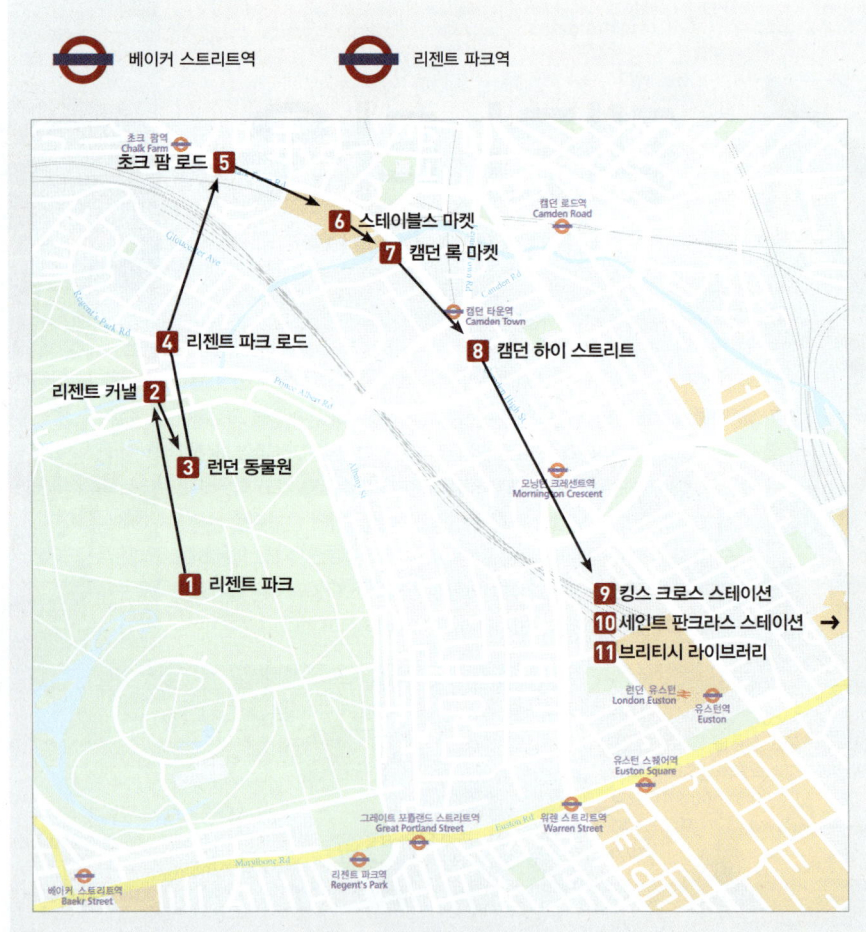

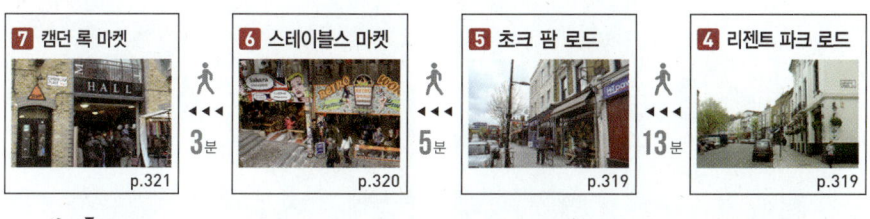

✅ 체크 포인트

❶ 리젠트 파크 주변의 리젠트 커낼을 따라 산책로를 거닐어보자.
❷ 캠든 타운에 위치한 스테이블스 마켓의 미로처럼 엉켜 있는 내부를 둘러보자.
❸ 주말 오전 인파로 북적이는 캠든 록 마켓을 방문하여 이곳의 먹거리를 즐겨보자.
❹ 캠든 하이 스트리트에 늘어서 있는 건물마다 벽면에 치장된 갖가지 재미난 데커레이션을 바라보자.
❺ 리젠트 파크 로드나 초크 팜 로드, 글로스터 애버뉴 등지에 자리한 아기자기한 상점을 둘러보거나 작지만 아담하고 조용한 카페, 레스토랑 등지에서 다이닝을 즐겨보자.
❻ 개보수한 킹스 크로스 스테이션 내 천장 구조물의 화려한 모습을 감상해보고 세인트 판크라스 스테이션 내부에 세워진 거대한 남녀 동상을 바라보자.
❼ 런던 동물원에서 펼쳐지는 화려한 동물 쇼를 놓치지 말자.
❽ 브리티시 라이브러리 안에 자리한 존 리트블라트 갤러리에서 아름다운 필체와 화려한 그림들이 그려진 고문서의 신비로움을 접해보자.

리젠트 파크
Regent's Park

MAP 12 Ⓔ

비록 세인트 제임스 파크의 아기자기함이나 하이드 파크나 켄싱턴 가든의 고상함이 엿보이지는 않지만 런던 시내에 자리한 공원 중에서는 가장 큰 면적을 자랑한다. 1820년에 존 내시 John Nash가 설계한 이 공원은 런던 시민들이 드넓은 잔디밭에서 휴식을 취하거나 젊은이들이 축구를 즐기는 장면을 쉽게 엿볼 수 있는 곳이다. 해마다 6월이면 이 공원 내의 로즈 가든에서 활짝 핀 붉은 장미꽃을 볼 수 있다. 또한 한여름에는 이 공원의 퀸 메리 가든 Queen Mary's Garden의 야외 무대에서 종종 셰익스피어 연극 공연을 감상할 수 있다. 리젠트 파크는 런던의 여러 공원 중에서도 커다란 크기의 호수가 있어 더욱 운치 있는 곳이기도 하다. 이곳의 호수는 가족, 친구와 함께 노 젓는 보트를 타거나 패달 보트를 타기에 좋다.

> 위치 베이커 스트리트역에서 도보 2분, 리젠트 파크역에서 도보 5분

리젠트 커낼
Regent's Canal

MAP 12 Ⓔ

그랜드 유니언 커낼 Grand Union Canal 또는 캠든 커낼 Camden Canal이라고도 불리는 리젠트 커낼은 리젠트 파크 북쪽을 감아도는 작은 물길이다. 사실 리젠트 커낼 주변은 런던에서 가장 로맨틱한 분위기를 이끄는 곳이다. 보트가 오가고 돌다리를 지나며 오래된 담벼락 너머로 목재 가옥과 뒤뜰이 살며시 고개를 내미는 물길 주변의 운치를 느끼려면 커낼 주변의 산책로를 따라 거닐어야 한다. 또한 정기적으로 운항하는 커낼 크루즈에 탑승하여 잔잔한 뱃길을 달려보는 것도 좋다. 리젠트 커낼과 캠든 커낼 주변에는 기다란 배들이 정착되어 있는데, 런던 시의 허가 아래 배 안에서 생활하는 사람들이 꽤 있다. 이 작고 기다란 배 안에는 침실, 주방은 물론 화장실도 마련되어 있어 독특한 라이프스타일을 살짝 엿볼 수 있다.

> 포토제닉 스폿 산책로에서 하우스 보트를 배경으로 사진을 찍어보자.

> 위치 캠든 타운역에서 도보 10분, 베이커 스트리트역에서 도보 15분

런던 동물원
London Zoo

MAP 12 Ⓔ

1828년에 설립된 세계에서 가장 오래된 동물원이다. 포유류, 조류 뿐 아니라 양서류, 파충류 등 다양한 생물을 볼 수 있으며 한국의 동물원에서 볼 수 없는 진기한 동물이나 곤충이 꽤 많다. 특히 중부 아프리카에서 들여온 고릴라를 방문객들에게 선보이고 있다. 조련사의 익숙한 솜씨로 진행되는 갖가지 동물 쇼가 압권이다. 시즌에 따라 각기 다른 이벤트가 소개되고 있어 미리 웹사이트 등을 통해 정보를 확인해보는 것이 좋다.

위치 캠든 타운역에서 도보 15~20분, 리젠트 파크 북쪽 공원 내 주소 Regent's Park, Outer Circle, NW1 4RY 오픈 매일 10:00~18:00(마지막 입장 17:00까지) 휴무 12월 24~25일 요금 성수기(2월 15일~11월 2일) 성인 £24.54, 어린이 £18.63, 3세 미만 무료(15세 미만의 경우 부모 동반 필수) 전화 084-4225-1826 홈피 www.zsl.org/zsl-london-zoo

리젠트 파크 로드
Regent's Park Road

MAP 12 Ⓐ

젊은이들의 열정적인 문화를 담은 캠든 타운 지역에서 비교적 조용하고 고상한 분위기를 풍기는 거리다. 비록 거창하지는 않지만 캠든 지구를 방문하는 여행자들 중에서 차분한 감각의 카페, 레스토랑에서의 쉼이나 식사를 원한다면 캠든 지구의 중심에서 도보로 몇 분 안 되는 이 거리를 추천한다. 레스토랑에서의 식사가 부담스럽다면 간단한 음식을 들고 인근 프림로즈 힐 Primrose Hill 위에 올라 주변을 조망하며 런치 타임을 즐겨보자. 인근 글로스터 애버뉴 Gloucester Ave. 역시 식도락과 쇼핑을 즐길 만한 레스토랑, 상점이 있다.

위치 초크 팜역에서 도보 2분, 초크 팜 로드로부터 철길을 건너 남쪽으로 있으며 캠든 타운역 남서쪽의 파크웨이와 연결되어 있다.

초크 팜 로드
Chalk Farm Road

MAP 12 Ⓐ

캠든 하이 스트리트와 이어진 캠든 지구의 대표적인 거리로, 이 거리에는 쇼핑을 위한 상점보다 캠든 지구의 대표적인 레스토랑, 공연장, 라이브 뮤직 스팟 등이 자리하고 있다. 특히 이 거리의 랜드마크인 라운드하우스 Roundhouse 공연장은 1966년 핑크플로이드가 첫 공연을 한 곳으로 유명하다.

위치 초크 팜역에서 도보 1분, 캠든 타운역에서 도보 4분

스테이블스 마켓
Stables Market

MAP 12 ⓑ

캠던 하이 스트리트
Camden High Street

MAP 12 ⓑ

캠던 지구의 시장 중에서 가장 흥미로운 곳이다. 주중, 주말 어느 때 가도 볼거리와 쇼핑 아이템이 가득하다. 시장 입구 주변에는 거대한 말머리를 동상으로 만들어 세워놓아 이채롭다. 시장 안으로 들어가면 미로처럼 엉켜 있는 좁은 길 사이로 한 평 남짓한 크기의 상점이 촘촘히 늘어서 있는 장관도 볼 수 있다. 일부 상점들 중에는 아프리카, 중동, 동남아시아 등지에서 들여온 에스닉 아이템을 판매하기도 한다.

`포토제닉 스폿` 거대한 말의 두상 앞에서 사진을 찍어보자.

`위치` 초크 팜역에서 도보 7분, 캠던 타운역에서 도보 10분 `주소` First Floor Offices, Chalk Farm Rd. NW1 8AH `전화` 020-7485-5511 `오픈` 매일 10:30~18:00 `홈피` www.camdenmarket.com

캠던 지구의 메인 스트리트로 주중, 주말에 상관없이 인파로 늘 북적인다. 거리 양옆에는 패션 아이템, 기념품 등으로 무장한 상점이 가득한데, 이 거리의 3층짜리 건물에는 거대한 비행기 모형 등 저마다 이색적인 치장으로 방문객들의 눈길을 사로잡는다. 초크 팜 로드와 연결되어 있으며 거리 사이로 리젠트 커낼이 흐른다.

`포토제닉 스폿` 건물 벽면을 장식한 재미난 장식물을 카메라에 담아보자.

`위치` 캠던 타운역에서 도보 1분 캠던 커낼을 두고 초크 팜 로드와 연결되어 있다.

캠던 록 마켓
Camden Lock Market

MAP 12 Ⓑ

캠던 록
Camden Lock

MAP 12 Ⓑ

해마다 1000만 명이 방문하여 엄청난 인산인해로 붐빈다. 캠던 록 플레이스 건물과 건물 앞의 안뜰에 들어서는 시장으로 일부 가판대는 매주 일요일마다 들어서지만 건물 안의 상점들은 대부분 연중 내내 문을 연다. 1970년대 중반에 조성된 캠던 록 마켓은 캠던 지구에서 가장 오랜 전통을 자랑하는 시장이다. 또한 초크 팜 로드에 자리한 스테이블스 마켓과 함께 캠던 타운에서 가장 볼거리가 풍부한 쇼핑 스폿이기도 하다. 이곳의 쇼핑 아이템으로는 패션 의류, 주얼리, 홈 데코 등이 있고, 다양한 에스닉 먹거리를 제공하는 푸드코트도 자리하고 있다.

캠던 록은 캠던 타운에서 마켓을 제외하고 가장 큰 볼거리다. '록 Lock'은 사전적 의미로 운하나 댐의 수문이나 갑문을 뜻하는데, 캠던 록은 바로 리젠트 커낼의 갑문으로 이곳 운하에 설치한 독 Dock이다. 양 끝에 문이 달려 있어 물 높이를 조절하여 지나가는 배를 올리거나 내려 서로 다른 높이의 공간으로 이동할 수 있게 해준다. 하루에 여러 차례 이러한 방식으로 배가 지나갈 수 있도록 하기에 운 좋게 이 모습을 바라보는 것이야말로 캠던 타운 최고의 볼거리가 될 것이다.

위치 캠던 타운역에서 도보 5분, 초크 팜 로드와 캠던 하이 스트리트 중간 지점

위치 캠던 타운역에서 도보 5분 주소 Camden Lock Ltd, Unit 215-216 Chalk Farm Rd, NW1 8AF(오피스) 오픈 매일 10:00~18:00 전화 020-7485-7963(오피스) 홈피 www.camdenlockmarket.com

캠던 마켓
The Camden Market

MAP 12 Ⓑ

캠던 패시지 마켓
Camden Passage Market

MAP 12 Ⓗ

캠던 마켓은 스테이블스 마켓, 캠던 록 마켓 등 캠던 타운의 주요 마켓을 모두 포함한다. 하지만 작은 의미에서의 캠던 마켓은 캠던 마켓이라는 이름을 내건 캠던 타운 지구의 여러 시장 중 하나인 더 캠던 마켓 The Camden Market을 지칭한다. 캠던 하이 스트리트 오른편에 큰 간판을 내걸고 자리하고 있으며 저렴한 티셔츠나 중고 의류 등을 파는 가판으로 이루어져 있다.

위치 캠던 타운역에서 도보 2분

패시지 Passage는 작은 통로를 뜻하는 영어 단어다. 캠던 패시지는 런던의 주요 관광 명소로부터 조금 떨어진 이즐링턴 Islington 지구 남쪽에 위치한다. 이 마켓은 상업적인 일부 런던의 벼룩시장과는 달리 집안에서 오랫동안 자리를 차지하던 먼지 쌓인 물건들이 새 주인을 맞이하기 위해 새단장하여 등장하는 곳이다. 이곳의 벼룩시장은 차분하고 소규모라 오히려 애착이 간다. 또한 이 작은 골목길에는 눈에 띌 만한 아기자기한 상점, 아트 갤러리, 카페 등도 포진해 있다. 매주 수 · 토 · 일요일에만 장이 선다.

위치 엔젤역에서 북쪽 방면으로 도보 10분 오픈 매주 수 · 토 · 일요일 09:00~17:30 홈피 www.camdenpassageislington.co.uk

브리티시 라이브러리
British Library

MAP 12 ⓖ

세계에서 가장 큰 규모를 자랑하는 도서관이다. 1억5000만 권에 달하는 도서와 자료를 지니고 있다. 세계 각국에서 들어온 것으로 영어뿐 아니라 수많은 언어로 된 방대한 자료를 소장하고 있다. 특히 방문객들이 주목할 만한 것은 고대나 중세 시대의 희귀본인데, 이곳의 전시 공간을 통해 접할 수 있다. 역사적으로 가장 오래된 자료는 기원전 2000년쯤 만들어진 자료다. 도서관 위층 공간에는 수십 개의 테이블이 놓여 있어 독서나 토론, 인터넷 사용 등이 가능하다. 영상 자료, 음악 자료, 신문, 잡지 등도 찾아볼 수 있다.

[위치] 킹스 크로스 세인트 판크라스역에서 도보 5분 [주소] 96 Euston Rd. NW1 2DB [오픈] 월·금요일 09:30~18:00, 화~목요일 09:30~20:00, 토요일 09:30~17:00, 일요일 11:00~17:00 [요금] 무료 [전화] 0330-333-1144 [홈피] www.bl.uk

존 리트블라트 갤러리
The Sir John Ritblat Gallery

MAP 12 ⓖ

브리티시 라이브러리를 방문하는 가장 큰 이유 중 하나는 바로 이곳에 소장된 진귀한 고문서를 직접 눈으로 보기 위해서다. 브리티시 라이브러리 안에 자리한 존 리트블라트 갤러리에는 인류 역사상 가장 가치 있는 문서 중 일부가 보관되어 있다. 그중에는 13세기 초 왕에 대한 영국 귀족들의 요구 사항이 들어 있는 마그나 카르타 Magna Carta, 4세기에 제작된 것으로 추정되는 인류의 첫 신약성서 필사본인 코덱스 시나이티쿠스 Codex Sinaiticus 등이 있다.

[위치] 킹스 크로스 세인트 판크라스역에서 도보 5분, 브리티시 라이브러리 내 [주소] British Library, 96 Euston Rd. NW1 2DB [오픈] 월·금요일 09:30~18:00, 화~목요일 09:30~20:00, 토요일 09:30~17:00, 일요일 11:00~17:00 [요금] 무료 [전화] 01937-546546 [홈피] www.bl.uk/events/treasures-of-the-british-library

필러텔릭 엑시비션
The Philatelic Exhibition

MAP 12 ⓖ

우표를 모으거나 우표에 관심 많은 이들에게 추천하고 싶은 곳이다. 브리티시 라이브러리 내에 전시 공간을 둔 이곳은 우표 수집상 토마스 테플링 Thomas Tepling 경의 후원과 기부에 의해 1891년 설립되어 오늘날 8만여 점에 이르는 다양한 우표와 우편에 관련된 역사적 자료나 유물 등을 일반인들에게 공개하고 있다.

[위치] 킹스 크로스 세인트 판크라스역에서 도보 5분, 브리티시 라이브러리 내 [주소] British Library, 96 Euston Rd. NW1 2DB [오픈] 월·수~금요일 09:30~18:00, 화요일 09:30~20:00, 토요일 09:30~17:00, 일요일 11:00~17:00 [요금] 무료 [전화] 01937-546546 [홈피] www.bl.uk/events/the-philatelic-exhibition

킹스 크로스 스테이션
King's Cross Station

MAP 12 Ⓗ

세인트 판크라스 스테이션
St. Pancras Station

MAP 12 Ⓗ

1852년 완공된 런던의 대표적인 기차역 중 하나다. 지난 2005년 £5억의 거대한 예산을 들여 대대적인 복구 및 리모델링을 하는 계획이 승인을 받아 2012년 3월 19일에 먼저 역내 디파처 홀 Departure Hall 의 새롭게 단장한 모습이 소개되었다. 마치 SF영화에 나올 법한 아치형 천장의 인테리어는 보는 이들의 탄식을 자아내기에 부족함이 없다. 이 부근을 여행하고 있다면 잠시 시간을 내어 이 역사 내 디파처 홀의 아치형 천장 인테리어를 잠시 엿볼 것을 추천한다.

포토제닉 스폿 모던 감각의 천장 구조물을 카메라에 담아보자.

위치 킹스 크로스 세인트 판크라스역에서 도보 1분 주소 Euston Rd. N1 9AP 오픈 매일 24시간 전화 084-5711-4141 홈피 www.networkrail.co.uk/london-kings-cross-station

아마도 전 세계에서 가장 멋진 외관을 지닌 기차역이 아닌가 싶다. 우뚝 솟은 시계탑을 지닌 붉은색 건물이 인상적이다. 이 건물은 빅토리안 건축양식으로 1868년에 지어졌다. 지난 2000년대 £8억의 엄청난 자금을 쏟아부어 대대적인 보수 공사를 하였다. 그 후 역사 내에는 각종 편의시설이 들어서 있으며 런던의 유로스타 발착지로 사용되고 있다. 이 역사 내에 놓인 영국의 대표적인 조각가 폴 데이 Paul Day의 거대한 남녀 동상과 그 주변에 놓인 폴 데이의 인상적인 또 다른 입체적 부조물을 둘러볼 것을 추천한다.

포토제닉 스폿 빅토리안 양식의 절정을 보여주는 외관 앞에서 포즈를 취해보자.

위치 킹스 크로스 세인트 판크라스역에서 도보 4분 주소 Euston Rd. N1C 4QP 전화 020-7843-7688 오픈 매일 24시간 홈피 www.stpancras.com

간사
Gansa

MAP 12 ⓑ

메이드 인 브라질
Made In Brasil

MAP 12 ⓑ

캠던 타운에 자리하고 있는 간사는 캐주얼풍의 바 Bar로 샹그리아와 모히토(각각 £4.3)를 저렴하게 맛볼 수 있는 곳이다. 각종 런치, 디너 메뉴를 비롯해 스패니시 타파스 Tapas 메뉴도 제공한다. 이곳은 무엇보다 매주 월요일 밤마다 라이브 플라멩코 공연(무료 입장)을 볼 수 있는 곳으로도 유명하다. 와인을 비롯해 칵테일 등 각종 주류를 제공한다.

위치 캠던 타운역에서 도보 3분 주소 2 Inverness St, NW1 7HJ 오픈 매일 12:00~01:00 요금 갈릭 새우 £6.25, 시푸드 스튜 £6.5, 페퍼와 양파 소스를 곁들인 대구 요리 £6.5, 토르티아 £4.5~, 타파스 메뉴 £5.25~ 전화 020-7267-8909 홈피 www.bargansa.com

브라질 요리 전문 레스토랑이자 칵테일 바다. 브라질리언 브런치 메뉴와 런치 메뉴를 £4.5부터 즐길 수 있다. 금요일 밤이나 주말 저녁에는 런던에 거주하는 라틴계 유학생이 많이 모여 흥겨운 분위기를 연출한다. 무엇보다 이곳에서 판매하는 로열티 카드 Loyalty Card(£4.99)를 구입하면 무료로 카이피리냐 Caipirinha(사탕수수와 라임을 섞어 만든 브라질 전통 칵테일) 한잔을 맛볼 수 있어 좋다. 이 카드 소지자는 세 번째 방문 시 식사 요금의 25%를 할인 받고 다섯 번째 방문 시 메인 디시를 무료로 제공받는다.

위치 캠던 타운역에서 도보 3분 주소 12 Inverness St. NW1 7HJ 오픈 월~목요일, 일요일 11:00~01:00, 금·토요일 11:00~02:00 요금 브라질리언 타파스 메뉴 3종 £12.5, 5종 £21.5(이상 매일 12:00~20:00에만 제공) 전화 020-7482-0777 홈피 madeinbrasil.co.uk

스테이블스 마켓 푸드 코트
Stables Market Food Court

MAP 12 Ⓑ

트룰리 스크럼셔스 카페
Truly Scrumptious Café

MAP 12 Ⓐ

모나크
Monarch

MAP 12 Ⓑ

캠던 타운의 어느 마켓이나 푸드 코트를 지니고 있지만 캠던 타운에서 가장 인상적인 분위기를 지닌 스테이블스 마켓의 푸드 코트는 좀 더 특별하다. 양옆으로 음식 가판대가 나란히 정렬해 있고 가운데 야외 테이블이 여러 개 있다. 이곳에서 판매되는 음식은 실로 다양하다. 모로코 음식부터 인도, 타이, 중국 등 세계 각국의 음식을 진열해놓은 것처럼 방문객들에게 다양한 선택의 기회를 준다.

위치 초크 팜역에서 도보 7분, 캠던 타운역에서 도보 10분 오픈 매일 10:30~18:00 요금 메인 디시 £3.5~ 홈피 www.stablesmarket.com

'굉장하다'라는 이름을 지닌 이 카페는 사실 작고 소박한 동네의 이름 없는 카페에 불과하다. 하지만 캠던 타운에 머문다면 하루쯤 이곳에 들러 영국식 아침 식사를 해볼 필요가 있다. 저렴한 가격에 프라이드 에그 두 개와 베이컨, 소시지, 토마토소스를 곁들인 콩, 버섯볶음, 구운 토마토와 2개의 토스트가 커피나 홍차와 함께 제공되는 만찬을 맛볼 수 있다. 오믈렛을 아침 식사로 맛보길 원한다면 오믈렛 안에 들어가는 재료에 따라 양파, 치즈 등 최대 네 가지까지 선택할 수 있다.

위치 초크 팜역에서 도보 2분 주소 67 Chalk Farm Rd. NW1 8AN 오픈 월~토요일 07:00~17:00 휴무 일요일 요금 티 £0.8, 필터 커피 £1.2, 카푸치노 £1.5, 오믈렛 £2.8~, 토스트(2개)와 프라이드 에그(2개) £2.8 전화 020-7916-0616

라이브 뮤직을 듣기 위해 캠던 타운을 찾았다면 저렴하게 라이브 밴드의 음악 연주를 들을 수 있는 이곳을 방문해보자. 모나크는 재능 있는 로컬 록밴드의 등용문이기도 하다. 낮과 저녁 시간에는 다양한 음식 메뉴를 즐길 수 있다. 각종 보드게임과 당구를 즐길 수도 있다. 록을 비롯한 다양한 장르의 라이브 연주는 거의 매일 밤 10시경부터 펼쳐지며 금요일과 토요일에는 새벽 늦게까지 계속된다.

위치 초크 팜역에서 도보 5분 주소 40-42 Chalk Farm Rd. NW1 8BG 오픈 월~목·일요일 12:00~00:30, 금·토요일 12:00~03:00 요금 메인 디시 £4.5~, 피시 앤 칩스 £8.5, 서로인 스테이크 £10.5 전화 020-7482-2054 홈피 www.monarchbar.com

머린 아이스
Marine Ices

MAP 12 ⓐ

젤라토 숍이자 이탈리안 레스토랑으로 이곳의 특별 기법으로 만든 수제 아이스크림과 소르베 Sherbet가 유명한 곳이다. 1931년 이곳의 문을 연 가에타노 만시 Gaetano Mansi는 이탈리아 남부의 시칠리아 출신으로 아이스크림 메이커로 명성을 얻은 뒤 영국으로 건너와 런던의 주요 호텔 등지에 이탈리안 정통 아이스크림을 납품했다. 오늘날까지 그 맛과 비법이 전수되고 있다. 아이스크림 외에도 파스타, 피자, 리소토 등 식사 메뉴를 제공한다.

위치 초크 팜역에서 도보 1분 주소 8 Haverstock Hill, NW3 2BL 오픈 월~토요일 10:00~23:00, 일요일 10:00~22:00 요금 아이스크림 £3.5, 1/2리터(포장용) £4.75, 4리터(포장용) £23, 파스타 £8~, 샐러드 £4~ 전화 020-7267-2776 홈피 www.marineices.co.uk

레모니아
Lemonia

MAP 12 ⓐ

리젠트 파크 로드에 자리 잡은 그리스 요리 전문 레스토랑이다. 소박하지만 깔끔하고 드넓은 실내 공간을 자랑한다. 문을 연 지 30년이 된 오랜 전통을 지닌 이 레스토랑은 현재 오래전 이민 온 가족이 경영하고 있다. 벽면에 전통 의상을 입은 여인의 모습이 담긴 오래된 흑백사진이 걸려 있어 고풍스러운 분위기를 자아낸다. 그리스 전통 음식인 무사카 Moussaka(가지 위에 구운 치즈와 얇게 다진 고기와 감자를 얹은 음식)를 비롯해 다양한 미트 메뉴와 시푸드 메뉴를 즐길 수 있다.

위치 초크 팜역에서 도보 5분 주소 89 Regent's Park Rd, NW1 8UY 오픈 12:00~15:00, 18:00~23:00 요금 메인 디시 £11.5~, 시푸드 메뉴 £14~ 전화 020-7586-7454 홈피 www.lemonia.co.uk

프림로즈 베이커리
Primrose Bakery

MAP 12 ⓐ

홍차를 곁들여 갓 구운 달콤한 컵케이크를 맛보길 원한다면 이곳으로 달려가보자. 프림로즈 베이커리는 다양한 색을 지닌 예쁜 컵케이크를 만드는 곳으로 유명하다. 작고 아담한 베이커리이지만 테이블에 앉아 차와 파이, 각종 케이크와 쿠키를 음미할 수 있다. 베이커리 한구석에는 어린이를 위한 재미난 장난감, 문구류도 판매한다.

위치 초크 팜역에서 도보 10분 주소 69 Gloucester Ave, NW1 8ND 오픈 월~토요일 08:30~18:00, 일요일 09:30~18:00 요금 미니 컵케이크 £1.25~1.75, 미니 컵케이크 세트(9개) £11.25 전화 020-7483-4222 홈피 www.primrose-bakery.co.uk

사이버도그
Cyberdog

MAP 12 Ⓑ

스테이블스 마켓 입구 옆에 놓인 패션 숍으로 특수 장치로 멋을 낸 옷이나 형광 물질로 치장한 티셔츠나 액세서리 등을 파는 곳이다. 평상시에 입고 다닐 수 있는 의류라기보다는 클럽 등지에서 입을 수 있는 의상이다. 매장 입구에는 은빛 로봇 모형이 걸려 있어 이채롭다. 실시간으로 매장 앞에 사이보그 분장을 한 남성이 트랜스 뮤직에 맞춰 춤을 추기도 한다.

위치 ▶ 초크 팜역에서 도보 7분 주소 ▶ Stables Market, Chalk Farm Rd. NW1 8AH 오픈 ▶ 월~목요일 11:30~19:30, 금요일 11:00~20:00, 토·일요일 10:00~20:00 전화 ▶ 020-7482-2842 홈피 ▶ shop.cyberdog.net

호스 터널 마켓
Horse Tunnel Market

MAP 12 Ⓑ

시장 속의 시장처럼 호스 터널 마켓은 스테이블스 마켓 안에 자리하고 있다. 스테이블스 마켓은 원래 호스 호스피털이 있던 건물을 개조해 만든 공간이다. 이러한 연유로 예전에 병원을 찾은 말들이 건물로 들어가는 통로가 있었는데, 그 통로가 바로 호스 터널이다. 현재 이 터널을 개조해 진귀하고 재미난 물건을 파는 여러 상점이 들어서 있다. 또한 터널 내에는 당시의 상황을 재현하듯 움직이는 듯한 모습의 말 동상을 세워놓기도 했다.

위치 ▶ 초크 팜역에서 도보 7분 오픈 ▶ 매일 10:30~18:00

에스커페이드
Escapade

MAP 12 Ⓐ

반드시 가봐야 할 관광 명소는 아니지만 파티나 축제에 쓰이는 커스튬이나 각종 분장 도구, 마스크를 전문적으로 취급하는 곳이기에 관심 있다면 한 번쯤 들러볼 만하다. 가장 무도회는 물론 각종 축제나 퍼레이드, 작은 파티 등지에서 사용할 수 있을 만한 갖가지 가면과 의상, 액세서리 등이 가득하다.

위치 ▶ 초크 팜역에서 도보 5분 주소 ▶ 45-46 Chalk Farm Rd. NW1 8AJ 오픈 ▶ 월~금요일 10:00~19:00, 토·일요일 10:00~18:00 전화 ▶ 020-7485-7384 홈피 ▶ www.escapade.co.uk

슬란초글레드
Slanchogled

MAP 12 Ⓐ

메리스 리빙 앤 기빙
Mary's Living & Giving

MAP 12 Ⓖ

고든 그리들리 앤티크
Gordon Gridley Antique

MAP 12 Ⓗ

지상과 지하 매장으로 이루어진 이곳은 지상에 상점을 지하에 워크숍 및 실습 공간을 두고 있다. 슬란초글레드는 패브릭, 종이 등 다양한 재료로 각종 수공예품 및 장식공예품을 만드는 공간이자 그 재료를 파는 곳이기도 하다. 이곳의 회원들이 만드는 수공예품은 특수 재질의 종이로 만든 꽃이나 직접 디자인한 카드나 엽서 등 일상에서 필요한 생활용품 및 장식품 등이다.

위치 초크 팜역에서 도보 2분 주소 66 Chalk Farm Rd. NW1 8AN 오픈 월~토요일 10:00~18:00, 일요일 11:00~18:00 전화 020-7284-4762 홈피 artsandcraftscamden.com

물건을 팔아 영리를 취하는 상점과 자선단체와의 연관성을 찾기란 쉽지 않다. 그럼에도 메리스 리빙 앤 기빙은 일반 패션 부티크 숍의 모습을 지녔지만 그 속을 가만히 들여다보면 수익금의 상당수를 세이브 더 칠드런 Save the Children 이라는 국제아동보호기구에 기부한다. 이 숍은 일반인들이 기부한 의류, 가방, 액세서리 등을 팔아 운영된다. 손님이 구입하면서 사용한 돈은 국제사회의 고통받는 아이들을 위해 사용된다.

위치 초크 팜역에서 도보 5분 주소 109 Regent's Park Rd. NW1 8UR 오픈 월~금요일 10:00~18:00, 토요일 11:00~18:00, 일요일 12:00~16:00 전화 020-7586-9966 홈피 www.savethechildren.org.uk/get-involved/charity-shopping/marys-living-and-giving

캠던 패시지 마켓 인근에 자리 잡은 골동품 상점으로 1973년 오픈하여 오랜 역사와 전통을 자랑한다. 세계 각지에서 17세기부터 19세기까지의 오래된 가구, 직물 공예품, 상아, 도자기, 조명기구 등을 수집하여 판매한다. 상당수의 고미술품도 보관, 판매하고 있다. 그동안 방송이나 영화 촬영을 위해 이곳에 보관된 물건을 대여해 주기도 했다.

위치 엔젤역에서 북쪽 방면으로 도보 10분 주소 41 Camden Passage, N1 8EA 오픈 수·토요일 10:00~17:30 휴무 월·화·목·금·일요일 전화 020-7226-9033

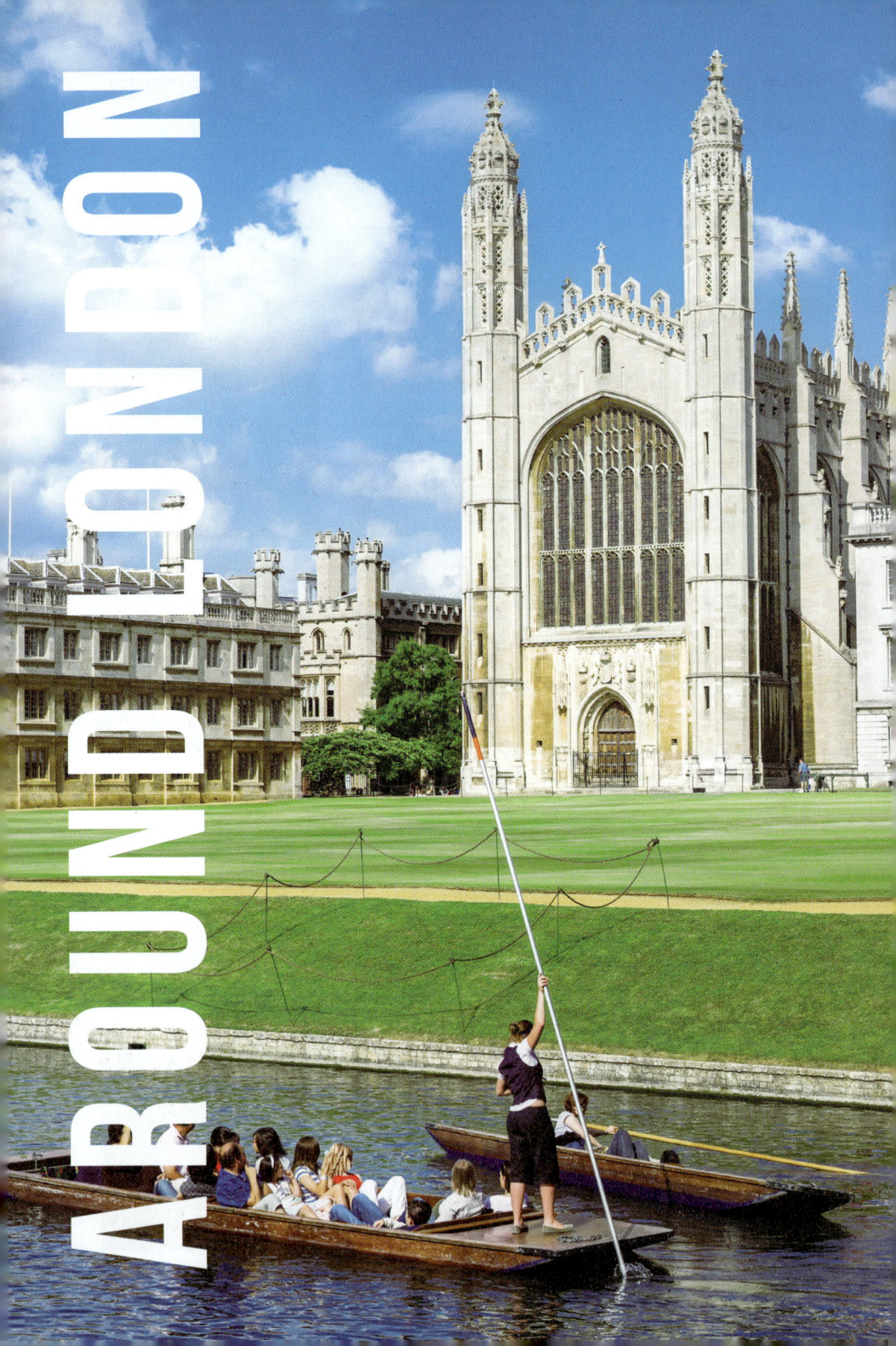

주변 지역 가이드

―

그리니치 | 도클랜드 | 큐 가든
햄스턴 코트 팰리스 | 윈저 캐슬
옥스퍼드 | 캠브리지 | 바스
브라이튼 | 맨체스터 | 웨일스

AREA 01

그리니치
Greenwich

런던 남동부에 위치한 그리니치는 런던 시내에서 다소 멀리 떨어져 있지만 전철과 버스로 1시간이 채 걸리지 않는다. 그리니치는 영국에서 구 왕립해군학교가 있는 곳으로 더 유명하다. 또한 유네스코 세계문화유산으로 지정된 왕립천문대를 비롯해 국립해양박물관 등의 명소들도 주목할 만하다. 런던 시내 주변의 전형적인 타운 형태의 지역인 그리니치의 아기자기한 거리를 둘러보고 소소한 볼거리를 제공해주는 그리니치 마켓, 그리니치 파크도 방문해보자.

여행방법 전철로는 DLR 라인의 커티 사크역까지 가는 게 가장 편리하다. 그리니치의 주요 볼거리가 이 역 근처에 밀집해 있기 때문이다. 버스로는 웨스트민스터역 근처 Stop G 정류장에서 53번 버스를 타면 갈아타지 않고 한 번에 그리니치 파크 남쪽까지 갈 수 있다. 도클랜드에서는 도클랜드 남단에서 그리니치 풋 터널을 통해 그리니치 커티 사크 주변으로 갈 수 있다.

추천코스 DLR 커티 사크역 → 커티 사크 → 구 왕립해군학교 → 퀸스 하우스 → 국립해양박물관 → 왕립천문대 → 그리니치 파크 → 그리니치 마켓

체크포인트
❶ 그리니치 파크를 가로질러 왕립천문대를 방문하고 언덕 위에서 템스강 풍경을 조망해보자.
❷ 그리니치 마켓을 둘러보며 로컬 아티스트가 만들어 판매하는 예술품을 엿보자.
❸ 아스트로노미 센터와 플래네타륨을 방문하여 우주의 신비를 체험해보자.
❹ 퀸스 하우스와 페인티드 홀의 멋진 천장화와 벽화를 감상해보자.

왕립천문대
Royal Observatory

MAP 13 ⓓ

그리니치 파크의 언덕 위에 자리하고 있는 이곳은 '그리니치 천문대'라고도 불린다. 템스강이 내려다보이는 왕립천문대는 1676년 찰스 2세 국왕에 의해 설치되었다. 당시 영국의 저명한 천문학자였던 존 플램스티드 John Flamsteed는 이곳에서 위도와 경도의 측량, 별자리와 우주의 행성들을 연구하였고 천문대 이름도 플램스티드 하우스 Flamsteed House라 칭하였다. 20세기 초반 영국 정부의 지원을 받는 천문대 시설은 다른 지역으로 옮겨졌고 오늘날에는 관광객들의 관람을 위한 옛 시설물을 보존하고 있다. 오늘날 이 천문대는 관측기기 등이 놓인 플램스티드 하우스와 메리디안 코트야드 Meridian Courtyard로 구성되어 있다. 플램스티드 하우스 옆 코트야드에 놓인 작은 왕실 여름 별채 건물은 현재 카메라 어브스큐러 Camera Obscura 룸으로 사용되고 있다. 이곳에서는 날씨 좋은 날 360도 파노라마 렌즈를 지닌 카메라를 통해 템스강과 구 왕립해군학교, 국립해양박물관 일대를 생생하게 매우 가까이에서 볼 수 있다.

포토제닉 스폿 왕립천문대 옆 그리니치 파크의 언덕에서 바라보는 런던 도클랜드 지역의 고층 빌딩군을 카메라에 담아보자.

위치 ❶전철_DLR 커트 사크역에서 도보 15분 ❷버스_웨스트민스터역 근처에 있는 웨스트민스터 스테이션 Westminster Station(Stop G) 정류장에서 53번 버스를 타고 그리니치 파크 정류장에서 하차하여 도보 5분 주소 Blackheath Ave, SE10 8XJ 오픈 매일 10:00~17:00 휴무 12월 24~26일(12월 31일에는 평소보다 일찍 문을 닫고 매년 1월 1일에는 정오 12시에 문을 연다.) 요금 성인 £9.5, 5~15세 £5, 5세 미만 무료, 가족(성인 2인, 소아 2인 기준) £22 전화 020-8312-6565 홈피 www.rmg.co.uk/royal-observatory

아스트로노미 센터
Astronomy Center
MAP 13 Ⓓ

피터 해리슨 플래네타륨
Peter Harrison Planetarium
MAP 13 Ⓓ

그리니치 전망대
Greenwich Viewpoint
MAP 13 Ⓓ

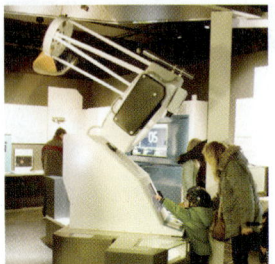

왕립천문대의 사우스 빌딩 안에 자리하고 있다. 4억 년 된 운석 사진을 볼 수 있고 우주가 어떻게 탄생되었는지, 우주를 탐사하는데 있어 다양한 기술이 사용되는 방법을 여러 자료와 흥미로운 최첨단 시설을 통해 알려줘 어린이나 청소년들과 함께 관람하기에 좋다. 특히 아이들이 보고 만질 수 있는 형태의 시설을 갖추고 있어 시청각 교육에 좋다.

위치 DLR 그리니치역 또는 커티 사크역에서 하차, 도보 20~25분, 왕립천문대 내 주소 Blackheath Ave. SE10 8XJ 오픈 매일 10:00~17:00 요금 무료 전화 020-8312-6565 홈피 www.rmg.co.uk

우주와 천체, 별자리에 대한 영상을 볼 수 있는 곳이다. 우주에서 가장 큰 행성은 태양의 1450배에 달한다는 사실과 태양의 지름은 지구의 109배에 해당한다는 놀라운 사실을 이곳에서 발견할 수 있다. 일반적으로 오전 11시부터 오후 5시경까지 20~25분짜리 우주와 천체에 관한 재미난 영상을 상영한다. 시즌에 따라 영상물 내용이 바뀌는데, 주로 우주 대탐험, 태양 열풍, 밤하늘의 신비 등 어린이와 청소년들의 관심을 끄는 것이 많다. 플래네타륨 쇼 티켓은 사전에 예매하는 것이 좋다.

위치 DLR 그리니치역 또는 커티 사크역에서 하차, 도보 20~25분, 왕립천문대 내 주소 Blackheath Ave. SE10 8XJ 오픈 매일 10:00~17:00 휴무 매달 첫째 주 화요일(8월, 이스터 제외) 요금 성인 £7.5, 5~15세 £5.5, 3세 미만 무료, 가족(성인 2인, 자녀 2인 기준) £20 전화 020-8312-6608 홈피 www.rmg.co.uk

그리니치 파크 북쪽의 언덕에 자리한다. 인위적으로 설치된 전망대가 아니어서 별도의 전망대 표시는 없다. 왕립천문대가 놓여 있는 언덕 위에 서면 도클랜드 일대와 멀리 런던의 이스트엔드 일대가 펼쳐진다. 특히 퀸스 하우스와 국립해양박물관의 멋진 건물과 구 왕립해군학교의 웅장한 단지를 한눈에 내려다볼 수 있다. 또한 도클랜드의 최신 주택 지구의 아파트와 시티 지구, 이스트엔드의 고층 건물들도 눈에 띈다.

위치 그리니치 파크 북쪽, 왕립천문대 바로 옆, 국립해양박물관 뒤편으로 그리니치 파크 내 언덕까지 5~10분 정도 오르막길을 올라가야 한다.

그리니치 파크
Greenwich Park

MAP 13 ⓓ

런던 시내의 공원에 비해 비교적 덜 알려져 있어 한적한 편이며 런던의 숨은 보석과도 같은 공원이다. 런던 남동부에서 가장 큰 공원이자 예로부터 이 지역의 주요한 사냥터로 사용된 곳이기도 하다. 1660년대 영국 왕실의 후원 아래 프랑스인 앙드레 르 노트레 Andre Le Notre에 의해 설계되었다. 그의 설계는 불규칙적이고 비대칭적인 지형에 대칭적인 경관을 창조해냈다는 높은 평가를 받았다. 183에이커의 면적에 오늘날 여우, 사슴을 비롯해 각종 새들이 서식한다. 봄날에 공원 내의 벚꽃 가로수길을 거닐며 시적 감상에 젖어보자.

위치 ❶전철_DLR 그리니치역 또는 커트 사크역에서 도보 10분, 국립해양박물관 바로 뒤 ❷버스_53번 그리니치 파크 정류장 바로 옆에 남쪽 입구가 있다. 오픈 일출~일몰 전화 030-0061-2380 홈피 www.royalparks.org.uk/parks/greenwich-park

---

TIP 그리니치 평균시 Greenwich Mean Time(GMT)

1884년 세계자오선협회를 통해 영국의 그리니치 왕립천문대를 경도가 0도인 곳으로 지정했다. 그리고 이곳을 지나는 자오선을 기준으로 세계의 표준시간을 설정하여 오늘날 각 나라, 각 지역마다의 시간차를 나타내고 있다. 아직 영연방에 속하는 나라에서는 GMT라는 표현을 쓰지만 1972년부터 세계 각국 간의 약속에 따라 유니버셜 타임(UT)을 세계 표준시간이라는 표현으로 사용하고 있다. 런던을 기준으로 런던이 0시일 때 파리는 1시, 카이로는 2시, 테헤란은 3시, 두바이는 4시, 카라치는 5시, 다카는 6시, 방콕은 7시, 시드니는 10시, 웰링턴은 12시로 표기된다.

국립해양박물관
National Maritime Museum

MAP 13 Ⓓ

네오클래식 건물 안에 자리하며 그리니치 지역에서 가장 볼만한 박물관이다. 또한 세계에서 가장 큰 해양박물관이기도 하다. 해양과 관련된 회화 작품, 조각품, 각종 선박 모형, 해양 지도 등 풍부한 자료를 갖추고 있다. 방문객들의 눈길을 가장 많이 끄는 전시물로는 웨일스의 왕자 프레데릭을 위해 1732년에 건조된 19m 길이의 금색 바지선이다. '오션스 오브 디스커버리 Oceans of Discovery'관에서는 뱃길을 통해 세계 곳곳을 탐험하고 개척한 인물과 역사에 대해 설명한다. 건물 앞에는 넬슨 제독이 탔던 배의 모형을 유리병 안에 넣어 전시한 조형물이 설치되어 눈길을 끈다.

위치 DLR 커트 사크역에서 도보 10분 주소 Park Row, SE10 9NF 오픈 매일 10:00~17:00 요금 무료 전화 020-8858-4422 홈피 www.rmg.co.uk/national-maritime-museum

퀸스 하우스
The Queen's House

MAP 13 Ⓑ

17세기 초 그리니치 지역의 영국 황실 저택으로 사용되었던 곳이다. 이곳은 이니고 존스 Inigo Jones라는 건축가에 의해 지어졌는데, 그는 로마 시대와 르네상스 시대의 건축물, 이탈리아의 팔라디안 스타일의 건축물 등을 유럽에서 둘러보고 돌아와 영국 황실의 의뢰를 받고 이 건물을 지었다. 오늘날 이 건축물은 영국의 건축 역사에서 중요한 건축물로 평가받고 있다. 내부 전시실에는 옛 영국 함대의 모습을 담은 그림과 영국 황실과 해군의 유명 인사들의 초상화가 전시되어 있다. 국립해양박물관 옆에 자리한다.

위치 DLR 커티 사크역에서 도보 10분 주소 Romney Rd. SE10 9NF 오픈 매일 10:00~17:00 요금 무료 전화 020-8858-4422 홈피 www.rmg.co.uk/queens-house

커티 사크
Cutty Sark

MAP 13 Ⓐ

963t에 달하는 어마어마한 무게를 지닌 커티 사크 호는 1869년 스코틀랜드에서 만든 쾌속정이다. 이 배는 차를 싣고 수에즈 운하를 거쳐 호주까지 가서 양모를 싣고 되돌아오는 운송선의 역할을 수행하였다. 배 안에는 영국의 19세기 대항해 시대의 영광을 간직하고 있는 유물과 역사의 흔적이 남아 있다. 지난 2012년 4월 25일 리오프닝 행사에 참여한 엘리자베스 여왕을 비롯해 세인들에게 새 단장한 모습을 선보였다. 포토제닉 스폿 웅혼한 기상을 담고 있는 커티 사크와 함께 기념사진을 남겨보자.

위치 DLR 커티 사크역에서 도보 3분 주소 King William Walk, SE10 9HT 오픈 매일 10:00~17:00 요금 성인 £12.15, 5~15세 £6.3, 가족(성인 2인, 소아 2인 기준) £31.5 전화 020-8858-2698 홈피 www.rmg.co.uk/cuttysark

그리니치 마켓
Greenwich Market

MAP 13 Ⓐ

그리니치 지역의 대표적인 시장으로 인도어 마켓이다. 관광객을 위한 기념품, 티셔츠, 장식품 등을 비롯해 스패니시 메뉴, 브라질리언 메뉴 등 각종 에스닉 스타일의 먹거리를 판다. 주목할 만한 물건으로는 현지 아티스트가 만든 회화, 조각 작품 등과 기발한 패션 아이템, 앤티크 제품 등이 있다.

위치 크릭 로드와 롬니 로드가 만나는 곳으로 DLR 커티 사크역에서 도보 3분 오픈 매주 화~일요일 10:00~17:30(단, 식품점은 수·토·일요일에만, 앤티크와 빈티지 상점은 화·목·금요일에만 문을 연다) 휴무 월요일 요금 무료 홈피 www.shopgreenwich.co.uk

그리니치 피어
Greenwich Pier

MAP 13 Ⓐ

BEST SPOT

템스강 위에 놓인 부두로, 예로부터 이 지역에 템스강을 따라 화물과 승객을 싣고 나르던 배들이 들르던 곳이다. 오늘날 런던 리버 서비스에 의해 부두가 운영되며 다양한 리버 크루즈 회사의 배들이 승객을 싣고 런던의 중심부까지 오간다. 부두 옆에는 커티 사크가 놓여 있으며 국립해양박물관도 도보 2분 거리다.

포토제닉 스폿 그리니치 피어에 서서 템스강을 오가는 리버 크루즈 보트와 템스강변의 모습을 카메라에 담아보자.

위치 커티 사크와 그리니치 관광안내소 앞에 놓여 있다. DLR 커티 사크역에서 북쪽 방면으로 도보 3분, 뱃길로는 런던 시내의 주요 선착장에서 리버 크루즈 보트로 다다를 수 있다.

밀레니엄 돔
Millenium Dome

MAP 13 지도 밖

그리니치의 북쪽 반도의 끝자락에 자리 잡은 밀레니엄 돔은 '더 오투 The O2'라고도 불린다. 이곳은 21세기 런던의 새로운 아이콘으로 등장하면서 세인들의 주목을 받았다. 지난날 21세기를 맞는 런던시의 대규모 경축 행사와 전시를 소개하는 장소로 사용되었으며 현재는 2만 석 규모의 아레나에서 콘서트, 아이스 쇼, 각종 스포츠 행사 등이 열린다. 좀 더 작은 2000석 규모의 인디고 홀을 비롯해 영화관, 레스토랑, 카페 등의 편의시설을 갖추고 있다. 그동안 오픈한 이래로 개보수 유지 및 관리 비용 등으로 재정적 어려움을 겪어왔다.

위치 전철 주빌리 라인의 노스 그리니치역에서 도보 2분, DLR 커티 사크역에서 오려면 버스 129번을 타면 된다. 주소 Drawdock Rd. SE10 0BB 전화 0844-856-0202 홈피 www.theo2.co.uk

구 왕립해군학교
Old Royal Naval College

MAP 13 ⓑ

그리니치 지역은 물론 런던 전역을 통틀어 가장 장엄한 건물군이 대칭적으로 절도 있게 들어선 곳이다. 유네스코 세계문화유산으로 지정된 곳으로 원래 이곳은 1447년 글로스터의 공작 험프리가 지은 영국 황실의 별궁인 플라센티아 왕궁 Placentia Palace이 있던 자리였다. 이 전설적인 왕궁은 영국 왕실의 흥미로운 이야기 속 비극적인 한 인물을 떠올리게 한다. 바로 제인 시무어라는 여인으로 그는 헨리 8세의 세 번째 아내이자 왕비가 된 인물로 헨리 8세의 두 명의 전

처들이 얻지 못한 헨리 8세의 아들을 낳은 뒤 이 왕궁에서 출산 후유증으로 죽고 만다. 더 이상 영국 왕실에서 이 왕궁을 사용하지 않자 17세기에 철거하였다. 그리고 17세기 후반에 왕궁이 있던 자리에 그리니치의 선원들을 위한 왕립병원이 세워졌다. 이곳을 건축한 설계자는 크리스토퍼 렌 Christopher Wren으로 1696년부터 17년간 공사한 끝에 완공되었다. 병원은 1869년 문을 닫고 1873년부터 1998년까지 그리니치 왕립해군학교로 사용되었다. 현재 일반인에게 일부 건물을 공개하고 있다. 이 건축물을 제대로 감상하려면 템스강의 뱃길에서 정면을 바라보는 게 좋다. 그리니치 파크 언덕 위에서는 전체 건물과 주변 전경을 조망할 수 있다.

포토제닉 스폿 대칭의 균형미가 느껴지는 구 왕립해군학교의 파노라믹 뷰를 카메라에 담아보자.

위치 DLR 커티 사크역에서 도보 10분 주소 King William Walk, SE10 9NN 오픈 매일 08:00~18:00(내부 볼거리 10:00~17:00) 휴무 12월 24~26일 요금 무료 전화 020-8269-4747 홈피 www.ornc.org

해군학교 예배당
Naval College Chapel

네오클래식 인테리어의 진수를 보여주는 예배당으로 왕립병원이 건축될 당시 가장 마지막으로 지어진 부분이었다. 1779년 화재로 인하여 그후 당대 유명 건축 디자이너인 제임스 아테니안 스튜어트 James Athenian Stuart에 의해 1781년 복구 작업이 진행되었다. 그리스 아테네에서 고대 그리스 문화의 건축과 예술에 영감을 받고 돌아온 그는 이 예배당을 그리스 리바이벌 스타일로 다시 인테리어를 치장하여 오늘날의 모습을 완성해냈다. 예배당 내부의 화려한 데커레이션이 인상적이다. 런던의 유명 인사나 시민들의 결혼식이 진행되기도 한다.

페인티드 홀
Painted Hall

구 왕립해양학교 본관 내에 위치한다. 드넓은 천장을 지닌 홀 전체가 그림으로 그려져 있어 페인티드 홀이란 이름이 붙여졌다. 크리스토퍼 렌이 설계한 곳으로 원래 왕립병원에 근무하는 해군 장교들의 다이닝룸을 위한 공간이었다. 벽과 천장에 그려진 그림은 제임스 손힐 James Thornhill의 작품들로 당시 대영제국의 해군을 위해 봉헌되었다.

AREA 02

도클랜드
Docklands

도클랜드 지역은 예로부터 런던 내에서도 변방으로 불리던 곳이다. 이곳에는 예전부터 거주하는 인구가 적었고 주로 배를 만드는 조선소가 템스강 변에 들어서 있었다. 1980년대부터 본격적인 개발에 착수해 오늘날 런던에서 가장 현대적인 고층 건물들이 들어선 곳으로 변모하였다. 시간적 여유가 있다면 시티나 서더크 지구, 그리니치를 방문할 때 잠깐 이곳의 세련된 도시 공간을 둘러보도록 하자.

여행 방법
시티 지구의 뱅크역이나 타워 오브 런던 인근의 타워 게이트웨이역에서 도클랜드로 향하는 DLR 라인을 타고 웨스트 인디아 키역에서 하차하여 웨스트 인디아 키, 런던 도클랜드 뮤지엄, 카봇 플레이스, 원 캐나다 스퀘어 등을 순차적으로 둘러보자. 그리고 사우스 키 풋브리지를 건너 아일 오브 독스와 주변을 둘러보자.

추천 코스
DLR 웨스트 인디아 키역 → 웨스트 인디아 키 → 런던 도클랜드 뮤지엄 → 웨스트 인디아 키 풋브리지 → 카봇 플레이스 → 원 캐나다 스퀘어 → 사우스 키 풋브리지 → 아일 오브 독스

체크 포인트
❶ DLR을 타고 도클랜드를 둘러보자.
❷ 보행자 전용 다리인 모던 감각의 사우스 키 풋브리지를 건너보자.
❸ 런던 도클랜드 뮤지엄을 방문하여 이 지역의 개발 역사를 알아보자.
❹ 날씨 좋은 날 웨스트 인디아 키 포트 이스트에 자리한 카페에 앉아 간단한 점심 식사와 음료를 즐기며 주변을 감상해보자.

웨스트 인디아 키
West India Quay

MAP 14 ⓑ

이곳은 야외 테이블이 놓인 카페, 뮤지엄, 레스토랑 등이 모여 있는 도클랜드의 대표적인 휴식 공간이다. 웨스트 인디아는 오늘날의 카리브 해의 도서 국가들을 가리키는데, 예로부터 이곳의 창고에 웨스트 인디아로부터 수입해온 설탕, 마시는 차, 럼주 등의 물건들을 보관했다. 근래 이곳에 세계적인 5성급 메리어트 호텔이 새롭게 오픈하기도 했다. 런던 도클랜드 뮤지엄 뒤편에는 시네월드 영화관이 들어서 있다.

위치 DLR 웨스트 인디아 키역에서 도보 2~3분, 도클랜드 지구의 북쪽 지역을 이루고 있다. 주소 West India Quay, Hertsmere Rd, E14 4AE 홈피 www.westindiaquaycentre.co.uk

웨스트 인디아 키 풋브리지
West India Quay Footbridge

MAP 14 ⓑ

SF소설에나 등장할 법한 독특한 보행자 전용 다리다. 디자인 공모전에서 입상한 안토니 헌트 Anthony Hunt가 설계한 이 다리는 지난 1996년 £170만의 비용을 들여 완공되었다. 94m의 비교적 짧은 거리여서 오가는 데 편리하다. 이 다리는 강철로 만든 U자형 강판을 지니며 물속에 떠 있는 플로팅 탱크 Floating Tank와 연결된 다리에 의해 지탱된다.

위치 DLR 웨스트 인디아 키역과 카나리 와프역 사이를 연결한다.

런던 도클랜드 뮤지엄
Museum of London Docklands

MAP 14 ⓑ

웨스트 인디아 키에 자리 잡은 이 박물관은 위에서 언급한 웨스트 인디아로부터 들여온 설탕을 보관하던 19세기 초 창고 건물 안에 있다. 이 박물관에 전시된 자료들은 대부분 템스강이나 도클랜드의 개발에 관한 역사를 다루는 것들이다. 특히 로마 시대 이후부터 발달된 런던의 항구 모습을 여러 자료를 통해 만날 수 있어 흥미롭다. 이 박물관은 지난 2003년 개관했으며 전시물들은 대부분 1976년에 문을 연 뮤지엄 오브 런던의 소장품 중 일부다.

위치 DLR 웨스트 인디아 키역에서 도보 3분 주소 1 Warehouse, West India Dock Rd, E14 4AL 오픈 매일 10:00~18:00 요금 무료 전화 020-7001-9844 홈피 www.museumoflondon.org.uk/docklands/

웨스트 인디아 키 포트 이스트
West India Quay Port East

MAP 14 ⓑ

디엘알
DLR

MAP 14

카봇 스퀘어 & 카봇 플레이스
Cabot Square & Cabot Place

MAP 14 ⓑ

원래는 웨스트 인디아로부터 들여온 물품을 보관하던 창고 건물이었다. 현재는 이곳 주민들이 거주하는 아파트 형태의 거주 공간으로 탈바꿈했다.
1층에는 비아 Via라는 이름의 바&레스토랑이 자리하고 있어 늦은 시간까지 맥주, 칵테일, 와인 등을 제공한다.

위치 DLR 웨스트 인디아 키역에서 도보 3분, 런던 도클랜드 뮤지엄 옆

1987년에 개통된 런던의 경전철로 도클랜드와 북쪽의 스트래퍼드, 서쪽의 뱅크 등지를 연결한다. DLR은 도클랜드 라이트 레일웨이 Dockland Light Railway의 약자다. 처음에는 무인 경전철로 승무원이 탑승하지 않는 자동화된 전철로 운행되었지만 최근에 일부 구간에서는 최소한의 승무원이 탑승하여 운행되기도 한다. 대략 한 해에 6000만 명의 승객을 나르며 전철과는 달리 대부분의 노선에서 지상으로 운행된다.

홈피 www.dlrlondon.co.uk

카봇은 헨리 7세의 후원으로 15세기 북아메리카 대륙으로 항해를 떠났던 이탈리아 출신의 탐험가 존 카봇의 이름이다. 카봇 스퀘어 오른편에 자리한 카봇 플레이스는 도클랜드 지구에서 가장 큰 쇼핑센터다. 카봇 스퀘어에는 현대적인 감각의 조형물이 있으며 고급 레스토랑이 몇 군데 들어서 있다. 도보 3분 거리에 겨울철마다 450㎡ 규모의 야외 스케이트장이 오픈한다. 같은 건물 내에 DLR 카나리 와프역이 들어서 있다.

위치 DLR 카나리 와프역에서 도보 1분 주소 1 Canada Square, Canary Warf, E14 5AB

TIP 아일 오브 독스 Isle of dogs

아일 오브 독스라는 명칭은 16세기 후반부터 존재했다. 오늘날에는 도클랜드 지구를 가리키는 명칭으로 사용되고 있다. 사실 아일 오브 독스는 오래전부터 템즈강을 굽어 흐르는 이 일대의 독특한 지형을 가리키는 말로 사용되었다. 아일 오브 독스는 원래 이스트 런던 지구의 한 섬이었다. 일종의 반도 모양으로 3면이 강과 접해 있고 한 면이 육지에 접해 있지만 중간에 수로가 있기에 짧은 거리라 할지라도 예로부터 사람들은 다리나 작은 배를 이용해서만 이곳에 다다를 수 있었다고 한다.

원 캐나다 스퀘어 & 캐나다 플레이스
One Canada Square & Canada Place

MAP 14 Ⓑ · Ⓕ

사우스 키 풋브리지
South Quay Footbridge

MAP 14 Ⓔ

카나리 와프 타워 Canary Warf Tower라고도 불리는 원 캐나다 스퀘어는 도클랜드에서 가장 높은 현대식 건물 이름이다. 지난 2010년까지 영국에서 가장 큰 건물이기도 했다(현재 310m 높이의 더 샤드 빌딩이 제일 높다). 235m 높이, 50층 규모의 오피스 건물로 사용되고 있다. 건물 내에 고급 레스토랑, 카페가 자리하고 있으며 앞의 광장에는 멋진 조형물이 있다. 주변에 자리 잡은 캐나다 플레이스는 소규모의 쇼핑몰로 웨이트로스 Waitrose 슈퍼마켓을 비롯해 일부 상점이 들어서 있다. 겨울에는 종종 캐나다 플레이스 앞 공원에 야외 스케이트장이 개설된다.

[포토제닉 스폿] 캐나다 플레이스 앞에 놓인 멋진 조형물을 카메라에 담아보자.

위치) DLR 카나리 와프역에서 도보 1분 주소) One Canada Square, Canary Warf, E14 5AB

도클랜드에 놓인 보행자 전용 다리 중에서 가장 긴 길이를 자랑한다. 180m의 이 다리는 마치 돛에 매달려 지탱하는 듯한 독특한 형태를 띤다. 은빛 색감의 화사함은 도클랜드의 미래지향적 도시 공간과도 잘 어울린다. 건축 디자이너 크리스 윌킨슨 Chris Wilkinson이 설계한 이 다리는 1997년에 세워졌다. 하늘로 높이 솟구쳐 있는 중앙 지지대는 30m의 높이를 자랑한다.

[포토제닉 스폿] 사우스 키 풋브리지에 서서 멀리 오가는 DLR의 모습을 카메라에 담아보자.

위치) DLR 카나리 와프역에서 도보 8분, 카나리 와프역 주변과 사우스 키역 주변을 연결한다.

큐 가든
Kew Gardens

AREA 03

영국의 왕립식물원이 자리 잡은 큐 가든은 유네스코에서 지정한 세계문화유산이다. 런던 시내에서 멀지 않은 곳에 위치해 있지만 볼거리가 많으니 여유롭게 시간을 내어 공원을 둘러보고 공원 내 식물원을 방문해보자. 날씨 좋은 날 피크닉 백을 들고 소풍 가는 기분을 만끽하며 방문 계획을 세우는 것도 좋을 듯하다.

| 여행 방법 | 런던 시내에서 전철 디스트릭트 District 라인을 타고 큐 가든역에서 하차(30~40분 소요)하여 입구까지 5분 정도 걸으면 된다. 메인 게이트로 입장하여 식물표본관과 도서관을 둘러보고 조제프 뱅크스 빌딩과 큐 팰리스를 순차적으로 방문한다. 오린저리 레스토랑에서 점심 식사를 한 뒤 워터릴리 하우스, 템퍼레이트 하우스를 지나 차이니스 파고다를 보고 매리엔 노스 갤러리를 견학 후 로즈 가든과 그 주변의 연못을 둘러본다. 그 후 큐 가든의 주요 식물원인 프린세스 오브 웨일스 컨저버토리를 방문한 뒤 아쿠아틱 가든, 알파인 하우스를 둘러본다. 방문 전 홈페이지를 통해 방문하는 날짜에 해당하는 현지 이벤트나 행사를 꼭 확인해보자. |

| 추천 코스 | 큐 가든 메인 게이트 → 식물표본관과 도서관 → 조제프 뱅크스 빌딩 → 큐 팰리스 → 워터릴리 하우스 → 템퍼레이트 하우스 → 차이니스 파고다 → 매리엔 노스 갤러리 → 로즈 가든과 연못 → 프린세스 오브 웨일스 컨저버토리 → 아쿠아틱 가든 → 알파인 하우스 |

| 체크 포인트 | ❶ 영국 왕실 머물렀던 주홍빛의 4층 건물인 큐 팰리스 내부를 둘러보자(봄·여름에만 공개).
 ❷ 다양한 식물이 가득한 프린세스 오브 웨일스 컨저버토리 내부를 둘러보자.
 ❸ 드라마틱한 가든 뷰를 선사하는 트리톱 워크웨이를 거닐어보자. |

큐 가든
Kew Gardens

MAP 런던 전도 ①

왕립식물원 Royal Botanic Gardens으로도 불리는 이곳은 런던 시내 외곽에 자리 잡은 명소로 1759년 창립되어 지난 2003년 유네스코 세계문화유산으로 지정되었다. 단순히 공원이나 식물원의 공간적 의미를 넘어 700여 명의 인력이 전 세계 식물을 연구하고 보존하는 법을 찾는 연구기관과 제반시설이 들어서 있는 곳이기도 하다. 120에이커(약 15만 평)의 방대한 면적을 자랑하는 이곳에는 동화 속에서나 등장할 법한 주홍빛 4층 맨션인 큐 팰리스 Kew Palace, 다양한 식물을 담고 있는 식물원인 프린세스 오브 웨일스 컨저버토리 Princess of Wales Conservatory, 식물표본관과 도서관 Herbarium & Library, 실내에 조성된 연꽃을 볼 수 있는 워터릴리 하우스 Waterlily House, 하얀 철조물과 유리로 이루어진 조제프 뱅크스 빌딩 Sir Joseph Banks Building, 2006년에 새롭게 추가된 독특한 현대건축물인 알파인 하우스 Alpine House, 1761년에 세워진 차이니스 파고다 Chinese Pagoda, 전 세계를 여행하며 식물 그림을 그린 매리엔의 작품이 가득 전시된 매리엔 노스 갤러리 Marianne North Gallery, 트리톱 워크웨이 Treetop Walkway 등 다양한 공간과 건축물이 자리하고 있다. 또한 고풍스러운 다이닝과 애프터눈 티와 케이크 등을 즐기기에 좋은 오린저리 Orangerie 레스토랑이 고급스러운 새하얀 빅토리안 맨션 안에 있다. 런던 시내에서 좀 떨어져 있지만 해마다 200만 명에 달하는 방문객들이 찾아오고 있으며, 지난 2009년에는 설립 250주년 기념식을 맞기도 했다.

위치 〉 런던 남서부 리치몬드에 자리하며 런던 시내의 에지웨어 로드역에서 전철 디스트릭트 라인을 타고 큐 가든역까지 약 40분 소요. 큐 가든역에서 메인 게이트까지는 도보 5분 Kew, Richmond, Surrey TW9 3AB 오픈 4월 말~9월 월~금요일 10:00~18:30, 토·일요일·공휴일 10:00~19:30, 9~10월 말 10:00~18:00, 10월 말~2월 초 10:00~16:15 휴무 12월 24·25일, 2월 초~4월 말 요금 성인 £15, 학생 및 만 60세 이상 £14, 만 16세 이하 무료, 가족(성인 2인, 소인 2인 기준) £34(온라인 예매 시 할인 가능) 전화 020-8332-5655 홈피 www.kew.org

AREA 04
햄프턴 코트 팰리스
Hampton Court Palace

런던 남서부에 자리 잡은 햄프턴 코트 팰리스는 16세기 이후 영국 왕실의 생활상을 엿볼 수 있는 아름다운 궁전이다. 절대왕정의 대명사 헨리 8세가 머물던 곳이기에 더욱 흥미진진하다. 런던 시내에서 멀지 않을뿐더러 반나절 정도면 둘러볼 수 있어 시간적 여유가 있다면 꼭 방문하길 바란다. 궁전 주변에는 왕실 정원이 잘 가꾸어져 있어 날씨 좋은 날에 산책하기 좋다.

여행방법 런던 시내의 워털루역에서 햄프턴 코트행 기차를 타자. 사우스 웨스트 트레인에서 운영하는 이 기차는 30분마다 운행하며 약 45분 소요된다. 이 기차의 티켓 구입 시 오이스터 카드를 사용할 수 있으며 햄프턴 코트는 런던의 6구역 Zone 6에 해당한다. 운행 정보는 홈페이지(www.southwesttrains.co.uk)에서 확인할 수 있다. 햄프턴 코트역에서 나와 템스강 위의 다리를 건너면 오른편에 햄프턴 코트 팰리스 입구가 있다. 햄프턴 코트역에서 입구까지는 약 600m다.

추천코스 햄프턴 코트 팰리스 메인 게이트 ➡ 스테이트 아파트먼트 ➡ 그레이트 홀 ➡ 왕의 궁실 ➡ 왕비의 궁실 ➡ 왕실예배당 ➡ 튜더 키친 ➡ 그레이트 파운틴 가든 ➡ 폰드 가든

체크포인트
❶ 헨리 8세가 집무를 보던 스테이트 아파트먼트를 둘러보자.
❷ 왕궁 요리사들이 활동했던 튜더 키친을 둘러보자.
❸ 그레이트 파운틴 가든과 그 주변의 정원을 거닐어보자.

햄프턴 코트 팰리스
Hampton Court Palace

MAP 영국 남부 전도 ⓖ

튜더 왕조 시대의 대표적인 궁전으로 영국 왕실의 역사에 흥미가 있다면 꼭 한 번 들러야 할 곳이다. 이 궁전과 관련된 대표적인 인물은 바로 헨리 8세다. 절대왕정 체제를 구축했던 헨리 8세는 호사가들에게 형의 미망인을 아내로 맞이한 인물, 궁녀 출신과 결혼한 왕, 여섯 번이나 결혼한 왕으로 잘 알려져 있다. 헨리 8세는 이 궁전에 머물면서 주변에서 사슴 사냥도 즐겼지만 무엇보다 서슬 퍼런 절대 권력을 휘둘렀다. 이러한 역사적 사실을 숙지하면서 궁전 내부를 둘러보면 밖에서 보는 것처럼 마냥 낭만적인 영국 왕실의 거처로만 여겨지지는 않을 것이다. 궁전 내부에는 16세기부터 이곳에서 거주했던 헨리 8세의 생활상을 볼 수 있는 스테이트 아파트먼트 State Apartments, 대연회장인 그레이트 홀 Great Hall이 있다. 왕실예배당 Chapel Royal 내부도 당시 화려한 모습 그대로 보존되어 있다. 무엇보다 흥미로운 곳은 튜더 키친 Tudor Kitchens으로 불리는 곳으로 왕실의 식사를 담당했던 왕궁 요리사들이 활동했던 주방인데, 엄청난 규모의 공간에 16세기 당시에 사용했던 식기와 주방 기기, 불을 피우던 곳이 고스란히 남아 있어 눈길을 끈다. 햄프턴 코트 팰리스의 또 다른 매력은 궁전 건물 주변을 둘러싸고 있는 여러 개의 정원이다. 그레이트 파운틴 가든 Great Fountain Garden, 프라이비 가든 Privy Garden, 폰드 가든 Pond Garden, 로스 가든 Rose Garden 등 10여 개에 달하는 정원들이 조성되어 있어 가히 정원 박물관이라 불릴 만하다.

〖위치〗 햄프턴 코트 기차역에서 도보 10분 〖주소〗 East Molesey, Surrey KT8 9AU 〖오픈〗 3월 29일~10월 24일 매일 10:00~18:00, 10월 25일~3월 26일 매일 10:00~16:30(이상 매년 변경) 〖휴무〗 12월 24~26일 〖요금〗 3~10월 성인 £19.3, 소인(만 6~16세, 만 5세 이하 무료) £9.7, 학생 및 만 60세 이상 £16, 가족(성인 2인, 소인 3인 기준) £48.2, 11~2월 성인 £18.2, 소인 £9.1, 학생 및 만 60세 이상 £15.4, 가족 £46.8(온라인 예매 시 할인 가능) 〖전화〗 0844-482-7777 〖홈피〗 www.hrp.org.uk/HamptonCourtPalace

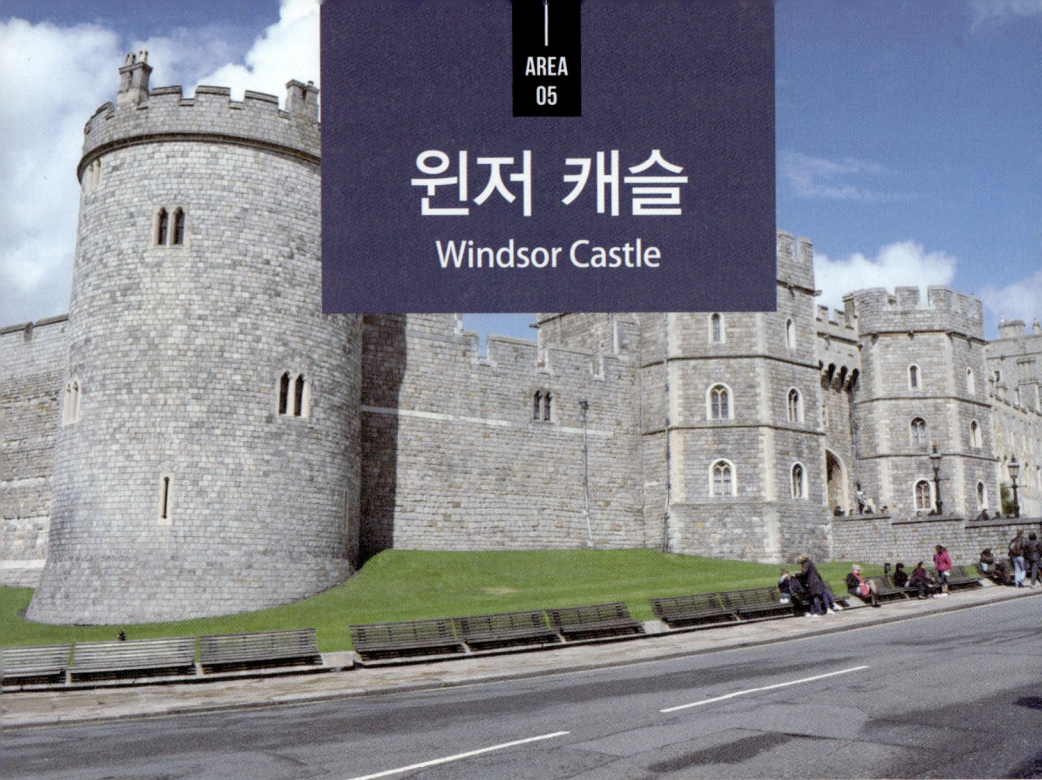

AREA 05
윈저 캐슬
Windsor Castle

900년 넘게 잉글랜드 역대 국왕들이 살았던 윈저 캐슬은 전형적인 영국의 중세 모습을 간직한 고성으로 영국을 찾는 방문객들이 가장 많이 찾는 곳이기도 하다. 오늘날까지 영국 왕실에서 여전히 사용하고 있는 성이기도 하다.

여행 방법
런던 시내의 패딩턴역에서 슬라우역까지 가서 윈저행 기차로 갈아탄다. 총 소요 시간은 45분이다. 워털루역에서 윈저행 직행 기차가 있으며 약 1시간 소요된다.

추천 코스
윈저 캐슬 입구 ➔ 퀸 메리 돌스 하우스 ➔ 스테이트 아파트먼트 ➔ 세인트 조지 홀 ➔ 워털루 체임버 ➔ 킹스 룸 ➔ 퀸스 룸 ➔ 세인트 조지 채플 ➔ 로열 툼 ➔ 윈저 그레이트 파크

체크 포인트
❶ 역대 국왕들의 집무실인 스테이트 아파트먼트를 둘러보자.
❷ 킹스 룸과 퀸스 룸의 화려한 인테리어를 엿보자.
❸ 왕실예배당인 세인트 조지 채플의 화려한 내부를 둘러보자.

윈저 캐슬
Windsor Castle

MAP 영국 남부 전도 Ⓖ

런던으로부터 서쪽에 자리 잡은 윈저 캐슬은 런던 시내 중심부에서 약 38km 떨어진 곳에 위치해 있다. 런던의 국제 관문인 히드로 국제공항으로부터는 서쪽으로 약 19km 떨어져 있다. 윈저 캐슬은 예로부터 엘리자베스 여왕이 가장 좋아했던 영국의 고성으로 잘 알려져 있다. 윈저 캐슬 내부의 압권은 바로 종종 일반에 공개되는 스테이트 아파트먼트 State Apartment를 둘러보는 일. 이곳은 영국의 역대 국왕들이 거주하며 집무를 보았던 곳으로 프랑스의 베르사유 궁전 내부만큼이나 화려하고 아름답기 그지없다. 킹스 룸 King's Room과 퀸스 룸 Queen's Room에는 유럽의 내로라할 만한 화가들의 작품과 함께 침대, 벽난로, 테이블 등 고풍스러운 가구가 놓여 있다. 휘황찬란한 내부 장식이 돋보이는 15세기 고딕 스타일의 세인트 조지 채플 St. George Chapel도 꼭 둘러보자. 보는 이를 압도하는 외관을 지닌 이 예배당은 헨리 8세에 의해 완성된 것으로 런던의 웨스트민스터 애비처럼 왕실의 묘지 Royal Tomb가 있다. 메리 여왕, 조지 5세 등 몇몇 영국 왕실의 인물들이 이곳에 잠들어 있다. 윈저 캐슬과 템스강을 사이에 두고 이튼 스쿨 Eton School이 자리하고 있는데, 이 고등학교는 옥스퍼드 대학이나 캠브리지 대학으로 진학하는 학생을 많이 배출할 뿐 아니라 영국의 수상이나 총리 등 유명 인사를 다량 배출한 곳으로 유명한 곳이다.

[위치] 윈저 기차역에서 윈저 캐슬 입구까지 도보 5분 [주소] Windsor Castle, Berkshire SL4 1NJ [오픈] 3~10월 매일 09:45~17:15(마지막 입장 16:00까지), 11~2월 매일 09:45~16:15(마지막 입장 15:00까지), 전체 관람 소요 시간 대략 2~3시간 [휴무] 스테이트 아파트먼트 폐관일은 해마다 다르니 홈페이지를 통해 확인하자. 세인트 조지 채플의 경우 일반적으로 12월 24~26일에 일반인에게 공개하지 않지만 예배 참석자는 입장이 가능하다. [요금] 성인 £19.2, 학생 및 60세 이상 £17.5, 소인(만 5~17세, 만 5세 미만 무료) £11.3, 가족(성인 2인, 소인 3인 기준) £49.7 [전화] 020-7766-7304 [홈피] www.royalcollection.org.uk/visit/windsorcastle

AREA 06

옥스퍼드
Oxford

유럽에서 가장 오래된 대학 도시 중 하나인 옥스퍼드는 13세기 이래 다져온 중후한 중세적 멋스러움을 그대로 잘 간직한 곳이다. 옥스퍼드에는 38개의 크고 작은 대학 건물이 흩어져 있으며 거리에는 중세 시대 때부터 잘 보존되어온 다양한 건축물 사이로 대학생들이 주도하는 활기찬 분위기가 흘러넘친다. 이 도시 여행의 하이라이트는 크라이스트 처치 칼리지의 화려하고 고풍스러운 칼리지 홀을 둘러보는 것이다.

여행 방법
런던에서 출발하여 오전에 윈저 캐슬을 본 뒤 다시 기차를 타고 옥스퍼드로 와서 시내를 구경할 수 있다. 또는 런던에서 오전 일찍 출발하여 비스터 빌리지에서 아웃렛 쇼핑을 즐긴 뒤 우드스톡의 블레넘 팰리스를 거쳐 옥스퍼드로 넘어올 수 있다. 이 경우 옥스퍼드에서 1박을 하고 다음 날 오전 옥스퍼드를 좀 더 둘러본 뒤 런던이나 기타 지역으로 이동할 것을 권한다. 충분한 쇼핑 시간이 필요한 여행자의 경우 옥스퍼드와 별도로 하루 일정으로 런던에서 비스터 빌리지를 방문하는 것도 좋다.

추천 코스
옥스퍼드 기차역 ➡ 발리올 칼리지 ➡ 애슈몰린 뮤지엄 ➡ 셸도니언 시어터 ➡ 보들리언 라이브러리 ➡ 모들린 칼리지 ➡ 유니버시티 처치 오브 세인트 메리 ➡ 크라이스트 처치 칼리지 ➡ 모던 아트 옥스퍼드 ➡ 옥스퍼드 기차역

체크 포인트
❶ 장엄한 기운이 느껴지는 크라이스트 처치 칼리지의 칼리지 홀 내부를 둘러보자.
❷ 수만 권의 장서를 보관하고 있는 보들리언 라이브러리의 화려한 내부를 둘러보자.
❸ 옥스퍼드 근교에 자리하고 있는 블레넘 팰리스의 호화로운 내부를 둘러보자.

발리올 칼리지
Balliol College

MAP 15 Ⓑ

고딕 건축양식으로 1263년 설립된 이 학교는 옥스퍼드의 대학 중 가장 오래된 역사를 자랑한다. 〈국부론〉의 저자이자 18세기 계몽주의 시대의 경제학자인 애덤 스미스 Adam Smith를 비롯해 3명의 영국 수상과 5명의 노벨상 수상자를 배출했다. 브로드 스트리트 Broad St.에서 쉽게 건물 전체를 바라볼 수 있다. 매년 11월 25일마다 발리올 칼리지의 졸업 예정 학생들이 모여 정찬을 곁들인 향연을 연다.

위치〉 시내 중심가의 브로드 스트리트와 세인트 자일스 스트리트가 만나는 지점 주소〉 Oxford OX1 3BJ 오픈〉 매일 10:00~17:00 요금〉 성인 £2, 학생 및 60세 이상 £1(지도 및 가이드 투어 포함) 전화〉 01865-277-777 홈피〉 www.balliol.ox.ac.uk

애슈몰린 뮤지엄
Ashmolean Museum

MAP 15 Ⓑ

옥스퍼드의 대표적인 박물관이자 1683년 문을 연 영국에서 가장 오래된 박물관이다. 또한 세계 최초의 대학 박물관이기도 하다. 이곳에는 영국과 유럽의 고미술품과 오래된 장식품이 진열되어 있다. 또한 피카소와 터너 등의 회화 작품도 만날 수 있다. 지난 2009년 대대적인 개보수를 거쳐 새롭게 오픈했으며 2011년부터는 이집트와 누비아 왕국의 유물을 소개하는 전시관을 새롭게 선보이고 있다.

위치〉 뷰몬트 스트리트와 세인트 자일스 스트리트가 만나는 지점 주소〉 Beaumont St. Oxford OX1 2PH 오픈〉 화~일요일 10:00~17:00 휴무〉 월요일(단, 공휴일인 월요일에는 오픈) 요금〉 무료 전화〉 01865-278-000 홈피〉 www.ashmolean.org

셸도니언 시어터
Sheldonian Theater

MAP 15 Ⓑ

옥스퍼드 대학교 학생들의 입학식이나 졸업식, 학위 수여식 또는 해당 기념회가 열리는 장소. 1664년부터 1668년까지 크리스토퍼 렌 Christopher Wren 경이 디자인한 건물이다. 클래식 등 연주회나 공연이 펼쳐지기도 한다. 지난 2005년부터 2008년 11월까지 4년에 걸쳐 건물 내부의 천장에 그려진 프레스코화를 정교하게 보수했다. 건물 꼭대기에 올라 옥스퍼드 시가지 전경을 내려다볼 수 있다.

위치〉 옥스퍼드 기차역에서 도보 17분, 보들리언 라이브러리 인근 주소〉 Broad St. Oxford OX1 3AZ 오픈〉 월~토요일 10:00~16:30, 일요일 10:00~16:00(단, 12~1월 월~금요일 10:00~15:30) 단, 이벤트나 학교 행사에 따라 일반인의 입장이 종종 제한될 수 있다. 휴무〉 12월과 1월 중에는 주말에 문을 닫는다. 요금〉 성인 £3.5, 학생 및 60세 이상 £2.5(가이드 투어 성인 £8, 학생 및 60세 이상 £6) 전화〉 01865-277-299 홈피〉 www.ox.ac.uk/sheldonian

보들리언 라이브러리
Bodleian Library
MAP 15 Ⓑ

모들린 칼리지
Magdalen College
MAP 15 Ⓕ

유니버시티 처치 오브 세인트 메리
University Church of St. Mary the Virgin
MAP 15 Ⓔ

옥스퍼드 대학의 메인 라이브러리이며 유럽에서 가장 오래된 도서관 중 하나다. 런던의 브리티시 라이브러리 다음으로 많은 500만 권 이상의 책을 소장하고 있다. 책을 열람하는 것은 가능하나 예로부터 대여는 불가하다. 참고로 옥스퍼드 내 38개의 대학은 저마다 각각의 도서관을 지니고 있는데, 모두 보들리언 라이브러리를 통해 설립된 후 독자적으로 운영되고 있다. 보들리언 라이브러리 인근에 자일스 길버트 스콧 Giles Gilbert Scott 경이 1938년에 건축한 뉴 보들리언 라이블러리가 자리하고 있기도 하다.

위치 옥스퍼드 기차역에서 도보 17분, 셸도니언 시어터 인근 주소 Broad St, Oxford OX1 3BG 오픈 월~금요일 09:00~22:00, 토요일 10:00~16:00, 일요일 11:00~17:00(방학 중 월~금요일 09:00~19:00, 토요일 10:00~16:00) 휴무 방학 중 일요일 요금 무료 전화 01865-277-162 홈피 www.bodleian.ox.ac.uk

1458년에 설립한 대학으로 오스카 와일드와 C.S. 루이스가 이곳에서 수학하였다. 여러 노벨상 수상자를 배출할 만큼 교육 수준도 높다. 근래 옥스퍼드의 랜드마크인 종탑이 복원되어 주목받고 있다. 학교 명칭은 막달렌이 아닌 '모들린'으로 발음된다. 학교 주변에 흐르는 처웰 강을 따라 사슴들이 뛰노는 디어 파크 Deer Park가 조성되어 있으며 맞은편에는 옥스퍼드 최대의 식물원인 유니버시티 보태닉 가든이 자리하고 있다.

위치 옥스퍼드 기차역에서 도보 25분, 식물원 인근 주소 Oxford OX1 4AU 오픈 1~6월 매일 13:00~18:00, 7~9월 매일 12:00~19:00, 10~12월 매일 13:00~18:00 요금 성인 £5, 학생 및 60세 이상 £4, 6세 이하 무료, 가족(성인 2인, 7세 이상 소인 3인 기준) £14 전화 01865-276-000 홈피 www.magd.ox.ac.uk

옥스퍼드에서 가장 큰 교회 건축물로 옥스퍼드 대학 캠퍼스의 심장부에 자리 잡았다. 영국에서 가장 아름다운 바로크 양식의 교회 건축물 중 하나로 손꼽히기도 한다. 14세기에 세워진 교회 첨탑에는 좁디좁은 124개의 나선형 계단이 놓여 있는데, 이 계단을 오르면 옥스퍼드 전체를 조망하는 기막힌 전망이 펼쳐진다. 종종 교회 내에서 콘서트 연주가 열린다. 교회 앞 가든에 멋진 가든 카페가 자리하고 있다.

위치 옥스퍼드 기차역에서 도보 15분, 시내 중심부 주소 High St. Oxford OX1 4BJ 오픈 매일 09:00~17:00(단, 7~8월에는 09:00~18:00) 휴무 교회 내에서 예배나 결혼식, 장례식 등의 행사가 진행될 때 입장이 제한될 수 있다. 요금 성인 £4, 5~15세 및 60세 이상 £3, 가족(성인 2인, 소인 2인 기준) £12 전화 01865-279-111 홈피 www.university-church.ox.ac.uk

크라이스트 처치 칼리지
Christ Church College

MAP 15 Ⓔ

모던 아트 옥스퍼드
Modern Art Oxford

MAP 15 Ⓔ

헨리 8세가 1525년에 설립한 대학으로 옥스퍼드에 산재한 38개의 대학 건물 중에서 가장 큰 규모를 자랑한다. 세계에서 유일하게 대학 내에 성당이 있는 곳이기도 하며 종종 이곳 성당에서 성가대의 합창을 들을 수 있다. 영국 수상을 비롯해 영국 내 유명 인사를 많이 배출한 곳이기도 하다. 이 대학 내 자리한 대성당은 12세기말 노르망디 건축 양식이 가미된 건물로 화려한 스테인드글라스를 자랑한다. 화려한 내부 양식을 자랑하는 칼리지 홀 College Hall은 영화 〈해리포터〉에서 호그와트 마법식당으로 등장하였다. 가이드 투어를 통해 칼리지 홀, 라이브러리 등 주옥같은 공간을 둘러보고 이곳 학생들의 교내 생활을 엿보자.

위치 옥스퍼드 기차역에서 도보 20분 주소 Christ Church, St Aldate's, Oxford OX1 1DP 오픈 칼리지 홀 10:00~11:30, 14:30~16:15/성당 10:00~16:15(칼리지 홀과 성당의 경우 학교 행사 및 여타 이유로 종종 문을 닫을 때가 있다. 홈페이지를 통해 방문하는 날짜의 오픈 여부를 꼭 확인하자.) 요금 성인 £7, 학생 및 5~17세 £5.5, 5세 미만 무료, 가족(성인 2인, 소아 2인 기준) £14(칼리지 홀과 성당이 문을 닫은 경우 £3.5/£3.5/£3.5/£7, 둘 중 한 군데가 문을 닫은 경우 £5.5/£4.5/£4.5/£11) 전화 01865-276-172 홈피 www.chch.ox.ac.uk

모던 아트 작품을 소개하는 이곳은 런던의 주요 미술관과 견줘도 손색없을 정도로 훌륭한 내부 시설과 뛰어난 작품을 소개하고 있다. 1965년에 개관한 곳으로 현재 모던 아트와 컨템퍼러리 아트의 국내외 작품을 소개하고 있다. 그동안 이곳에서 전시했던 주요 작가로는 미국 출신의 미니멀리스트 아티스트인 솔 르 윗 Sol Le Witt(1973년 전시), 도널드 주드 Donald Judd(1995년 전시), 칼 안드레 Carl Andre(1997년 전시) 등이 있다. 2002년부터 모던 아트 옥스퍼드라는 이름으로 새롭게 태어났으며 그 전에는 모마 옥스퍼드 MoMA Oxford(The Museum of Modern Art, Oxford)로 불렸다.

위치 옥스퍼드 기차역에서 도보 12분 주소 30 Pembroke St. Oxford OX1 1BP 오픈 화~토요일 11:00~18:00, 일요일 12:00~17:00 휴무 월요일 요금 무료 전화 01865-722-733 홈피 www.modernartoxford.org.uk

블레넘 팰리스
Blenheim Palace

MAP 15 지도 밖

윈스턴 처칠 Winston Churchill 전 영국 수상이 1874년에 태어난 곳이다. 당시 윈스턴 처칠의 아버지였던 랜돌프 처칠은 영국의 재무장관을 역임했다. 블레넘 팰리스는 옥스퍼드 인근의 우드스톡 Woodstock에 자리하고 있다. 영국 왕실이 거주한 곳은 아니지만 궁전의 호칭을 지닌 건물로도 유명하다. 이곳은 처칠 가의 대저택으로 1705년부터 1722년까지 영국식 바로크 스타일로 지어졌다. 원래는 18세기 이전에 우드스톡 팰리스 Woodstock Palace라 불리던 곳으로 영국 왕실의 사냥터에 자리한 건물로 사용되던 곳이다. 화려하기 그지없는 건물 내부에는 호화로운 오브제와 장식물로 치장된 라이브러리, 화랑이 일반인에게 공개되어 있다. 1987년 유네스코에 의해 세계문화유산으로 지정되었다.

[위치] 옥스퍼드 북쪽의 옥스퍼드셔 우드스톡에 자리하고 있다. 옥스퍼드 시내 발리올 칼리지 인근의 조지 스트리트의 버스 정류장에서 우드스톡행 버스(30분마다 출발, 약 30분 소요)를 타고 우드스톡 말버러 암스 Woodstock Marlborough Arms 에서 하차하여 블레넘 팰리스까지 도보로 12분 소요된다. [주소] Woodstock, Oxfordshire OX20 1PP [오픈] 팰리스 매일 10:30~17:30(마지막 입장 16:45까지), 공원 매일 09:00~18:00 [요금] 성인 £22.5, 학생 및 60세 이상 £18, 17세 미만 £12.3, 가족(성인 2인, 소인 2인 기준) £59 [전화] 0800-849-6500 [홈피] www.blenheimpalace.com

비스터 아웃렛 빌리지
Bicester Outlet Village

MAP 15 지도 밖

영국에서 가장 큰 아웃렛 스토어 콤플렉스다. 주요 쇼핑 아이템으로는 의류, 가방, 구두, 시계, 주얼리 등이 있다. 이월 상품의 경우 최대 70~80% 더 싼 것도 많다. 구찌, 프라다, 페라가모, 셀린, 돌체 앤 가바나, 크리스챤 디올, 보테가 베네타 등 해외 명품 브랜드를 비롯해 버버리, 알렉산더 맥퀸, 멀버리, 폴 스미스 등 영국의 내로라할 만한 패션 브랜드가 저마다 아웃렛 매장을 두고 있다. 그밖에 주목할 만한 브랜드로는 휴고 보스, 아르마니, 펜디, 랄프로렌, 비비안 웨스트우드, 지미 추, 발렌티노, 베르사체, 스와로브스키 등이 있다. 무엇보다 해마다 크리스마스 후 12월 26일부터 시작되는 세일 기간에는 파격적인 가격에 물건을 살 수 있어 수많은 쇼퍼들이 몰려들기도 한다.

위치 옥스퍼드로부터 북동쪽으로 약 19km 떨어진 옥스퍼드셔 지방의 비스터에 위치해 있다. 옥스퍼드 시내의 발리올 칼리지 옆의 모들렌 스트리트의 버스정류장에서 비스터 빌리지 방면 버스를 타고 26분 후에 커뮤니티 호스피털의 킹스 엔드에 하차하여 도보 10분. 참고로 블레넘 팰리스에서 비스터 빌리지로 가려면 버스를 타고 우드스톡까지 가서(12분 소요) 다시 버스를 갈아타고 가든 시티까지 간다(24분 소요). 다시 버스를 갈아타고 커뮤니티 호스피털의 킹스 엔드에서 하차(13분 소요)한다. 주소 50 Pingle Drive, Bicester OX26 6WD 오픈 매일 09:00~20:00 요금 무료 전화 01869-366-266 홈피 www.bicestervillage.com

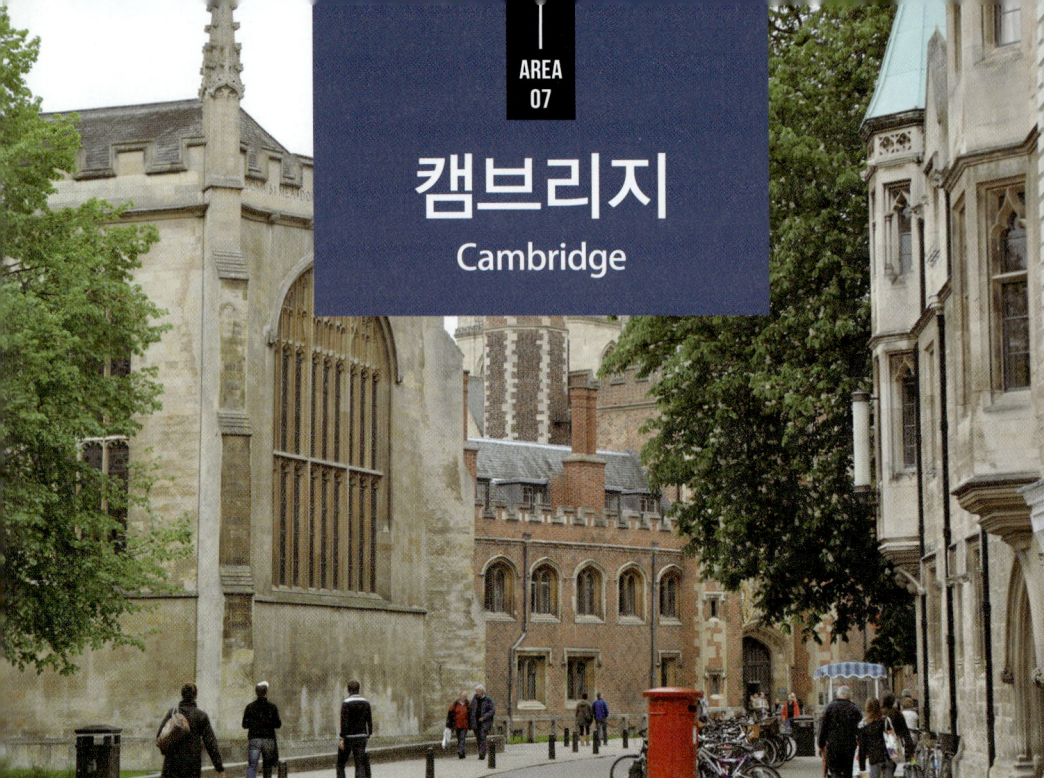

AREA 07
캠브리지
Cambridge

캠브리지는 런던에서 북쪽으로 약 80km 떨어진 곳에 자리하고 있다. 가장 쉽게 찾아가는 길은 런던의 킹스 크로스역이나 리버풀역에서 직행열차를 타는 것이다(각각 1시간 30분 소요). 또한 런던의 빅토리아 코치 스테이션에서 캠브리지행 버스를 탈 수도 있다(2시간 소요). 캠브리지역에서 시내까지는 2km 거리라 도보 이동이 가능하다.

여행 방법	런던에서 출발하여 오전에 윈저 캐슬을 본 뒤 다시 기차를 타고 옥스퍼드로 와서 시내를 구경할 수 있다. 또는 런던에서 오전 일찍 출발하여 비스터 빌리지에서 아웃렛 쇼핑을 즐긴 뒤 우드스톡의 블레넘 팰리스를 거쳐 옥스퍼드로 넘어올 수 있다. 이 경우 옥스퍼드에서 1박을 하고 다음 날 오전 옥스퍼드를 좀 더 둘러본 뒤 런던이나 기타 지역으로 이동할 것을 권한다.
추천 코스	캠브리지 기차역 ➔ 크라이스트 칼리지 ➔ 세인트 존스 칼리지 ➔ 트리니티 칼리지 ➔ 킹스 칼리지 채플 ➔ 코퍼스 크리스티 칼리지 ➔ 퀸스 칼리지 ➔ 피츠윌리엄 뮤지엄 ➔ 스콧 폴라 리서치 인스티튜트 ➔ 캠브리지 기차역
체크 포인트	❶ 킹스 칼리지 채플의 화려한 내부를 들여다보자. ❷ 장엄한 모습의 트리니티 칼리지 내부를 둘러보자. ❸ 세인트 존스 칼리지의 탄식의 다리 주변을 둘러보자. ❹ 도시의 중심을 가로지르는 캠 강 위에서 펀트라 불리는 밑이 평평한 나룻배를 타고 긴 장대를 노로 사용하며 강을 따라 도시를 둘러보자.

크라이스트 칼리지
Christ's College

MAP 16 ⓑ

1505년에 창설된 학교로 오랜 역사와 전통의 흔적이 캠퍼스 곳곳에 드러나 있다. 〈진화론〉의 창시자 찰스 다윈 Charles Darwin이 이 학교를 졸업한 뒤 이곳에서 연구를 위해 머물기도 했다. 현재 그가 사용했던 방이 일반인들에게 공개된다. 이곳에서 판매하는 브로슈어를 통해 다윈과 관련된 이 학교의 시설이나 장소를 견학을 수 있다. 또한 이 학교는 17세기의 유명한 시인이자 기독교의 고전인 〈실락원〉을 쓴 존 밀턴 John Milton을 졸업생으로 배출한 곳이기도 하다.

위치 캠브리지 기차역에서 도보 15분, 캠브리지 시내 중심 주소 St. Andrew's St. Cambridge CB2 3BU 오픈 다윈 전시관 10:00~12:00, 14:00~16:00 요금 무료(단, 다윈 전시관의 경우 £2.5) 전화 01223-334-900 홈피 www.christs.cam.ac.uk

세인트 존스 칼리지
St. John's College

MAP 16 Ⓐ

영국의 대표적인 시인 중 한 명인 윌리엄 워즈워스 William Wordsworth가 다녔던 곳으로 유명하다. 또한 그동안 무려 9명의 노벨상 수상자를 배출하기도 했다. 규모 면에서는 트리니티 대학 다음으로 큰 규모를 자랑한다. 1511년 창설된 이곳은 킹스 칼리지와 함께 여행자들이 연신 카메라 셔터를 눌러대는 포토제닉 스폿이다. 근처에 아름다운 석교 형태로 만든 탄식의 다리 Bridge of Sighs가 있어 로맨틱한 운치를 자아낸다.

위치 트리니티 칼리지 북쪽에 자리하고 있으며 일반 방문객의 경우 세인트 존스 스트리트에 있는 그레이트 게이트를 통해서만 입장이 가능하다. 주소 St. Johns St. Cambridge CB2 1TP 오픈 3~10월 매일 10:00~17:00(11~2월 매일 10:00~15:30) 휴무 12월 25일~1월 3일 요금 성인 £5, 12세 미만 무료, 12~16세 £3.5 학생 및 60세 이상 £3.5 전화 01223-338-600 홈피 www.joh.cam.ac.uk

트리니티 칼리지
Trinity College

MAP 16 Ⓐ

헨리 8세가 세운 캠브리지의 대표적인 대학으로 오늘날까지 캠브리지의 대학 중 최대 규모를 자랑한다. 대학으로 들어가는 입구는 1546년 튜더 스타일의 독특한 건축 양식으로 만들어졌다. 입구 안으로 들어서면 이 대학의 창시자인 헨리 8세의 동상이 세워져 있다. 지구의 중력을 세상에 알린 과학자 아이작 뉴턴 Isaac Newton이 이곳에서 수학했으며 철학자 베이컨과 낭만파 시인 바이런, 찰스 황태자도 이곳 출신이다. 가이드 투어를 통해 고풍스러운 분위기의 칼리지 홀과 5만여 권의 장서가 소장된 라이브러리 등을 견학해보자.

위치 캠브리지 기차역에서 도보 25분 주소 Cambridge CB2 1TQ 오픈 렌 라이브러리 월~금요일 12:00~14:00, 토요일 10:30~12:30(학기 중) 요금 렌 라이브러리 무료입장 전화 01223-338-400 홈피 www.trin.cam.ac.uk

킹스 칼리지 채플
King's College Chapel

MAP 16 ⓒ

헨리 6세가 1441년에 창설한 대학 건물 옆으로 영국에서 가장 아름다운 고딕 건축양식의 교회 건축물로 평가받는 킹스 칼리지 채플이 있다. 1446년 헨리 6세 때 착공되어 1516년 헨리 8세 때 완공된 킹스 칼리지 채플은 현재 이 도시의 랜드마크이기도 하다. 교회 내에는 화려하게 수놓인 스테인드글라스 창과 한 치의 오차도 없이 좌우 대칭형으로 장식된 천장이 시선을 사로잡는다.

위치 캠브리지 기차역에서 도보 20분, 캠브리지 시내 중심 주소 King's College, Cambridge CB2 1ST 오픈 학기 중(4월 말~6월 중순, 10월 초~11월 초, 1월 중순~3월 중순) 월요일 09:45~15:30, 화~금요일 09:30~15:30, 토요일 09:30~15:15, 일요일 13:15~14:30/방학 중 월요일 09:45~16:30, 화~일요일 09:30~16:30 요금 성인 £7.5, 학생 및 60세 이상 & 소인 £5(단, 12세 미만의 경우 가족과 함께 방문 시 무료) 전화 01223-331-212 홈피 www.kings.cam.ac.uk/chapel

코퍼스 크리스티 칼리지
Corpus Christi College

MAP 16 ⓒ

이곳은 1352년 코퍼스 길드 Corpus Guild 조직에 의해 창설되었다. 이 대학에서 가장 주목할 만한 곳은 파커 라이브러리로 이곳에는 오래된 영국의 고문서들이 가장 완벽한 형태로 잘 보존되어 있다. 수도원 형태를 한 건물 내부에는 중세 스타일의 건축양식을 띤 올드 코트 Old Court가 자리하고 있다. 건물 모서리에는 24캐럿 금으로 만든 코퍼스 대형 시계 Corpus Clock가 장식되어 있어 주변 거리를 활보하는 행인들의 눈길을 끈다.

위치 킹스 칼리지 채플에서 남쪽으로 약 200m 떨어진 곳에 위치 주소 Trumpington St, Cambridge CB2 1RH 오픈 연중무휴 요금 성인 £2, 12세 미만 무료 전화 01223-338-000 홈피 www.corpus.cam.ac.uk

퀸스 칼리지
Queen's College

MAP 16 ⓒ

헨리 6세가 세운 킹스 칼리지와는 대조적으로 헨리 6세의 처인 마거릿 왕비에 의해 1448년에 세워졌다. 퀸스 칼리지는 여성미가 넘실대고 아름다운 고전적 분위기를 뽐내는 캠퍼스를 자랑한다. 캠퍼스 내 캠강에 놓인 목조 다리 Wooden Bridge는 1749년 이곳 학자들의 수학적 이론을 바탕으로 디자인되었다고 한다. 그리하여 이 다리를 수학의 다리 Mathematical Bridge라고도 부른다.

위치 킹스 칼리지에서 남서쪽으로 300~400m 떨어진 곳에 자리 주소 Silver St, Cambridge CB3 9ET 오픈 5월 중순 매일 10:00~16:30, 6월 말~9월 말 매일 10:00~16:30, 9월 말~11월 초 월~금요일 14:00~16:00, 토·일요일 10:00~16:30, 11월 초부터 매일 10:00~16:00 휴무 시험 기간인 5월 20일~6월 20일 요금 일반 £3, 12세 미만 무료 전화 01223-335-511 홈피 www.queens.cam.ac.uk

피츠윌리엄 뮤지엄
Fitzwilliam Museum

MAP 16 Ⓔ

캠브리지의 대표적인 박물관이다. 캠브리지의 주요 대학을 둘러보고 시간적 여유가 있을 때 캠브리지 기차역으로 돌아오는 길에 잠시 들러 이곳의 소장품을 둘러보는 것도 좋다. 피츠윌리엄 뮤지엄은 고문서 및 고미술품 등 비스카운트 피츠윌리엄 Viscount Fitzwilliam 자작의 어마어마한 유산을 기증받아 1816년에 개관한 곳이다. 1912년에도 찰스 브린슬리 말레이로부터 £8만 및 84개의 회화 작품을 기증받았다. 이 박물관은 고미술품, 응용미술 작품, 동전과 메달, 고문서와 인쇄된 고서적, 회화 작품으로 크게 나뉘어 5개의 전시관을 두고 있다. 주목할 만한 고미술품 전시관에는 이집트, 수단, 그리스, 로마, 서아시아의 유물이 전시되어 있다. 응용미술 전시관에는 영국과 유럽의 도자기, 유리 공예품, 가구, 시계 등이 진열되어 있다.

위치〉캠브리지 기차역에서 도보 12분 주소〉Trumpington St. Cambridge CB2 1RB 오픈〉화~토요일 10:00~17:00, 일요일 및 공휴일 12:00~17:00 휴무〉월요일, 부활절 주간 금요일, 12월 24~26일, 12월 31일, 1월 1일 요금〉무료 전화〉01223-332-900 홈피〉www.fitzmuseum.cam.ac.uk

스콧 폴라 리서치 인스티튜트
Scott Polar Research Institute

MAP 16 Ⓕ

로버트 팰컨 스콧 Robert Falcon Scott은 1868년 잉글랜드 플리머스 태생의 영국 군인 출신 탐험가로 1901년부터 1904년까지 디스커버리 호를 타고 남극을 탐험한 인물로 유명하다. 1912년에는 노르웨이 출신의 탐험가 로알 아문센 Roald Amundsen에 이어 두 번째로 남극점에 도달했다. 1912년 남극 탐험 도중 베이스 캠프에서 불과 18km 떨어진 곳에서 악천후와 식량 부족, 동상 등으로 〈남극일기〉를 남긴 채 세상을 뜨고 만다. 캠브리지에 위치한 스콧 폴라 리서치 인스티튜트는 스콧의 남극 탐험에 관련된 자료, 유물을 전시하고 있는 뮤지엄과 근래 사진가와 학자들이 담아온 남극 탐사에 관련된 사진을 전시하고 있는 전시관, 도서관 등이 있다.

위치〉캠브리지 기차역에서 도보 10분 주소〉Lensfield Rd. Cambridge CB2 1EP 오픈〉화~토요일 10:00~16:00 휴무〉월요일 요금〉무료 전화〉01223-336-540 홈피〉www.spri.cam.ac.uk

AREA 08

바스
Bath

바스는 잉글랜드를 차지했던 고대 로마 제국의 온천장이 있던 곳이다. 여행자들은 대부분 고대 로마 제국의 온천장이 자리한 로만 바스 뮤지엄을 방문하기 위해 이곳을 찾아온다. 하지만 이곳만이 바스의 전부라고 볼 수 없다. 잉글랜드에서 바스만큼 평화롭고 아름다운 전원풍 도시는 찾기 힘들다. 에이번 강이 도심 주변을 유유히 흐르며 그 위로 낭만적인 석교가 놓여 있고 퍼레이드 가든과 같은 아름다운 공원이 이국적인 휴식 공간을 선사한다.

여행 방법	런던에서 기차로 가는 게 빠르고 편리하다. 런던 패딩턴역에서 바스 스파역까지 직행으로 1시간 10분 소요된다. 런던 빅토리아 코치 스테이션에서 출발하는 버스의 경우 3시간 30분 정도 소요된다.
추천 코스	바스 스파 기차역 ➡ 퍼레이드 가든 ➡ 바스 애비 ➡ 로만 바스 뮤지엄 ➡ 제인 오스틴 센터 ➡ 어셈블리 룸스 ➡ 바스 스파 기차역
체크 포인트	❶ 고대 로마인들이 온천욕을 즐겼던 고대 온천장을 보존한 로만 바스 뮤지엄을 둘러보자. ❷ 날씨 좋은 날에 에이번강 위에서 보트를 타고 유유자적 한가한 오후 시간을 보내자. ❸ 제인 오스틴 센터에 들러 그녀의 문학적 향기를 맡아보자. ❹ 불가사의한 거석들이 펼쳐져 있는 바스 근교의 스톤헨지를 방문해보자.

로만 바스 뮤지엄
Roman Bath Museum

MAP 17 Ⓔ

바스는 영국에서 가장 오래된 도시 중 하나다. 고대 로마인들이 2000년 전 지금의 잉글랜드인 브리타니아를 정복하고서 이곳에 자신들을 위한 온천 요양소를 만들었는데, 오늘날 당시의 고대 온천탕이 발굴되어 눈길을 끌고 있다. 19세기 말에 발굴된 고대 온천탕 유적지는 오늘날 로만 바스 뮤지엄으로 불린다. 이곳은 세계에서 가장 보존이 잘되어 있는 고대 로마 시대  의 온천장 유적지다. 이곳을 둘러보면 고대 로마인들이 야외 온천장과 사우나 시설까지 만들어놓고 휴양을 즐겼다는 사실이 믿기지 않을 만큼 다양한 볼거리가 있다. 당시 온천장에는 지하에서 46℃의 온도를 지닌 온천수가 흘러나오는 곳이 세 군데나 있었다고 한다. 로마인들이 떠난 후에는 중세 시대에 일부 사람들만 사용하는 온천장이었다가 17세기 후반에 다시 대중적인 명성을 얻었다. 오늘날 이 뮤지엄에는 발굴 당시 출토된 각종 로마 시대의 유물이 전시되어 있으며 이곳을 방문하면 오늘날까지 지하에서 샘솟는 온천수가 흐르는 광경을 볼 수 있다. 리셉션에서 한국어로 된 오디오 가이드와 브로슈어를 얻을 수 있다. 7~8월 성수기에는 서둘러 오전 일찍 방문하거나 극도로 방문객이 몰리는 주말에는 방문을 피하는 게 좋다.

〔위치〕 바스 스파 기차역에서 도보 10분 거리이며 약 400m 떨어져 있다. 〔주소〕 Stall St, Bath BA1 1LZ 〔오픈〕 1~2월 09:30~17:30, 3~6 · 9 · 10월 09:00~18:00, 7 · 8월 09:00~22:00, 11 · 12월 09:30~18:00 〔휴무〕 12월 25 · 26일 〔요금〕 성인 £14, 소인(만 6~16세, 만 5세 이하 무료) £9, 학생 및 만 65세 이상 £12.25, 가족(성인 2인, 소인 4인 기준) £40 〔전화〕 01225-477-785 〔홈피〕 www.romanbaths.co.uk

바스 애비
Bath Abbey
MAP 17 Ⓕ

퍼레이드 가든
Parade Garden
MAP 17 Ⓕ

어셈블리 룸스
Assembly Rooms
MAP 17 Ⓐ

바스 애비는 이 도시에서 가장 멋진 중세 교회 건축물이자 랜드마크다. 원래의 건물은 7세기에 세워졌으며 오늘날의 건물은 12~16세기에 대대적으로 개보수된 형태다. 건축학적으로는 영국뿐 아니라 서유럽에서 가장 대표적인 수직 형태의 고딕 양식 교회 건축물로 앞 교회 작은 광장은 각종 연주와 공연을 선보이는 재주꾼들로 넘쳐난다.

에이번 Avon 강가에 놓인 개방형 도심 공원으로 바스가 잉글랜드의 대표적인 아름다운 도시일 수밖에 없음을 증명하는 곳이다. 로만 바스 뮤지엄이나 바스 애비에서 가까운 거리에 있다. 날씨 좋은 날 간단한 먹거리를 가지고 가서 잔디에 앉아 독서를 하거나 피크닉을 즐기기에 좋다. 푸른 하늘 아래 청록빛 에이번 강 위를 떠가는 보트의 유유자적한 모습을 마냥 바라보는 것만으로도 즐겁다.

바스 애비와 로만 바스 뮤지엄이 자리 잡은 중심가에서 북쪽으로 20분 정도 걸어가면 더 서커스라는 원형 교차로가 나오는데, 이 교차로를 감싸고 있는 어셈블리 룸스 Assembly Rooms라 불리는 고상한 건축물이 나타난다. 1771년에 오픈한 어셈블리 룸스는 18세기 후반 귀족들의 사교 활동 공간으로 사용되었던 곳으로, 귀족들이 음악 연주를 감상하거나 왈츠 춤을 추거나 카드놀이를 즐겼던 곳이다. 시간적 여유가 있다면 18세기에 만든 휘황찬란한 샹들리에가 장식된 무도회장 등 귀족들의 사교 공간을 잠시 들여다보자.

위치 바스 스파 기차역에서 도보 10분 주소 Bath BA1 1LT 오픈 월요일 09:30~17:30, 화~금요일 09:00~17:30, 토요일 09:00~18:00, 일요일 13:00~14:30, 16:30~17:30 휴무 12월 24일과 25일에는 예배 시간 외에는 문을 닫는다. 요금 가이드 투어 성인 £6, 만 5~15세 £3(교회탑 전망대 방문 포함, 45~50분 소요, 보통 오전 11시부터 오후 3시 사이에 정시마다 시작된다. 단, 토요일에는 매 30분 진행되며 일요일에는 가이드 투어가 없다.) 전화 01225-422-462 홈피 www.bathabbey.org

위치 바스 스파 기차역에서 도보 7분, 바스 애비에서 도보 3분

위치 바스 애비에서 북쪽으로 약 600m 떨어져 있으며 도보 12분 주소 Bennett St, Bath BA1 2QH 오픈 10:30~18:00(비수기에는 17:00까지) 요금 무료 전화 01225-477-173 홈피 www.nationaltrust.org.uk/bath-assembly-rooms/

제인 오스틴 센터
Jane Austen Center

MAP 17 Ⓐ

제인 오스틴 Jane Austen은 1775년 잉글랜드 햄프셔 Hampshire 주 출신으로 유명한 영국의 여류 작가다. 제인 오스틴은 생애에 바스에서 6년간 살면서 집필 활동을 하기도 했다. 이곳에는 그의 소설 속 무대로 등장할 법한 아기자기한 티룸 및 전시 공간이 꾸며져 있으며 기념품 숍에서는 그의 작품과 관련된 도서와 각종 기념품을 팔고 있다.

[위치] 바스 애비에서 도보 10분, 어셈블리 룸스에서 도보 5분 [주소] 40 Gay St, Queen Square, Bath BA1 2NT [오픈] 4~10월 매일 09:45~17:30(단, 7·8월에는 09:30~18:00), 11~3월 일~금요일 11:00~16:30, 토요일 09:45~17:30 [휴무] 12월 25·26일, 1월 1일 [요금] 성인 £9, 만 60세 이상 £8, 학생 £7, 소인(만 6~16세) £5.5, 만 6세 미만 무료, 가족(성인 2인, 소인 4인 기준) £23 [전화] 01225-443-000 [홈피] www.janeausten.co.uk

스톤헨지
Stonehenge

MAP 17 지도 밖

잉글랜드 남부 윌트셔 Wiltshire 주에 자리 잡은 선사 시대의 거석군이다. 높이는 8m, 무게는 50t에 달하는 거석이 동그란 형태로 80여 개가 세워져 있고 일부는 수직으로 세워진 거석 위에 놓혀져 있다. 정확히 언제 세워졌는지, 어느 문명에 의해 세워졌는지는 불분명하다. 학자들은 기원전 20세기에서 10세기 사이에 켈트 문명이나 그와 유사한 문명이 세워졌을 것으로 추정한다. 하루 내 스톤헨지와 바스 모두를 보려면 런던에서 솔즈베리를 경유해 스톤헨지를 먼저 방문한 뒤 다시 솔즈베리를 경유해 바스를 둘러보자. 시간적 여유가 있다면 솔즈베리 대성당 Salisbury Cathedral을 방문해보는 것도 좋다.

[위치] 바스에서 남동쪽으로 58km, 솔즈베리에서는 북쪽으로 17.5km 떨어져 있다. 바스 시내의 버스정류장에서 X4번 솔즈베리행 버스를 타고 솔즈베리까지 가서 3번 버스를 타고 스톤헨지로 간다. 같은 버스는 스톤헨지에서 40분 정차 후 솔즈베리로 돌아온다. 5월부터 9월까지 솔즈베리 기차역이나 버스터미널에서 스톤헨지 투어 버스(매 30분 또는 매 1시간마다)가 운행한다. [주소] Amesbury, Wiltshire SP4 7DE [오픈] 7~8월 매일 09:00~19:00, 3~5월, 9~10월 매일 09:30~18:00, 10~2월 09:30~16:00 [휴무] 12월 24~26일 [요금] 성인 £14.9, 소인(만 5~15세) £8.9, 학생 및 60세 이상 £13.4, 가족(성인 2인, 소인 3인 기준) £38.7 [전화] 0870-333-1181 [홈피] www.english-heritage.org.uk/daysout/properties/stonehenge/

AREA 09
브라이튼
Brighton

브라이튼은 잉글랜드 남부에 위치한 휴양 도시다. 주말에 런던을 벗어나 드넓은 해변을 산책하거나 아이들과 함께 브라이튼 피어와 그 주변에 있는 놀이기구를 타러 오기에 좋다. 또한 이곳의 대표적인 명소인 로열 파빌리온과 잉글랜드 남부의 대표적인 미술 전시 공간인 브라이튼 뮤지엄 앤 아트 갤러리도 빼놓을 수 없는 이 도시의 자랑거리다.

여행 방법	런던 빅토리아역에서 브라이튼역까지 직행 기차로 52분, 런던 세인트 판크라스역에서 직행 기차로 1시간 15~20분 정도 걸린다. 직행 버스로는 런던 빅토리아 코치 스테이션에서 브라이튼 코치 스테이션까지 2시간 20분 소요된다.
추천 코스	브라이튼 기차역 ➔ 브라이튼 뮤지엄 앤 아트 갤러리 ➔ 로열 파빌리온 ➔ 브라이튼 피어 ➔ 브라이튼 해변 ➔ 브라이튼 기차역
체크 포인트	❶ 조지 4세가 자신의 연인을 위해 세운 로열 파빌리온의 판타지풍 내부 공간을 들여다보자. ❷ 주말 저녁 브라이튼 피어에 들러 놀이기구를 타면서 흥겨운 시간을 보내보자. ❸ 한가롭게 브라이튼의 해변을 산책해보자. ❹ 브라이튼 뮤지엄 앤 아트 갤러리에서 디자인이 번뜩이는 다양한 전시물을 감상해보자.

로열 파빌리온
Royal Pavilion

MAP 18 Ⓕ

영국의 대표적인 18세기 건축가인 존 나시 John Nash가 1787년에 착공, 1823년에 완공한 이 궁전은 인도-사라센 리바이벌 스타일로 지어진 건축물이다. 1783년 브라이튼을 처음 방문한 조지 왕자는 영국 왕실로부터 멀리 떨어진 곳에서 결혼하길 원했던 약혼녀 마리아 피처버트를 위해 이곳에 별궁을 지었다. 로열 파빌리온은 외관도 인상적이지만 사실 판타지풍의 내부가 더 화려하고 멋지다. 연회장과 만찬실 등을 꼭 둘러보자.

위치 브라이튼 기차역에서 도보 15분 주소 4/5 Pavilion Buildings, Brighton, East Sussex BN1 1EE 오픈 10~3월 매일 10:00~17:15(마지막 입장 16:30까지), 4~9월 매일 09:30~17:45(마지막 입장 17:00까지) 휴무 12월 25·26일(12월 24일은 14:30까지 오픈) 요금 성인 £11, 5~15세 £6, 가족(성인 2인, 소인 2인 기준) £28, 가족(성인 1인, 소인 2인 기준) £17, 학생 및 60세 & 실업자 £9 전화 0300-029-0900 홈피 www.brighton-hove-rpml.org.uk/RoyalPavilion

브라이튼 뮤지엄 앤 아트 갤러리
Brighton Museum & Art Gallery

MAP 18 Ⓕ

이슬람 건축양식으로 지어진 건물이 인상적이다. 로열 파빌리온과 같이 후에 조지 4세 국왕이 된 조지 왕자가 1805년에 설립했다. 원래 조지 왕자를 위한 테니스 코트를 만들기 위해 세운 건물이었지만 훗날 왕립기병대의 막사로 사용되었다. 이곳에서 주목할 만한 전시물로는 도자기, 유리공예, 주얼리, 가구, 금속공예품 등 17세기부터 오늘날에 이르는 응용미술 작품과 디자인 관련 전시물이다.

위치 브라이튼 기차역에서 도보 15분 주소 Royal Pavilion Gardens, Brighton, East Sussex BN1 1EE 오픈 화~일요일 10:00~17:00 휴무 월요일(공휴일인 월요일 제외), 12월 25·26일, 1월 1일(12월 24일은 14:30까지 오픈) 요금 무료 전화 0300-029-0900 홈피 www.brighton-hove-rpml.org.uk/Museums

브라이튼 피어
Brighton Pier

MAP 18 Ⓙ

브라이튼의 남쪽 해변에 자리 잡은 부두로 이 도시의 오래된 명소다. 1899년에 처음 만들어져 1970년대에는 여름철마다 이곳의 극장에서 유명 배우들의 공연이 펼쳐지기도 했다. 1986년 이 극장은 다른 곳으로 이전하게 되고 2000년 이곳의 이름을 팰리스 피어 Palace Pier에서 브라이튼 피어로 개명했다. 오늘날 이 부두 위에는 머린 팰리스 Marine Palace 건물이 고스란히 남아 있으며 새롭게 그 주변에 각종 어린이용 놀이기구 및 성인용 롤러코스터, 푸드 키오스크, 레스토랑, 바 등이 들어서 있다.

위치 브라이튼 기차역에서 도보 20분, 로열 파빌리온에서 도보 5분 주소 Madeira Drive, Brighton BN2 1TW 오픈 대부분의 놀이기구 10:00~20:00, 레스토랑 및 바 등 그 밖의 시설물 10:00~22:00 휴무 날씨에 따라 오픈하지 않거나 일찍 문을 닫을 수도 있다. 요금 놀이기구에 따라 다양하다. 전화 01273-609-361 홈피 www.brightonpier.co.uk

365

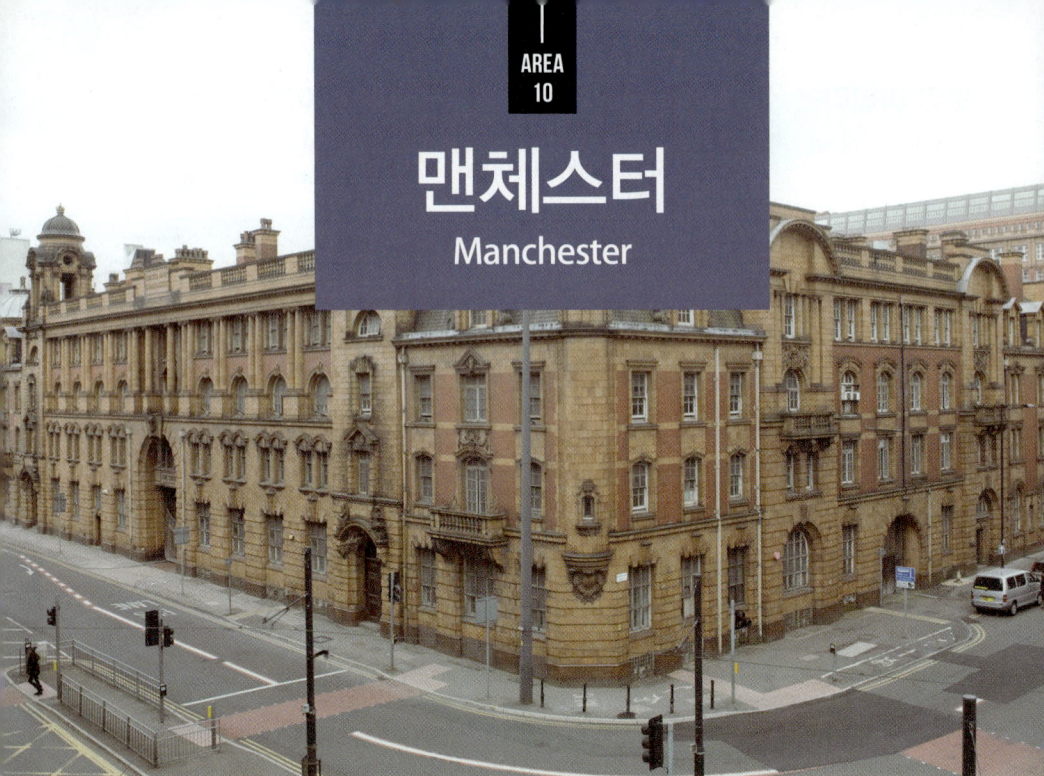

맨체스터
Manchester

AREA 10

인구 44만 명의 맨체스터는 반경 15마일 안에 350만 명이 거주하는 메트로폴리스다. 축구 팬들에게는 맨체스터 유나이티드와 맨체스터 시티가 공존하는 축구 도시로 더 알려져 있다. 그동안 산업폐기물마냥 방치되었던 텅 빈 창고나 공장 건물들이 점차 최신 모드의 레스토랑이나 아트 갤러리로 변모해 가는 중이다. 빅토리아 시대의 화려한 고딕 양식의 건물도 다시금 채색되어 도심의 우아한 멋을 한층 돋운다. 도심 서쪽의 키즈 지구에는 영국에서 가장 세련된 현대 건축물이 들어서 기막힌 도시의 야경을 뽐낸다.

여행 방법
런던 유스턴역에서 직행 기차로 맨체스터 피커딜리 기차역까지 2시간 10분 소요된다. 맨체스터 피커딜리역에서 에딘버러 중앙역과 웨일스의 콘위까지는 직행 기차로 각각 3시간 20분, 1시간 50분 정도 소요된다. 직행 버스로는 런던의 빅토리아 코치 스테이션에서 맨체스터 코치 스테이션까지 4시간 40분 정도 소요된다.

추천 코스
맨체스터 피커딜리 기차역 ➡ 로치데일 커낼 ➡ 뮤지엄 오브 사이언스 앤 인더스트리 ➡ 올드 트래퍼드 ➡ 임피리얼 워 뮤지엄 ➡ 라우리 ➡ 내셔널 풋볼 뮤지엄 ➡ 맨체스터 피커딜리 기차역

체크 포인트
❶ 세계적인 축구 클럽 맨체스터 유나이티드나 맨체스터 시티의 경기를 관람하자. 티켓이 없어도 홈그라운 관람 투어나 경기장 내 전시관이나 기념품 숍을 둘러볼 수 있다.
❷ 키즈 지구의 현대 건축물을 감상한 뒤 여유롭게 라우리에서 문화 공연을 관람하는 것도 좋다.
❸ 시내 중심에 있는 로치데일 운하를 따라 걷다보면 고풍스러운 산업도시의 풍치를 즐길 수 있다.

올드 트래퍼드
Old Trafford

MAP 19 지도 밖

맨체스터는 유럽 축구에 열광하는 축구 팬들에게 밀라노, 마드리드와 함께 유럽 축구의 순례 여행에서 반드시 거쳐야 할 곳이다. 맨체스터 유나이티드의 홈그라운드인 올드 트래퍼드 Old Trafford 경기장은 그런 면에서 이 도시뿐 아니라 영국의 대표적인 축구 성지다. 6만5000명을 수용할 수 있는 이 구장은 1910년에 설립되었으며 가로 106m, 세로 69m의 규격을 지니고 있다. 일반인들은 경기가 없는 날에 경기장 관람 투어에 참여할 수 있으며 경기장 내에 있는 맨체스터 유나이티드 뮤지엄에서는 맨체스터 유나이티드 팀의 역사와 칸토나, 베컴, 베스트 등 역대 유명 선수들의 발자취를 더듬어 볼 수 있다. 올드 트래퍼드 구장 주변 역시 맨체스터에서 가장 축구 열기를 진하게 느낄 수 있는 곳이다. 건물 곳곳에는 자랑스러운 선수들의 모습이 벽화로 그려져 있다. 상점의 이름에서도 축구의 열기가 느껴진다. 대부분의 상점 이름에는 '맨체스터 유나이티드'란 이름이 들어간다. 경기가 없는 날에도 경기장 주변의 펍을 어슬렁거리는 사람들은 대부분 맨체스터 유나이티드의 붉은색 유니폼을 입고 다니는 열성 팬들이다.

위치 맨체스터 도심으로부터 서쪽에 자리하며 맨체스터 시내 중심의 피커딜리 트램 정류장에서 트램으로 16분 소요된다. 버스의 경우 시내의 피커딜리 가든에서 트래퍼드 센터행 250번 버스를 타고 올드 트래퍼드에서 하차(16분 소요) 주소 Sir Matt Busby Way, Manchester M16 0RA 오픈 뮤지엄 & 경기장 투어 매일 09:30~16:30(30분마다 진행) 요금 뮤지엄 & 경기장 투어 성인 £18, 학생 £16, 60세 이상 £12, 6~16세 £12, 5세 미만 무료, 가족(성인 2인, 소인 2인 기준) £13.5, 뮤지엄 오디오 가이드 £3 전화 0161-868-8000(경기장 내 맨체스터 뮤지엄 0161-826-1326) 홈피 www.manutd.com

TIP 맨체스터와 비지스

'Staying Alive', 'Night Fever', 'How Deep Is Your Love' 등 주옥같은 팝송 명곡을 선보이며 1960~70년대 브릿팝을 주도한 비지스 Bee Gees를 모르는 이는 아마 없을 것이다. 비지스는 1958년 결성된 그룹으로 삼형제인 베리 깁, 로빈 깁, 모리스 깁으로 구성되어 있다. 이들은 1950년대 후반까지 맨체스터에 머물면서 활동하다가 그 후 호주로 간 뒤 1967년 다시 영국으로 돌아와 음악 활동에 전념했다. 비지스는 오늘날까지 2억2000만 장의 앨범을 판매한 베스트 셀링 뮤직 아티스트다. 이들은 1997년 미국 오하이오 클리블랜드에 위치한 로큰롤 명예의 전당에 그 이름을 올리기도 했다. 영국 팝 음악에 관심 있다면 비지스를 비롯해 오늘날 브릿팝을 주도하는 맨체스터 출신의 팝 아티스트들의 리스트가 담긴 지도 한 장을 관광안내소에서 받아 그들의 발자취를 찾아다니며 하루를 보내는 것도 좋을 것이다.

홈피 맨체스터 뮤직 투어 www.manchestermusictours.com

내셔널 풋볼 뮤지엄
National Football Museum

MAP 19 ⓑ

전 세계 잉글리시 프리미어 리그 팬들을 흥분시킬 만한 축구 박물관이 드디어 많은 이들의 염원 아래 지난 2011년 맨체스터 도심에 문을 열었다. 국립축구박물관이 런던도 아닌, 리버풀도 아닌, 맨체스터에 세워졌다는 사실만으로 이 도시의 축구 팬들은 대단한 자부심을 얻게 되었다. 박물관 내에는 맨체스터의 유명 축구팀인 맨체스터 유나이티드와 맨체스터 시티에 관련된 자료 및 사진은 물론 잉글리시 프리미어 리그의 지난날의 역사를 뒤돌아볼 수 있게 하는 수많은 자료가 전시되어 있다.

위치〉맨체스터 빅토리아 기차역에서 도보로 2분, 피커딜리 가든에서 북서쪽으로 약 600m 떨어져 있다. 주소〉Urbis Building, Cathedral Gardens, Todd St, Manchester M4 3BG 오픈〉월~토요일 10:00~17:00, 일요일 11:00~17:00 휴무〉12월 24~26일, 1월 1일 요금〉무료 전화〉0161-605-8200 홈피〉www.nationalfootballmuseum.com

TIP 거대한 자본력을 바탕으로 한 영국의 축구 산업

오늘날 스포츠와 자본은 떼려야 뗄 수 없는 관계다. 영국의 축구팀은 우리나라처럼 한 기업의 소유가 아니다. 단지, 각 도시나 지역을 대표하는 형식으로 팬들의 사랑과 관심으로 운영된다. 팀의 재정은 입장료, 기념품 사업, 유니폼에 붙어 있는 기업 광고료, TV 중계권의 배당금 등의 수익 구조로 이루어져 있다. 한때 주식 시장의 시세에 따라 맨체스터 유나이티드의 자산 가치가 약 13억5000만 달러에 이른 적도 있다. 한화로는 무려 1조3000억 원이 넘는 천문학적인 숫자다. 오늘날까지도 맨체스터 유나이티드는 '스포츠의 금맥'이라 불리는 유럽의 프로축구 시장에서 가장 많은 매출액을 기록하는 부자 구단 중 하나로 그 면모를 과시하고 있다. 잉글랜드 구단들은 입장권 수익과 경기장 내 편의 시설을 통한 수익으로 매출의 대부분을 기록하는 것으로 나타났다. 이러한 정책은 관중 동원을 증가시키고 관중들에 대한 서비스 부분을 강화시켰다. 성공적인 관중 동원과 함께 축구를 통한 기업체의 광고 활성화는 잉글랜드 축구의 가장 두드러진 마케팅이다.

라우리
The Lowry

MAP 19 지도 밖

도심에서 서쪽으로 2km 정도 떨어진 지점에 위치한 키스 The Quays 지역은 맨체스터가 자랑하는 야심찬 문화 지구로 영국에서 가장 세련되고 현대적인 감각의 건축물들이 속속 들어서는 곳이다. 이곳에는 영국을 대표할 만한 현대 건축물이 몇 군데 자리 잡고 있다. 그중 2000년 4월에 개관한 라우리는 주목할 만한 복합문화센터로 뮤지컬, 연극, 오페라, 발레 등 다채로운 공연 문화가 펼쳐지는 곳이다. 이곳에는 두 군데의 공연장을 비롯해 어린이를 위한 문화 시설과 미술 작품이 전시된 갤러리, 바, 스튜디오, 레스토랑 등의 시설을 갖추고 있다. 근처에는 라우리 아웃렛 쇼핑몰, 라우리 호텔 등이 들어서 있다.

[위치] 올드 트래퍼드에서 도보로 15분, 시내 중심가의 피커딜리 트램 정류장에서는 트램을 타고 미디어 시티에 하차(22분 소요), 도보 6분 [주소] Pier 8 Salford Quays, Salford M50 3AZ [오픈] 메인 갤러리 월~금·일요일 11:00~17:00, 토요일 10:00~17:00, 레스토랑·카페의 경우 공연이 없는 날에는 휴무, 공연이 있는 날에는 공연 전 17:00~19:00과 런치를 위한 12:00~15:00에만 오픈. [요금] 무료(갤러리 입장 무료, 공연 입장료는 다양함) [전화] 0843-208-6000 [홈피] www.thelowry.com

임피리얼 워 뮤지엄
Imperial War Museum

MAP 19 지도 밖

2002년 7월에 개관한 맨체스터의 임피리얼 워 뮤지엄은 이 도시에서 가장 뛰어난 현대 건축물이다. 저물녘이나 어둑해질 무렵 그 모습이 투영된 어웰 Irwell 강가에서 바라보는 모습이 가히 환상적이다. 내부 공간 역시 드넓어 전시물과 전시 공간이 조화를 이루며 독특한 공간미를 창조해낸다. 이 박물관 안에는 전쟁에 등장했던 각종 군사 무기는 물론 전쟁과 관련된 수많은 사진 자료 및 문서 자료 등이 전시되어 있다.

[위치] 올드 트래퍼드에서 도보 15분, 라우리의 강 건너 맞은편에 자리하며 라우리에서 풋브릿지를 건너 도달할 수 있다. [주소] The Quays, Trafford Warf Rd. Manchester M17 1TZ [오픈] 매일 10:00~17:00(마지막 입장 16:30까지) [휴무] 12월 24~26일 [요금] 무료 [전화] 0161-836-4000 [홈피] www.iwm.org.uk

뮤지엄 오브 사이언스 앤 인더스트리
Museum of Science & Industry

MAP 19 Ⓔ

시내 중심부에서 독특한 오라를 풍기는 로치데일 커낼 Rochdale Canal 옆의 산책로를 따라 15분 정도 걸어 이곳을 방문할 수 있다. 아마도 이 운하 길을 걸으며 이 도시의 숨은 진면목을 발견할 수 있을 것이다. 맨체스터가 유서 깊은 공업 도시인 만큼 이 도시에 와서 산업과 관련된 자료와 전시물을 둘러보는 것도 의미 있는 일이 될 것이다. 특히 18세기 영국에서 일어난 산업혁명과 관련된 다양한 자료에 관심이 있다면 말이다. 뮤지엄 오브 사이언스 앤 인더스트리는 19세기 맨체스터 공업 단지의 심장부였던 곳에 세워진 박물관으로 이 도시에서 가장 큰 규모를 자랑하는 박물관이기도 하다.

위치 맨체스터 피커딜리 기차역에서 로치데일 커낼을 따라 도보 15분 주소 Liverpool Rd. Manchester M3 4FP 오픈 매일 10:00~17:00 휴무 12월 24~26일, 1월 1일 요금 무료 전화 0161-832-2244 홈피 www.mosi.org.uk

TIP 맨체스터의 면직 공업

18세기 이후 맨체스터는 영국의 면직 공업 중심지로 발전했다. 그 발전 과정에는 습한 기온과 풍부한 강우량 등 기후적인 영향도 있었다. 1830년에는 외항 리버풀과의 사이에 철도가 부설되어, 이 도시에서 생산된 면직물이 전 세계로 수출되는 판로를 얻을 수 있었다. 19세기 말부터 영국 경제에서 면직 공업의 지위가 떨어지자 맨체스터의 경제적 영향력도 상당히 약화되었다. 어웰 Irwell 강과 시내의 운하를 따라 석유정제·제분·제강 공업 등이 활발하게 발전했다. 그러나 오늘날 맨체스터의 도시적 지위는 런던 다음가는 금융·보험·매스컴 등 상업적·문화적 기능 위에 놓여 있다.

AREA 11

웨일스
Wales

영국의 중서부에 자리 잡은 웨일스는 런던에서 이른 아침 출발하여 밤늦게 돌아오는 여정이라면 당일로 방문할 수 있는 곳이 많다. 웨일스 북부 지방에는 콘위 캐슬, 카에나폰 캐슬 등 17세기 잉글랜드 국왕 에드워드 1세가 방어의 목적으로 세운 중세 시대 고성이 남아 있는데, 모두 유네스코 세계문화유산으로 지정되어 있다. 기차 여행을 통해 창밖 풍경으로 둘러보는 웨일스 특유의 자연경관은 구름과 들판, 그림 같은 마을이 한데 어우러져 수채화 같은 풍광을 드러내고 있다.

여행 방법
런던의 유스턴역에서 기차를 타고 체스터를 경유해 콘위까지 갈 수 있다(3시간 소요). 콘위 캐슬을 둘러보고 반고를 경유해 카에나폰으로 가서 웨일스의 대표적인 중세 고성인 카에나폰 캐슬을 방문해보자. 하루 더 머문다면 카에나폰 남쪽에 자리한 포트마독에서는 증기기관차를 타고 웨일스의 고산지대를 여행할 수 있다. 포트마독 인근의 포트메리온은 마치 어디선가 요정이 뛰어나올 것 같은 동화 속 마을로 포트마독에서 버스로 방문할 수 있다.

추천 코스
1일 코스 런던 유스턴역 ➡ 체스터 경유 ➡ 슬란두드노 ➡ 콘위 캐슬 ➡ 반고 경유 ➡ 카에나폰 캐슬 ➡ 반고 경유 ➡ 런던
2일 코스 런던 유스턴역 ➡ 체스터 경유 ➡ 슬란두드노 ➡ 콘위 캐슬 ➡ 반고 경유 ➡ 카에나폰 캐슬 ➡ 포트마독(1박) ➡ 포트메리온 ➡ 포트마독 ➡ 버밍엄 뉴 스트리트 역 경유 ➡ 런던

체크 포인트
❶ 중세 향기가 은은하게 풍기는 콘위 캐슬을 방문하자.
❷ 웅장한 규모를 지닌 웨일스 최대의 성 카에나폰 캐슬을 방문하자.

콘위 캐슬
Conwy Castle

MAP 20

중세풍의 가옥들이 아기자기하게 모여 있는 콘위는 웨일스 북부의 대표적인 관광 명소다. 아기자기한 구시가와 파도에 따라 출렁이는 요트가 삼삼오오 모여 있는 요트항 주변이 방문객들의 눈길을 사로잡는다. 웨일스를 정복한 잉글랜드 국왕 에드워드 1세가 지은 콘위 캐슬은 세월의 변함에도 아랑곳하지 않고 철옹성 같은 모습을 그대로 간직하고 있는 요새다. 오늘날 영국에서 가장 잘 보존되어 있는 중세의 요새 중 하나로 1277년부터 1307년까지 막대한 예산을 부어 단시일 내에 만들었다. 성벽에 올라 도심 주변을 내려다보자.

위치 콘위 기차역에서 도보 15분. 콘위는 슬란두드노에서 기차로 5분 거리에 위치한다. 반고에서는 기차로 17분 걸린다. 주소 Rose Hill St. Conwy LL32 8AY 오픈 7~8월 매일 09:30~18:00, 3·9·10월 매일 09:30~17:00, 11~2월 월~토요일 10:00~16:00(일요일 11:00~16:00) 휴무 12월 24~26일, 1월 1일 요금 성인 £6.75, 16세 미만 £5.1, 학생 및 60세 이상 £5.1, 가족(성인 2인, 16세 미만 자녀 무제한 기준) £20.25 전화 01492-592-358 홈피 cadw.wales.gov.uk/daysout/conwycastle

슬란두드노
Llandudno

MAP 영국 남부 전도 Ⓐ

빅토리아 시대에 유명한 휴양지로 명성을 떨친 곳이다. 지금은 은퇴하고 노후를 보내는 노인들이 소곤대며 웃음과 농담을 주고받는 평화로운 해안 도시로 변모하였다. 해변의 보행자 도로 주변에는 작고 예쁜 로컬 아트 갤러리와 레스토랑이 옹기종기 모여 있다. 해변과 1878년에 형성된 부두 주변을 둘러보면 한적한 오후의 여유로움을 느낄 수 있기에 친구나 지인들에게 보낼 잘 나온 사진 엽서 한 장 사서 몇 자 끄적거리며 시간을 보내기에 안성맞춤이다. 해변에 자리한 레스토랑에서 이곳이 자랑하는 다양한 시푸드 메뉴를 즐겨보자.

위치 웨일스 북부 콘위 인근에 자리하며 맨체스터에서 찾아가는 경우 잉글랜드와 웨일스 접경지인 크루에서 웨일스 철도청 소속의 기차를 갈아타고 슬란두드노로 향한다. 홈피 www.visitllandudno.org.uk

카에나폰 캐슬
Caernarfon Castle

MAP 21

카에나폰 캐슬을 방문하는 것이야말로 웨일스 중세 고성 순례의 하이라이트라 말할 수 있다. 메나이 해협 Menai Strait 위에 떠 있는 고성의 자태는 유럽의 어느 고성과 견주어도 뒤지지 않을 만큼 기품이 묻어 있다. 실제로 에드워드 1세는 이 성을 북웨일스 통치의 기반으로 삼았고 1911년에는 영국 왕실의 황태자에게 주어지는 '프린스 오브 웨일스' 직위의 서임식이 거행되기도 했다. 고성 내부를 들여다보지 않아도 마치 크고 작은 전설과 음모들로 들끓었을 것만 같다. 오늘날 북문인 킹스게이트 King's Gate를 통해 성 안으로 들어서면 중후한 분위기에 둘러싸인 고성의 안뜰 중앙에 다다른다. 성 안을 둘러보면 중세 시대 이곳을 통치했던 잉글랜드 왕가의 유물이 진열되어 있다.

위치 카에나폰 버스정류장에서 도보 5분, 카에나폰은 반고에서 버스로 20분 소요(30분마다 운행), 포트마독까지는 버스로 45분 주소 Castle Ditch, Caernarfon, Gwynedd LL55 2AY 오픈 7~8월 매일 09:30~18:00, 3·9·10월 매일 09:30~17:00, 11~2월 월~토요일 10:00~16:00(일요일 11:00~16:00) 휴무 12월 24~26일, 1월 1일 요금 성인 £6.75, 16세 미만 £5.1, 학생 및 60세 이상 £5.1, 가족(성인 2인, 16세 미만 자녀 무제한 기준) £20,325 전화 01286-677-617 홈피 cadw.wales.gov.uk/daysout/caernarfon-castle

포트메리온
Portmeirion

MAP 영국 남부 전도 Ⓐ

이곳은 웨일스 출신 건축가 윌리엄스 엘리스 Williams Ellis가 자신이 1920년대부터 수집해온 유물과 조각 등을 한데 모아 1976년에 만든 마을이다. 누구나 어릴적 이러한 곳에서 한 번쯤 살고 싶다는 생각을 해보았을 만큼 장난기 어린 요정들이 모여 살법한 판타지풍의 네버랜드로 꾸며놓았다. 이 마을에는 호텔 포트메리온 Hotel Portmeirion이 마련되어 있으며 이 마을을 찾아가는 가로수길 위에도 고성 호텔인 카스텔 도이드라스 Castell Deudraeth가 자리하고 있다. 이 고성 호텔은 새들이 노래하는 숲을 끼고 있으며 중세 고성을 그대로 보존하여 만들었다고 한다.

위치 포트마독에서 약 3km 떨어져 있기에 도보로 갈 수 있다(40분 소요). 포트마독에서 버스 99B번(월~토요일 운행)을 타면 10분 소요된다. 기차를 탈 경우 민포드 역에서 하차하여 도보로 15분 걸으면 된다. 주소 Penrhyndeudraeth, Gwynedd LL48 6ET 오픈 매일 09:30~17:30 휴무 12월 24~26일 요금 성인 £10, 60세 이상 £9, 5~15세 £6.5, 가족(성인 2인, 소인 2인 기준) £25 전화 01766-770-000 홈피 www.portmeirion-village.com

> **TIP** 웨일스의 독자적인 문화와 전통
>
>
>
> 사실 웨일스는 독자적인 문화, 전통, 역사, 언어 등을 가지고 있다. 아직도 웨일스의 일부 지방에서는 웨일스의 언어인 웨일시를 사용하고 있으며 웨일스의 대부분의 도시와 시골에서는 웨일시로 표기된 표지판이나 안내판을 볼 수 있다. 인종적으로도 웨일스 사람들은 켈트족인 반면, 잉글랜드 사람들은 게르만족의 분파인 앵글로색슨족이다.
> 웨일스는 독자적인 정부와 행정기구, 국기 등을 지니고 있으며 잉글랜드, 스코틀랜드, 북아일랜드와 함께 연방정부를 구성하고 있지만 경제적으로는 잉글랜드에 많이 의존한다. 실제로 웨일스 태생의 수많은 젊은이들이 일자리를 구하기 위해 잉글랜드의 대도시를 찾는다.

포트마독 산악철도
Welsh Highland Railway in Porthmadog

MAP 영국 남부 전도 ⓐ

포트마독은 대구의 생선살로 만든 피시 앤 칩스를 맛볼 만한 곳이 항구 근처에 포진되어 있는 곳이다. 무엇보다 이곳은 웨일스 북부 스노도니아 Snowdonia 국립공원의 고원 지대를 오르내리는 산악 증기기관차로 유명하다. 웨일스의 기차는 방방곡곡을 누비지만 스노든 산(해발 1085m) 일대와 스노도니아 국립공원 주변에서는 철로가 끊긴다. 대신 이러한 지역에는 산악철도가 운행된다. 관광객을 위한 증기기관차가 오전에 포트마독을 출발해 고도가 얼마 되지 않은 산봉우리를 거쳐 스노도니아 국립공원 내 계곡 속에 자리한 중세풍 시골 마을인 베드갤레트 Beddgelert까지 승객들을 운반한 뒤 돌아온다(왕복 4시간 소요).

위치 포트마독은 카에나폰에서 버스로 35분, 베드갤레트까지는 25분 걸린다. 버밍엄까지는 기차로 4시간 40분 소요되며 여기서 런던 유스턴역까지 기차로 1시간 25분 걸린다. 오픈 산악철도는 5월부터 10월까지 포트마독 → 카에나폰 구간(편도 5시간 40분)을 매일 운행하며 11월부터 4월까지는 주로 포트마독 → 베드갤레트 구간을 매주 4회(수·목·토·일요일) 운행한다. 요금 포트마독 → 베드갤레트 구간 왕복 성인 £19.2, 학생 및 60세 이상 £17.5, 포트마독 → 카에나폰 구간 왕복 성인 £35, 학생 및 60세 이상 £31.5 전화 01766-516-000 홈피 www.festrail.co.uk

> **TIP** 웨일스의 기차 여행
>
>
>
> 웨일스의 기차는 작고 소박하다. 차량도 짧고 왜소해 보인다. 럭셔리 특급 열차는 더더욱 아니다. 하지만 현대식 시설을 갖추고 있어 불편함이 전혀 없다. 어느 노선이나 번잡함이 없이 여유롭다 보니 더욱 알차다. 웨일스 기차 여행은 현지인들과의 만남의 장이다. 기차로 통학하는 현지 학생들의 모습도 어렵지 않게 볼 수 있다. 이들의 순박한 표정을 바라보고 있자면 웨일스는 참으로 정겨운 자연과 소박한 문화가 만들어낸 정감 어린 동네라는 생각이 든다. 차창 너머로는 스노도니아 산들의 부드럽게 이어진 경치가 눈앞에 어른거린다. 재미있는 사실은 웨일스의 기차가 거의 모든 마을을 누비고 다니기에 승차하기전 역무원에게 행선지를 알려줘야 한다는 점. 그렇지 않으면 타고 내리는 손님이 없는 간이역은 통과해버리기에 하차하지 못할 수도 있다.

PREPARATION

여행 준비

여권에 대한 모든 것
여행 경비 계산법
항공권 예약 A to Z
면세점 쇼핑 노하우
짐 꾸리기 상식

PREPARATION

해외여행 첫 단추
여권에 대한 모든 것

여권은 해외에서 자신의 신분을 증명할 수 있는 유일한 신분증이다.
해외여행의 가장 기본 준비물인 여권 발급에 대해 알아보자.

발급 신청 및 수령

여권 발급에 필요한 서류를 구비해 가까운 구청이나 시청 여권과에서 신청한다. 여권 발급 신청서는 각 여권과에 비치되어 있으며, 외교통상부 홈페이지에서 양식을 내려받아 미리 작성한 후 제출할 수도 있다. 여권이 발급되기까지 보통 3~4일이 소요되며 성수기에는 일주일 이상 걸리기도 한다. 수령할 때는 반드시 신분증을 지참해야 한다.

외교통상부 여권 안내 www.passport.go.kr

여권 유효기간

기본적으로 여권 유효기간이 6개월 이상이면 문제없이 해외여행을 떠날 수 있다. 영국은 비자면제협정국으로 여행 목적으로 입국할 경우 비자가 필요하지 않으며 최장 6개월까지 체류할 수 있다. 여권 유효기간이 6개월 이하라면 입국이 거절될 수 있기 때문에 여권을 재발급받는 것이 좋다. 기존의 여권 유효기간 연장제도는 폐지돼 신규 여권을 신청할 때와 똑같은 과정을 거쳐야 한다. 발급 수수료도 신규 여권 발급 수수료와 같다. 참고로 유효기간은 충분하지만 수록정보 변경, 분실, 훼손, 사증란 부족 등으로 새로운 여권을 발급받을 경우에는 '남은 유효기간 부여 여권'(발급 수수료 2만5000원)을 발급받으면 된다.

주한 영국 대사관 www.gov.uk/world/south-korea

여행 중 여권 분실

여행 중 여권을 분실할 경우 영사관에 가서 여행용 임시 증명서를 발급받아야 한다. 혹시 모를 사태에 대비해 여권 복사본과 사진 2장을 예비로 준비해 가는 것이 좋다. 한꺼번에 잃어버리는 일이 없도록 여권과 따로 보관하자.

주영국 대한민국 대사관 overseas.mofa.go.kr/gb-ko/index.do

> **TIP** 여권 발급 준비물
>
> ● 19세 이상 본인 발급
> ☑ 여권 발급 신청서
> ☑ 여권용 사진 1장
> ☑ 신분증
> ☑ 수수료(10년 복수 여권 5만 3,000원, 1년 단수 여권 2만원)
>
> ● 미성년자 여권 대리 발급
> ☑ 여권 발급 신청서
> ☑ 부모 중 1인의 인감이 찍혀 있는 여권 발급 동의서
> ☑ 여권 발급 동의서를 작성한 부모 중 1인의 인감 증명서
> ☑ 여권용 사진 1장
> ☑ 부모와 함께 등재된 주민등록등본이나 호적등본
> ☑ 수수료(나이에 따라 1만 5,000~4만 5,000원)

2018년 1월부터 새로 바뀐
NEW 여권사진 규격 안내

❶ 양쪽 귀 노출 의무 조항 삭제

여권사진 규정이 대폭 완화되면서 양쪽 귀 노출에 관한 의무 조항이 사라졌다. 한쪽 귀를 복사해 합성하는 등의 번거로움이 사라졌으며 얼굴 윤곽을 완전히 가리지 않는다면 머리카락을 억지로 묶거나 넘기지 않아도 된다.

❷ 가발·장신구 착용 지양 항목 삭제

모자로 머리카락을 완전히 가리는 것은 현행대로 금지 항목이지만 목을 덮는 티셔츠, 스카프 등은 얼굴 윤곽을 가리지 않는 선에서 착용할 수 있다.

❸ 뿔테안경 지양 및 눈썹 가림에 관한 항목 삭제

뿔테 안경 착용을 지양하는 항목이 사라졌다. 안경테로 눈동자를 가리거나 렌즈에 빛이 반사되지 않은 사진은 사용할 수 있다.

❹ 어깨 수평 유지 항목 삭제

어깨를 수평으로 유지하는 항목이 사라졌다. 하지만 얼굴과 어깨는 정면을 향해야 하며 측면 자세의 사진은 사용이 불가하다.

❺ 제복·군복 착용 불가 항목 삭제

일상생활 시 항상 착용하는 군인과 종교인의 제복 및 종교 의상이 허용된다. 대신 이마부터 턱까지 얼굴 전체가 나와야 한다.

PREPARATION

돈은 안 쓰는 게 아니라 잘 쓰는 것
여행 경비 계산법

여행을 떠나기에 앞서 예상 여행 경비를 계산해보자.
돌발 상황에 대비해 경비의 10%는 비상금으로 준비하는 것이 좋다.

항공 요금
90~120만 원

한국에서 영국까지의 할인 항공 요금은 세금을 포함하여 보통 90만~120만 원 선이다. 대개 한두 번 다른 도시를 경유하며 직항 노선인 경우 훨씬 비싸다. 항공 요금은 항공사, 시즌, 유효 기간, 예약 조건에 따라 천차만별이다. 가능한 한 빨리 예약하는 것이 경비를 아끼는 첫 번째 방법. 항공 요금을 계산할 때는 세금·유류할증료 등을 포함한 최종 가격을 따져봐야 하며, 저렴한 티켓은 출입국 시 이용하는 공항이 상이하지는 않은가 체크해야 한다.

1일 교통비
£5~

런던 시내는 동선을 효율적으로 짜놓으면 대부분 명소를 도보로 둘러볼 수 있어 교통비가 크게 들지 않는다. 하지만 대중교통을 이용할 경우를 생각해 하루 예산을 £5 내외로 생각해두는 것이 좋다. 예를 들어 반나절 동안 버킹엄 팰리스를 방문한 뒤 브리티시 뮤지엄, 타워오브 런던을 차례로 구경하려면 이동 거리가 멀어 전철이나 버스를 이용해야 한다. 오이스터 카드로 전철을 이용할 때 일일 최대 차감 한도가 £6.6(1~2구역 내 이동)라는 것을 감안해 1일 교통비에 체류 일정을 곱한다. 여기에 공항 교통편에 따라 공항~시내 왕복 교통비를 더하면 예상 경비를 계산할 수 있다.

1박 숙박비
£10~150

예산에 따라 천차만별이다. 숙소의 종류별로 장단점이 뚜렷하므로 충분히 고민한 후 선택하자. 가장 저렴한 유스호스텔의 경우 1박에 £10정도이며 특급 호텔은 1박에 £300을 훌쩍 넘는다. 런던은 저가 호스텔은 꽤 있지만 상대적으로 저가 호텔은 그리 많지 않다. 런던의 호스텔 요금은 2인 기준 £8~20 정도이며, 중저가 호텔의 숙박료는 £80~200 정도다. 런던은 연중 내내 여행자가 많기 때문에 성수기에 방문할 예정이라면 호스텔이나 호텔 구분 없이 방문 1~2개월 전에 예약부터 하는 게 현명하다.

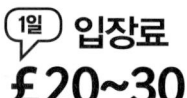
1일 입장료
£20~30

브리티시 뮤지엄, 테이트 모던, 내셔널 갤러리 등 런던 대부분의 박물관과 미술관은 입장료가 따로 없다. 하지만 마담 튀소, 런던 아이, 버킹엄 팰리스 투어 등은 별도의 입장료 및 이용료를 내야 한다. 입장료가 비싼 곳을 방문할 생각이라면 여행 경비에서 입장료의 비중을 미리 계산해두자.

전체 여행 경비의 비상금
10%

여행을 하다 보면 생각지도 못했던 자잘한 지출이 생기기 마련이다. 돌발 상황을 대비해 전체 여행 경비의 10% 정도를 비상금으로 가지고 가는 것이 좋다.

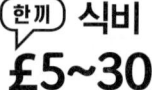
한끼 식비
£5~30

런던의 레스토랑은 상당히 비싸다. 식비를 절약하려면 세 끼 중 두 끼는 가볍게 강약을 두는 것이 좋다. 아침은 숙소에서 간단하게 먹고 점심은 슈퍼마켓이나 카페에서 샌드위치나 샐러드로 가볍게 끼니를 때운 뒤 저녁에 분위기가 괜찮은 레스토랑에서 맛있는 음식을 맛보는 방식이다. 런던의 패스트푸드 세트나 카페의 런치 메뉴는 £5~7 정도, 일반 레스토랑의 세트 메뉴는 £15~30 정도다. 슈퍼마켓에서 조리된 음식으로 끼니를 해결하는 것도 좋다.

TIP 알아두면 돈이 굳는 환전 노하우

환율은 주식시장처럼 쉬지 않고 변동되기 때문에 개인 여행자 입장에서 언제 환전을 하는 것이 가장 이득인지 가늠하기는 어렵다. 하지만 환율 우대를 받는다거나, 수수료를 할인받는 형태로 유리하게 환전할 수 있는 방법은 있다.

● **은행 사용 설명서**
환전은 공항에 있는 은행 영업소보다 시내 영업소에서 하는 것이 더 유리하다. 은행은 고객의 거래 실적에 따라 환율을 우대해준다. 주거래 은행에 가서 주거래 고객임을 밝히고 환전 수수료 우대를 받으면 20~40% 정도의 환전 수수료를 아낄 수 있다.

● **인터넷 사용 설명서**
은행, 여행사, 면세점 홈페이지에서 발행하는 환율 우대 쿠폰을 찾아보는 것도 환전 비용을 절약할 수 있는 좋은 방법이다. 사전에 은행 인터넷 사이버 환전 서비스를 신청하면 원하는 은행 지점이나 공항에서 환전한 엔화를 수령할 수도 있다.

● **사설 환전소 사용 설명서**
대도시 중심가에는 은행보다 유리한 조건을 내세우는 사설 환전소가 있다. 하지만 국내외 사설 환전소에서 위폐를 유통한 사례가 있고 피해 금액이 발생했을 때 보장 받을 수 있는 안전장치가 부족하기 때문에 충분한 정보를 파악한 후 방문해야 한다.

PREPARATION

여행은 티켓팅하기 나름
항공권 예약 A to Z

여행을 가기로 마음먹었다면 항공권부터 서둘러 예약하는 것이 좋다.
항공권 예약이 선행되어야 출국일과 귀국일이 결정되고, 숙소 예약이 가능하다.

항공권 저렴하게 예약하기

항공 요금은 항공사에 따라 시즌과 유효 기간에 따라, 또 예약 조건에 따라 천차만별이다. 일반적으로 성수기·비수기에 따라 가장 큰 차이가 나지만, 어떤 시기라도 발품만 잘 팔면 남들보다 훨씬 저렴하게 예약할 수 있다.

01
성수기에는 얼리버드 항공권을 노려보자

시간이 많으면 아무 상관없겠지만, 대부분의 직장인들은 어쩔 수 없이 주로 성수기에 여행을 떠나야 하는 경우가 많다. 최소 5~6개월 전부터 항공권 비교 검색 사이트에 가격 알림 설정을 해두고 항공사 홈페이지도 자주 살펴보자. 운이 좋으면 비수기 때보다 저렴한 얼리버드 특가 항공권도 만날 수 있다.

02
항공사 프로모션 항공권을 노려보자

여행 일정이 정해지면, 곧바로 항공사 SNS를 팔로우해 놓고 프로모션 항공권이 뜨기를 기다리자. 아시아나항공, 영국항공, 에티하드항공, 알이탈리아항공 등에서 여행 시즌에 맞춰 영국을 포함한 유럽 국가 항공권 특가 프로모션을 진행한다.

03
항공권 검색 사이트 비교가 가장 합리적인 방법

얼리버드 항공권이나 프로모션 항공권은 부지런해야 예약할 수 있고 시간도 많이 든다. 가장 합리적인 방법은 항공권 비교 검색 사이트를 통해 항공권 가격을 비교하고 예약하는 것이다. 물론 특가 항공권보다는 조금 더 비싸지만, 출발·도착 시간만 잘 조정하면 좋은 가격대를 만날 수 있다.

04
원하는 항공권을 찾았다면 빠르게 예약하자

최저가 항공권을 찾는다고 예약을 차일피일 미루면 항공권을 아예 구하지 못하는 경우가 생긴다. 특히,

런던으로 가는 항공 노선은 여행객으로 인해 1년 내내 붐비는 만큼 서둘러야 한다. 어느 정도 저렴한 항공권을 찾았다고 생각하면 놓치지 말고 예약하자.

05
특가 항공권 예약 시 유의할 점

가격이 싼 데는 다 이유가 있는 법이다. 대개 항공권의 유효 기간이 짧거나, 예약 변경이 불가능하거나, 예약 변경은 가능하지만 수수료가 엄청나게 비싸거나, 아예 환불이 불가능하다는 등 여러 가지 조건과 제약이 따른다. 그 모든 조건을 받아들일 수 있을 때에만 할인 항공권의 싼 가격이 의미 있는 것이다. 예약 조건을 자세히 알아보지 않고 덜컥 예약했다가 나중에 예약 변경이나 취소 문제로 골치 아픈 경우가 벌어질 수도 있으니 주의하자.

항공권 구매 시 체크할 것
❶ 예약 시 항공권에 기입한 영문 이름과 여권상의 영문 이름이 반드시 동일할 것. 동일하지 않을 경우 탑승이 거부될 수 있다.
❷ 항공편 도착 시간에 시내로 이동할 교통수단이 있는지 여부를 체크할 것. 숙소로 이동할 교통수단이 없어 비싼 택시 요금을 내야 한다면 저렴한 항공권도 무용지물이다.

TIP 항공권 비교 검색 사이트

● 스카이스캐너

전 세계 2500만 명이 선택한 항공권 비교 검색 사이트. 출발지와 도착지를 선택하고 일정을 입력하면 조건에 해당하는 항공편이 가격대별로 검색된다. 항공편은 물론 호텔과 렌터카 금액도 비교할 수 있다. 홈피 www.skyscanner.co.kr

● 카약 닷컴

항공권 가격을 한눈에 비교하고 예약까지 마칠 수 있는 사이트. 저렴한 프로모션 상품을 검색할 수 있는 것은 물론 호텔과 렌터카 비용도 타 사이트와 비교할 수 있어 여행 계획을 세울 때 참고하면 좋다. 홈피 www.kayak.com

● 익스피디아

전 세계 51만여 개 호텔을 최저가로 검색할 수 있는 숙소 검색에 특화된 사이트. 홈페이지 내 '오늘의 딜', '마감 특가 상품' 등의 저렴한 항공권 프로모션도 함께 진행한다. 최대 30%까지 할인된 금액으로 항공권과 숙박 예약을 한꺼번에 끝낼 수 있다. 홈피 www.expedia.co.kr

PREPARATION

출국 한 달 전부터 직전까지
면세점 쇼핑 노하우

해외여행을 떠날 때 또 하나의 즐거움이 바로 면세점 쇼핑이다. 오직 여행자들만 누릴 수 있는 특권이니 기회를 적극적으로 활용하는 것이 좋다.

면세점의 종류

01
시내 면세점
시내 면세점을 이용하면 출국 한 달 전부터 직접 방문해서 물건을 구입할 수 있다는 장점이 있다. 때로는 세일이나 구매 금액별 상품권 이벤트 같은 혜택도 있다. 먼저 VIP 카드를 발급받은 후 쇼핑하면 더욱 저렴하다.

02
인터넷 면세점
시내 면세점에서 직접 운영하는 온라인 면세점으로, 요즘은 스마트폰으로도 이용할 수 있어 더욱 편리하다. 각종 할인 쿠폰·적립금 제도로 시내 면세점보다 더욱 알뜰하게 쇼핑 가능하다.

03
공항 면세점
공항 면세점은 별도로 시간을 내지 않아도 출국 직전에 쇼핑을 즐길 수 있어 편리하다. 단, 상품 구색이 시내 면세점에 비해 적고 할인 등의 혜택이 적다.

04
기내 면세점
항공사에서 제공하는 서비스로 출국하는 비행기 기내에서 책자를 보고 주문하면 돌아오는 항공기 안에서 쇼핑한 물건을 받을 수 있어 편리하다. 하지만 판매하는 물품이 한정되어 있어 선택의 폭이 좁고, 인기 상품은 빨리 매진된다는 단점이 있다.

국내 면세점
동화면세점 www.dutyfree24.com
롯데면세점 www.lottedfs.com
신라면세점 www.dfsshilla.com
신세계면세점 www.ssgdfs.com
그랜드면세점 www.granddfs.com
갤러리아면세점 www.galleria-dfs.com
두타면세점 dootadutyfree.com

면세점 쇼핑 시 준비물

여권, 항공권 혹은 정확한 출국 정보(출국 일시, 출국 공항, 출국 편명)

면세점 구매 한도

출국 시 내국인의 국내 면세품 구입 한도는 1인당 3000달러로 제한되어 있지만 입국 시 면세 범위는 600달러까지만 적용된다. 즉, 600달러를 초과하는 물품에 대해서는 자진 신고하고 세금을 내야 한다. 만약 신고하지 않았다가 적발된 경우, 세금 외에 가산세가 추가되며 경우에 따라 처벌 받을 수 있다.

더 많이, 더 가볍게
짐 꾸리기 상식

봄의 꽃샘추위나 여름의 삼복더위가 없는 런던으로 떠날 때는 꼭 필요한 물건 외에는 챙겨 가지 말고, 최대한 짐을 줄이는 것이 요령이다.

여행 가방 선택하기

숙소가 한 곳뿐이라서, 공항을 오갈 때 외에는 가방을 들고 이동해야 할 일이 없다면 트렁크 가방(슈트케이스)을 가지고 가는 것도 나쁘지 않다. 하지만 숙소 이동이 빈번하다면 여행용 배낭을 준비하는 것이 현명하다. 이 경우 현지에서 여행을 다닐 때 카메라나 생수병, 가이드북 등을 넣고 다닐 수 있는 작은 보조 가방을 함께 챙겨 가는 것이 좋다.

계절별 준비물 확인하기

런던은 연중 내내 비가 내리기 때문에 어느 계절에 여행하든 우산은 필수로 챙겨야 한다. 봄은 한국처럼 영하까지 떨어지는 않더라도 4월 말까지 밤낮으로 찬 바람이 불고 비가 많이 내린다. 체온을 유지할 수 있는 긴소매 겉옷이나 우비 등을 준비하자. 여름과 가을에도 아침저녁으로 걸칠 수 있는 겉옷은 필수다. 겨울은 한국처럼 한파가 몰아닥치는 경우는 비교적 적지만 가끔 폭설이 내리기도 하니 부츠나 방한의류를 챙기는 것이 좋다.

여행 가방 꾸리기

먼저 부피가 큰 옷가지를 넣은 뒤 가방의 남는 모서리에 속옷이나 양말, 신발 등을 적절히 배치해 넣는다. 세면도구와 속옷류, 신발 등은 뒤섞이지 않도록 입구를 봉할 수 있는 봉지에 따로 싸서 가방 가장자리의 빈 부분에 넣는 것이 좋다. 자주 꺼내야 하는 여권과 지갑, 카메라 등은 여행 가방과는 별도로 보조 가방에 보관하는 것이 좋다.

여행 가방 무게에 주의할 것
비행기를 이용할 때 수하물로 부칠 수 있는 짐의 무게는 일반적으로 이코노미 클래스 20kg, 비즈니스 클래스 30kg으로 제한되어 있다. 이를 초과할 경우 1kg 단위로 요금을 지불해야 한다.

여행 준비물	
반드시 챙겨 가야 할 기본 물품	여권, 항공권, 여행 경비, 우산, 호텔 바우처, 필기도구, 옷가지, 세면도구, 상비약
그 밖에 가져 가면 좋은 물품	선글라스, 시계, 모자, 자외선 차단제, 면도기, 카메라, 노트북, 비닐봉지, 반짇고리

찾아보기

ㄱ

가든 뮤지엄	199
가든 뮤지엄 숍	213
가든 카페	209
가브리엘스 워프	206
가자 카페	142
간사	325
개트윅 공항	119
갤러리 메스	303
게티 이미지 갤러리	138
고든 그리들리 앤티크	329
고든 스퀘어	265
고링 호텔	064
구 왕립해군학교	338
국립해양박물관	336
국회의사당	191
그렉스	085
그리니치	332
그리니치 마켓	337
그리니치 전망대	334
그리니치 파크	335
그리니치 피어	337
그린 파크	184
근위병 교대식	183
글리테라티	253
길드홀	237
길드홀 아트 갤러리	237
김치	266

ㄴ

나루	174
난도스	224
내셔널 갤러리	167
내셔널 갤러리 아트 숍	177
내셔널 시어터	205
내셔널 아미 뮤지엄	301
내셔널 포트레이트 갤러리	164
내셔널 포트레이트 갤러리 아트 숍	177
내셔널 풋볼 뮤지엄	368
내추럴 키친	279
내추럴 히스토리 뮤지엄	299
네 개의 청동 사자상	038
노르딕 베이커리	141
노벨로 시어터	057
노팅힐	308
노팅힐 게이트 로드	310
노팅힐 아트 클럽	071
뉴 런던 아키텍처	258
닐스 야드	158
닐스 야드 레머디스	177

ㄷ

다우닝 10번가	188
더 샤드	220
더 초콜릿 숍	152
데시구알	151

덴마크 스트리트	158
도클랜드	340
돈트 북스	282
듀크 오브 요크 스퀘어	300
듀크 오브 웰링턴 동상	239
디엘알	342
디자인 뮤지엄	294
디즈니 스토어	284

ㄹ

라 프로마제리	283
라우리	369
라이시엄 시어터	056
램버스 브리지	199
램버스 팰리스	199
런던 교통박물관	160
런던 던전	201
런던 도클랜드 뮤지엄	341
런던 동물원	319
런던 브리지 익스피리언스	219
런던 아이	200
런던 트래블 카드	127
레모니아	327
레스터 스퀘어	163
로니 스코츠	069
로랑제리	253
로만 바스 뮤지엄	361
로열 뮤스	186

로열 아카데미 오브 아트	275	
로열 아케이드	286	
로열 앨버트 홀	295	
로열 오페라 하우스	159	
로열 익스체인지	239	
로열 파빌리온	365	
로열 페스티벌 홀	205	
로열 호스피털 첼시	301	
로이즈 오브 런던	241	
로코코	252	
롱 에이커 스트리트&플로럴 스트리트	160	
루비 블루	173	
루턴 공항	121	
룰스	170	
르 팽 쿼티디앙	280	
리덴홀 마켓	240	
리릭 시어터	056	
리버사이드 테라스 카페	210	
리버티	147	
리버풀 스트리트 스테이션	246	
리젠트 스트리트	137	
리젠트 커낼	318	
리젠트 파크	318	
리젠트 파크 로드	319	
리츠 호텔	065	
리틀 코리아	145	
링컨스 인 필즈	231	

ㅁ

마담 튀소	272
마블 아치	274
마시모 두띠	153
마일드레즈	141
막스 앤 스펜서 심플리 푸드	108
망고	149
매릴본 하이 스트리트	273
매릴본&메이페어	268
맨체스터	366
머린 아이스	327
메가버스	117
메리스 리빙 앤 기빙	329
메이드 인 브라질	325
메종 트루아 가르송	252
모나코	069
모나코	326
모뉴먼트	238
모던 아트 옥스퍼드	353
모들린 칼리지	352
모모	278
몬마우스 키친	173
몽키	151
뮤지엄 오브 런던	236
뮤지엄 오브 사이언스 앤 인더스트리	370
미슐랭 하우스	300
밀레니엄 돔	337
밀레니엄 브리지	206
밀크 바	145

ㅂ

바 슈	143
바비칸 센터	235
바스	360
바스 애비	362
박스 파크	252
발리올 칼리지	351
백야드 마켓	248
뱅크 오브 잉글랜드 뮤지엄	239
뱅크사이드 갤러리	207
버러 마켓	218
버버리	285
버쉬카	153
버윅 스트리트 마켓	138
버킹엄 팰리스	182
버틀러 앤 윌슨	284
버틀러스 워프 찹하우스	225
벌링턴 아케이드	276
벤트리스 오이스터 바 앤 그릴	279
보더라인	068
보들리언 라이브러리	352
보카 디 루포	144
보콘셉트	267
본드 스트리트	274
브라운스 호텔	065
브라이튼	364
브라이튼 뮤지엄 앤 아트 갤러리	365
브라이튼 피어	365
브런즈윅 센터	265
브롬튼 로드	293

브리티시 라이브러리	323	
브리티시 뮤지엄	262	
브리티시 텔레콤 타워	259	
브릭 레인	247	
브릭 레인 스트리트 마켓	248	
블레넘 팰리스	354	
블룸즈버리	254	
비라스와미	279	
비벤덤	303	
비빔밥 카페	266	
비스터 아웃렛 빌리지	355	
비틀스 스토어	283	
빅벤	190	
빅토리아 스테이션	292	
빅토리아 앤 앨버트 뮤지엄	298	
빅토리아 여왕 기념비	038	
빈티지 하우스	152	
빌리브 잇 오어 낫	137	

ㅅ

사우스 뱅크 사자상	039
사우스 키 풋브리지	343
사우스뱅크	194
사우스뱅크 센터	204
사이버도그	328
사이언스 뮤지엄	297
사치 갤러리	300
살사	070

샌더슨 호텔	066
섀드 템스 리버사이드 스트리트	222
서더크	214
서더크 대성당	219
서머싯 하우스	234
서펀타인 갤러리	295
서펀타인 레이크	295
세븐 다이얼스	159
세인즈버리	108
세인트 마틴스 레인 호텔	066
세인트 메리 알더메리 처치	238
세인트 알반 처치 타워	237
세인트 자일스 크리플게이트	236
세인트 제임스 파크	185
세인트 제임스 팰리스	184
세인트 존스 칼리지	357
세인트 판크라스 르네상스 호텔	067
세인트 판크라스 스테이션	324
세인트 폴 대성당	232
센트럴 세인트 자일스	158
셀프리지	281
셜록 홈스 뮤지엄	272
셰익스피어 글로브	207
셰익스피어 동상	037
셰익스피어 헤드	146
셸도니언 시어터	351
소녀와 돌고래 분수	037
소호	134
소호 스퀘어	135
솔즈베리	172
쉐이크 쉑	142

스카이론	209
스케치	277
스콧 폴라 리서치 인스티튜트	359
스쿱	221
스탠스테드 공항	120
스탠포즈	175
스테이블스 마켓	320
스테이블스 마켓 푸드 코트	326
스텔라 매카트니	285
스톤헨지	363
스트라	210
스트래퍼드 시티	250
스트랜드 대로	231
슬란두드노	373
슬란초글레드	329
시 라이프 아쿠아리움	201
시웨이즈	117
시티 홀	221

ㅇ

아란치나	311
아람	175
아스날 FC	063
아스트로노미 센터	334
아이슬란드	109
아치듀크	209
아폴로 빅토리아 시어터	057
애드머럴티 아치	166

애슈몰린 뮤지엄	351	올드 트래퍼드	367	유로라인	117
애플 마켓	162	올드 트루먼 브루어리	248	유로스타	116
앨리스 앤티크스	312	올드 프루덴셜 빌딩	230	이스트 콜로네이드 마켓	162
앨버트 메모리얼	296	올림픽 스타디움	250	이추	111
앱슬리 하우스	292	와사비	143	인스티튜트 오브 컨템퍼러리 아트	186
야우아차	141	와하카	171	임피리얼 워 뮤지엄	198
어반 아웃피터스	149	왕립재판소	231	임피리얼 워 뮤지엄	369
어셈블리 룸스	362	왕립천문대	333	잇	111
에로스 동상	036	워털루 브리지	202		
에스커페이드	328	워털루 스테이션	202		
에이치 앤 엠	148	원 캐나다 스퀘어&캐나다 플레이스			
에지웨어 로드	274		343	## ㅈ	
엠 앤 엠스 월드	163	월리스 레스토랑	278		
엠더블유 뷔페	143	월리스 컬렉션	273	자라	149
엠폴리오 아르마니 스토어	304	웨스트 인디아 키	341	제이 시키	171
영국 프리미어 리그	060	웨스트 인디아 키 포트 이스트	342	제인 오스틴 센터	363
영연방 외무성	188	웨스트 인디아 키 풋브리지	341	제프리 뮤지엄	250
오린저리	302	웨스트민스터	178	존 루이스	282
오이스터 카드	126	웨스트민스터 브리지	189	존 리트블라트 갤러리	323
옥소 바 앤 브라세리	211	웨스트민스터 애비	192	존 손 뮤지엄	230
옥소 타워	206	웨스트엔드	054	주빌리 마켓	162
옥소 타워 레스토랑	211	웨스트필드	313		
옥스퍼드	350	웨이트로스	109		
옥스퍼드 서커스	137	웨일스	371		
옥스퍼드 스트리트	136	웰링턴 아치	292	## ㅊ	
올 세인츠	312	웰빙 키친	174		
올 할로우스 바이 더 타워 처치	241	윈저 캐슬	349	차링 크로스	166
올드 베일리 정의의 여신상	038	유니버시티 처치 오브 세인트 메리		차이나타운	135
올드 스피탈필즈 마켓	246		352	처치 오브 크라이스트 더 킹	261
올드 오퍼레이팅 시어터	220	유니버시티 칼리지 런던(UCL)	260	처칠 워 룸	189

첼시 FC	062
첼시 피직 가든	301
초크 팜 로드	319

ㅋ

카나비 스트리트	140
카메라 월드	152
카붓 스퀘어&카붓 플레이스	342
카에나폰 캐슬	373
카운티 홀	201
카툰 뮤지엄	258
카툰 뮤지엄 숍	267
카페 네로	110
카페 브러드	224
칸틴	210
캐논 스트리트 스테이션	238
캐비아 하우스 앤 프루니어	286
캐스 키드슨	176
캠던 록	321
캠던 록 마켓	321
캠던 마켓	322
캠던 타운	314
캠던 패시지 마켓	322
캠던 하이 스트리트	320
캠브리지	356
캠브리지 시어터	056
커티 사크	336
켄싱턴 가든	294

켄싱턴 팰리스	296
코번트 가든	161
코번트 가든 사우스 홀 코트야드	161
코스타	110
코치 앤 호스	146
코퍼스 크리스티 칼리지	358
콘란 숍	304
콘위 캐슬	372
콜롬비아 로드	249
콜롬비아 로드 플라워 마켓	249
퀸 빅토리아 메모리얼	183
퀸 엘리자베스 홀	205
퀸스 시어터	057
퀸스 워크	203
퀸스 칼리지	358
퀸스 하우스	336
큐 가든	345
크라이스트 처치 칼리지	353
크라이스트 칼리지	357
크루시폼 빌딩	261
클링크 프리슨 뮤지엄	219
킹리 코트	140
킹스 칼리지 채플	358
킹스 크로스 스테이션	324

ㅌ

타스 피데	211
타워 브리지	223
타워 오브 런던	242
탤벗 로드	310
테스코	109
테이트 모던	208
테이트 모던 숍	212
테이트 브리튼	193
템스강	198
템플 바 메모리얼	039
템플 바 메모리얼	234
토트넘 훗스퍼	063
토폴스키 센추리 갤러리	204
톱 맨	148
톱 숍	148
트래펄가 스퀘어	165
트룰리 스크럼셔스 카페	326
트리니티 칼리지	357

ㅍ

패션 앤 텍스타일 뮤지엄	220
퍼레이드 가든	362
퍼스트 플로어	311
펀치 앤 주디	172
페르난데스 앤 웰스	142
페스티벌 테라스 숍	212

페트리 고고학박물관	261
펜할리곤스	287
포스테 미스트리스	176
포일스	150
포토그래퍼스 갤러리	139
포토벨로 로드	310
포토벨로 마켓	309
포토벨로 오가닉 키친	311
포트넘 앤 메이슨	287
포트마독 산악철도	375
포트메리온	374
폴	280
폴 스미스	176
폴 스미스 세일 숍	284
폴 햄린 홀 발코니스	170
폴록스 토이 뮤지엄	259
프라이마크	281
프레타 망제	110
프림로즈 베이커리	327
피시 플레이스	266
피시!	225
피자 익스프레스	144
피츠윌리엄 뮤지엄	359
피커딜리 로드	276
피커딜리 서커스	136
피터 해리슨 플라네타륨	334
피프스 플로어	302
피프스 플로어 푸드마켓	305
필러텔릭 엑시비션	323

ㅎ

하바이아나스	150
하비 니콜스	305
하이드 파크	294
해로즈	293
해비타트	267
햄리스	147
햄프턴 코트 팰리스	347
허 마제스티 시어터	057
헤이워드 갤러리	204
헤이워드 갤러리 숍	213
헨델 하우스 뮤지엄	273
헬리오스의 말 동상	138
헬리오스의 말 동상	138
호스 가드 퍼레이드	187
호스 터널 마켓	328
혹스턴 그릴	251
혹스턴 스퀘어	249
혹스턴 스퀘어 바 앤 키친	251
홀번&시티	226
화이트 채플 갤러리	246
화이트 큐브 갤러리	276
화이트 호스	146
화이트홀 팰리스	187
히스로 공항	118

숫자·알파벳

30 세인트 메리 액스	241
333 마더	070
BFI 사우스뱅크	203
BFI 아이맥스	203
D. R. 해리스 앤 코	286
HMS 벨파스트	222

런던 100배 즐기기

개정 1판 1쇄 2018년 6월 18일

지은이 김후영

발행인 양원석
본부장 김순미
편집장 고현진
책임편집 전설
디자인 RHK 디자인팀 이재원
해외저작권 황지현
제작 문태일
영업마케팅 최창규, 김용환, 정주호, 양정길, 이은혜, 신우섭, 유가형, 임도진, 김양석, 우정아, 정문희

펴낸 곳 (주)알에이치코리아
주소 서울시 금천구 가산디지털2로 53 한라시그마밸리 20층
편집 문의 02-6443-8932 **구입 문의** 02-6443-8838
홈페이지 http://rhk.co.kr
등록 2004년 1월 15일 제 2-3726호

ⓒ 김후영 2018

ISBN 978-89-255-6423-4(13980)

※ 이 책은 (주)알에이치코리아가 저작권자와의 계약에 따라 발행한 것이므로
　본사의 서면 동의 없이는 책의 내용을 어떠한 형태나 수단으로도 이용하지 못합니다.
※ 잘못된 책은 구입하신 서점에서 바꾸어 드립니다.
※ 이 책의 정가는 뒤표지에 있습니다.